U0051136

五朝宰相

五代十國裡的馮道

姜狼◎著

目錄

前言

官場是什麼所在？從字面上解釋，就是當官的人聚在一起的地方，就像酒場、賭場、煙花場。都說官場是個大染缸，把一塊白布扔到缸裡再撈出來，就成了五顏六色的花布。

也有例外的，比如明朝的海瑞堅守自己的道德底線，不收納、不奉迎，堪稱官場聖人。海瑞為官如此，固然贏得生前身後名，可如果官場中人都要像海瑞那樣清白如水，那還做個什麼官？做官的樂趣何在？

為什麼要做官？不要講什麼治國平天下的空話，對大多數人來說，做官就是生前謀得富貴、死後蔭及子孫。如果能為民謀得幾件實事，賺得一把萬民傘，也好算作錦上添花，功德一件。

做官是一種生存手段，人活著總是要吃飯的，有人靠砍柴捕魚為生，有人就以做官謀生。做不做官，做大官與做小官，做內官還是做外官，都是一門大學問。怎麼才能做好官？為官之道如何？清道光朝的大學士曹振鏞先生留下了六字真經：「多磕頭，少說話。」

身在官場，要注意四點：

一、眼觀六路，耳聽八方，時刻保持警惕，要懂得見機而進，識機而退。

二、多念別人的好，與人方便，與己方便，萬事給別人留條後路。

三、少說話，會說話，萬言萬當，不如一默。

四、要有真才實學，這是「10000」最重要的那個「1」，沒有這個「1」，一切都是空談。

歷史上名官如雲，位極人臣者更不在少數，但真正能將這四點為官之道做到爐火純青的並不多，有兩個人物特別值得一提。

一是東漢太尉胡廣。

胡廣歷經安、順、沖、質、桓、靈六帝，做宰相三十年，在官場屹立不倒，成為東漢官場一大奇觀。胡廣為人中庸，不強出頭，所謂「天下中庸有胡公」。胡廣門生遍天下，他死後，皇帝悲痛，天下皆哭，備極榮哀，胡廣的學生蔡邕對座師的評價是「自漢興以來，鼎臣元輔，耋耷老成，勳被萬方，與國始終，未有若公者焉。」

二是五代宰相馮道。

馮道的人生經歷比胡廣更為傳奇，為官之路更為艱難。胡廣生逢太平，天下興盛，無災無難到三公，而馮道所處的是天崩地裂的大亂世，皇帝輪流做，人命賤如土。

胡廣只入仕東漢一朝，馮道卻歷任後唐、後晉、遼、後漢、後周五個不同的政權而位居宰相，十代帝王師，皇帝禮敬，士林肅拜。馮道生前有重名於天下，死後同樣備極榮哀，周世宗柴榮追封馮道為瀛王。

讓人遺憾的是，像馮道這樣的文臣翹楚，士林班頭，五朝元老，在千年之後卻成了不忠不孝的反面典型被大加鞭撻。受歐陽修、司馬光、王夫之等人批判馮道的影響，現在提及馮道，一則曰貳臣，二則曰佞臣，三則曰奸臣，或譏為「騎牆孔老二」，冷嘲熱諷，以為常事。

我們從發黃的舊史書中所看到的馮道，並不是歷史上真實的馮道，而是被道德武器殺死的馮道屍體，歷經千年曝晒，已經嚴重變形發臭。

馮道最受後人詬病的地方是馮道的「不忠」，一身出仕五朝，騎牆觀風，迎來送往，喜新厭舊。《舊五代史》對馮道的評價非常具有代表性，「夫一女二夫，人之不幸，況於再三者哉！」在這些靠「忠孝」混飯吃的士大夫看來，為人臣者，要從一而終，馮道已失大節，雖有小善，亦不足取。

忠誠的標準是什麼？很簡單，標準是愛民與不愛民。孟子說過：「民為貴，社稷次之，君為輕。」既然趙匡胤有負柴榮託孤，發動兵變建宋是為了天下蒼生逆取順守，為什麼對同樣愛護天下蒼生而忍辱負重的馮道窮追猛打？

一個人的人品即使再惡劣，他的身上也會有閃光點，馮道也不例外。馮道固然有明哲保身的庸猾，但馮道品性仁厚，性情中庸，與人為善。不能只看到馮道在官場上呼風喚雨，吃香喝辣，卻忽視了馮道所處的險惡歷史環境。

忠與不忠，看的不是對一家一姓的小忠，而是天下黎庶公器的大忠。馮道雖然歷仕五朝十帝，但他在自己力所能及的範圍內勸皇帝體諒民生之艱難，不與民爭利，這才是真正的忠貞。

馮道為相二十七年，從來沒有拿公家的一分錢，對外人送的貴重禮物一律拒之門外。許多士大夫都以養小妾為榮，馮道家裡卻空空如也，僕人都沒幾個。馮道身為宰相，俸祿優厚，可以享受人上人的生活，但馮道卻居茅舍、與僕人同食，睡覺則以草當床。有些人滿嘴仁義道德，私下卻妻妾成群、花天酒地，和馮道相比，何其渺小。

對馮道評價最高的是北宋官場的獨行者王安石，也只有王安石讀懂了馮道，王安石說馮道委屈自己，幫助別人，是當代的大佛菩薩。為了維護馮道的尊嚴，王安石不惜當著皇帝的面和同朝宰相唐介打嘴仗，把馮道比成商朝名相伊尹。

有些人天生就是做藝術家的，比如李白和李煜；有些人天生就是做皇帝的，比如劉邦和朱元璋；而有些人天生就是做官的，比如胡廣和馮道。為官者，多是糊塗而來，糊塗而去，一生贏得是淒涼。只有馮道把做官當成了一種藝術，上升到理論高度，還寫了兩本宮經《仕經》、《榮枯鑒》，講述他做官的心得體會。

宦海沉浮，冷暖自知。要從小溪行舟奔大海，要繞過多少暗礁，多少滔天巨浪？稍不留神，便會葬身水底。沉舟側畔千帆過，還在船上的前行者依然鬥志昂揚地朝著大海的方向絕水而去，沒有人會同情失敗者。馮道很幸運，他從小溪上行舟一路東來，躲過暗礁，躲過巨浪，最終看到了大海。

與其說馮道做官成功，不如說馮道做人成功，會不會做官的本質實際上就是會不會做人。官場名利多，是非也多，要拿得起放得下，捨即是得。老子說過：「禍兮福之所倚，福兮禍之所伏。」馮道在這一點做得非常好，馮道喜歡做官，會做官，但他從來沒有貪戀這一切，該放手時毫不猶豫。

通過馮道看五代，跟著馮道混官場，下面開始這場奇妙的穿越旅行。

被時間殺死的馮道

周顯德元年（九五四）四月十七日，一個還算風和日麗的日子。

東京開封府，大周帝國的政治、經濟、文化中心，是中原最繁華的城市。每天一大早，從東城的望春門到西城的闔閭門，人來人往，摩肩接踵，非常熱鬧。許多官員坐著轎子來到宮裡辦公，沿街還有許多小販在叫賣自己的商品。偶爾還會看到穿著奇異服裝的西域商人騎著駱駝穿行於街市，引來許多小孩子的圍觀。

皇帝柴榮此時並不在東京，而是親自率軍北上，與南犯的北漢軍隊大戰於高平。高平之戰，周朝軍隊幾乎全殲北漢軍，起初被所有人懷疑的柴榮在這場戰役中出盡了鋒頭，從此萬眾矚目。前方大捷的消息傳到東京，街頭巷尾都在傳頌皇帝臨陣殺敵的英雄事蹟，人人臉上都掛著笑容。

並非人人如此，在一座不甚起眼的宅院裡，就隱隱傳出來陣陣的抽泣聲。

楊柳深深的臥室裡，一個蒼老的身軀沉沉地躺在榻上，身上鋪著一床錦被。

在老者的榻邊，站著幾個臉上寫滿感傷的家人。

陽光斜灑進房間裡，卻讓人感覺不到一絲溫暖，反而能嗅到越來越重的死亡氣息。榻上老者的鬍鬚早已花白，散亂地伏在胸前，偶爾有一絲起伏。

這位老者身分貴重，地位顯赫，他就是周朝官場最德高望重的大臣——太師、中書令馮道。

這一年，馮道七十三歲。

五代最為傳奇的官場不倒翁，號稱「騎牆孔子」，與孔子同壽的馮道終於要倒了。不過他不是倒在政敵的手上，而是被時間殺死。

有心人會記得，當朝皇帝柴榮是馮道所侍奉過的第十二個君主，這是馮道從政的第五十二個年頭。也許會有好事者在私下猜測馮道還會「剋死」多少個皇帝，但讓這些人失算了，馮道即將走進發黃的歷史書中。

劉守光、李存勗、李嗣源、李從厚、李從珂、石敬瑭、石重貴、耶律德光、劉知遠、劉承祐、郭威、柴榮。

這是馮道所效力過的十二個君主的名字。

後唐明宗李嗣源天成二年（九二七），馮道被任命為同中書門下平章事（唐末五代宰相）開始，就穩穩坐在宰相的位置上，再也沒有下來過。這一坐，就是二十七年。做太平宰相幾十年，自古大有人在，而馮道卻在政權更迭的刀與火之間歷經艱難，每走一步都是拿生命在和命運賭博。

在中國古代的官場上，有兩個敢於兜出「自己家底」的奇人。一個是白居易，他喜歡在自己的詩裡曬做官時的薪水，《白樂天詩集》更像是一本會計專用帳簿；另一個就是馮道，白居易只是曬曬工資，而馮道乾脆把自己從政以來所做過的所有官銜都裝進了寫給自己的墓誌銘《長樂老自敘》中。

有人說馮道這麼做是在炫耀，但他至少有炫耀的資本。他寫《長樂老自敘》的時候，已經六十九歲了，人生的戲劇就要謝幕。馮道在下車前，需要回憶一下自己都在車上做了些什麼，人之常情，不足責怪。

自古做人難，做官更難，做大官更是難上加難。官場險惡，機關算盡，在官場中，微笑是一把殺人的刀，幾乎人人都是笑面虎。何況馮道混得還不只是官場，更是江湖，一個歐陽修痛斥為「天地閉、賢人隱」的亂世江湖。

那是一個屬於粗暴武夫的江湖，那是一個酷烈的血腥殺場。

無藥可救的亂世

「天可汗」李世民創建的大唐帝國，早已經成為晚唐人心中苦澀的回憶，他們所面對的，是一個天崩地陷的黑暗末世。

中和二年（八八二），這是年輕的僖宗皇帝李儇在位的第九個年頭。不過皇帝此時並不在帝都長安，而是在距離長安以南八百多公里的成都。

早在一年半以前，私鹽販子出身的落第秀才黃巢率領他的軍隊攻陷了東都洛陽，李儇為了避免和黃巢發生親密接觸，效仿他的八世祖唐玄宗李隆基，帶著王公大臣們逃出長安，逃到成都避難。

黃巢在長安城中吟誦著他的著名詩篇：「颯颯西風滿院栽，蕊寒香冷蝶難來。他年我若為青帝，報與桃花一處開。」

駐在成都府衙的僖宗卻在忙著寫號召天下藩鎮勤王的詔書，僖宗希望各鎮諸侯能體王業之艱難，火速派出大軍撲滅「反賊」黃巢。

僖宗不斷得到從關中傳來的好消息，諸侯軍已經雲集長安城外，已經對黃巢發起總攻。

此時的黃巢雖然實力不如以前，但瘦死的駱駝比馬大，諸侯軍在長安和黃巢的交手依然非常吃力。在這個時候，行營都統王鐸接受了大太監楊復光的建議，派人去代北，請李克用發兵南下，助諸侯一臂之力。

李克用帶著四萬黑鴉軍浩浩蕩蕩地殺向了長安，實力剽悍的沙陀軍果然打出了威風，在長安附近的成店打敗了黃巢大將尚讓，幾乎全殲了黃巢主力。已經做了大齊皇帝的黃巢不得不逃離長安，強奪藍田關逃出生天，諸侯軍順利地收復長安，時間是中和三年的三月。

逃到關東的黃巢依然沒有擺脫沙陀軍的追殺，被李克用追得滿街亂竄。最終在中和四年的六月，逼得走投無路的大齊皇帝在山東萊蕪的狼虎谷自殺。已經回到長安的僖宗皇帝激動地登上大玄樓，觀賞武寧軍節度使時溥送來的黃巢人頭。

轟轟烈烈的唐末農民大起義雖然以失敗告終，但等僖宗在黃巢被殺的興奮勁頭過後，才發現他面臨的是比黃巢起義更加不可收拾的局面。

割據各地的節度使在撲滅黃巢起義的過程中不斷壯大自己的實力，沒有一個把自己的地盤和兵權交給皇帝，他們表面上歸順朝廷，實際上沒有人理睬僖宗發出的每一道指令，政令不出承天門。長安城中有一個唐朝皇帝，而在地方上，卻有無數個「皇帝」。

僖宗此時的處境還不如他的祖宗們，至少代宗之後的唐朝皇帝們還控制著大半國土，那時的藩鎮諸侯對皇帝還有三分敬畏。

而黃巢之亂後，勝利的果實被諸侯們竊走，僖宗什麼都沒有得到，甚至他的人身自由也被大太監、他的「義父」田令孜所控制。僖宗在官場的角色更像是聯合國秘書長，他無權干涉任何一個諸侯的內政。落架的鳳凰不如雞。對官場中人來說，最悲哀的事情不是人走茶涼，而是人還沒走，茶就已經涼了。

做人難，做皇帝難，做一個無權無勢的皇帝，更是難上加難。

眼前這個混亂局面，不要說唐太宗再世，就是佛出世也救不了。僖宗唯一能做的，就是得過且過，每天飽受被輕視的煎熬。好在僖宗命短，文德元年（八八八）三月初六，二十七歲的僖宗駕崩於淒風苦雨中的靈符殿，繼位的是僖宗的弟弟李曄，就是命運比僖宗更加悲劇的唐昭宗。

與其說昭宗是皇帝，不如說昭宗和他哥哥僖宗一樣，是個看客，站在城頭觀山景。帝國名義上的疆域內所發生的一切，都與昭宗無關。

軍閥們之間的火拼依然進行著，昭宗已經注意到了，無賴出身的宣武軍節度使朱溫的生產規模不斷擴大。就在昭宗剛改元的第二年，朱溫已經打敗了盤踞在河南的吃人大魔頭秦宗權，並把秦宗權押解到長安，由昭宗發落。

對於這樣一個自立於朝廷法統之外的反賊，昭宗自然要按國法行事，斬秦宗權於城郊大柳樹下。

朱溫逐步控制了河南大部分地區，而朱溫的仇人李克用則在河北用兵，他的對手是盤踞在洺州的昭義軍留後孟方立。孟方立不是李克用的對手，昭義軍的地盤很快就被李克用劃進自己的帳戶裡。

河北是自安史之亂後出現的藩鎮割據的重災區，軍閥橫行已有一百多年。得河北者得天下，朱溫自然不會讓李克用獨吞這塊美味的蛋糕，也把手伸了過來。

除了李克用和朱溫，河北有四股割據勢力，分別是統治魏州的魏博節度使羅弘信、統治鎮州的成德軍節度使王鎔、統治定州的義武節度使王郜、統治幽滄二州的盧龍節度使劉仁恭。

在這六個軍閥中，羅弘信、王鎔、王郜相對較弱，夾在李克用、朱溫、劉仁恭三大強藩之間苦苦掙扎。

劉仁恭實力強大到了什麼程度？截至光化元年（八九八），劉仁恭手下有步騎兵十多萬，這是一個非常龐大的數字。劉仁恭的野心非常大，他並不滿足於現有的地盤，他早就對富饒的河北諸鎮垂涎三尺，這年頭沒人嫌錢多咬手。劉仁恭第一個要吃掉的對手是魏博羅弘信，在光化二年，劉仁恭帶著十萬大軍南下進攻魏博。

魏博是宣武軍的北線戰略屏障，如果讓劉仁恭得到了魏州，會對朱溫產生極大的生存壓力。朱溫不會讓任何人染指河北，他派出最精銳的部隊北上救援魏博，在內黃吃掉了五萬燕軍，成功打殘了劉仁恭反撲的能力。

劉仁恭為了能在朱溫的刀尖下活下來，不得不厚著臉皮去央求他曾經的敵人李克用出兵牽制朱溫。不過朱溫並不在乎李克用的搗亂，汴軍繼續北上，在同年（八九八）的十月，攻下瀛州，就是現在的河北省河間市。

瀛州自古以來就是河北重要的地級行政單位，漢朝時設為河間郡，一直到唐武德四年（六二一），唐朝消滅了河北王竇建德，才改為瀛州。

在瀛州轄下的幾個縣中，有一個景城縣，現在已經沒有景城縣這個行政區劃，大致位置在現在的河間市與滄州市的中間。景城的建縣史終止於宋神宗熙寧六年（一〇七三年）。

之所以要單獨介紹已經從行政區劃史中消失的景城縣，因為這裡是馮道的家鄉。

唐中和二年（八八二），馮道生於此。

馮道的家世

關於馮道的家世，根據《舊五代史·周書·馮道傳》的記載，馮道出身於瀛州景城縣農村的知識份子家庭。

現有史料找不到馮道父祖幾代生平的任何記載，甚至不清楚馮道在家是獨子，還是有兄弟姐妹。

查了一下《舊唐書》卷一百八十五上《良吏傳》，發現在唐武則天執政時期，有一個專和武則天過不去的直臣，官拜尚書左丞，名叫馮元常。因為馮元常曾經密諫唐高宗李治要限制皇后武則天的權力，從而得罪了武則天，最後被酷吏周興下獄害死。

馮元常的籍貫是相州安陽，也就是現在的河南安陽，但馮元常卻是從長樂郡遷到安陽的，《新唐書·馮元常傳》明確記載馮元常祖先的籍貫是長樂郡。長樂郡就在今天的河北省冀州市，漢朝時稱為信都郡，西晉時改為長樂國，北魏也稱為長樂郡。

馮元常的曾祖父馮子悰是北齊胡太后的妹夫，官居高位，而馮子悰的祖上是十六國之一的北燕開國君主馮跋，馮跋就是長樂人。

說到馮跋，人們不太熟悉，但北燕馮氏的子孫非常出色，馮跋有兩個著名後裔，一是力行漢化的北魏馮太后（孝文帝元宏祖母），一是唐朝第一大太監高力士（原姓馮）。而南北朝後期嶺南著名的女領袖冼夫人的丈夫，是北燕皇族馮寶。

在隋朝初年州改郡的行政區劃調整後，長樂郡不復存在，但人們還是習慣把後來的冀州稱為長樂。我們再來看看馮道給自己的墓誌銘叫什麼，就叫《長樂老自敘》，在文中馮道也明明白白地說自己就是長樂人。

雖然沒有史料證明馮道就是馮元常的後人，但馮元常是當時有名的學者型官員，熟讀經書，被稱為儒者。而馮道家族又世傳儒學，很難相信馮道和馮元常之間沒有血脈傳承關係。

馮道祖上的情況基本上摸清楚了，如果排除馮道有意抬高自己家世的可能性的話，馮道就是北燕太祖文成皇帝馮跋的後人。

馮元常在武周政權被推翻後，因為他曾經反對過武則天，所以馮元常在死後得到了平反。唐中宗李顯為了表彰馮元常，親賜名匾，上書四個大字「忠臣之門」，天下人皆傳頌馮元常的忠直不阿。

雖然長樂馮氏在唐朝不算是名門望族，但當時的一流士族都願意與馮家通婚，並以此為榮，可見在唐朝中葉以前，長樂馮氏的社會地位還是很高的。

不過馮道以前的幾代祖上都沒有在官場上留下痕跡，而是世代務農或講學。一個合理的邏輯推斷，就是馮元常的子孫曾經敗過家，或者因為其他什麼原因導致家道中落，淪為平民。

祖上吃香喝辣，子孫啃窩頭鹹菜的悲喜劇，很容易讓人們想起那位賣草鞋的大漢皇叔劉玄德。

馮道比劉備強一點的是，他家還有幾畝薄地，而劉備則是典型的城市貧民階層，無地可種，不打工就得餓肚子。

不過古代的農業完全是靠天吃飯，生產水準低下，收不了多少糧食，再加上官府多如牛毛的苛捐雜稅，農民辛苦一年，都不一定能吃上一頓飽飯。

中晚唐以後，朝廷吏治敗壞，軍閥橫徵暴斂，惡吏橫行鄉里。不管百姓家裡有沒有收成，各級官府派來的惡吏們都要上門要錢徵糧，沒錢也要交，不然就扒屋牽牛。

從馮道家的情況來看，馮家雖然世代務農，但曾經有很長一段時間放棄種地，而是在鄉里教書為業。說明馮家的祖上也承受不了多如牛毛的稅收，或者被地主強行兼併了土地，淪為「農民工」。

馮家雖然是北燕皇族後裔，但那都是幾百年前的老皇曆了。

馮道就是出生在這樣一個落魄的貴族家庭，他的祖先們只留給馮道兩樣東西。

一、虛無縹緲的貴族頭銜。這個東西不能當飯吃，看看劉備的遭遇就知道了。

二、大量的書籍。這個東西可以當飯吃。

知識改變命運

在中國古代的政治環境中，平民老百姓要想獲得合法的出人頭地機會，一般有兩種選擇，一是習武參軍，二是讀書入仕。馮道出身於農村的知識份子家庭，並不會習武，所以他只能走讀書這一條路。

在唐末五代有兩個人的家境和命運可以對比一下，一個是馮道，一個是朱溫。

馮道和朱溫有一個共同點：他們的父親都是清貧的知識份子，朱溫的父親朱誠是宋州碭山鄉下的一名寒儒。

朱誠熟讀五經，朱家謀生的方法全靠朱誠在鄉里教書，賺取一份微薄的報酬，來養活妻子和三個兒子。他的三個兒子沒有一個能繼承父業，長子朱全昱是個爛忠厚沒用的人，老二朱存和老三朱溫又生性無賴，好舞槍弄棒，根本不是讀書的料。以至於朱誠病故後，朱家三子甚至都沒有能力養活自己，只好跟著母親去地主劉崇的家裡做工吃飯。

家業的薰陶沒有對朱溫產生多少影響，可他在習武方面有很強的天賦，在黃巢的手下成為頭號大將。和朱溫走上習武參軍之路不同的是，馮道走上了讀書入仕的道路，因為馮家的儒學家業對他產生了很大的影響。

馮道的父親馮良建出身儒業世家，從小就接受系統的封建教育，而且又出自在士林中很有名望的長樂馮家，所以馮良建在政府機關工作的機率要遠大於朱誠。

按馮道《長樂老自敘》的說法，馮良建曾經以秘書少監的官銜退休，並享受退休官員的待遇。查《新唐書・百官志》，秘書少監官居從四品上，主要負責朝廷的經籍圖書，相當於現在的國家圖書館副館長。

雖然秘書少監的從四品上官銜並不低，但卻屬於清水衙門，實在撈不到多少油水。而且從馮良建「秘書少監致仕」來看，他應該沒有做到秘書少監的級別，而是更低一層的秘書丞，官居從五品上，甚至有可能是品秩更下的秘書郎。

馮良建應該是熟讀五經的，因為馮道的名字就是取自李耳（老子）所著的《道德經》第一章。原文是這樣：「道可道，非常道；名可名，非常名。」唐朝時易州龍興觀所載《道德經》碑本則句讀「道，可道，非常道；名，可名，非常名。」

道是中國古代哲學的一個重要思想範疇，不僅是道家、儒家、釋家都可以把自己的思想體系稱為「道」。道家所說的「道」，主要是指人與自然（天道）之間的辯證存在關係。

馮父給兒子以「道」命名，字「可道」，寓意非常明顯，希望這個兒子長大以後能做一個有學問、有思想的人。父親沒有看走眼，他的這個兒子確實是個讀書的好材料。

從農村走出來的孩子要想擠進城市的中產階層，沒有任何捷徑可走，只能好好讀書，才有機會擺脫貧瘠的黃土地。讀書入仕，錄取的機率極低，雖然千軍萬馬過獨木橋，但畢竟還有機會。

馮道的父親給兒子設定的人生道路是讀書入仕，雖然說唐朝自安史之亂以來天下大亂，但科舉一直沒有中斷。

讀書是一個耐力活，沒有耐心是讀不下去的。馮道每天面對累如山積的書籍，卻從來沒有表現出一絲一毫的不耐煩，因為馮道知道，讀書，是他出人頭地的唯一途徑。

馮道都讀了哪些書，史書上並沒有留下記載，但可以推測一下。

首先，儒學經典九經是必讀的，九經是指《周禮》、《儀禮》、《禮記》、《左傳》、《春秋公羊傳》、《春秋穀梁傳》、《周易》、《尚書》，以及《詩經》最流行的一個版本《毛詩》。九經是唐朝明經科必考的書目，是一般知識份子必讀的，馮道不可能不習讀這些儒經。

在高宗至玄宗的這幾十年中，朝廷科考取士時還曾經增加了《道德經》和《爾雅》。馮道肯定也會讀。

有一部唐朝的農村兒童入學啟蒙教材《兔園策》不得不提。

《兔園策》是唐太宗兒子蔣王李惲讓自己手下的文人編撰的，共有三十卷，分為四十八個門類。該書在經、史、子、集中摘錄一些有歷史借鑒意義的事件、歷史典故等，主要流行於北方農村，幾乎是每家都有《兔園策》。

馮道作為北方農村知識份子家庭的孩子，自然會讀到這本書。讓馮道沒有想到的是，就是因為這本書，若干年後被一些士族出身的假名流們大加嘲諷，這是後話。

除了這些大部頭之外，馮道還讀過大量詩詞歌賦，這屬於文學史範疇。

唐朝的公務員考試不像明、清兩代專在死記硬背的八股文中選取書呆子，而是更注重考試人員的全面素質，其中就包括主觀能動性很強的詩類科目。

馮道性格內向，有定力，是讀書的好材料。此時的馮道還沒有那些功利性的想法，他熱愛讀書主要是興趣和愛好。馮道每天沉浸在《禮記》、《周易》、《大學》這些古典書籍中不可自拔。久而久之，馮道已經養成了不讀書便覺得人生無樂趣的好習慣。

興趣有了，還需要勤奮。

馮道讀書非常用功，就差沒有像蘇秦、孫敬那樣頭懸樑、錐刺股了。蘇秦讀書的功利性和現實政治性實在太明顯，而現在的年輕馮道還沒有具體的目標，先把書讀進肚裡，比什麼都重要。

兵荒馬亂的年月，農村一片破敗景象，多如牛毛的稅官在農村來回掃蕩，壓得農民喘不過氣，這同時也加重了馮道的負擔。

馮道是個孝順的孩子，他知道家裡的經濟條件非常不好，父母把他拉拔大不容易。馮道只能穿最便宜的衣服，吃最便宜的飯菜，但他從來沒有為此抱怨過一句。

馮道的父親馮良建可能是老年得子，因為馮道在二十歲的時候就需要操持家務，奉養父親。還有一種可能就是馮良建身體不太好，五十歲左右時就落下一身病。

馮道的時間，除了照顧父親，都用在了讀書上。

每天都能從景城鄉下一個小院落裡聽到一陣琅琅的讀書聲，年輕的馮道席地而坐，手裡抱著書本，正在輕輕吟誦著書中的內容。

即使是寒冬臘月，積雪堆滿堂前，大地一片潔白，呼嘯的北風捲起雪花竄進堂中，凍得馮道猛打一個寒戰，馮道依然目不移處，沉浸其中。李白在《北風行》中描寫北方的大雪：「燕山雪花大如席，片片吹落軒轅台。」

在三四月份的初春，河北地區經常遭到大規模沙塵暴的侵襲。由於馮道的讀書場所是開放式的，所以每次颳起大風，灰塵都會像降雪一樣，堆滿了馮道的席子上。馮道對這一切毫無知覺。

馮道的選擇

「修身齊家治國平天下」，這是中國傳統知識份子放諸四海皆準的行為準則。絕大多數讀書人都希望學有所成，出將入相，青史留名，喜歡梅妻鶴子、臥居林下的只是一些仕途不如意或徹底看破紅塵的士人。

讀書人進入官場，除了在政壇上大展拳腳，實現抱負之外，做官的紅利卻是不能不提的。古代的讀書人進入官場，主要考慮兩點：一則施展所學，二則賺錢。就像宋真宗趙恆在《勸學詩》中說的：「書中自有顏如玉，書中自有黃金屋。」

自從隋文帝楊堅建立科舉制度以來，中小地主階層的知識份子就多了一條進入官場的便捷通道。特別是唐朝的科舉制度日益完善，由科舉入仕已經深入人心。比如中唐詩人孟郊四十六歲中進士之後，在極度興奮的狀態中寫下著名的《登科後》：「昔日齷齪不足誇，今朝放蕩思無涯。春風得意馬蹄疾，一日看盡長安花。」

作為鄉村知識份子，無權無勢無門路，馮道要想麻雀變鳳凰，只能去參加科舉考試。

不過馮道所處的時代卻是歷史上最黑暗動盪的時期之一——唐末軍閥混戰。那些狂暴的武夫控制著一個個藩鎮，軍政財權一把抓，是名副其實的土皇帝，甚至連皇帝的人身安全都控制在大藩手上。在這種情況下，即使馮道金榜登科、位居台輔，他又能施展出什麼樣的抱負呢？

如果不參加科考，還有另外一條進入官場的路子，就是進入軍閥控制的藩鎮，做一名幕僚，從而尋找晉升的機會。比如比馮道稍長一輩的唐末詩人唐彥謙（即五代宋初名臣陶谷的祖父）。

唐彥謙進入河中節度使王重榮的幕府，因受到王重榮賞識，累遷至河中節度副使。不過絕大多數的知識份子還是願意通過科舉考取功名，即使是功成名就的唐彥謙，他也是屢試不中，被迫入幕的。

擺在馮道面前的有兩條路，參加科舉有名無實，進入藩鎮幕府有實無名，這對一個從小就飽讀聖賢書的知識份子來說並不是一個輕鬆的選擇。

經過慎重的考慮，馮道還是決定放棄入京趕考，進入當地幕府工作。除了上面所說的科舉已名不符實的原因之外，想必還有一個馮道難以啟齒的原因，就是囊中羞澀。從景城到長安，路程遙遠，馮道又沒有馬匹，只能步行千里赴京，沿途要打尖飲食，這對於還沒有收入的馮道來說，是一項難以承受的開支。

在唐朝末年，馮道所在的瀛州景城縣處在盧龍節度使劉守光的控制之下，所以馮道很自然地就近進入幽州幕府。

劉守光是唐末五代著名的搞笑軍閥，能力低下，但耍寶能力一流，留下了許多傳世笑柄。劉守光並不是創業的第一代，而是含著金湯匙出生的官二代。劉守光的父親劉仁恭在幽州也算是響噹噹的人物，曾經挖地道攻克易州，當時人送外號「劉窟頭」。

劉守光的狂悖自大實際上也源於家傳，劉仁恭野心勃勃，曾經狂言要取代時任盧龍節度使的李匡威，被李匡威貶為縣令。說來也是一種巧合，劉仁恭出任的正是景城縣。後來劉仁恭在河東節度使李克用的幫助下，攻克幽州，自立為盧龍節度使，圓了自己的夢想。

劉仁恭是典型的亂世軍閥，為了徵兵備戰，劉仁恭把境內所有十五歲至七十歲的男子掠入軍中，強迫他們為自己賣命。更要命的是，劉仁恭對知識份子也異常殘暴，他下令讓所有士人在胳膊上都紋上四個字：「一心事主。」

不過也有一些幸運的漏網之魚，史稱「或伏竄而免」，馮道應該就在其中。在這些「伏竄」的知識份子中，有相當一部分削髮出家，比如馮道後來的官場好友趙鳳，就逃到晉陽的寺廟出家避難。

劉仁恭殘暴不仁，他的寶貝兒子劉守光也學得像模像樣，不但姦淫了父親的小妾羅氏，還垂涎於父親手上的權力。在唐天祐四年（九〇七）四月，劉守光發動兵變，軟禁了父親，自立為盧龍節度使。

劉守光喜歡權力、喜歡美女、喜歡別人拍他馬屁，唯獨不喜歡知識份子。在對待知識份子的態度上，劉守光父子的態度如出一轍，賤之如糞土。

《舊五代史・晉書・張希崇傳》記載：「劉守光為燕帥，性慘酷，不喜儒士。」這一點甚至還不如唐末反王黃巢，黃巢雖然落草為寇，但非常尊重知識份子，不殺被俘士人，每餐必食肉。

劉守光從小就不讀書，一副浮浪子弟的作派，也指望不上這種人去尊重士人。劉守光甫一得志，就開始對知識份子階層進行大清洗，史稱「名儒宿將，多無辜被戮」。

在劉守光看來，筆桿子不如槍桿子。張希崇本來是個文人，精通《左氏春秋》，但不受重用。為了擠進權力高層，張希崇不惜放棄文人身分，改作武將，這才被劉守光所信用。五代最殘暴、最不尊重知識份子的政權——後漢，所實行的賤儒政策，應該就是從劉守光這裡取來的「真經」。

面對這麼一對活寶父子，馮道依然沒有別的選擇，只好硬著頭皮來找劉守光謀個差使。

劉仁恭父子勢力最盛的時候，統治盧龍軍和橫海軍兩大藩鎮，勢力範圍包括今河北省北部、東部，北京市和天津市的全部，以及遼寧省西部，是當時有實力爭奪天下的大藩之一。馮道所在的景城縣位於幽州以南五百里，年輕的馮道收拾了一下簡單的行裝，拜辭了老邁的父親，踏上了充滿未知的道路。

馮道傳奇人生中謀到的第一個差使，是劉守光安排的幽州參軍。這個職務的品級並不高，只是從七品級下，相當於縣級政府的局長。按唐制，州郡參軍分有司功、司倉、司戶、司田、司兵、司法六曹，不清楚馮道具體負責的是哪一塊。但不管怎麼說，馮道的運氣都算不錯，至少是直接進入公務員編制，端起了鐵飯碗。

劉守光為人庸淺鄙陋，但至少他還願意做些表面文章，把自己打扮成尊重知識份子的賢明領導，唐末大亂，軍閥割據，各地的土皇帝們都知道智力的重要性，紛紛開府納士。《舊五代史•唐書•李襲吉傳》記載：「自廣明大亂之後，諸侯割據方面，競延名士，以掌書檄。」劉守光也不例外。

劉守光臭名遠揚，馮道不可能不知道劉守光的「英雄事蹟」，但馮道初入幽州幕府，還是希望能憑自己的真才實學改變劉守光的頑劣品性，把這個行事荒唐的官二代改造成一代英武賢明的納諫者。

馮道是個標準的儒家知識份子，平生苦學，所為者何？無非是修身齊家治國平天下。劉守光不成體統，但如果能成功改造這個頑劣公，馮道的大名必將鐫刻在歷史的豐碑之上。

不過，劉守光的頑劣品性是天生的，根本不會有絲毫的改變。劉守光為人狂妄自大，見天下大亂，打算稱帝自娛，甚至敢明目張膽地穿上赭黃袍，告訴屬下：「我想當皇帝，你們覺得如何？」

此時的馮道所任的參軍（《舊五代史》記為「幽州掾」）並非幽州軍政參謀系統的核心職位，馮道沒有太多的機會接觸到劉守光。

同在燕帥幕府做事的前滄州節度判官孫鶴倒是性直敢言。孫鶴勸劉守光不要做自絕於天下的愚事，何況燕國現在地不算廣，兵不算強，四周皆勁敵，不如恃險固守，靜待時變，劉守光聽後非常不高興。

在馮道進入燕帥幕府的初期，燕國第一謀士非孫鶴莫屬，史稱孫鶴是「骨鯁方略之士」。孫鶴共勸諫劉守光三次，結果在第三次的勸諫中，孫鶴勸劉守光不要貿然稱帝，惹急了劉守光，將孫鶴凌遲寸割。梁乾化元年（九一一）八月十三日，燕王劉守光在幽州自稱皇帝，國號大燕，改元應元，過了一把亂世皇帝癮。

死諫

孫鶴死於梁乾化元年（九一一）八月，而馮道是唐天祐年間（九〇四—九〇七）投靠劉守光門下的，也就是說，馮道極有可能親眼看到孫鶴被大卸八塊。

孫鶴的死狀極慘，在臨死之前，孫鶴痛聲大呼：「大王不聽臣言，百日之內必有敵兵犯境！」劉守光還在獰笑，並讓軍士用泥土塞孫鶴之口，以小刀慢割之，然後將剛割下來新鮮的肉塞進嘴裡大快朵頤。

因為不能說話，孫鶴的身體在劇烈顫抖，眼睛瞪得如牛鈴一般，鮮血流得到處都是，場面非常恐怖。被劉守光強迫站在下面看熱鬧的大臣們，已經有膽小的嚇得尿濕了褲子。

馮道一如既往的沉默……

孫鶴的死，不可能不對馮道產生影響。雖無史料記載，但可以猜想得到，他一定會為當初選擇劉守光感到一絲後悔。跟著這樣一個暴君，別說治國平天下了，能活到哪一天都不知道。

孫鶴的下場，也許就是馮道明天的下場。

馮道的性格比較符合傳統儒家「允執厥中」的行為標準，但真正意義上的傳統儒家並非後世所傳的那樣庸猾、善於明哲保身，骨鯁之士大有人在。馮道就是如此。

馮道後期誠然有許多明哲保身的「聰明」之舉，但並不能因此否定馮道前期在他身上湧動的那股熱血，此時他還是積極進取的。年輕人之於老年人，最大的區別就是有無朝氣。

孫鶴的慘死，反而更加刺激了馮道改變劉守光的決心，面對寒光閃閃的刀斧鋸刃，馮道毫不避讓，強項而出，站在了劉守光面前。孫鶴面對刀斧，直言求死，馮道同樣可以做到。

事情的起因是劉守光打算進攻盤踞在定州（今河北定州市）和易州（今河北易縣）的義武軍節度使王處直。

義武軍的地盤並不大，是河北五大勢力（朱溫、李存勗、王鎔、劉守光、王處直）中最弱小的，但戰略地位非常重要。由於義武軍距離幽州實在太近，一旦義武軍為他人所得，敵軍就可直接威脅到劉守光的大燕國都幽州，而且劉守光志在天下，欲向南擴張，義武軍是他必須邁過的門檻。

劉守光敢於向王處直張牙舞爪，是有一定實力基礎的。和弱小的義武軍相比，劉守光的實力在當時天下也是位居前列的，正如劉守光自己誇口：「大燕地方二千里，帶甲三十萬，東有魚鹽之饒，北有塞馬之利。」早在唐光化三年（九〇〇）的南老鴉堤之戰，梁將張存敬大敗劉仁恭，斬首五萬，獲戰馬一萬多匹，也並沒有對燕國的整體實力造成太大影響。

劉守光自信滿滿，覺得此戰必能鯨吞易、定二州，而且劉守光是不會輕易改變自己主意的。但為了謹慎起見，劉守光還是召集門下將吏，舉行御前會議，讓大家對進攻義武軍的利弊展開大討論。

由於目睹了孫鶴的慘死，幽州的幕僚們面對殘暴的君主，都選擇了沉默，雖然他們未必都支持劉守光的軍事行動。這些聰明人已經打定了主意，「萬言萬當，不如一默」。隨便劉守光怎麼折騰，幕僚們相信以自己的才智，劉守光倒了台，他們可以換個地方吃飯。

只有馮道站出來，堅決反對劉守光對義武軍用兵。這一年的馮道，只有二十九歲，正是血氣方剛的年齡，士人的道德操守讓馮道無法說服自己做個冰冷的看客。「食君之祿，謀君之事」，馮道認為理所當然，即使他有可能做第二個慘死的孫鶴，馮道依然沒有選擇後退。

《舊五代史・周書・馮道傳》記載：「守光引兵伐中山，訪於僚屬，道常以利害箴之。」

遺憾的是，史料上並沒有記載馮道在勸諫劉守光的過程中都說了些什麼，但可以猜測到的是，馮道的勸諫一定是非常切直，語氣不是特別恭順，讓喜歡聽場面話的劉守光非常不受用。

馮道並不是一個擅長戰略規劃的人物，但如果燕兵進攻義武軍，必然會招致周邊大國梁朝和河東的不滿，處在義武軍之南的趙國王鎔也會感覺到唇亡齒寒，很容易讓劉守光變成出頭鳥，被各方圍攻。這個道理，以馮道之才，是應該能夠考慮到的。

還有一點，就是馮道的傳統儒家思維定式，也決定了他勸諫的重點會放在內政上。實際上混亂而且殘暴的燕國根本沒有內政可言，除了燒殺搶掠，劉守光也不會做別的。

在內政不穩的情況下對外用兵是非常危險的，一旦舉措不當，很容易引發形勢崩盤。一個最明顯的例子就是前秦皇帝苻堅不顧國內梟雄遍地，強行伐晉，結果淝水土崩，天下變色。

時間過了很久，大殿上迴盪著馮道激昂的聲音：「陛下若不聽臣逆耳之言，臣恐禍亂將及，社稷不存！臣食君之祿，不敢忘君之憂，臣若直言折辱君王，唯有死而已。」

馮道知道自己所說的這些是劉守光難以承受的，他已經做好了和孫鶴一樣慘死的心理準備。

此時的劉守光臉色變得鐵青，嘴角不停地抽搐。

劉守光表面上延攬名士，實際上他是聽不進去任何逆耳忠言的。在自負狂妄的劉守光看來，任何反對意見都是對自己不忠的體現，他很難容忍屬下這樣的行為。

劉守光容不下孫鶴，同樣會容不下馮道。

劉守光突然從座位上站起來，情緒激動地指著馮道破口大罵，所罵之辭全是市井鄙語。

馮道知道劉守光會是這樣的反應，巋然不動。

劉守光罵夠了，然後冷笑一聲，命殿上武士拿下馮道。數名武士領命上前，反剪馮道雙臂，摁倒在地上。

不過劉守光並沒有像之前對待孫鶴那樣，把刑場設在殿上，將馮道大卸八塊，而是將馮道投進監獄，聽候發落。馮道不知道接下來劉守光會如何處置他，但他卻從來沒有懼怕過。

殿上只有馮道淒厲的大笑聲在迴盪……

劉守光沒有殺馮道，原因不詳。孫鶴之前死諫劉守光，話語並不激烈，卻遭到虐殺。馮道勸諫的激烈程度應該和孫鶴不相上下，劉守光卻僅繫馮道於獄，原因應該只有一個：馮道平時會做人，處事相對圓滑，比較得劉守光的歡心，所以劉守光留給馮道一條生路。而孫鶴有可能平時太耿直，不為劉守光所喜，所以劉守光借題發揮，處死孫鶴。

年輕的馮道被踉踉蹌蹌推進牢門的那一瞬間，他似乎已經預想到了自己的人生即將終結，所有的理想都將化為泡影。

不知道馮道此時是否為死諫劉守光而感到後悔，相信馮道沒有。因為劉守光的殘暴眾所周知，在馮道強項而出時，他應該能夠預想到劉守光會如何處置他。

士不死於國，必死於諫，得無愧其生所讀聖賢之書！

馮道在靜靜地等待著死神的降臨。

拯救馮道

讀書人都有一個特點，就是特別重視名節，都希望死後能青史留名，萬古留芳。此時的馮道所焦慮的，也許並不是人頭落地，而是後世的青史簡冊能否記得曾經有一個名不見經傳的幽州參軍因諫主而死。

馮道對死亡恬淡處之，掃盡青衫著灰處，正坐以待死。只是讓馮道沒有料到的是，在牢獄之外，為了營救幽州馮參軍，有許多人在奔走呼號。

這些人為什麼要救馮道，簡要地說，既為了馮道，也為了他們的理想。

任何一個時代的幕府，都聚集了大量中下層知識份子，這些人往往以忠君之事，盡臣之責自許。昨日殺孫鶴，今日殺馮道，明日被劉守光處死的就有可能幕府中的所有人，只有馮道不死，大家才有可能活下去。

士人修身齊家治國平天下，以死諫主是人臣本分，馮道平時在這方面做得非常突出。而且馮道又善於為人，人緣頗佳，馮道出了事，但沒有立刻被處死，這給了馮道的同僚們最後的機會。

由於史料所限，後世的人們並不清楚馮道的同僚們是如何營救馮道的。首先能確定的是，要救人，只能走劉守光的這一條門路，否則只要劉守光不鬆口，任誰也救不了他。

劉守光為人狂妄尖刻，剛愎自用，向來是不承認自己犯錯的，為了自己的面子，他連老爹的面子都不給。不知道出於什麼考慮，劉守光這一次給足了馮道的同僚們以及馮道本人面子，大燕皇帝下一道手令：釋馮參軍出獄。

《舊五代史・周書・馮道傳》：「置（馮道）於獄中，尋為人所救免。」死諫以成名，馮道這個意願落了空，但命運同樣給了馮道一次實現人生理想的機會。相比於治國平天下，死諫不過是士大夫次而又次的選擇。活下來，有可能會遭到更大的羞辱，不過馮道至少還有機會爭取出將入相，這顯然是馮道更樂於接受的，而於孫鶴永遠沒有機會了。

不過，馮道雖然僥倖從劉守光刀口下撿回一條性命，但令人意外的是，劉守光既不重用他，也沒有放他出燕另尋明主，而是將馮道變相軟禁了起來。馮道死諫劉守光，發生在梁乾化元年（九一一），而此後的三年多時間裡，史籍中再無馮道的記載，直到劉守光於西元九一四年被盤踞河東的晉王李存勗消滅，馮道才緩緩地穿越歷史的重重迷霧，重新站在世人的面前，成為李存勗面前的紅人。

這三年多的時間，沒有人知道馮道都做了什麼，大致有兩個可能：

一、被劉守光將官職一擼到底，罷廢在家閒居，或者乾脆軟禁起來，失去人身自由。

二、官居原職，但劉守光警告馮道：再多嘴饒舌，就把聯名救你的那些人一併處斬。

除此之外，劉守光是不可能升馮道官職的。

從《舊五代史・馮道傳》的記載來看，不論劉守光如何處置馮道，馮道都極有可能被劉守光冷藏了起來，不殺，也不用。

劉守光並非不知道士人之於政權建設的重要性，只不過他天生的殘暴性格不允許他接受士人們對自己的勸諫，殺馮道，會激怒更多的士人；不殺馮道，這些多嘴饒舌的讀書人會吵得劉守光睡不著覺。對馮道不殺不用，也許是劉守光對以馮道為首的中下層士人們最大的讓步了。

而司馬光在《資治通鑑》第二百六十八卷中卻留下了一個與《舊五代史》、《新五代史》完全相反的記載，根據司馬光的說法，馮道確實被下了大獄，也確實被同僚救了出來，但之後的馮道並沒有留在劉守光那裡等死，而是背著包袱，趁著星夜，暗中逃離幽州，改投河東晉王李存勗門下。

從邏輯上講，馮道懷抱治國平天下之志來投奔劉守光，既然劉守光不給他任何機會，他完全可以改換門庭，去找李存勗要飯吃。問題正如上面所分析的，劉守光會讓馮道離開嗎？可能性很小。至少劉守光會有一層顧慮，以馮道對幽州內部軍政的了解，一旦把對劉守光懷恨在心的馮道放入河東，馮道極有可能做李存勗的嚮導，引晉兵滅燕。劉守光再傻，也不至於搬起石頭砸自己的腳。

馮道下獄被救的事件很快得到了平息，劉守光也沉醉於他的「爭霸大業」中，馮道曾經青衫挺拔的形象在大燕皇帝的腦海中已漸模糊。事實上，這件事情在史書中著墨並不多，無論是《舊五代史》、《新五代史》還是《資治通鑑》，均是一筆帶過，但往往為後人所忽略的是，此事對馮道性格重塑的影響。

馮道在明知諫則將必死的情況下，還挺身而出，冒著被凌遲處死的危險，勸說劉守光改惡從善，體現了封建士大夫應有的骨氣和大義。這次死諫劉守光幾乎是馮道從政一生中僅有一次的高潮。此後，他再無死諫的舉動，不能不說這是此次死諫險些被殺帶給馮道的心理陰影。

孫鶴的慘死，自己被繫下獄，這都是現實留給馮道的巨大質疑，致君堯舜的下場就是如此嗎？馮道大義諫主的下場差點被處死，那麼，再傻呼呼的挺身死諫既不能上致君堯舜，也不能下安定黎庶，還有何意義？

後人對馮道性格的突然轉變有些不解，何前倨而後恭耶！倒是南宋遺民胡三省用一個比較合理的邏輯來解釋這一切。胡三省在《注資治通鑑》第二百六十八卷中是如此點評馮道死諫劉守光的，「馮道自此歷事唐、晉、漢、周，位極人臣，不聞諫爭，豈懲諫守光之禍邪？」

胡三省說的有一些道理，只是他所說的，與本文在這裡所講的並非是完全一回事。馮道在後來被人們視為官場老油子，除了馮道事五朝君主而面無愧色，也和馮道不再死諫君主有關。

本文在這裡講的馮道性格轉變，是指馮道經過劉守光的這番折騰，對維護人生直曲的方式有了重新定位。馮道不再像這次死諫劉守光那樣，幾乎是以性命相搏，但他並非沒有過諫爭，只不過手段由過去的急風驟雨變成了和風細雨，難道只有死諫君主才稱得上諍臣麼？

在此一事件後，馮道還有兩次著名的諫爭，即西元九一九年的馮道諫晉王李存勗救大將郭崇韜，以及西元九五四年的馮道諫周世宗柴榮親征北漢。這兩次諫爭都引起了君主的怒火，因為馮道說話尖酸刻薄，柴榮差點和馮道當場翻臉，而李存勗對馮道也是怒目圓睜。這兩次諫爭雖然不像對劉守光那樣火藥味十足，但也非一般的刻薄君主所能承受得住的。

好在柴榮為人厚道，對馮道只是採取了冷處理，政治待遇不變，李存勗在創業階段也從諫如流，馮道並沒有經歷像幽州死諫劉守光那樣的危險。

而胡三省所說的則是馮道自幽州死諫事件之後再無諫爭，這顯然並不符合史實。胡三省希望馮道次次都能死諫，只有這樣，才能洗刷後人（特別是宋人）對馮道的刻薄評價。

可問題是，宋人都做不到的事情，又憑什麼要求馮道做到？眾所周知，司馬光最堅決反對王安石變法，可面對支持王安石變法的宋神宗趙頊，司馬光也不曾死諫過，歐陽修也沒有。

選擇新老闆的學問

河東天祐十年（九一三）十二月二十四日，一個寒風刺骨的日子。劉守光以及被劉守光軟禁多年的「太上皇」劉仁恭極其不堪地成為晉王李存勗的階下囚，被押到晉陽獻俘，然後當眾斬首。劉守光不是一個英雄，他遠不如同樣戰敗被俘，然後同樣被處死的大夏皇帝竇建德。在鬼頭刀迎著太陽閃閃發光的時候，劉守光不顧尊嚴地哭號著求李存勗饒他一死，成為天下人的笑柄。

幽州不出意外地落入了李存勗的手中，但由於交接工作所造成的混亂，沒有人能確切地說出前幽州參軍馮道去了哪裡。就在幽州人為暴君劉守光的失敗而擊掌相慶時，曾經為幽州人所推崇感動的馮參軍，此時已經抄小路，來到了河東的政治中心太原（古稱晉陽）。

來到太原，就意味著馮道下一個侍奉的主人將是晉王李存勗。這並不是一個讓人意外的選擇。劉守光失敗後，馮道有五種人生方向的選擇：

一、投奔晉王李存勗。

二、投奔漠北的契丹大頭領耶律阿保機。

三、投奔割據義武的王處直或割據真定的王鎔。

四、投奔梁朝皇帝朱友貞。

五、自殺或隱居山野。

第五條直接可以忽略，馮道做不出來這種事情，不是因為他懦弱，而是因為他的心中還有一份致君堯舜，斯民小康的冀想。

第四條是馮道無法選擇的。李存勗的天才舉世公認，而大梁皇帝朱友貞平庸至極，河東在與梁朝的實力對比中優勢越來越明顯，明眼人都能看出來，朱友貞完蛋是遲早的事情。何況幽州距離晉陽比較近，而梁都開封距離幽州有一千多公里，只有傻瓜才會越過河東去投奔已經窮途末路的朱友貞。

第三條對馮道來說毫無意義，無論是王處直還是王鎔，都是晉王李存勗的附庸。投奔附庸，不如投奔其主人。

第二條更不可能，雖然唐朝人的夷夏之防沒有宋朝那麼變態，但讓馮道放棄在中原為官的機會，跑到漠北喝涼風，馮道並沒有興趣做第二個韓延徽，即使韓延徽是他的好友。

投奔李存勗，開啟另一段美好的人生，馮道並沒有其他道路可以選擇。

這裡出現了一個問題，馮道在河東沒有任何人脈關係，李存勗甚至不一定知道世界上還有馮道這個人存在。在人生地不熟的情況下，馮道去河東謀飯碗，李存勗真的會重用他嗎？

馮道很聰明，一時得不到與李存勗直接接觸的機會，但可以想辦法和最高領導非常倚重和信任的二、三號領導搞好關係，因為二、三號領導是經常下基層的。只要能得到二、三號領導的賞識，就等於得到了一架通天的梯子，干青雲而直上只是時間問題。

馮道很幸運，不知道他通過什麼手段，認識了河東集團的三號人物——監軍張承業，並在張承業門下混到一個泥飯碗。《新五代史・馮道傳》：「守光敗，（馮道）去事宦者張承業。」

張承業、周玄豹、盧質

我們先來了解張承業這個人。

張承業，字繼元，本姓康，同州人（今陝西大荔），生於唐武宗會昌六年或唐宣宗大中元年（八四六）。因為家貧的緣故，張承業在唐懿宗咸通年間（八六〇—八七三）入宮淨身做了太監，被內常侍張泰收為乾兒子。

因為張承業被唐昭宗李曄派往太原給河東節度使李克用做監軍，二人結下了深厚的友誼。後來宰相崔胤在梁王朱溫的支持下幾乎殺盡了宦官，並派人到太原，要求李克用把張承業交出來處死。李克用不忍好友被害，殺了一個犯人，把人頭交給崔胤，並把張承業藏起來。

因為這一層關係，等李克用把權力交給兒子李存勗時，張承業事實上的政治身分是顧命大臣，與大將軍周德威一起輔佐性格不是很穩定的李存勗。

如果說李存勗是五代十國的姜小白或苻堅，那麼張承業和周德威的合體就是管仲或王猛。李存勗對這位「老兄」極為倚重，甚至以兒子的身分拜過張承業的老母親。

在人性泯滅的唐末亂世中，張承業的人品算是比較正直的。但可能是因為張承業出身貧寒，所以他的階級本能對唐朝宰相的子孫極為反感。武宗朝名相李德裕的孫子李敬義就是因為這個原因遭到了張承業的痛恨，經常當面羞辱李敬義，「待敬義甚薄，或面折於公宴，或指言德裕過惡。」

好在馮道出身於清貧的知識份子家庭，這反而增加了張承業對他的好感。張承業很欣賞馮道身上的那股書生氣質，而不是那些一身公子哥臭脾氣的公卿子弟。

張承業雖然是個太監，但他骨子裡卻是士大夫作派。如果不是因為家貧去勢，張承業很有可能像大多數士子一樣，伏案讀詩書，貨賣帝王家，求取功名。所以從這個角度上來講，馮道去找名為太監實為士林領袖的當權派要飯吃，並沒有辱沒馮道的讀書人臉面。

馮道是讀書人，雖然在幽州受到了很大的打擊，對人生的態度有了細微的變化，但骨子裡的文人氣質是改變不了的，而張承業最喜歡馮道的就是這一點。

馮道的文章寫得非常漂亮，這一點從隨後李存勗任命馮道為河東掌書記的職務上可以看得出來。張承業無緣由地喜歡馮道，其實是張承業從馮道身上找到了另一個自己，曾經渴望像他那樣不避斧鉞死諫求名的人生。

馮道很快得到了張承業的認可，張承業認為馮道之才可直取公卿萬戶，他曾經認真讀過馮道幾乎所有的文章，「重其文章履行」。張承業是唐朝為數不多的尊重知識份子的太監，實際上以張承業的政治地位和政治操守，他更像是失勢的良士大夫，比如司馬遷。

張承業應該是知道馮道在幽州死諫劉守光的事情的，這更讓張承業堅信眼前這個青衫挺拔的年輕人必是人中龍鳳，前途不可限量。張承業決定不惜代價幫助他實現理想。

但讓張承業以及馮道沒有想到的是，在馮道即將走上馬上任的時候，卻憑空跳出一個馮道的冤家，極力反對重用馮道。此人就是五代十國最著名的算命先生——周玄豹。

周玄豹和馮道是同鄉，都是幽州人。他在少年時期曾經落髮為僧，後又還俗，跟著老師學會了算命術，當時稱為「知人之鑒」。此後周玄豹就靠這招獨門絕活行走江湖，他曾經給兩個貴人算過命而轟動江湖。

第一個就是唐明宗李嗣源，在李嗣源還沒發跡時，有一次張承業把李嗣源混跡於普通武士中間，請周玄豹從中挑出一個貴人。周玄豹一眼就看出李嗣源骨法非凡品，並說李嗣源的夫人夏氏將來必生貴子。第二個就是後蜀後主孟昶，周玄豹第一次見到孟昶時就驚呼：「此四十年偏霸之主，非等閒也。」就因為這句話，孟知祥才決定立孟昶為太子。

周玄豹為人雅鑒如此，卻偏偏和馮道合不來，而且二人早在幽州期間就應該認識。不知道他們之間到底發生了什麼事情，以至於讓周玄豹對馮道耿耿於懷。

以馮道的性格來看，他主動做錯事情傷害周玄豹的可能性非常小，也許是馮道無意中得罪了周玄豹，心眼小如麥芒的周玄豹就記恨上了馮道。當聽說張承業準備向晉王推薦馮道時，周玄豹立刻急眼了。

我們的眼前會浮現出一個很滑稽的場面：

身著布衣皂袍的周玄豹拈著老鼠鬚鬍子站在閉目微坐的張承業旁邊，運用自己的算命專業知識，喋喋不休地在張承業的耳邊說馮道的壞話。

「大人是如何想起來要用馮道的？」周玄豹語氣中帶著明顯的慍怒。

張承業雙目微張，笑了：「惟其有才！」

「以玄豹的相人術來看，馮道面目尋常，天庭晦暗，非大富貴之人。玄豹料定此人必無大好前程，張公何必用此人？將來馮道無前程，張公豈不有失識人雅鑒！」

周玄豹對於馮道的攻擊，張承業應該是知道原因的，周玄豹這是對馮道進行打擊報復，他當然不會聽周玄豹的。張承業是從骨子裡對馮道有好感，並不會因為周玄豹這通沒有任何根據的胡扯而改變主意。

與張承業一樣，對馮道有好感的，還有河東記室參軍盧質。

在五代的官場上，盧質是個奇人。

人在官場上混，圖的就是功名利祿，而盧質卻反其道而行之。因為盧質的性格比較疏闊懶散，對官帽子興趣不大，他在官場上廝混，更像是玩票性質。

唐莊宗李存勗在魏州即將稱帝時，因為宰相盧汝弼、蘇循相繼去世，李存勗準備用盧質為相。河東即將滅梁統一中原，做大國宰相是許多人夢寐以求的，但盧質居然拒絕了皇帝的美意，留在太原當他的太平小官。

盧質還有一個奇怪的愛好——酒醉之後喜歡罵人，特別是河東宗室，沒有一個躲過盧質的毒嘴。李存勗的一溜兄弟，經常被盧質當眾辱罵為豬狗，兄弟們都成了豬狗，李存勗自然也是豬狗，死去的爹李克用就是老豬狗，李存勗自然恨這個大嘴巴。要不是張承業巧言相救，盧質的腦袋早就搬了家。

表面上看，馮道在求功名，而盧質在退功名，處在兩種處事的極端。其實從本質上來說，盧質和馮道對官場的態度是一種人生觀的兩種不同體現，馮道追求的是大隱隱於朝，而盧質追求的則是中隱隱於市。

從這種角度上來看，盧質對馮道的好感是再正常不過的，「物以類聚，人以群分」，古今中外莫不如是。

盧質替馮道打圓場的方式非常有意思，他並沒有直接吹捧馮道，而是巧妙地把唐德宗朝名相杜黃裳拎出來，與馮道相提並論。從歷史記載來看，盧質並沒有出現在張承業面前，而應該是張承業派人去找盧質問意見後，盧質才說的這些話。

盧質告訴來人：「我對馮道這個人不了解，但我卻見過此人，此人貌相，與先朝杜黃裳司空畫像極為相似。僅憑這一點，我就敢說馮道將來必成大用，張監軍不要聽周玄豹胡說八道。」

杜黃裳是唐朝中期官場上的重量級大腕，出身一線權貴豪門京兆杜陵，曾經跟著一代名將郭子儀殺伐於江湖，郭子儀入京後，杜黃裳全面代理朔方軍政。後來王叔文執政，滿朝盡拜王叔文，杜黃裳卻堅定地站在了皇太子李純的破船上。

李純登基後，杜黃裳輔弼左右，平蜀定夏，功威卓著，是唐憲宗朝早期的戰略制定者，一代名相裴度只是小一號的杜黃裳。

《舊唐書》稱讚杜黃裳「舉無遺算」，《新唐書》稱「（杜黃裳）有王佐大略」，雖然死後被查出有受賄的惡名，但並不影響杜黃裳的名相地位。

張承業當場拍板：就是馮道了。

在當時的河東權力格局中，張承業的地位僅次於晉王李存勗，和武臣之首周德威的地位幾乎相等而稍遜之。周德威通常不負責文臣事務，用人方面的業務，基本上被張承業壟斷。李存勗的母親曹太后非常敬重這個老太監，李存勗不敢輕易在張承業面前放肆耍橫。

張承業在李存勗面前力薦馮道，雖然史無明載張承業都說了什麼，但張承業很可能把盧質的原話搬了過來，說我們千萬不能放跑了這個馮黃裳，否則有我們後悔的。

稱帝之前的李存勗，可以說納諫如流，基本是個明君作派。既然張承業把馮道誇成了一朵花，那馮道肯定就是一朵花，張承業的面子一定要給。

李存勗在兼併河北之後，每天要面臨許多棘手的軍國政務，身邊沒有一個得力的機要秘書是不行的。而且李存勗為人風雅，擅作詞章，著名的詞牌《如夢令》便是李存勗所作，所以李存勗的機要秘書為人也要風雅，不能像個機器人一樣冰冷無趣。

李存勗重用馮道的竅門

在張承業府中當了幾天混飯吃的門客，馮道正式來到晉王府履職，職務是「霸府從事」。霸府不是正式機構名稱，而是政權草創過程中必不可少的過渡權力機關，比如曹操、劉裕、高歡、宇文泰這些亂世梟雄都設有凌駕於皇帝之上的霸府。

從事是漢魏以來州級佐官的簡稱，比如州以下設有別駕從事史、治中從事史、祭酒從事史等，幫助「州長」處理一些具體事務。到了唐末，從事一職就基本上成為寄居於霸府的幕僚成員，相當於馮道在劉守光幕府中擔任的參軍，並不是幕僚集團的重要職銜。

李存勗丟給馮道一塊「從事」的小餅，味道並不比馮道之前在張承業府上當門客好多少。實際上，奧妙就在這裡。

雖然史書上沒有明確記載，但我們可以相信，張承業推薦馮道時，就是衝著空缺的霸府機要秘書一職去的。

唐末五代的機要秘書，官稱是「掌書記」。

掌書記，相當於現在政府機關的辦公廳主任，是藩鎮最高長官的貼身政治秘書。除了負責文案秘書之外，還要管節鎮長官的朝覲事宜，以及朝廷發下來的誥令文書，各節鎮之間的外交往來，慰問下屬，祭祀天地，甚至還有人事升遷之權。

要成為一名上司信任的掌書記，首先要求文字功底一定要紮實。許多領導需要的文案報告，以及對其他藩鎮的外交文書，都出自掌書記之手，這是半點也不能出紕漏的，否則就要釀成重大的政治事故。

其次，掌書記一般都由江湖上的名士擔任，比如前科進士或士林名流，或者是首席智囊。具體人物有西川王建的掌書記韋莊、河東李克用的掌書記李襲吉、兩浙錢鏐的掌書記羅隱，河東石敬瑭的掌書記桑維翰，以及趙匡胤的歸德軍掌書記趙普。

以張承業對馮道的欣賞來看，他沒有必要親自出面遊說晉王，卻僅僅為推薦馮道出任從事，這是非常掉身價的。能讓張承業這等身分的人物出面說項，也只有掌書記這樣位高權重的職位。

張承業的面子，李存勗不能不給。而且李存勗也應該從張承業或盧質那裡對馮道有了一個全面的了解，馮道確實是個掌書記的合適人選。

不過話說回來，如果李存勗直接讓從劉守光的「燕國」叛逃過來的降臣出任河東掌書記，會讓一部分河東本土的文臣吃醋的。這些人會想：放著我們這些本土人才不用，卻要用一個降臣，置我們於何地？

如果李存勗強行讓馮道出任掌書記，自然沒有任何問題，但這很容易造成河東本土派文臣對馮道的羡慕忌妒恨，不利於馮道的工作。

李存勗讓馮道先去做級別較低的從事，然後再找機會提拔他。而且還存在著另外一種可能，就是馮道以從事的職銜去做掌書記的工作，讓馮道盡早地熟悉工作。

《舊五代史・馮道傳》對馮道這兩個職務之間的安排說得非常清楚：「承業尋薦（馮道）為霸

府從事，俄（而）署太原掌書記。」

這個「俄」，就是「不久以後」的意思，以李存勗的豹子脾氣，他不會讓馮道等很久的。

這裡要交代一下河東集團的運營背景，在西元九一九年的正月，河東與梁朝爆發了一場大規模的戰役，即五代史上著名的胡柳陂之戰。

晉軍主帥周德威見梁軍勢大，主張後發制人，俟其氣竭可一舉圖之。而年輕氣盛的李存勗執意要主動進攻，周德威不得已，只好率兵強攻梁軍，結果周德威父子兵敗戰死。一同死於亂兵之下的，還有隨晉軍輜重前行的河東掌書記王緘。

河東的武膽周德威和文膽王緘同時戰沒，給李存勗造成的心理傷害是非常大的。以至於李存勗面對周德威和王緘的遺體時，痛哭流涕，久而不絕。

周德威死後，河東第二名將郭崇韜很快填補了周德威的位置，但王緘空出來的掌書記一職，卻存在著很激烈的競爭。

馮道所面臨的最大的一個競爭者，是時任河東推官的盧程。

如果說河東掌書記是塊天鵝肉，不得不說，盧程是個想吃天鵝肉的癩蛤蟆。

盧程出身唐朝著名的豪門望族——范陽盧氏，祖父和父親都在唐朝任大官，是典型的官三代，天生就是靠爹吃飯的。盧程為人「褊淺」，沒有真才實學，卻倚仗著家世豪門，到處吹喇叭放炮，詆毀草根出身的官員。河東的士林名流一提到盧程，沒有不反感的。

做人要厚道，出身豪門不代表你有騎在草根頭上擅作威福的資格。

可笑的是盧程眼高手低，明明自己是個癩蛤蟆，卻偏偏對著天鵝肉流口水，也不拿鏡子照照自己的那副嘴臉。

這不能怪李存勗不給他面子，李存勗曾經給盧程一次機會，讓盧程起草文書。盧程一肚子草包，哪會寫東西，只好厚著臉皮說臣不擅於此。

盧程不中用，其他人才都各司其職，不宜輕動。所以掌書記的職務，非馮道莫屬。

胡柳陂之戰後，李存勗帶著累累傷痕和周德威戰死的不堪回憶，回到了太原進行休整。在太原期間，李存勗最重要的工作，就是盡快地把馮道出任掌書記的事情定下來。

晉王聖明燭照，他當然知道馮道的背後，站著一群虎視眈眈的競爭者。如何用最小的政治成本提高馮道在文臣集團中的威望，是李存勗急需考慮的問題。

……

晉王以慰勞大臣為名，舉辦了一場盛大的酒會，河東政軍兩界的頭面人物都要到場參加，而新任河東從事不久的原燕國降臣馮道也廁列其中。

張承業知道晉王的用意，會心地笑了。

宴會的主角

李存勗內定馮道為掌書記，只有張承業詳知內情。張承業是否把消息暗中捅破給了馮道，讓馮道提前有個心理準備，不得而知。

但確實存在著一種可能，如果把消息告訴馮道，馮道是否會因為河東本土精英的虎視而拒絕接受出任掌書記？如果馮道拒絕，那還能用誰？總不能用盧程這個草包吧。

李存勗和張承業決定在宴會上對馮道採取突襲戰略，造成既定事實。

為了讓馮道提前有個心理準備，張承業很可能會私下告訴馮道：「晉王即將宣佈掌書記的人選，你是其中之一。」

馮道的內心在劇烈地掙扎！

掌書記，是一鎮之文膽，輔佐君王處理軍國重事，非心腹人才不敢輕授！自己僅僅是敗亡之餘，逃到河東混飯吃的降臣，卻有可能青雲獨步，成為一代文膽，輔佐君王橫平天下，躋身凌雲閣，長饗廟祀，這是每個讀書人都不可能抗拒的誘惑。

馮道是個謹慎的讀書人，平步青雲當然是求之不得，但馮道初來河東，還沒有建立自己的人脈。在這種情況下，馮道貿然出任掌書記，會不會遭到河東本土文臣的羡慕忌妒恨？如果這些人聯合起來給自己穿小鞋，自己還如何在河東立足？

馮道不是一個勢利的人物，他不同於為了追求功名利祿而不擇手段的肉食者。但如果就此放棄這個千古難逢的機會，馮道也許會後悔一生的。

人生要經歷許多岔路口，但是，如果走錯了一個岔路口，以後走下去的路，全是錯的。

如果晉王宣佈的掌書記人選就是自己，接受，還是拒絕？

七月的太原，流金如火，馮道的心更加熾熱。再加上與同僚互相敬酒，馮道感覺胸中有一股升騰之氣在翻滾，額頭上已經沁滿了汗珠。

這場宴會的主人是晉王，在李存勗示意要講話之後，殿上迅速安靜了下來。大員們放下箸杯，以謙卑的姿態凝視著晉王。晉王繼位之後，打了幾場極為漂亮的大勝仗，將一代強梟朱溫打得灰頭土臉，河東諸色人物，現在沒有誰敢挑戰李存勗的無上權威。

此時的李存勗，穿著一衣絳紅色的宴會便服，髮髻上裹著一巾青黑色的朝天襆頭，一髯漂亮的鬍鬚垂在胸前，英姿颯爽，霸氣側露。張承業坐在晉王左手邊上的席位，側首與李存勗四目相對時，君臣俱笑。

李存勗略微頷首，舉起案上斟滿美酒的銀樽，站了起來，逕直走向張承業。李存勗臉上帶著一絲調皮的笑意，對張承業說：「七哥，可知吾這杯酒是要賞誰的嗎？」

「反正這杯酒不是賞我的，僕深欲知大王欲賞何人此巵酒？」張承業又笑了。

李存勗用眼角掃了掃殿內，看到馮道依然靜靜地坐在角落裡，眼神中透露著些許不安，似乎有些心事重重。

李存勗的嗓音非常清亮：「吾今日置酒，有一件大事需要宣佈，就是掌書記的人選問題。吾已經有了人選，就在你們座中！」

「哦……」座中有些騷動。

武將們旁若無事，這事和他們沒半毛錢關係，他們只管掄起槍桿子殺人，耍毛錐子是文人們的工作。

而在河東文臣圈子中，確實有許多可能被選中的人物。比如李存勗曾經以宰相位相許的一代士林名流盧汝弼、曾任義武軍掌書記的豆盧革、一代儒俠辯才任圜，以及天雄軍掌書記張憲。至於志大才疏的盧程，他也知道自己沒有可能中選，在座中吹鬍子瞪眼，也沒人理他。

在這幾個候選人中，盧汝弼和張憲的可能最大。他們素有文名，又在河東經營多年，有一定的人脈累積。盧汝弼曾經做過李存勗的代理掌書記，能力上沒問題，就是為人貪婪，沒少收銀子，惹起物議，李存勗對盧汝弼已經有些敬而遠之。

排除盧汝弼，張憲是河東掌書記的最熱門人選。

張憲是太原本地人，時晉人多尚武，只有張憲儒服學文，二十歲時便精治《左傳》。張憲的文名，曾經被老一代的河東掌書記李襲吉高度肯定過，李襲吉稱讚張憲：「子勉之，將來必成佳器。」

張憲是李存勗親自奉厚幣請出山的，視為心腹之臣。在胡柳陂之戰中，軍中傳聞張憲與王緘同時遇難，李存勗痛哭失聲。張憲後被委任魏州掌書記，處在對梁朝決戰的軍事最前沿，須臾不能輕動。

在李存勗心中，張憲才是他稱帝後最合適的宰相人選，李存勗要不停地歷練張憲。如果只是平調張憲入為河東掌書記，並無此必要，而李存勗選定馮道出任河東掌書記，實際上就是替張憲鬆綁。

從這層意義上講，馮道是張憲的替身。

李存勗離開了張承業的席前，正朝著馮道所在位置的方向緩緩踱步。因為馮道的品秩比較低，所以他只能坐在最後首的位置上，幾乎挨在了殿門上。沒有多少大員注意到馮道卑微的存在。

馮道初來河東，也不認得幾個朋友，還有許多河東官員竊竊私語：這個容貌粗鄙如鄉野農夫的漢子是什麼來路？

而坐在馮道前面的，正是才不堪大用卻喜歡惹是生非的盧程。因為盧程的品秩比馮道高一級，所以李存勗去找馮道，必須經過盧程的面前。看到晉王朝著自己走來，盧程心中一陣緊張的狂喜：晉王莫不是來給我敬酒的？盧程還是沒有忘記掌書記那塊天鵝肉。

讓盧程沮喪的是，李存勗正眼都沒瞧他一眼，嘴角上掛著輕蔑的笑容，逕直掃過盧程面前，站在了馮道的席前。

看到英雄傳說中的晉王就站在自己面前，正微笑地看著自己，馮道明顯有些局促。抑或是緊張、抑或是激動，馮道忘記了他應該站起來，垂首束手，接受晉王的訓話。

李存勗知道是時候宣佈掌書記的人選了，他清了清嗓子，舉起手中的銀樽，看了一眼馮道，然後轉身對著座中大員說：「自王緘沒後，斯職厥缺，豈非無人！今日吾為國家尋得一文膽，卿等以為可賀不？」

李存勗站在馮道面前即將宣佈掌書記的人選，傻子也知道雀屏中選的是誰。

「此樽酒，賞卿！自今日後，卿便為吾書記。一應文翰詞章事宜，悉付卿處置。」李存勗在和馮道說話，他已經轉過了身。

……果然是自己！

幸福來得太突然。

誰不想一步登天？但當機會真的擺在眼前時，謹慎的人會考慮出任掌書記之後，如何面對紛亂複雜的人事關係。

馮道雖然初來河東，但對河東複雜的人事關係也多少了解一些，僅他所知對掌書記一職垂涎三尺的，就有坐在他前面的盧程。

前面講過，盧程出身頂級豪門，向來瞧不起草根出身的官員，經常「務恃門第，口多是非」。而馮道作為掌書記的有力競爭人選，自然會被盧程視為眼中釘肉中刺，以盧程的公子脾氣，肯定沒少明裡暗地地挖苦過馮道。

馮道的人生哲學其實很簡單：「寧退而食粥，不進而爭肉。」食粥亦能飽腹，無非伙食差了些。但如果進而爭肉，除非你有能力打敗所有競爭肉食者，否則自己就有可能被人當成肉食吃掉。

如果在李存勗宣佈名單之前，馮道還心存猶豫的話，等李存勗公開宣佈之後，馮道反而下定了決心——拒絕晉王的這次充滿善意的任命。

馮道看得出來，晉王非常欣賞他，這讓馮道非常感動，並為之驕傲。但馮道考慮更多的是，站在自己背後的盧程那幫人，眼裡已經冒出了仇恨的綠光，肯定會視他為潛在之敵。

馮道做出了一個讓在座所有人都驚訝的決定，「（馮）道以所舉非次，抗酒辭避」。

「臣初逢聖明，便蒙主上不次榮寵。然臣卑職末員，未立寸功，若超遷拔擢，恐亂進升之階，冷功臣之心，臣不敢受！」這應該是馮道發自肺腑的心裡話。

初入一個陌生的職場，馮道首先考慮的不是獲得什麼職位，而是人事關係上的經營。沒有人脈，能力越強，越遭人忌恨。盧程、盧汝弼等人都是河東老臣，特別是經常給自己上眼藥的盧程，一旦自己爬到盧程頭上，盧程肯定會咬人的。

而馮道之所以敢忍痛割愛，這應該是體現了馮道的一種自信：今日不取萬戶侯，他日必登凌雲閣！因為馮道只是以自己地位尚低為由拒絕，自始至終都沒有說自己才不及人。

當然，從陰謀論角度來講，也存在著另一種可能：馮道已經捏住了李存勗只能用馮道任掌書記的命門，所以以退為進，為自己掙來了見利不貪的美名。

但從人性邏輯上講，這種可能性並不大。馮道了解自己，但他未必了解李存勗，一旦激怒了晉王，自己在河東還有好果子吃嗎？晉王能給自己這麼大的面子，親自下座賜酒，這已經是破天荒了，難道還要讓李存勗痛哭流涕地請自己出山嗎？

馮道不是諸葛亮，李存勗也不是劉皇叔。

敢當眾拒絕晉王，除了「大燕皇帝」劉守光之外，想必也只有這位容貌粗陋的前幽州參軍馮道了。李存勗脾氣不太好，但他不至於傻到聽不出馮道這番話的弦外之音，這話分明是說給盧程等人聽的，馮道不想得罪那些人。

李存勗寧可不用馮道，讓掌書記一職空缺，也不會把這塊噴香的天鵝肉扔給盧程。

「卿不必過謙，書記一職，捨卿其誰！宜飲此杯。」李存勗不再像剛才那般客氣，話中已經明顯有了命令的口氣。

有人喜歡敬酒不吃吃罰酒，但馮道是從來不會讓別人得到給自己罰酒的機會的。馮道已經算清了一筆帳：得罪了本來應該順次升遷為掌書記的盧程，但有晉王的支持，盧程又能翻出多大的浪花？如果直接得罪了晉王……

初來河東不久的官場三四線人物馮道，在眾人發自內心的祝賀聲中，趨步離席，拜在晉王面前。「殿下不以臣新進庸陋，不次拔擢，臣敢不報效，竭力以死乎！」在經歷了劉守光和李存勗的冰與火之後，馮道很容易被發自內心的尊重所感動。

掌書記已經所署得人，霎時間，鼓樂響起，君臣拼得一醉方休，大殿上笑語盈盈，馮道更是多喝了幾杯。在恍惚間，馮道似乎看到了孫鶴的身影……

而馮道，似乎聽到了坐在旁邊的盧程在低聲自言自語，好像在抱怨晉王沒有把掌書記的重要職務交給他。

馮道已經醉了。

馮道沒有聽錯，盧程確實在為天鵝肉的旁落而不滿。

在官場上混，是要講資歷的。

按資歷，盧程能甩出馮道幾條街，再加上盧程門第顯赫，世閥公子敗給了一個荒村僻野來的鳳凰男，盧程自然會覺得臉上無光。

盧程是個很要面子的人，李存勗當眾掃他的臉面，盧程心裡的憤恨可想而知。李存勗是自己的老闆，盧程不敢當眾還擊李存勗。憋屈的盧程在宴會強灌了幾杯酒，回到家後關上門，厲聲發洩著對李存勗的不滿。

「主上何其輕才！放著錦繡人物不用，偏偏用什麼不知道從哪個土旮旯裡鑽出來的鄉野匹夫。

馮道何人！門第寒素，位非雅品，豈可輕許重地，真是氣死吾矣！」盧程只顧著罵李存勗了，卻忘記了當初李存勗首先給他機會，他自己沒這個能力接而已。

士閥制度在唐末雖然早已日薄西山，但其殘餘思維還在，盧程滿腦袋都是這種士族傳承的守舊思想。他所謂的人物，就是魏晉推行九品中正制所產生的士家子，庶族寒素是不能稱之為「人物」的。在盧程的潛意識中，馮道這樣的泥腿子出身只能出任一些微末小吏。像掌書記這樣的重要職缺，即使自己沒有勝任此職的文才，也不能交給馮道。

盧程還在府上生馮道的悶氣，而此時的馮道，已經正式走馬上任了。

河東第一文膽——馮道

作為最高權力機關的辦公廳主任，馮道面對的不僅是官場升遷的榮耀，更要面對各項繁雜的文案和應酬工作。

關於掌書記的權力範圍，前面已經講過了。如果從當時河東最高權力配置的情況來說，甚至可以這麼講，馮道此時已經是河東政界的第五號人物了。

頭號人物：晉王李存勗

二號人物：首輔張承業

三號人物：大將軍周德威

四號人物：郭崇韜

如果論行政級別，掌書記的地位並不是很高，初設時品銜不過從八品。但掌書記每天都在領袖身邊工作，是領袖最信得過的心腹，全程參與國家的最高絕密行動，甚至可以稱為最高領導核心成員，這也是為什麼盧程削尖了腦袋都想往裡鑽的原因。

盧程的能力根本無法勝任這個職位。馮道雖然因為這事得罪了他，但有了晉王與首輔的強力支持，馮道也非常有信心完成自己應該完成的所有任務。

《舊五代史・周書・馮道傳》：「時莊宗（李存勗）並有河北，文翰甚繁，一以委之。」

表面上看，文案工作每天就是坐在辦公桌邊，處理領導佈置的各項任務，給手下發號施令，日曬不著雨淋不著，實際上文案工作是非常枯燥乏味的。

文案是腦力勞動，特別是領袖的首席秘書，每天都要和政治打交道，是絕對不能出半點紕漏的。老秘書王緘在滅燕時就因為「露布」的問題鬧出一個天大的笑話，讓李存勗非常尷尬。「露布」本是一種檄文形式，就像「布告」不一定非要寫在布上。而王緘不學無術，不知道露布是什麼，居然找來一大塊白布，在白布上寫著討伐劉守光的檄文，幾名侍從捧著長長的「露布」念著內容，結果傳為當時笑柄。

馮道博學多才，綜覽百書，「露布」這樣的笑話，是不會發生在他身上的。

河東在老王爺李克用治下規模並不大，還三番兩次被朱溫砸過場子，那時的掌書記只管河東十餘州的文辭翰墨，工作量並不大。而李存勗歷經百戰，生產規模不斷擴張，已經佔有整個河東與河北地區，每天的文牘累積如山，馮道的工作量可想而知。

秘書長的工作繁重而複雜，事無巨細都要過問，馮道很容易患上辦公室綜合徵，頸痛腰酸是少不了的。雖然有點苦惱，但這卻是幸福的苦惱，馮道能有機會在最高舞臺上展現自己的政治才華，將來青史簡冊，少不了刻上他的名字，這是多少人望眼欲穿而不可得的。

不過，話說回來，有些人雖然有很強的工作能力，但因為沒有擺正「暴發」後的心態，以為捧了一隻終身不易的鐵飯碗，喪失了政治警惕性，或工作失誤，或被人算計，最終翻船落馬，遺恨終生。

馮道的官場生存法則

通俗地講，官場是一個建立在懸崖峭壁上，容量有限的名利場。

雖然都知道官場「成王敗寇」的潛規則，還是有無數的人正在為獲得名利場的門票而廝打，這裡每天都在發生著慘烈的角鬥。

勝利者推門而入，獲得無限名利，失敗者被推下懸崖。崖下雖然屍骨累累，但是沒有人會同情這些失敗者，因為每個人都有可能是失敗者。

如果馮道失敗了，同樣不會得到同情。

都說「伴君如伴虎」，實際上，與同事們的相處，同樣是與虎為鄰。

盧程在馮道出任掌書記之後就私下給馮道上了一道眼藥，說什麼鄉巴佬鳳凰男沒有資格驟得高位。雖然沒有更多的證據證明盧程在暗中是否聯絡其他的官僚給馮道穿小鞋，但從容貌粗陋的馮道在明宗時代當上宰相後，「士人多竊笑之」來看，官場上瞧不起他的大有人在。

這些人都是馮道的潛在敵人。

實際上，盧程把馮道當成官場上的競爭對手，而馮道的競爭對手，是他自己。

只要馮道本人不犯下愚蠢的戰略失誤，別人是很難扳倒他的。

馮道要想在暗箭頻發的官場站穩腳，首先要做到兩點：

一、工作上不出現讓晉王難以容忍的失誤，以免授人以柄，逼晉王罷黜自己。

二、與人為善，不要無謂地擴大敵對陣營。

關於第一點，可以相信以他的業務能力和素質，他不會給別人拿著放大鏡在雞蛋裡挑骨頭的機會。關於第二點，馮道有他自己的獨特理論。

馮道曾經寫過一部官場《葵花寶典》，即著名的《仕經》。在這部從官者必讀的生存小冊子中，馮道著重講了兩點：一曰德；二曰量。

馮道在《仕經．修身第一》中闡述了他的為官心得。「官者，以修身為要，故立德為先，而立功次之。」

這個「立功」，即可以解釋為建功立業、垂名青史，亦可作在官場大撈特撈之意。當然，馮道的本意還是前者，馮道進入官場，可不是為了那幾塊殺人圖命的黃白之物去的。歷史上有許多宰輔謀臣視官場如大隱辟穀之所，比如張良，馮道也是其中之一。

對大多數官僚來說，官場就是他們的生意場，大權大撈，小權小撈，視官德如無物。馮道向來是鄙視這些官耗子的，在《修身》篇中，馮道對官德做了六條解意。

「官之德，曰忠，曰讜，曰清，曰廉，曰慎，曰勤。」特別是忠與讜，是官德的核心價值觀，這也是馮道大聲疾呼的。

「忠」字好理解，「忠而侍君」，當然馮道後來歷仕五代十二君，被後世所詬病，但這是時代的錯誤，並非馮道的污點。馮道在這裡所指的，應該是愛民的大忠，從馮道後來的愛民事蹟來看，他做到了這一點。

而「讜」字，其實才是馮道《官德》的精神價值體現。何謂讜，馮道解釋：「讜而求直，此為本也。」

讜而求直，這才是馮道的本色，這也是為官應該有的本色。

自古以來，當官講究的都是和氣生財，你好我好大家好，有錢大家一起賺。而逆批龍鱗，博取清名，那是傻瓜才會去做的。

清朝道光時有首譏諷官場混世的《一剪梅》，其中有云：「大家贊襄要和衷，好也彌縫，歹也彌縫。無災無難到三公。」面對領導的過失，是三緘其口，順逢其惡，還是挺身而出批龍鱗，是檢驗一個官員是否介直的重要標準。

《序言》中曾經提到東漢胡廣與馮道是官場兩大不倒翁。胡廣是真正地對《一剪梅》所提官場混世真經的實踐者，所謂「天下中庸有胡公」，而史上卻無人說「天下中庸有馮公」。

因為馮道的骨子裡，是求直不求曲的。

大讜即為忠，馮道的「忠」，並非對一家一國的死忠，也非對君王惡行的一味諂忠，而是直諫君王之失，才不失人臣之忠。馮道在《仕經・事上》篇專門講了這個問題。

「君父之有過，求學不可以勸諫之、諷之、喻之，必明之而後快。上不可欺，欺上若欺君父也。焉有巧言令色，以蒙蔽君父之過為忠乎！」

歷史上的馮道以阿順五朝出名，但總有許多人忽略了馮道寧死必諫的強項性格，這才是真正的馮道。

面對劉守光、李存勗、柴榮三位強硬的君主，馮道大可以學得一個烏龜法，何必為了一件事不關己的事情以命相搏？別人面對君主的盛怒，選擇了沉默不語，而馮道強項而出，當面折辱手握生殺大權的君主，這說明他的骨頭是硬的。

馮道更像是一個誤入官場的隱居者，他性格恬淡素雅，不與人爭，不與利爭，不與世爭。但在隱居於官場的同時，馮道還是一個兼懷天下的儒家士大夫，「食君之祿，忠君之事」的信條，是刻在馮道骨子裡的。讓馮道滿面諂笑地去逢君之惡，馮道寧可辭官歸隱江湖，也斷做不出如此下等事。

「曲意逢迎，以干祿位，期莫大焉，若非奸佞者何？以此事上，焉有不身敗名裂，貽笑後世者乎？」——《仕經．事上》

後人只記住了馮道五朝官場不倒翁的形象，卻有意無意地忽略了馮道三次著名的逆批龍鱗，在唐末五代宋初視人命如糞土的殘酷時代，不是所有人都敢這麼做的。孫鶴是怎麼死的，時人再清楚不過。

忠而無愧於民，讜而無愧於心，能做到這兩點，就是一個難得的好官。不要把馮道和官場大神海瑞相比，海瑞不食人間煙火，所以他是天上的神仙，而馮道，則是地上的聖人。雖然海瑞與馮道有相同的一次經歷：罵皇帝，被皇帝盛怒之下繫於囚獄，都面臨著死亡的考驗。

其實，海瑞同樣稱得上為忠、為讜，但海瑞是與整個官場為敵的，人人皆視海瑞為凶惡猛獸，唯恐避之不及。馮道和官場是相輔相成的關係，換句話說，海瑞是在給天捅窟窿，而馮道是在補天。

馮道為人非常謹慎，但這種謹慎並不代表在危險面前退縮，這種謹慎，人在險惡官場上的生存本能。官場上遍佈地雷，一個不小心就踩著地雷，炸得粉身碎骨。

馮道在出任河東掌書記後，有一次去義武軍的首府中山（今河北定州市）出公差，找義武軍節度使王處直商辦若干事宜。在回來後，馮道寫了一篇《論安不忘危狀》，對自己的此次中山之行發了一通感慨。

「臣為河東掌書記時，奉使中山，過井陘之險，懼馬蹶失，不敢怠於御轡。及至平地，謂無足慮，遽跌而傷。凡蹈危有慮深而獲全，居安者患生於所忽。此人情之常也。」

馮道出使中山所路過的井陘口，是太行山脈的八大天塹之一，戰神韓信就是在這裡背水破趙一戰成名的。這裡的地勢極為險惡，可謂一夫在此，萬夫愁眉。

山路艱險，由於馮道騎馬，如果馬一個不慎，就有可能栽下懸崖，粉身碎骨。馮道屏住呼吸，極為小心地馭馬前行，終於有驚無險地走過井陘口。過了天險，便是千里平川，馮道認為危險已經解除，便縱馬狂奔，結果馮道被瘋狂的馬匹扔在了地上，「遽跌而傷」。

馮道講的這個道理，實際上就是《淮南子・原道訓》所說的「善游者溺，善騎者墮，各以其所好，反自為禍」。許多人都有這個不好的習慣，在自己擅長的領域中過於驕傲自信，或者在得勢時輕視一切不利因素，自狂自大，最終偏偏就栽在了陰溝裡。

老話常說「明槍易躲，暗箭難防」，所謂明槍，就是人在危險面前提高警惕的時候，來多少明槍都能躲得過；所謂暗箭，就是在解除危險警報之後的麻痹大意。

馮道對人的這種潛意識裡的惰性大發感慨，「蹈危有慮深而獲全，居安者患生於所忽。」

官場上的暗箭太多，在你面前談笑風生的，往往會在背後給你放幾支暗箭。雖然馮道暫時還沒有感覺到有人給他放暗箭，比如盧程，但性格謹慎的馮道依然會把官場上的所有人都列為潛在的施暗箭者。

這不是馮道多心，做官做人總要多個心眼，韓信不就是輕易相信了恩人蕭何，才被騙入長樂宮遇害的嗎？為人處世時，要多思慎行，不要輕信人言，要具備咀嚼分析人言的能力。與人為慎，同時更要與人為善。

這就是馮道所說的：「量」。

馮道在《仕經・雅量篇》開篇就講：「為政者，必具雅量。」

雅量，說得通俗一點，其實就是忍功，這也是馮道「雅量」觀的核心觀點。

失勢時莫恨人入骨，得勢時莫凌人於上，面對別人對自己的挖苦諷刺，充耳不聞。因為馮道出身寒素，自進入官場一線以後，那些士大夫出身的鳳凰男們無時無刻不在譏諷馮道的出身，如果馮道肚量不寬，早就被氣死了。

如果馮道被人氣死，那些嘲笑馮道的人會更加得意。為了證明自己比那些人更優秀，他必須堅強地活下去。而馮道在《雅量篇》中提到的幾個善忍的歷史名人，其中就有胯下伏行的韓信。

馮道會忍，面對鋪天蓋地的質疑嘲諷，他泰常自若。

有時，面對別人的質疑甚至辱罵，馮道實在忍無可忍，也不過說了句：「讓他罵吧，此人凶惡，後來必有天報之，我為什麼要生氣？」這裡說的是胡饒——馮道在清泰朝出任同州節度使的副使，以後會講到胡饒的事情。

胡饒是馮道的下屬，而馮道向來是對下屬寬懷為上的，從來不在下屬面前擺官架子。馮道是個聰明人，官場上升遷黜落本在君王一念之間，今日裹破襖，明日穿紫蟒，若曾經被自己凌辱過的下屬有朝一日成為自己的上司，自己將如何自處？

如何與下屬相處，馮道在《仕經．御下篇》說得非常清楚。通俗一些說，馮道的御下之術，可以用十二字來形容，即「明是非，平賞罰，功則讓，過歸己」。

前六字講工作方法，後六字講的是相處之道。

不明是非曲直，以自己的好惡胡賞亂罰，人心不服，人心必亂。這一點很好理解。

「功則讓，過歸己。」

人在官場，最大的禁忌是一個「貪」字，不是貪財，而是貪功戀權。

初到河東官場出任重要職位的馮道，並沒有留下如何與下屬相處的相關史料。但以馮道的聰明，想在官場站穩腳，除了以忠事上外，最重要的就是穩住自己在河東基層官場的人脈關係，後院絕對不能起火。否則盧程會第一個跳出來，拆了馮道的草窩棚子。

和平級的同僚或下屬打交道，貴在一個「中」字。所謂「中」，就是馮道所說的「不遷怒，不受諂，持正守中」。遇到別人佔自己的小便宜，一笑了之，不要記恨成仇，平白增加政敵。

為官必須謹慎為上，官場險惡甚於江湖，一招不慎，便有可能招來殺身滅族大禍。此時的馮道雖然初得展志，如鴻鵠之翔青雲，但馮道謹慎的性格還是時常告誡自己：水滿則溢，溢則傷器。

拯救大兵郭崇韜

自古做人難，做官更難，做君王身邊的近侍官，更是難上加難。為官任上，為保榮祿不失，難免會油滑處世，看君王眼色順風倒，練就一手混世好功夫。後世多把馮道看成善於察言觀色，混跡於虎狼叢中的油滑之臣，但一般的油滑之臣多對君王阿諛順承，敢於虎頭上拔毛的沒幾個。

馮道混官場的功夫自是了得，不過他混官場是為了實現人生理想，而不像許多官員那樣純粹是為了功名利祿。馮道在私生活中非常簡樸慎約，日食一斗粟，夜眠三尺榻，相比於金錢名位，他更看重中官場上的名節。

馮道是個以兼懷天下為己任的儒家士大夫，無論平時混世多麼油滑，刻在他骨子裡的那份情懷卻是始終存在的，並會在適當的時候爆發。其實從馮道在臨終前頂撞神武雄略的一代聖主柴榮來看，馮道骨子裡的強硬從來沒有改變過。

晉王李存勗在宴會上公開吹捧馮道，並拔擢要位，給足了馮道面子。馮道並沒有因此飄飄然，看到不平事，他照樣會挺身而出，在老虎頭上拔毛，一如在燕國對劉守光那樣。

與上次在燕國單純的秉承士大夫情懷，冒死直諫不同，馮道這次的虎頭拔毛，是在救一個人，一個足以影響到五代歷史影響的重要人物——郭崇韜。

亂世五代發生了許多令人扼腕的悲劇，如周世宗早逝，唐莊宗亂政自亡，也包括一代名將郭崇韜受讒遭害，直接影響了後唐帝國的中興國運。

自從胡柳陂之敗，河東頭號名將周德威意外戰死後，郭崇韜實際上已經成為河東軍界的頭牌人物。對於這一點，沒有人否認，包括晉王李存勗。

不過和親經百戰殺敵的周德威不同，郭崇韜是從來不親自上疆場的，他總是坐在幕後居中指揮。有了郭崇韜的居中調度，李存勗才可以無後顧之憂，屢臨前場殺敵，遂成一代名君。

其實從某種意義上講，郭崇韜其時所擔任的職位和馮道非常相似，只不過馮道主文字機宜，郭崇韜主軍政事宜。在馮道出任河東掌書記之前，郭崇韜就已經是相當五代樞密使要職的中門使了。

河東在沒有滅梁統一中原之前不設軍職首腦樞密使的，但河東的中門使實際上就是樞密使，相當於現在歐美國家的國防部。

郭崇韜一開始是跟著昭義軍節度使李克修做機要秘書的，因為郭崇韜為人機警敏慧，李存勗非常欣賞他。西元九一七年，郭崇韜出任中門副使，與後來的後蜀開國皇帝孟知祥、大太監李紹宏參與機密要務。

說來可笑的是，中門使位高權重，可謂一人之下，萬人之上，但對河東百官來說，卻是個燙手的山芋。不知因為何事，最早出任中門使的吳珙和張虔厚雖然事主公忠，但俱獲罪遭難。

也就是說，誰出任中門使，誰就等於搭上自己後半生的政治生命。

出於伴君當避虎的考慮，在李紹宏被外放幽州之後，孟知祥不想被李存勗當成箭靶子，便使了一招金蟬脫殼之計，逃出了李存勗的虎爪。孟知祥通過自己的老婆（李克用的女兒）走了李存勗生母曹太后的門路，連哭帶鬧地辭去了中門使的職務。中門使是河東的頭號重要部門，人選不能空缺，孟知祥就推薦了副使郭崇韜。

郭崇韜父子皆仕河東，對河東李氏可以說是忠心不貳，但郭崇韜的性格和李存勗不是特別合拍。李存勗好勇鬥狠，專橫霸道，李存勗的猴子性格，只有兩個人可以相剋，一個是張承業，另一個就是已經戰死的周德威。李存勗對他們是發自內心的敬重，而郭崇韜在李存勗心目中，只是一個優秀的打工仔。

李存勗的感情世界，郭崇韜不是不了解，只是他和馮道一樣，都是正宗的儒家知識份子，一心要致君堯舜。面對他認為的李存勗政策失誤，郭崇韜向來不避天威，敢在虎頭上拔毛，盡人臣之分。事件的起因並不複雜，李存勗在梁朝的艱苦作戰中，與麾下諸將結下了深厚的友誼，雖名同君臣，實為兄弟。每次到了飯點，李存勗都要召集諸將大擺盛宴，與諸將呼三喝五，好不快活。可以想像這麼一個場景：中門使郭崇韜恰逢飯點入殿奏事，總要迎著刺耳的醉酒罵娘聲和沖天的酒氣。郭崇韜向來瞧不起這些粗魯的武人，再加上出於晉王安全的考慮，郭崇韜在諸將對晉王「親民」的讚美聲中，迎頭給李存勗澆了一盆冰冷的洗腳水。

「郭崇韜以諸校伴食數多，主者不辦，請少罷減。」——《舊五代史・周書・馮道傳》所載。各史都不載，實際上郭崇韜上書請減伴食之數，應該也是出於節省經費的考慮。

河東李克用與梁朝朱溫父子纏鬥數十年，各項軍政開支浩大。雖說李存勗請弟兄們多喝了幾場酒花不了幾個錢，但如果此風一開，會影響到地方各級政府的執政態度，君王好奢，下必甚焉。李存勗性豪奢，每食必方丈，按他這個花錢法子，大總管張承業好容易攢下來的一點家底，早晚會被晉王敗光。

郭崇韜的出發點是好的，但他的這道上疏還是觸怒了晉王。李存勗一邊看著郭崇韜充滿火藥味的這道上疏，一邊厲聲詈罵郭崇韜的不識大體。

李存勗的發怒，其實是有道理的。李存勗說得非常明白，「寡人之所以要與諸將校同食，是在收攏人心！諸將校舍家棄鄉，以命與梁人死戰，為寡人立功，寡人難道還捨不得幾頓飯錢？」如果採納郭崇韜的建議，倒是可以省下一筆錢，可卻容易冷了武將們的心，這是任何亂世軍閥都萬不敢做的。

在李存勗看來，郭崇韜這麼做，簡直就是站著說話不腰疼。如果李存勗採納了郭崇韜的建議，那就等於李存勗自動承認要疏遠武夫們，這是粗暴的武夫們所難以接受的。武夫們如果都反了，讓李存勗喝西北風去？

李存勗的難處，中門使郭大人知道麼？

只是從另一個方面講，郭崇韜身為中門使，減省殿從伴食屬於他的職責範圍，至少郭崇韜有上疏提建議的權力。郭崇韜對李存勗的忠誠，李存勗從來也沒有懷疑，但李存勗還是怒不可遏，甚至破口大罵郭崇韜：「你全才！你無所不能，那我還在前線當什麼燈泡？我自回太原養老，你留在軍前，自擇將帥！」

由此看來，李存勗對郭崇韜的不滿，是由來已久的。

郭崇韜的性格很耿直，向來信奉食君祿忠君事，在中門使的位上沒少給李存勗提建議，可能言語上有些不敬，讓李存勗忌恨在心。之前的兩任中門使吳珙和張虔厚「忠而獲罪」，很可能就栽在這上面。

李存勗真的會把河北前線的軍事處置權交給郭崇韜嗎？當然是不可能的，五代易君如傳舍，丟了軍權就等於丟命！李存勗哪敢把吃飯的傢伙交給在軍中素有威望的郭崇韜，這是找死。

李存勗只想和郭崇韜打一場輿論戰，贏回面子，而且用婉轉的口氣警告郭崇韜以後不要再逆上。現在的難題是如何突出自己在這場君將之爭的正義性，同時把郭崇韜抹黑成一個小丑。李存勗雖然也懂點風雅文辭，但要耍筆桿子罵人，還真不是他的強項。李存勗的強項，是在戰場上拎刀殺人。

說到筆桿子，李存勗自然想到了新任的河東掌書記馮道。李存勗發工資給馮道，不是白拿的，現在是需要馮道出力的時候了。

馮道的業務能力，李存勗從來沒有懷疑過。在馮道出任掌書記之後，河東軍政兩界的一切文翰事務，馮道都打理得井井有條。雖然來到河東之後，馮道還沒有寫過像樣的官方評論，但太監老叔張承業屢次稱讚馮道的文筆，想必也不是吹出來的。

馮道接到了晉王的傳呼，很快來到了李存勗的辦公室。

馮道給李存勗行了君臣大禮後，畢恭畢敬地站在晉王面前，垂手聽命。

李存勗還在氣頭上，在馮道面前，李存勗毫無顧忌地痛斥郭崇韜的「無禮」。馮道問晉王有何公務指示？李存勗告訴馮道：你現在就坐在寡人的對面，寫出一道通告，就說天下事有郭公自為之，寡人回太原養老，不陪他玩了。寫完後立刻公示天下。……

回過神之後，馮道的第一個反應就是：晉王這是要把河東最高統治集團的矛盾公之於眾！

對於一個統治集團來說，最大的忌諱就是高層矛盾被曝光，「人民內部矛盾」上升成為「敵我矛盾」。本來可以內部協商解決的問題，最終極有可能演變成一場政變，弄得兩敗俱傷，白白便宜了在旁邊虎視眈眈的敵人。

郭崇韜是河東軍界僅次於晉王李存勗的二號人物，堪稱河東的定海神針，如果此時動搖根本，後果不堪設想。

其實對馮道來說，河東公司的大老闆和二老闆發生矛盾，馮道作為出力領工資的打工仔，本可以事不關己，高高掛起。李郭二人鬥得兩敗俱傷，又與馮道何干？大不了馮道捲起鋪蓋再投新主，到哪兒不是吃飯。

但以馮道現在的處境來說，可以斷定，他絕對不會有這樣的想法。原因很簡單：誰會放棄鐵飯碗，去端隨時可能被打破的泥飯碗？

馮道初來河東，便受到晉王李存勗和大總管張承業的格外器重，委以重任，這是在劉守光那裡無論如何也得不到的待遇。甚至還因為勸諫劉守光差點被殺，跟著李存勗混，出將入相是遲早的事情，這一點，連馮道的敵人盧程也不否認。

如果河東公司因為內訌而垮臺，馮道即使換個東家，誰能保證新老闆都像李存勗那樣會識才，敢用才？如果再碰上劉守光那樣的頑劣之主，馮道別說治國平天下了，腦袋哪天搬家都不知道。

即使馮道是為了自己的前途考慮，他也不希望河東公司出現君臣內訌的悲劇。現階段，郭崇韜是河東戰勝梁朝，至少是不被梁朝所吞滅的主要保證之一。進而言之，保住郭崇韜，就是保住李存勗的英明，也就能保住河東公司的生存。

馮道已經打定了主意，他要為郭崇韜說上幾句公道話。馮道和郭崇韜的工作很少有直接交叉，應該沒有私交，馮道出手相救，完全是出於知識份子的正義感。

而且最重要的一點，馮道從郭崇韜身上看到了另一個自己。郭崇韜為人介直，這並不是最打動馮道的地方，而是郭崇韜身上那股濃重的文人風雅氣。

郭崇韜在跟隨大將符存審平定鎮州叛亂後，有人想用珍珠寶貝對郭崇韜行賄，但都被郭崇韜拒絕。從不受賄，喜歡讀書，這是馮道與郭崇韜最大的共同點，所以馮道自然對郭崇韜產生了好感。現在郭崇韜有難，馮道當然要出手相救。

只是馮道剛得知君臣不和的情況下，他還沒有想好如何替郭崇韜打圓場，看著面前怒目圓睜的李存勗，馮道需要一點措辭的時間。

馮道並沒有拒絕李存勗的命令，他煞有介事地坐在案前，伸出左手，輕輕捏住右手的袍袖，提筆蘸墨，準備為晉王起草一份指責郭崇韜的公文。

實際上，馮道什麼都沒有寫，他只是在做樣子。馮道正利用這段極短的時間，搜腸刮肚地備詞。

李存勗還在怒目圓睜，緊緊盯著馮道，這應該是李存勗第一次讓馮道起草公文，他也想利用這次機會親自考察一下馮道的臨變措辭能力。

……

小半天過去了，馮道絲毫沒有動靜，筆尖停在紙上，筆尖上不斷滲出來的墨汁已經把紙暈出了一個黑圈。

李存勗緊緊盯著面無表情的馮道：你就是這麼給我當差的？

「寡人說話，馮先生沒聽到嗎？」

李存勗臉上有些慍色，正欲發作。如果這個鄉巴佬寫不出文章來，立刻叫他捲舖蓋滾蛋！

馮道已經沒有了剛才的慌亂，他在這極短的時間內，已經想好了如何替郭崇韜打圓場。

「臣自偽燕來歸，幸得大王賞器之，以臣不才而用之，臣豈敢不以犬馬之力報效國家？今大王命臣擬文責崇韜，臣食吾君之祿，自當謀君之事。」馮道小心翼翼地說完這句話，瞟了一眼李存勗。

李存勗沒有任何反應，他還在盯著馮道。馮道低下了頭，但李存勗鼻孔裡發出來的沉悶聲，馮道聽得非常真切。

「大王順天應命，南下屢破偽朝，友貞震怖，其運不久矣！今者君臣一體，將相睦和，誠國家之福，社稷之幸。若因一時之忿，輕逐大將，自壞長城，豈非友貞之福？又豈非我國家之禍？崇韜為人忠讜無二，大王亦以國士器之，即使崇韜言語冒犯大王，也是為社稷謀力，無一及其私。臣斗膽請言之，崇韜此諫，並無不當之處，伴食太多，遂成冗費，非社稷百姓之福。退一萬步，大王認為崇韜此諫悖謬，不用便是了，何必與臣下一爭短長，天下人聞之，三人成虎，必有言大王輕忽大臣者，恐有傷我王懷恕之仁。若敵國聞吾君臣失和，必喜而攻之，又豈是社稷之福祉？臣草莽之人，言語粗鄙，然一腔肝膽必期於報我主盛恩於萬一，崇韜無罪不當責，請大王長思而恕之！」

馮道性格溫雅，談吐清素，喜怒不形於色，這類知識份子說話向來是輕言輕語的，從來不會攘臂大呼小叫。同樣是知識份子出身的五代宰相，後周王朴性格剛硬，談吐如劍鋒，連趙匡胤都懼他三分。

王朴說話烈如火，馮道說話柔似水，從同性相斥的性格角度來講，馮道和李存勗才是絕配。最重要的是，馮道給足了李存勗面子，並沒有讓李存勗覺得下不來台，李存勗剛才在氣頭上，經過馮道這番理論，李存勗冷靜了下來。

馮道說得沒錯，一旦河東君臣失和的消息傳遍天下，想必汴梁城中的朱友貞做夢都能笑醒。最可怕的是，如果重責郭崇韜，以後河東文武群臣誰還敢直言敢諫，離心離德，離完蛋也就不遠了。

李存勗應該還考慮到了更深的一層，郭崇韜在軍中威望甚高，如果李存勗此次紆尊降貴，當著天下人的面，要把軍權交給郭崇韜。雖然這是賭氣話，但這話一出口，李存勗豈不是承認在理論郭崇韜有接管軍隊的合法權力？在亂世中混江湖，失去了軍權，李存勗什麼都不是。

冷靜下來的李存勗已經不想再和郭崇韜鬥氣了，但還有一點，他身為堂堂晉王，總不能低三下四地去向郭崇韜道歉，這需要郭崇韜給李存勗一個台階下。

好在郭崇韜也足夠聰明，這種事情把晉王惹毛了，對自己一點好處也沒有。或許是在什麼人的指點下，就在馮道剛勸完李存勗的當口，郭崇韜突然出現在李存勗的面前，伏地請罪。

頭腦發熱的李存勗被馮道的一盆冰冷的洗腳水給澆醒了，他已經意識到了郭崇韜對於他滅梁稱霸的極端重要性。自從郭崇韜出任中門使，主掌軍權以來，《冊府元龜・佐命部》對郭崇韜的稱讚極高：「軍籌計畫，多所參決，艱難戰伐，靡所不從。」宋末元初的史評家胡三省也認為郭崇韜是弱晉之所能吞併強梁並滅蜀的最關鍵人物。

李存勗脾氣再暴躁，也知道一點，在任何情況下都不能砸自己的鐵飯碗，傻子才會這麼幹，而郭崇韜就是李存勗賴以謀生的那只鐵飯碗。

李存勗微笑著用左手攙起郭崇韜，指著馮道告訴郭崇韜：「非馮先生，寡人幾誤卿甚矣！」

郭崇韜用非常感激的眼光看著馮道，深深下拜，馮道則滿面惶恐地還禮，口稱：不敢，不敢！

要有敢與老闆拍桌子的膽量

這場事起突兀的君臣鬥氣漸漸平息了下來，當事三方都得到了自己想到的東西。

李存勗喜得直臣。

郭崇韜喜得諍友。

馮道則贏得了近乎所有人的鼓掌喝采！

在事情發生之初，現場除了李、郭、馮三人，應該還有其他官員在場。這些人看到李存勗盛怒之下要吃人的模樣，已經嚇得哆哆嗦嗦，沒有一個敢上來替郭崇韜說情。只有馮道膽量夠大，騎在老虎頭上拔毛，並成功拯救了在虎口中掙扎的大兵郭崇韜。

《舊五代史．周書．馮道傳》：「郭崇韜入謝，因道為之解焉，人始重其膽量。」

換句話說，就是馮道成功地在河東官場打贏了一場為自己正名的戰役。

不久前，李存勗當眾宣佈破格提拔馮道為河東掌書記的時候，遭到了許多官員的質疑，雖然這些人嘴上沒說什麼，但在骨子裡瞧不起馮道這樣的鄉巴佬。包括盧程等人在內，許多人都在等著看馮道的笑話，希望馮道能在晉王面前出醜，然後被晉王掃地出門。

當李存勗突然向郭崇韜發難，並要求馮道寫檄文攻擊郭崇韜時，很多人在暗中竊喜。馮道捧著一把雙刃劍：要麼得罪李存勗，要麼得罪郭崇韜，馮道橫豎是要得罪人的。

但讓他們意外的是，馮道用自己的聰明才智，巧妙地化解了這場有可能影響到河東政權生死存亡的君臣失和事件。最重要的是，馮道敢於虎頭拔毛，是需要很大政治勇氣的，敢在晉王盛怒之下依然堅持自己的立場，沒有過硬的骨頭，是不敢冒這個險的。

當答案揭曉之後，很多人對馮道刮目相看，他們都沒想到馮道的骨頭會如此硬挺。

馮道漂亮地反擊了同僚們對他的質疑，而「人始重其膽量」的背後含義，就是河東官場上的中上層人物對馮道有了發自內心的尊敬，或者說是敬畏。換句話說，馮道經此一役，徹底打破了河東官場對馮道本能上的排斥，從而正式擠進河東官場的核心圈。

這一點，遠比贏得晉王的稱讚和郭崇韜的感激更為重要。原因很簡單：馮道雖然是直接為晉王辦差，上半身在雲端，但馮道的政治根基卻在中下層，下半身在地上。任何一個新人如果在職場上立足，不解決下半身立場穩定的問題，遲早會從雲端上栽到地面上的，然後摔個粉碎。

在河東官場的金字塔權力結構圖中，李存勗是頂層，郭崇韜代表著中層，河東諸官員則是基層。馮道同時贏得了官場高中低級別的一致稱讚，可以說馮道已經完全在河東官場站穩了腳跟。即使是盧程對著馮道齜牙咧嘴，也不會傷到馮道的一根毫毛。

平步青雲，馮道即將迎來他人生中的輝煌時刻。

大唐中興，馮道賜紫

西元九二三年的二月，李存勗在和朱友貞血戰十年之後，形勢已經倒向了李存勗一邊，朱友貞的梁朝半壁已經搖搖欲墜，李存勗的臉上寫滿了笑意。

有一個所有人都心知肚明的問題，就是李存勗在大功即將告成的時候，會考慮登基稱帝，建立一個完全的王朝。

在任何時代，官場上都不缺少聰明人。河東的官員們跟著李存勗闖刀山過火海，想要的不就是做開國元勳嗎？李存勗滅掉大梁朝，統治中原，再稱晉王就已經不合適了。

於是，河東的聰明人都紛紛上書晉王，請晉王順天應人，即皇帝位！

其實早在兩年前（九二一年），李存勗就有意稱帝，亞父張承業曾經冒死勸阻李存勗。雖然當時李存勗並沒有稱帝，但暗中開始做好登基準備，七十多歲的張承業見已經挽不回晉王的稱帝野心，痛哭一場，於去年十一月駕鶴西去。

張承業的死，意味著李存勗稱帝的最後一個障礙自行消除，接下來要做的就是選定吉日，舉行登基大典。

西元九二三年四月二十五日，晉王李存勗在文武百官的擁戴下，於魏州築壇即皇帝位。隨後有詔下：改唐天祐二十年為同光元年，國號大唐，即五代第二個王朝——後唐。

天下人期待已久的一個嶄新時代，終於緩緩地拉開了大幕。

歷代王朝新建，都要習慣性地給旗下高級員工發紅包，升官發財，大家有福同享。最引人關注的兩個職務——同中書門下平章事（晚唐五代加「同中書門下平章事」即為實權宰相，不加此銜者為虛職宰相），李存勗略有些意外地給了兩個著名飯桶豆盧革，以及馮道的冤家盧程。

表面上的原因，正如宋末元初人胡三省所說，豆盧革和盧程「輕淺無他能」，只是二人皆是唐朝衣冠舊族，又都是河東舊臣，用他們為相，可以同時拉攏河東的士族集團和舊臣集團。但深一層的原因是李存勗最中意的兩位宰相候選——盧汝弼、蘇循都在之前去世，唯一一個健在合適人選盧質為了避禍，堅辭不受。李存勗幾乎是無人可用，只能先用豆盧革和盧程應應急。

至於馮道，即使李存勗非常信任馮道，但也不可能用馮道為相。原因很簡單，馮道缺少的不是才能，而是資歷。

李存勗破例提拔馮道為掌書記已經遭到大量非議，在一定程度上影響了官場的穩定，如果李存勗貿然任馮道為宰相，官場會立刻炸了鍋。從權力穩定角度來講，李存勗也不可能在這個時候用馮道為相。

從李存勗對馮道的態度來看，馮道在官場的飛黃騰達只是時間問題，而馮道現在要做的，同樣是李存勗希望看到的，就是不要輕易得罪人，先慢慢熬資歷。等資歷積累到一定程度，不用馮道上下打點，李存勗自有安排。

表面上看，馮道不僅沒有當上宰相，甚至在官階上也沒有更進一步，但是馮道卻拿到了「翰林學士」這塊大肉餅，這足以讓別人對馮道羨慕嫉妒恨了。

按唐制，翰林學士並非固定官品，但因為常年在皇帝身邊侍奉，人稱「內相」。特別是唐德宗貞元以後，由翰林學者入為宰相者數不勝數。

更能證明馮道是李存勗心中備位宰相的一點是，馮道的職銜在五品以下，七品以上，按當時的服飾制度，只能穿綠衣。而李存勗居然破例賞給馮道一道殊榮，即馮道可以以五品以下官位穿著三品以上的官服，即紫衣。

換言之，李存勗這是昭告天下：將來的宰相，是馮道！

眾所周知，馮道在官場上第一次出任宰相，是在唐明宗李嗣源在位時。實際上，早在李存勗時代，馮道就已經被視為宰相的不二人選。即使是豆盧革和盧程這樣的新晉宰相，他們心裡也清楚：他們只是給馮道暖場的。

屬於馮道的時代，不久就會到來。

李存勗選宰相

後唐同光元年十月，北方大地天寒地凍，冰冷的北風呼嘯著捲進了汴梁城淒惶的城門。

李存勗在魏州稱帝建國後不久，就發動了對殘梁的戰略總攻，朱友貞的末日終於來了。特別是鄆州一戰，梁朝唯一的頂梁大柱鐵槍王彥章兵敗被俘，昭示著梁朝徹底的崩潰。

汴梁城中的大梁皇帝朱友貞成了孤家寡人，在確認他已經沒有任何可能從李存勗的手掌中逃脫後，尚存一息節烈之氣的朱友貞選擇了提前結束人間的行程。不過朱友貞到底沒有勇氣自己動手，還是讓侍從皇甫麟將自己送上路，然後皇甫麟自殺謝主。

曾經威震天下的大梁帝國就這麼完了，梁太祖朱溫百戰拼來的天下，僅用了十年，被不爭氣的兒子們給敗了個精光。不過朱溫在地下應該原諒兒子友貞，面對同一個天才對手，朱溫以一代梟雄強霸之勢，尚且奈何李存勗不得，何況朱友貞！

「偽梁」的這一頁被歷史老人輕飄飄地翻了過去，李存勗以當代光武的偉大形象，進入了大唐朝的東京洛陽城，並在洛陽定都。之前臣服於梁朝的各路內藩與外藩都是聰明人，朱友貞被歷史淘汰出局，他們已經沒有任何選擇，只能向李存勗要飯吃。

《資治通鑒》卷二百七十二：「梁諸藩鎮稍稍入朝，或上表待罪，帝（李存勗）皆慰釋之。」

正如李存勗後來對一幫伶人誇口的那樣：「天下，自吾十指得之！」中原錦繡地，幾乎在一夜之間就屬於了李存勗。

雖然早在滅梁之前，李存勗就已經稱了帝，但當時他還只是個預備的中原正統皇帝。李存勗在魏州封賞諸官時，更多的是一種象徵意義，而在李存勗定鼎洛陽之後，還需要以大唐皇帝的名義封賞從龍諸臣工，則是實實在在的政治利益分配。

雖然這次封賞臣工距離上次的魏州之封不過半年，但人事安排上卻發生了重大的變化。宰相之一的盧程，已經提前掛掉了。

說起盧程之死，實在讓人哭笑不得。盧程本就胸中無所學術，當了宰相後，到處顯擺自己的臭架子。盧程在奉旨北上太原奉迎皇太后時，路過魏州，因為興唐少尹任圜拒絕盧程假公濟私，盧程頭披華陽巾，身穿一件鶴氅，一副名士打扮闖進了魏州大堂，踞著案几，厲聲構罵任圜：「你是何等蟲豸，也敢拒絕宰相的要求！你不過仗著老妻的勢力，擅作威福而已！」

任圜的老婆是李存勗的堂姐，盧程自恃豪門出身，自然瞧不上吃軟飯的老白臉任圜。面對盧程毫無來由的一頓辱罵，任圜也懶得和這個瘋子辯解，直接去找李存勗告狀。

李存勗沒想到盧程敢污辱堂姐，後悔當初任命盧程這個飯桶為相，一怒之下，要逼盧程自殺。還是盧質巧言相解，盧程才免一死，被貶為右庶子。在跟隨李存勗入洛時，所乘馬匹突然受到驚嚇，把盧程從馬下摔下來，不久就中風死了。

不僅是盧程行事荒唐，另一位宰相豆盧革也是難得一見的悖謬人物。和盧程一樣，豆盧革也不學無術，但豆盧相公有個最大的愛好——煉丹修仙，求長生不老之術。後來因為服仙丹過量，差點中毒身亡，後來奇蹟般地病癒。

因為盧程已死，豆盧革又不堪大用，李存勗需要重新進行頂層人事安排。

唐同光元年十月二十七日，大唐皇帝李存勗宣佈了宰相任命詔書：以禮部侍郎韋說、尚書左丞趙光胤並同平章事，趙光胤同時兼理中書侍郎。之前入閣呼聲甚高的禮部尚書薛廷珪、太子少保李琪出局。

韋說之所以能雀屏中選，完全是豆盧革在暗中打點有司，豆盧革吹捧由梁入唐的韋說諳練前朝故事，而李存勗此時草創基業，正需要練達之士充選內閣。

實際上，盧、豆盧、韋、趙四人，都不是李存勗心中最合適的宰相人選，韋說和豆盧革狼狽為奸，互相舉薦兒子當官，時人譏之。趙光胤雖然有才，但為人輕狂自負，好凌辱大臣。其實李存勗手上並非沒有好牌，時任東京副留守的張憲無論從哪方面講都適合入閣，但李存勗卻意外地沒有用張憲。

張憲在「風雅」上與馮道略相似，同樣的性格恬淡，善彈琴，寡飲，不與他人嬉遊相狎，好聚圖書，經常刊校書籍。最難得的是，張憲深通為官之道，學識尤深，又有宰相之器度，李存勗卻讓張憲出任租庸使（相當於央行行長），很讓人費解。

張憲之外，也就是由綠衣賜紫的翰林學士馮道了。李存勗賞給他一塊「戶部侍郎」的肉餅。《新唐書・百官志》：戶部掌「天下土地、人民、錢穀之政、貢賦之差」，是全國的最高經濟權力部門。戶部侍郎，正四品下，相當於現在的財政部副部長，是官場公認的肥缺。

如果放在承平時代，正四品下的侍郎並不算是一個多麼顯眼的職務，但當時的情況有些特殊，因為李存勗手下沒有多少得力的官員可用。根據《新五代史・蘇循傳》記載，李存勗在魏州初即位時，「求唐故臣在者，以備百官之闕」。可見當時李存勗缺人缺到了何種程度，以至於要挖地三尺尋一些前朝遺老來湊數。

李存勗一直沒有忘記馮道，在幾年的河東掌書記任上，馮道為官清正，為人淡素，不與人爭短長，業務能力又非常出色。在李存勗心中，馮道已經具備了出任宰相的所有資質，所差的，只是一個合適的機會而已。

在李存勗定鼎中原之後，馮道已經公認是官場上一顆冉冉升起的政治新星。戶部侍郎，也不過是馮道進入內閣的一塊跳板。

歸鄉守喪

就在世人皆謂馮侍郎前程如錦時，馮家突然發生了一件對馮道來說驚天動地的大事——馮道的父親馮公良建歿了。

雖然史書上沒有明確記載馮良建死於哪一年，但從《舊五代史・馮道傳》的行文來看，應該是在李存勗稱帝那一年（九二三年）的前後。

父親去世，對任何人來都說是塌天的大事。按照民間風俗，父親去世，孝子必須身披重孝，手持麻棒，跪在父親遺像前守靈，打理喪事諸宜。在亡父遺柩沒有下地之前，孝子是不能脫下孝衣的。

民間如此，官場同樣如此。官員在任職期間父母亡故，這就涉及了一個著名的制度，就是丁憂制度。

所謂丁憂制度，就是無論是什麼級別的官員，只要父母去世，都必須離開工作崗位，回家守喪二十七個月，稱為居喪守孝。除非是極端情況下，皇帝可以特批某官員可以「奪情」，即將守喪的官員強行調回工作崗位，但這種情況用得極少。

不清楚馮道的母親張夫人何時去世，但即使張夫人依然健在，父親的離世，對馮道的打擊也是非常沉重的。

馮道是個孝子，自從馮道當年毅然踏上北漂之路後，除了懸圖銘功麒麟閣之外，馮道一直牽掛著年邁的父親。父親在馮道心中，就是他在外打拼時堅韌不倒的精神支柱，而今小有成就，正準備在官場上大展一番拳腳時，父親卻駕鶴西去。

接到噩耗時，馮道沒有做過多的猶豫，立刻上疏請求回鄉居喪。雖然此時正是馮道在官場中搏擊的關鍵時刻，馮道突然暫離官場，在一些人看來，這有可能會影響到馮道未來的仕途。

如果是盧程遇到這種事情，有可能會隱喪不報，但馮道不會這麼做，馮道雖然以官場滑頭知名於史，但官場功名對他來說，只是浮雲。

歷代帝王都自詡以仁孝治天下，馮道家裡出這等大事，李存勗當然不會為難馮道，立刻批准馮道回鄉丁憂。雖然李存勗有權力對馮道「奪情起復」，但如果這麼做，就等於把馮道送給道德衛道士們當炮灰，這將影響馮道日後的前程，這也是器重馮道的李存勗所不願意看到的。

其實就算李存勗想強留馮道，馮道也不會給面子的，弄不好到時大家一起難堪。與其如此，不如送馮道一個順水人情，而且也能給自己臉上貼金。至於馮道的仕途，李存勗從來沒有絲毫猶豫，只等馮道守喪回來，李存勗會繼續重用馮道。官場中人誰看不出來大唐皇帝對馮侍郎的喜愛器重？

其實等李存勗同意馮道歸家守喪的批示條子送到馮家時，馮道早已經哭泣著趕往回家的路上。而且馮道走時，什麼也沒拿，甚至連馬也沒有騎，藉著微弱的月光，尋找著他當年曾經熟悉的歸家之路。還是馮道的家人心細，打點好行囊事宜，大步流星地追上馮道。

景城，那個曾經多次出現在馮道夢中的小城，那裡有馮道最為動情的青春記憶，還有那個雪花大如席的冬天。馮道永遠都不會忘記，他在離開村口的時候，父親拄著木杖，遠遠地站著，直至馮道消失在黃昏中……

二十多年過去了，景城郊外的那個村落，在翻天覆地的大時代變遷中並沒有發生太大的變化，還是那麼靜謐恬靜，男耕女織，一派田園風光。只是馮家的宅院已經高高掛起了招魂幡，馮家的族人聚在一起，正在商討著馮公的身後事宜。

馮道跪在父親的靈柩前，痛哭流涕……

不知馮道是不是家中的長子，但可以肯定馮道是兄弟行中混得最好的。馮道官拜財政部副部長，是皇帝身邊的大紅人，馮道說話是非常有分量的，大家都會非常尊重馮道的意見。

因為處在亂世崩亂之餘，各國都實行銀根緊縮政策，對農村的建設投入幾乎等於零，再加上連年天災，收成欠豐，鄉下人民的收入非常拮据。而馮道的到來，為景城「馮家莊」的百姓卻帶來了一筆不小的款子，因為馮道的家人已經把馮道這幾年做官攢下來的工資都帶來了。

根據《五代會要・諸色料錢》的記載，在同光三年（九二五年）時，李存勗額定了外鎮官員的俸祿，其中節度使掌書記的工資是每月二十五萬錢，外加一些米麥，還有做春冬兩季朝服的衣料共二十五匹，還有一匹馬的草料錢。而馮道此時已是戶部侍郎，工資待遇遠在此之上，同時還不排除李存勗因為器重馮道而額外加賞的可能。

景城在李存勗治下已經十多年，河東政局平穩，沒有大的政治動盪，物價被政府抑制在一個可控的狀態，所以河東地區的貨幣購買力也比較穩定。

在景城這個小地方，馮道算是最有錢的。

說句不太應景的話，雖然馮道這次回鄉是來奔父喪的，但從另一個角度看，其實馮道算得上是衣錦還鄉。馮道穿上孝服，為父守靈，並不影響他在鄉親們心中的崇高地位，許多舊時的耆老都來看望這位為家鄉掙足了面子的良建公的公子。

其實馮道心裡是清楚這一點的，難得一次回家，總要給鄉親們表示點什麼。故事的情節非常老套：馮道把身邊帶來的所有財物都按人頭分發，送給了經濟困難的鄉親們。

不過馮道這並不是在演戲，相信馮道對鄉親們的感情是真摯的。而且馮道平時生活非常節儉，這一點，從馮道後來的行止來看，馮道言行一致，這是他一貫的做人風格。

馮道做官，是因為他還在堅守著一種道德上的理想境界，他要治國平天下，青史留下盛名。而不是有些官員那樣，進入官場就是為了發財致富。

馮道因為要守靈，所以每天他都要睡在草蓬窩子裡，一邊思念父親，一邊思考在官場上的得與失。甚至已經死去的盧程的鬼影子還經常在馮道眼前閃現……

景城所屬州鎮的地方長官們已經知道馮道回家了。

馮道回家和他們有什麼關係？關係非常的大，馮道是皇帝身邊的大紅人，將來鐵定宣麻拜相的。平時他們都沒有太多的機會接觸到皇帝，現在馮道自己送上門了，直通洛陽崇元殿的大門已經朝他們打開。

一千多年以來，官場的潛規則沒有發生任何變化：一個在最高官場上被廣泛看好的後進之秀回鄉辦事，地方上的各級領導都要擠破頭見一見，或者直接塞支票，或者給後進之秀的七姑八姨弄點甜頭，做長線投資。

聰明的人是不會收錢的，一旦被政敵拿住，這就是洗不掉的把柄！馮道同樣不會接受，雖然盧程死了，但在官場上想取馮道而代之的大有人在，每天朝馮道身上射來的暗箭，還少嗎？

當聽說馮道回鄉時，上至省級的盧龍軍節度使，下至地市級的瀛州刺史、縣級的景城令，這些官老爺像聞到腥味的貓兒一樣，都竄到馮家老宅前，哭著喊著要給馮道送東西。當然，名義上這些黃白物都是充作給秘書少監良建公的份子錢。

所以地方官員派人送來的財物，一斗米，一匹布，馮道都悉數拒收。為了勸回這些人，馮道不知道說了多少客套話，弄得這些人好沒面子。

君子愛財，取之有道，人在官場有些錢是絕對不能碰的。

當然，馮道不收這些地方官員送來的「孝敬」，不代表馮道不會在特定的場合下替他們在皇帝面前說幾句好話，這和收錢是兩碼事。馮道之所以在官場上縱橫幾十年而不倒，一個最根本的原因，就是馮道拎得清公與私之間的辯證關係。而有些官場紅人最終倒臺，很大程度上都栽在這上面。

這次回鄉守喪，老天給馮道放了一個二十七月的長假。

這對剛在官場打出一片天地的馮道來說，是一個不小的考驗。從最實際的個人利益角度講，馮道遠離以皇帝李存勗為核心的朝廷官場長達兩年多，沒有人敢保證在這兩年多的時間內，李存勗不會「移情別戀」。

在慢慢失去了對馮道的新鮮感之後，李存勗會不會尋找新的合適人選替代馮道，畢竟時間可以改變很多事情。

這個最現實的問題，相信馮道一定考慮過。但相比於功名利祿，馮道更看重的，還是自己在這個浮亂的世界中最本真的存在。何謂本真的存在？說白了，就是做人不違心，行事不違天。

做人不違心，馮道從來不做違法干紀的事情，一不收納私化，二不結交朋黨，清清白白。以至於馮道的敵人拿不到他的絲毫把柄，只能拿他的鄉野出身進行嘲諷。

行事不違天，擺正在官場生存的心態，凡事不要太汲汲於名利，退一步總會海闊天空。

雖然河東集團以磅礴的氣勢宣告了大唐帝國的中興，從各方面看上去，重生的大唐帝國都像極了一千多年前的東漢帝國，天下太平指日可待。但這些對馮道來說沒有太大關係，甚至從馮道回鄉守喪的種種行為來說，他對官場已經有些厭倦了。

在官場上混了十幾年，酸甜苦辣都已盡嘗，馮道雖然現在仕途一片光明，但也因此弄得身心俱疲。所以現在許多官場中人都傾佛向道，不是他們在裝模樣擺清高，而是確實感覺到身心俱疲。

馮道很嚮往這種恬淡素靜的鄉間生活，他能從這裡的一草一木、一磚一瓦中，輕易地回憶起兒時的每一個鮮活的片段。

馮道在家守喪兩年的漫長時間裡，有一個非常重要的問題需要解決，就是吃飯。馮道不收受地方官員一文錢的「孝敬」，但總要謀個衣食，總不能吃家裡的，何況年歲欠豐，大家生活都緊巴巴的。

其實馮道的飯碗就在眼前，馮家雖然產業不興，但至少還有幾十畝薄地，這足夠資給馮道衣食的。除了些許薄田之外，馮家莊附近有大片的樹木，森繁茂盛，馮道還可以採些枝葉燒灶，也可以省下一筆可觀的柴火錢。

守喪，不是紋絲不動地跪在靈棚前，平時是可以自由活動的。

每天的清晨，馮家莊的鄉親們都會扛著鋤頭，三三兩兩地走在綠油油的麥地邊，說說笑笑。他們都會看到一個面目樸野的中年農夫，穿著粗布衣衫，挽著袖口，左手緊握著一把不算新的鋤頭，肩上斜挎著一隻粗柳條編的筐子，精神飽滿地和他們同行。這位農夫打扮的中年人，自然就是按制丁憂的財政部副部長馮道，不過他更願意被人當成一個農夫，他很喜歡這種生活狀態。雖然馮道知道他最多在兩年後就將回到他必須回到的官場，繼續著已經讓人厭倦的權力遊戲。

或者是夕陽初下時，馮道在發黃的夕暉中，來到一片空曠的山野。在一根長長的木杆子前頭綁上一支鋒利的鐮刀，然後略有些吃力地舉起鐮刀，去砍大樹上的枝葉。

在收攏了一大堆枝葉後，馮道拿出繩索將這些樹枝簡單的綁好，然後背在身後，踏著夕陽回到他棲身的草廬中，燒火做飯，別有一番山野清雅之樂。

馮道雖然身居高處，被後世貶為官場老滑頭，卻從來沒有官架子。不僅在下屬面前不擺譜，即使是對貼身侍奉自己的下人，馮道也從不呼三喝四，他拿這些底層小人物都當成自己的兄弟朋友。

每到吃飯的時候，粗樸的小飯桌上，擺著幾樣清新的菜蔬，農夫打扮的馮道招呼他的僕從們入座，大家坐在一起吃飯，在這裡，沒有誰是高人一等的。

契丹人的密謀

看得出，馮道很享受眼前的鄉村生活方式，因為他就是從這裡走出來的農村孩子，他對這裡有著近乎本真的熱愛。

但是，從另一個角度講，無論馮道如何謙稱自己是農民的兒子，他都已經不是二十年前那個質樸的農村孩子了。馮道從一隻鄉野麻雀跳到枝頭上做起了鳳凰，這一點決定了馮道即使打扮得再質樸，也逃不過所有人或尊敬，或別有用心的關注目光。

馮道生性無爭，會有人對馮道起歹心嗎？

還真有一個人早就盯上了馮道，不過他並不是要加害馮道，而是想把馮道請到自己身邊做大官。讓馮道沒有想到的是，這個人的一念之差，差點改變了馮道的人生。

他就是被《遼史》稱為「信威萬里」的遼太祖耶律阿保機。

其實就《舊五代史・馮道傳》的記載來看，來自契丹對馮道的關注，並沒有提及耶律阿保機。「時契丹方盛，素聞（馮）道（之）名。」這裡所提到的契丹，不可能是泛指所有的契丹人，而應該是特指契丹王朝的最高層，特別是草原皇帝耶律阿保機。

之所以認為耶律阿保機對馮道產生了濃厚的興趣，大致有以下幾點：

一、耶律阿保機死於西元九二六年滅渤海國之後，而前面講了，馮良建應該死於西元九二三年，馮道雖然守喪兩年半，但即使是在馮道守完喪的最後一年，耶律阿保機也應該還在世。

二、耶律阿保機喜歡招納漢人賢士大夫是出了名的，康默記、韓延徽、韓知古是阿保機時代的契丹三大漢人名臣，深得耶律阿保機信重。耶律阿保機深知漢人賢士大夫對他創業的重要性，能力不輸給「契丹國師」韓延徽的馮道，耶律阿保機豈有不流口水的道理？

三、最為重要的一點，「契丹國師」韓延徽早年在幽州大帥劉仁恭麾下當差的時候，和馮道是同事，並且是私交非常好的朋友。憑馮道留給韓延徽的深刻印象，韓延徽肯定會經常在耶律阿保機面前稱讚馮道的才能。雖然耶律阿保機身邊已經有二韓一康，但對於求賢若渴的耶律阿保機來說，賢士大夫自然是多多益善。

四、馮道的家鄉瀛州景城距離契丹南線的長城一帶距離並不遙遠，而幽滄各州的漢人與契丹聯繫頗深，即使沒有韓延徽的推薦，耶律阿保機也可以通過其他管道了解馮道。

耶律阿保機聽說世間還有馮道這位奇偉男子，立刻就坐不住了，耶律阿保機站在遼闊的草原上，迎著呼嘯的南風，一鞭直指，面無表情地命令疾馳如風的契丹鐵騎們：你們，去把馮道給俺捉來！

從契丹的草原本部到馮道所在的瀛州景城，在契丹人看來，雖然中間還隔著由後唐直接控制的幽州長城一線，但這對疾馳如風的契丹騎兵來說並不是問題。而且在此之前，契丹騎兵就經常長趨南下進入河北內地打砸搶，搶一個文弱書生，易事耳！

但要在神不知鬼不覺的情況下，南線直穿數百里去搶一個人，談何容易，須知後唐的幽州兵也不是吃乾飯的。

在此前後的後唐幽州節度使，前任有李克用的義子李存審（即五代名將符彥卿之父），後任是李克用的另一個義子李存賢。李存審於同光二年（九二四年）的三月就已經卸下幽州節度使，而改授宣武軍節度使（治所在今河南開封），幽州由李存賢接任。不過此時由於李存審已經病入膏肓，所以一直留在幽州養病，於五月病故於幽州官舍。

從時間上看，馮道守喪期間的幽州節度使很可能是李存賢。李存賢是在李存審重病時緊急接任的，此時的幽州正面臨耶律阿保機強大的軍事壓力，契丹騎兵經常出沒在幽州城外，和唐軍屢生摩擦。

李存賢為人謹慎機警，耶律阿保機不斷地擾邊，讓李存賢不得不多了幾分小心。而契丹人密謀千里奇襲馮家莊搶馮道的計畫，很有可能被李存賢得知了。

而《舊五代史・馮道傳》所說的「邊人有備」，顯然不可能是指距離契丹南線數百里的馮家莊農民，而應該是駐紮在近邊幽州的後唐軍隊。

李存賢雖然是武將，和馮道在官場上並沒有什麼交集，但作為皇帝身邊的當紅炸子雞，他當然知道馮道的分量。如果馮道在家守喪期間被契丹人給掠到草原，看李存勗罵不死他！

契丹人也許並不知道幽州方面已經提前做好了保護馮道的各種準備，甚至不排除在馮道剛回家鄉時，李存勗就已經預感到耶律阿保機有可能對馮道下手，暗中給李存賢發來密令：不惜一切代價保住馮道！

後唐軍隊在和契丹軍隊的歷次交戰中均不落下風，其中一個最大的原因就是後唐有著非常豐富的馬匹資源，僅憑這一點，後唐騎兵就有足夠的資本和契丹鐵騎抗衡。

可以肯定的是，李存賢會派出許多遊騎在馮家莊周圍進行警戒，並通知當地里保，契丹人有可能要對馮侍郎下手，你們要密切關注馮侍郎的生活起居。

在各方面的協作下，在馮家莊的周圍已經嚴密布下了一條保護大唐戶部侍郎馮道的安保網，可以確保馮道無虞！

至於契丹騎兵是否真的流竄到了馮家莊一帶，史料上沒有過多的記載。但從《舊五代史・馮道傳》僅有的這句「（契丹人）欲掠（馮道）而取之，會邊人有備，獲免」來看，契丹的情報系統應該在契丹騎兵南下之前，就已經得到了幽州方面密保馮道的措施。

耶律阿保機是個聰明人，如果在唐人已經做好軍事保護馮道準備的情況下貿然出兵，很有可能被李存賢吃成光棍。

「誰說寡人要搶馮道？寡人已經有了一個韓延徽！」耶律阿保機自嘲道。

而馮道聽說耶律阿保機的秘密計畫後，也笑了。他很想念老友韓延徽，但他並沒有打算在遼闊茫茫的草原上見到老友。馮道從來也沒有把耶律阿保機當成自己的選擇，否則當年劉守光失敗後，馮道有一萬個便利的條件去草原上喝羊奶。

馮道很快就忘記了耶律阿保機，他依然身著粗葛，腳踏草鞋，躬耕於田野，採樵於鄉下，悠然自得地過著恬淡的生活。

有時馮道在夜半失眠，再也睡不著了，馮道會起身，點燃蠟燭，坐在燈前沉思自己此生的得與失。有時，馮道會給自己許下一個承諾：等將來他老了，離開官場之後，一定還會再回到這裡。這裡，不但是馮道生於斯長於斯的家鄉，更是馮道疲憊心靈的歸宿。

直到蠟炬成灰，馮道哈欠連天，再次和衣睡去。

天翻地覆同光朝

兩年多的守喪期終於結束了。馮道除孝於身，從父親墓前的草舍中走了出來，抖了抖身上的枯草，略顯疲憊地抬頭看了看天空，長長歎了一口氣。

因為他知道，兩年多來採躬樵耕的快樂生活，至少是暫時畫上了一個沉重的句號，他必須在規定的時間內回到朝廷，繼續他的仕途生涯。

兩年多沒有回到朝廷任職，馮道隱約聽說皇帝李存勗平天下之後開始變得狂妄昏聵，信用小人，朝政日益腐敗。馮道心急如焚，他急切地想回到皇帝身邊，也許馮道擔心的並不是只是大唐中興大業的落空，也許在他的潛意識中更關心的是自己致君堯舜的夢想。劉守光已經證明不是堯舜，難道李存勗也不是？

馮道嘴角含著微笑，一一拱手告別了前來送行的鄉親們，然後踏蹬上馬，一鞭輕打，駿馬一聲長嘶，載著馮道，漸漸消失在馮家莊父老的視線之中。

可讓馮道沒有想到的是，當初接到父親病逝的消息，匆忙離開洛陽之後，他就再也沒有機會見到一手扶他青雲直上的李存勗了。

後唐同光四年（九二五年）月日，號稱光武中興的大唐皇帝李存勗死於一場可怕的軍事譁變。

也許馮道早就看了出來，李存勗遲早會有今天的。

在歷代高開低走自取滅亡的帝王中，李存勗無疑是最為典型的。對李存勗一腳天一腳地的詭異人生，可以用八個字來評價：軍事天才，政治白癡。

從唐末至北宋末，堪稱軍事天才的，只有楊行密、李存勗、柴榮、李元昊四人而已。但和周世宗柴榮的軍事、政治兩條腿大道通天相比，李存勗更像是一個跛足巨人。政治上的昏聵荒唐，是埋葬李存勗通過軍事天才所取得的空前成就的直接原因。

李存勗失敗的原因，大致可以歸納為幾點：

一、宮禁不嚴。一個失敗的男人背後必定站著一個貪婪的女人。很不幸，李存勗正宮劉皇后就是五代史上少見的潑婦皇后。李存勗得志後突然變得尖酸刻薄，失盡天下人心，和視錢如命的鐵母雞劉皇后有很大的關係。

禁軍久不發軍餉，軍心散亂，按道理說，劉皇后應該體諒丈夫的難處，多拿金寶以收攏軍心。在亂世中失掉民心就等於自殺。沒想到劉皇后一毛不拔，當眾撒潑耍賴，說要錢沒有，要命一條。

李存勗此時已經完全喪失正常的心智，任由老婆胡鬧，結果被寒了人心的軍隊徹底倒向李存勗的政治對手——他的乾兄長，李克用的義子李嗣源。

二、狂妄自大。河東能以一區區之地滅梁，復定蜀，是包括郭崇韜在內的河東高層的集體功勞，卻被李存勗佔為其一人之功。常自誇「天下自吾十指中得之，與他人無涉」。

三、重蹈晚唐宦官干政的覆轍，初興的後唐帝國還沒有開始在中原施行新政，政治局面就已經徹底敗壞。據《舊五代史・唐書・朱友謙傳》記載，「莊宗季年，稍怠庶政，巷伯伶官，干預國事」。

李存勗身邊聚集著一群小人，這些人到處收受賄賂，稍不如意，便在李存勗面前日夜攻其短，必致其死地而後快。這個宦小集團與以劉皇后為首的後宮集團密相勾結，梁唐之際的河中軍閥朱友謙，強項令羅貫，以及「功業第一」的樞密使郭崇韜，都可以說是死於宦小後宮集團之手。

當年馮道不惜代價，在憤怒的龍爪下救出來的一代巨人郭崇韜，在出兵消滅盤踞在四川的前蜀政權之後不久，就稀里糊塗地死在了李存勗的猜忌之下。

李存勗的失敗，早在張承業被李存勗稱帝氣死之後，禍根就已經埋下。在李存勗的性格基因中，缺少一種定力，思維行事非常的孩子氣，這一點和齊桓公姜小白，前秦天王苻堅非常的相似。姜小白和苻堅，以及李存勗的失敗，其實都是缺少父愛式的嚴格管束所致。

這類性格的君主多是天才，但沒有了相父們的約束，他們就極易變成蠢材。張承業死後，壓在李存勗身上的那座大山被徹底推翻，已經在張承業陰影下生活了十幾年的李存勗，徹底得到解放。從此，他將成為自己的真正主人，而地獄之門，也在不經意間悄悄地向他打開。

作為唐朝中興第一功臣，郭崇韜在滅蜀之後遭到了陷害，讓所有將士為之心寒。跟著這樣的昏庸皇帝，誰敢說自己不會成為郭崇韜第二？

中原大地，人心思亂。這場震驚天下的軍隊譁變，起因其實並不複雜：

魏博軍有一部分軍隊由指揮使楊仁晸率領，駐守瓦橋關（今河北），按規定，到了一定年限，這支魏博軍就可以回到家鄉魏州。就在這支軍隊南下至貝州（今河北清河）時，李存勗已經被郭崇韜事件弄得焦頭爛額，非常擔心瓦橋軍會乘鄴都（即魏州）空虛無兵之際盤踞鄴都作亂，便下令讓楊仁晸所部屯守貝州。

魏博軍在五代藩鎮中的情況比較特殊，這支軍隊好勇鬥狠堪稱江湖第一，而且地理位置居天下之中，稍有風吹草動，就足以影響全域。而且魏博軍的軍隊構成多由當地父老兄弟組成，非常戀守故土，並不在乎誰來當皇帝。他們當年能賣掉朱友貞，現在也能賣掉李存勗。

之前郭崇韜受冤而死，消息傳開，天下譁然，魏博軍自然大駭，人人懼禍事臨頭，軍情大亂。魏博兵皇甫暉和一些軍中賭徒聚賭，累賭不勝，總感覺世界末日即將到來。皇甫暉等人因恐懼而發狂，乾脆扯旗造反，反正橫豎是個死。

當皇甫暉們要推舉楊仁晸為軍中之主時，被效忠於李存勗的楊仁晸斷然拒絕，皇甫暉做事很乾脆，一刀宰了楊指揮使，另推舉裨將趙在禮為主。趙在禮怕死，只好硬著頭皮充當這支亂軍的老大。這支像吃了興奮劑的軍隊先燒了貝州城，一路燒殺來到他們的家鄉魏博，沒費什麼力氣就佔領了後唐王朝的龍興之地。

河北局勢，已經混亂至極。

魏博是河北首鎮，一旦失去魏博，李存勗的天下極有可能在瞬間崩盤，甚至連河東本土都有可能喪失。李存勗即使再昏聵糊塗，也知道其中利害，但問題是派誰去？因為戰神郭崇韜已經死了。

人才，永遠是用不完的，關鍵是看領導想不想用，敢不敢用。

李存勗身邊其實還有一位江湖地位幾乎與郭崇韜相等的超級大將，就是李嗣源。只是李嗣源是李存勗時刻猜忌的頭號政治對手，如果派李嗣源出去，一旦李嗣源控制軍隊，自己還有活路嗎？

可問題是，不派李嗣源，他就無人可用了。在劉皇后乾爹張全義的勸說下，李存勗只能咬牙把臨機處事之權交給李嗣源。

事實很快印證了李存勗之前的判斷，李嗣源剛到鄴都城下，就被一夥亂兵劫持。這夥亂兵叫嚷著說皇帝（李存勗）要坑殺魏軍，已經失盡天下人心，今日能救天下者，非令公（李嗣源官居中書令，所以人稱令公）而誰！李嗣源百般拒絕，但最終還是抵不過亂兵的強烈要求，李嗣源搖身一變，成為魏軍大帥。

當魏博亂軍「劫持」李嗣源攻下東線重鎮汴州（梁東都，今河南開封）時，混亂的形勢已經徹底不可收拾。李存勗雖然強打精神進行所謂的「東征」，但沒走多遠，他身邊的侍從都作鳥獸散，李存勗只能狼狽逃回洛陽城中等死。

而此時的馮道，已經由黃河北岸的楊劉渡口南下，行經汴州，準備西行赴洛陽覲見李存勗。從時間上來看，馮道南下時，應該並不知道離瀛州西南不遠處的魏博已經發生兵變，所以馮道幸運地沒有鑽進虎狼窩。很難想像，如果馮道萬一落在魏博軍士手上，他會是個什麼後果？不要指望李嗣源會救他，在那種情況下，李嗣源本人都是喪失部分自由和人格的人質，何況馮道。

別的不說，魏博軍士因為李存勗長久不發軍餉，對李存勗心存怨恨，而馮道又是李存勗極為器重的官場紅人。對於這些沒什麼文化的丘八爺來說，拿馮道撒氣，也許是報復李存勗的最好方式之一。

不過，魏博亂軍和馮道之間還有一個共同點，就是他們的最終目標都是洛陽，而他們去洛陽就必然經過前梁舊都汴州。《新五代史・馮道傳》說馮道路經汴州時遇到了亂軍頭目趙在禮，但歐陽修著史經常自相矛盾，在《趙在禮傳》中，歐陽修卻說在李嗣源的軍隊離開鄴都南下時，趙在禮留在鄴都。

一個很大的可能是：馮道在汴州遇到的並不是趙在禮，而是李嗣源的先鋒兼女婿——馮道後來的老闆石敬瑭！《馮道傳》之所以說趙在禮作亂，很可能是指這場著名的軍事譁變是從趙在禮開始的。

馮道為什麼選擇李嗣源

從《新五代史・馮道傳》這句「明宗自魏擁兵還，犯京師。」記載來看，馮道可能要比李嗣源的先鋒石敬瑭要早一步來到汴州。

而此時，馮道要面臨人生中一個艱難的選擇：是選擇李存勗，還是選擇李嗣源？或者文藝範兒一點地講，是選擇過去，還是選擇未來。

對許多人來說，這並不是一個艱難的選擇，眼下這個形勢，李存勗失去了軍心，完蛋是遲早的事情，天下已半數掌握在李嗣源手上。現在李嗣源的大軍即將抵達汴州，換個人也肯定會留守汴州，等待李令公一到，伏拜馬前，俯首稱臣，一世榮華，等閒可得！

時任汴州刺史的孔循就是這麼想的，他也在勸馮道留下來等李嗣源，「現成的粗腿你不抱，萬一李令公真的到了那一步（取代李存勗當皇帝），馮公將如何自處？」

這位汴州的孔刺史在五代史上堪稱一代改姓狂人，他的真正姓氏無人得知，早年做汴州富戶李讓的乾兒子，改姓李。後來李讓認朱溫做乾爹，他又改姓朱。朱溫有個兒子的乳母很喜歡孔循，養其為子，乳母夫家姓趙，又改姓名為趙殷衡。大約在梁初時，才改今姓名為孔循。李存勗滅梁後，孔循從「偽梁」租庸使搖身一變成為大唐的汴州刺史。

孔循一生凡四易姓，這和他在官場上的首鼠兩端也大約相似，在李存勗和李嗣源的龍虎之爭中，孔循奉行一個原則：誰先打到汴州，他就是誰的馬仔！

跟著哪個老闆不都是混飯吃？李存勗和李嗣源又有何區別？最先打到汴州的是李嗣源的部隊，所以孔循滿面堆笑地站在石敬瑭馬前，給李老闆的女婿鞠了一個九十度的大蝦躬，喊了句肉麻的口號：跟著李老闆，吃飯有人管！

孔循和馮道應該有一定程度上的交情，所以孔循「好心」勸馮道不要飛蛾投火，現在的李存勗還有贏的希望嗎？

實際上，聰明人並不只孔循，當聽說李嗣源已經得到魏博軍的擁護，南下逼宮時，共同戍守瓦橋關的北面行營馬軍都指揮使王晏球和東北面蕃漢馬步都虞候房知溫立刻撂下挑子，帶著從騎火速抄近道南下，追上李嗣源的大駕，伏地獻身當馬仔。

對於李嗣源即將贏得一切的形勢，馮道自然能看得出來。李存勗已經是日暮窮途了。

怎麼辦？

馮道的答案有些出乎孔循以及很多人的意料，他還是選擇繼續西行，去見已經失勢的皇帝李存勗。雖然馮道心知肚明，用不了多久，他就會見到被他拋棄的天下新主李嗣源。

馮道這是在犯傻嗎？非也，這才是大聰明人的選擇。

誠然，李存勗即將被歷史埋葬，但是馮道自入仕河東以來，就被外界視為李存勗的不二親信。如果此時馮道就拋棄李存勗，會讓外界不恥於馮道的迎來送往，會不利於馮道的政治形象。

如果魏徵在李建成被殺之前就諂媚地拜在李世民面前，李世民還會瞧得起這樣的魏徵嗎？魏徵為什麼最後贏得李世民的尊重，最關鍵的原因就是魏徵對舊主的忠誠。

有一點對馮道來說要比魏徵更有利，李嗣源在魏博是被亂兵「劫持」南下的，他自始至終都在維護李存勗的表面權威。即使李嗣源要廢李存勗自立，也只有一種可能：尊李存勗為太上皇，罷其權而尊其位。李嗣源是絕不敢冒犯李存勗的，否則他的江山會被人認為得之不正。

他在這種微妙的形勢下，馮道愈對李存勗表現出忠誠，他就會越得到李嗣源的尊重。因為李嗣源需要馮道這樣一個對舊主的忠誠榜樣，以減輕李嗣源本人所遭受到的來自外界的政治壓力。

從馮道在河東出任掌書記的經歷來看，他和李嗣源之間，至少在工作層面上有過很多交集，這很容易使二人對彼此的為人處世風格有深入的了解。雖然二人不太可能就此事暗通款曲，但從後來李嗣源稱讚馮道「吾素知此人」來看，二人之間心有靈犀是有可能的，只不過這些話不能拿到檯面上說。

上面所猜測的，都是人最真實的利益角度去講的。除此之外，同樣還存在著馮道忠於李存勗，準備從一而終的可能。

從馮道內心深處講，李存勗是馮道迄今為止遇到的最器重他的老闆，沒有李存勗的賞識，馮道走不到今天。李存勗對馮道的知遇之恩，以馮道的人品，他對李存勗肯定有一種感激之情。此番西行洛陽，馮道有可能是要送李存勗最後一程，但可以排除馮道要陪李存勗一起下地獄的可能。

退一萬步講，無論馮道做如何功利的想法，他敢去已經成為刀山火海的洛陽，這是需要極大勇氣的。刀兵無情，沒人敢保證馮道在洛陽不會遭到亂兵的傷害。如果留在汴州，至少生命是有保障的。

馮道還是堅持自己的立場，與孔循長揖辭別，去洛陽覲見皇帝。

從「（馮道）乃疾趨至京師」來看，馮道是急切想見到李存勗最後一面的，馮道抵達洛陽的時間，已經於史無考，不清楚馮道是否見到了已經瀕臨崩潰的李存勗。

其實馮道對李存勗是很有感情的，馮道是個知道感恩的人，李存勗落到如此田地，馮道心裡可能會產生一些愧疚感。如果不是父親突然離世，馮道這幾年一直留在李存勗身邊的話，李存勗還可能聽得進他的幾句勸諫，也許形勢不會到如此不可收拾的地步。

當馮道急匆匆地闖進洛陽西門的時候，還是來晚了一步，看到五鳳門前沖天的大火，馮道幾乎是滾下馬來，伏在門前痛哭流涕……

曾經威震天下的李亞子，就這樣稀里糊塗地埋葬了自己的無雙霸業，歷史總是喜歡和人們開這種無情的玩笑。

不要低估馮道的忠誠，他不是個得志之後就忘本的人。

送大唐皇帝上路的，是李存勗曾經非常信任的從馬直指揮使郭從謙，這位演而優則仕的文藝將軍眼看李存勗已經失了勢，再保這樣的昏君已經毫無意義。

郭從謙率叛軍反攻五鳳門，毫無準備的李存勗被打得措手不及，雖然他親手殺過數百叛軍，但還是被一支不知從哪兒飛來的流箭射中要害，李存勗一命嗚呼！

李存勗的屍骨被優人善友放在城樓上的柴禾堆中，用一把沖天的大火，宣告了大唐中興神話的徹底破滅。李存勗的兩位貼身侍從最後一次給大火中的大唐皇帝屍骨行了君臣大禮，然後號哭而去。

這兩名侍從，一個是王全斌，一個是符彥卿。

天豈能無日，人豈能無主！皇帝駕崩了，沒關係，再立一個就是了。管他張三李四王二麻子，找個人磕頭還不容易嘛，何況人選還是現成的，就是深孚人望的大總管李嗣源。

不過李嗣源也聰明，在皇帝遇害不久，自己就上趕著當皇帝，容易被人誤解李存勗的死和自己有關係。在同光朝百官的勸進下，李嗣源寧死不從，只任監國，行皇帝事。

等到任監國十幾天後，天下初定，李嗣源已經基本控制了局面，可以轉正了。後唐同光四年四月二十日，李嗣源袞冕法服，在洛陽西宮即皇帝位，改同光四年為天成元年。百官伏地山呼萬歲。

年屆花甲的李嗣源志滿意得地坐在御床上，以征服者的態度審視著膝下百官，他很快就發現了馮侍郎的身影。

李嗣源其人

五代前後五十三年，共歷五朝八姓十三君，最為後世大夫君子所稱道者，其一周世宗柴榮，其三周太祖郭威，而其二便是後世稱為小太宗的後唐明宗李嗣源。

唐懿宗咸通八年（八六七年）九月九日，李嗣源生於應州金城縣，代北沙陀部人，但世人已經無從得知李嗣源的沙陀本姓是什麼。在其改漢姓名之前，世人只知道他的沙陀名叫邈佶烈，他的父親叫作「霓」，是晉王李克用身邊的得力部將。

作為土生土長的代北沙陀人，李嗣源從小就開始了騎射技能培訓，十三歲時，李嗣源就以「善騎射」聞名代北，經常在野外縱馬仰射飛天之鳥，每發必中，人稱為奇。李嗣源的父親「霓」去世後，李嗣源自然就掛在晉王李克用名下，李克用很喜歡李嗣源，便養其為子。

和趙匡胤在高平一戰成名一樣，李嗣源初出江湖後，在青山口一戰中，幾乎是單槍匹馬直衝梁軍大陣中，嚇退了梁朝頭號名將葛從周，史稱「自青山之戰，名聞天下」。李嗣源在李克用時代就已經為河東第一流名將，所率晉王親騎五百人，橫衝天下，「所向克捷」，所以李嗣源就得了一個雅號——李橫衝。

不過，李嗣源雖然是武夫出身，但整體來看，他的性格比較平和，這一點和趙匡胤比較相近，不像李存勗或柴榮那樣大起大落的性格。檢遍史冊，很少發現李嗣源有暴怒的時候。甚至佔領彈丸之地荊南的高季興在李嗣源繼位之初，耍無賴要地盤，李嗣源都是能忍則忍，忍到忍無可忍時，就敲打一下這些不識趣的，但李嗣源從來不妄開殺戒。

這種平和性格的人，在官場上是比較討喜的，能力出眾但甘給老闆當配角，不爭功不搶食，換了哪個老闆不喜歡這樣的員工？

李存勗得志之後，經常猜忌大臣，郭崇韜雖然功居第一，但性格太過剛烈，也中了李存勗的忌。而李存勗雖然也猜忌李嗣源，但由於有個郭崇韜擋在李嗣源前面，李嗣源可以暫時躲掉幾支官場暗箭。

而自郭崇韜冤死後，再無人可以替李嗣源擋風遮雨，所以李存勗對李嗣源的疑心越來越重。而李嗣源一直念念不忘養父李克用的恩情，所以李嗣源寧可等死，也不想被後人罵作忘恩負義。手下朱守殷曾經勸李嗣源趁機除掉李存勗，被李嗣源斷然拒絕。

魏博亂兵在李嗣源去之前到處燒殺搶掠，而李嗣源單車一至，立刻像變了一支軍隊，這說明李嗣源在軍界是極得人心的。亂兵選擇李嗣源，絕不是因為李嗣源好欺負，而是跟著李嗣源，至少大家還有口飯吃。再跟著李存勗這樣的昏君，大家腦袋遲早搬家。

李嗣源得天下的過程，非偷非搶，得之甚正。以李存勗亂政敗亡之餘，如果不是李嗣源的出現，及時穩定了中原局勢，一旦兵亂四起，中原又將陷入大亂。從這個角度講，李嗣源得天下，是歷史的幸運，更是當時百姓的幸運。

同樣的，這也是馮道的幸運。

馮書記何在？

不可否認，李存勗是馮道仕途中第一個伯樂。但問題是：伯樂未必就是好的馴馬師。伯樂可以從幾百匹普通馬中挑出一兩匹駿馬，不過能否將這幾匹出色的馬調教成千里駒，這就要看馴馬師的水準了。而李存勗顯然不具備一個優秀馴馬師的資質，他連自己都管不了。馮道在李存勗手下仕途還算順暢，但如果馮道不是因為父喪離朝，繼續留在李存勗身邊的話，也許會當上宰相。可然後呢？陪著李存勗一起被亂箭射成刺蝟嗎？

馮道早就看得出來，李存勗性格太不穩定。

而馮道本人性格比較穩定平和，侍奉這樣性格多變的老闆，二人很有可能因為性格的原因漸行漸遠，甚至反目成仇。而李嗣源不同，李嗣源性格平易溫和，這一點正好與馮道的性格契合。《資治通鑒》稱李嗣源為人「性不猜忌，與物無競」，這樣性格的老闆會本能地給手下員工打造一個盡可能施展他們才能的舞臺，而不會猜忌功臣，動輒烹狗藏弓。而且最重要的一點，李嗣源對馮道的能力以及人品是非常了解的，這一點決定了二人的合作基礎。

李嗣源要重用馮道的原因，有一點可以排除，就是李嗣源要通過用馮道來贏得官僚們對他的擁護，因為馮道在士族門風殘餘的官場上是不太受歡迎的。李嗣源要收買人心，也沒必要拿馮道說事，豪門出身的盧質、任圜都是現成的籠絡靶子。

想必剛登上帝位的李嗣源心中已經有了內閣班子的大致人選，其中一個鐵定的人選，自然是馮道。這是李嗣源和樞密使安重誨商議後定下來的。

而大唐帝國的「內閣首輔」，其實早有人盤踞其上，就是代北沙陀人安重誨。

這裡有必要簡單講一下五代的大致權力架構。

五代早期，比如梁唐各朝，朝廷雖然有內閣宰相，以輔天子治政，但由於五代戰亂相旋踵至，所以軍權自然要高於相權，所以五代各帝王最倚重的大臣，其實不是文官大臣，而是武官樞密使。

換言之，樞密使才是五代雷打不動的首席內閣大臣。因為皇帝和宰相們只商議內政事宜，而樞密使則有資格甩開宰相，單獨與皇帝商議軍國大事。比如莊宗朝的樞密使郭崇韜，即使是宰相盧程和豆盧革，在郭崇韜面前也要低一頭。

樞密使權重天下，五代的宰相們更像是個閒職，甚至可以說是大號的翰林學士。「宰相受成命，行制敕，講典故，治文事而已。」

不過，五代的樞密使多是武人出身，像馮道這樣受到正統封建教育的文官士大夫，他們的理想就是佐天子治邦政，能力和興趣都局限在文治上。讓他們做樞密使，一來沒興趣，二來也不會做。何況樞密使手控兵權，向來是皇帝大忌，看看樞密使郭崇韜是怎麼被猜忌而死的就知道了。

自古文武一道，樞密使雖然權重，但他們文化素質普遍不高，像這位安樞密，基本是個文盲。更要命的是，坐在御床上的李皇帝，同樣是個文盲，大字不識得幾個。讓一個半文盲去輔佐另一個文盲治天下，豈非笑談。輔天下以治邦政的任務，自然要交給讀書人。

安重誨之所以能做到樞密使，原因很簡單，他是李嗣源的政治盟友，是李嗣源成功扳倒李存勗的幕後大軍師。就像周太祖郭威兵變繼位後，把樞密使交給了自己的政治盟友和義兄王峻，肥水不流外人田嘛。

安重誨雖然為人粗橫蠻霸，瞧不起讀書人，但他也知道朝廷的正常運轉，須臾離不開讀書人。有次李嗣源讓安重誨給他念奏章，結果安重誨討饒：「臣不識字，陛下還是不要出臣的洋相了，請讀書人來吧。」

天成朝的內閣班子很快就成立了，在當年五月，以太子賓客鄭玨與工部尚書、判三司事任圜並為同中書門下平章事，升閣做相。

馮道呢？李嗣源不是到處嚷嚷馮道才是他心中的真宰相嗎？安重誨要向李嗣源推薦幾個讀書人入伴，給李嗣源惡補文化知識。沒想到李嗣源首先提出來了一個人選。

李嗣源問安重誨：「先帝時的才子馮道何在？」

李嗣源話一出口，安重誨就知道皇帝的心思了。

「現任翰林學士。」安重誨對馮道無感，他最關心的是新任宰相任圜，這個靠女人吃飯的老白臉經常和自己不對盤。而馮道，至少暫時不會對安重誨構成威脅，所以安重誨很大方地推了馮道一把。

李嗣源並不避諱在安重誨面前表達對馮道無比的欣賞：「朕早知馮道是難得的人才，此人有宰相之器，將來足堪大任。」

按照李嗣源的旨意，朝廷很快就設置了端明殿學士一職，由戶部侍郎馮道，與中書舍人趙鳳一道入為端明殿學士，以備皇帝顧問之需。時間是天成元年（九二六年）四月。

需要說明的是，這個端明殿學士非實職，相當於顧問委員會，馮道和趙鳳原來的職務不變。

馮道有了新工作，就是陪皇帝聊天。

這算什麼差使？要知道，端明殿在洛陽諸宮中也不過是皇帝宴會之餘與接見大臣的偏殿，非議事之所。馮道今年也不過四十五歲，正是年富力強做事的時候，卻被李嗣源莫名其妙地弄了個養老的閒差。

馮道心裡會怎麼想？

實際上，在這份略顯詭異的用人名單上，隱藏著一個老闆用人的大學問。

關於用馮道為相的一場幕後政治交易

李嗣源為什麼會用鄭珏和任圜為相？答案可能是出在派系上。

要說能力，任圜是後唐王朝首屈一指的治世能臣，特別是在經濟戰線上，任圜堪稱一代財神。史稱任圜為相時，「期月之內，府庫充贍，朝廷修葺，軍民咸足」。

至於鄭珏，實在是平庸無奇，典型的尸位官僚，除了吃飯出恭，沒什麼用處。為人不忠不義，他原是梁朝舊臣，李存勗入洛，身為梁宰相的鄭珏率梁百官拜於馬下，極盡醜態。

李嗣源用這兩個人，說得通俗一點，就是同時穩定河東系官員和梁朝系官員的人心。

任圜是李克用的侄女婿，自父親任茂宏那一代起就在河東當官，是再標準不過的河東系。而鄭珏是唐昭宗朝宰相鄭綮的侄孫，一直在梁朝官場上廝混。更重要的是，鄭珏是梁朝系官員精神領袖張全義的鐵桿嫡系。

李嗣源能坐上龍椅，首功其實要算給張全義的。魏博亂起，李存勗不想派李嗣源平亂，是張全義力排眾議，李存勗才起用李嗣源。雖然張全義在得知李嗣源被逼反時，害怕李存勗找他算帳，憂懼而死。但張全義一句話成全了李嗣源，所以李嗣源要報恩，重用張派嫡系的鄭珏就很正常了。

至於馮道，李嗣源都已經當著二號人物安重誨的面說「吾必用馮道為宰相」，這顯然不是開空頭支票。現在不用馮道為相，只是因為李嗣源初坐龍廷，形勢不穩。

更何況最重要的一點，李嗣源把馮道調到身邊，其實就是進一步考察馮道，看馮道是否真的具備做宰相的綜合條件。一旦考核通過，立刻就給馮道轉正。

當初李存勗遲遲不用馮道為相，擔心的就是馮道資歷尚淺，惹起物議。如今馮道在河東官場歷練十幾年，官拜戶部侍郎，以正三品的堂官入閣拜相，諒那幫官場老油條也抓不到馮道的什麼話柄。

這次馮道入端明殿侍講，切切實實地距離內閣執政又近了一步。

而對官場一些嗅覺靈感的聰明人來說，他們已經聞到了一股濃重的血腥味道：皇帝要對官場進行人事大調整了。

此時的內閣，其實有四位宰相，除了新進的任圜和鄭玨，還有同光朝的舊朝豆盧革和韋說。

拋開任圜和鄭玨不說，李嗣源早就對舊相豆盧革和韋說不滿了，他要想辦法拿掉這兩個尸位素餐的酒囊飯袋，把位置給馮道騰出來。

除了政事無為，豆盧革和韋說最惹李嗣源，甚至是百官不滿的，就是二人互相結黨攀附。

豆盧革和韋說互相抬轎子，豆盧革舉薦韋說的兒子韋濤為宏文館學士，韋說舉薦豆盧革的兒子豆盧升為集賢學士，弄得朝野喧譁，「識者醜之」。

互相攀附是一方面，二人還大肆收受官員賄賂，官場名譽極差，還連帶朝廷背黑鍋，李嗣源當然不會做這等虧本買賣。

最讓李嗣源不能容忍的是，二人自恃先帝舊相，對新皇帝橫挑鼻子豎挑眼，對李嗣源缺乏最起碼的尊重，呼三喝四，不成體統。

不過，聰明的李嗣源卻拿另外一件足以激起百官憤怒的事情來砸豆盧革，以換取百官對拿掉豆盧、韋的支持。因為多年戰亂，經濟凋敝，物價騰貴，百官的俸祿經常要折價發放，還不一定能按時發放。

作為宰相，豆盧革一方面讓百官理解朝廷難處，一方面自己卻大開方便之門。別人拿折價工資，豆盧相公拿全款；別人都是自五月以後才能領到折價工資，而豆盧相公每年正月就能拿全額工資。「人不患寡而患不均」，如果大家都吃糠嚥菜，誰都不會有意見。如果其中有人吃肉喝湯，貧富差距拉大了，誰還能安貧樂道？

其中，新任諫議大夫蕭希甫因為二人得罪過他，他便上章彈劾二人。雖然蕭希甫的奏章多是捕風捉影之辭，什麼豆盧革指使門下殺人，韋說強奪鄰居家的水井，但李嗣源見章大喜。

李嗣源需要的是能打倒豆盧革和韋說的炮彈，至於事情真偽，李嗣源並不在意，甚至不排除蕭希甫突然向二人發難，是李嗣源暗中授意的。

天成元年七月，李嗣源下詔，罷豆盧革與韋說的相位，貶豆盧革為辰州刺史，貶韋說為漵州刺史。幾天後，再有詔，長流豆盧革於陵州，長流韋說於合州。李嗣源在政治上徹底埋葬了兩位前朝舊相。

天成元年很快就在波詭雲譎的政治動盪中翻了過去，天成二年正月初一，李嗣源正式下詔，給自己改了個名字，易嗣源為「亶」。為了行文方便，以下還稱為李嗣源。

李嗣源罷掉了豆盧革和韋說兩個礙事的，接下來就要請馮道入閣拜相了。

只是讓李嗣源沒想到的，因為這次宰相人選的問題，引發了朝中各大派系的激烈鬥爭。

為了能讓自己的體己人擠進內閣，各位大佬們直接在皇帝面前開戰，差點撕破臉面。

天成朝的權力構架大約可以分為三層塔形結構：

第一層：皇帝李嗣源。

第二層：樞密使安重誨。

第三層：宰相任圜、宰相鄭玨、另一位樞密使孔循。

這是天成朝最核心的權力五人組。

拋開李嗣源，在四位重臣中，就風向上來看，因為安重誨勢力過大，鄭玨和孔循這兩棵牆頭草早就倒向了安重誨。而任圜向來不買安重誨的帳，二人因為各種恩怨，早已經積不相容，這次直接拎著板磚對拍。

按照李嗣源的意思，四大臣開了一個圓桌會議，商量宰相人選。而李嗣源則坐在殿上，等候結果。首先發話的是任圜，他推薦了御史中丞李琪，但遭到了鄭玨和孔循的齊聲反對。

李琪是當代才子，曾經做過梁太祖朱溫的貼身文膽，文章知名天下。入唐後，李琪深為莊宗李存勗所器重，準備用李琪為相，只是因魏州事變，沒來得及給李琪辦證。

李琪雖然不敢得罪二皇帝安重誨，但他和安重誨之間也是貌合神離，向來不對盤。任圜這次拉李琪入夥，很可能就是在安重誨頭上砸進一顆大頭釘子。

李琪如果入閣，那任圜的勢力就大了一分，相應地，鄭玨和孔循就多了一個潛在的敵人。更何況鄭玨向來與李琪不睦，孔循也對李琪一肚皮的反感。所以鄭、孔二人極力反對用李琪，理由是李琪才華有餘，氣度不足，又兼貪財不廉，宰相豈能用此等人！

任圜沒好氣地問，「今何人有如此氣量」？

「太常卿崔協！朝議皆以崔協可。」二人幾乎是異口同聲，安重誨也點頭附和。

任圜一聽二人推薦崔協，當時就惱了，沒頭沒腦地竄到李嗣源面前，攻擊崔協。「安樞密做事沒頭腦，被人賣了還替人數錢。崔協這等貨色豈能為相！天下誰不知崔協不學無術，大字都不識得幾個，江湖號稱『沒字碑』。」

而任圜拒絕崔協還有一個理由，「臣本就已經不學無術，列居台閣，已恐遭時人所笑。如果陛下再把一個半文盲拉進內閣，天下豈不笑陛下不識人。」

任圜話音未落，又遭到了鄭玨和孔循的聯合反對，安重誨也是氣急敗壞地指責任圜用人挾私。

四大臣在下面吵翻了天，而高高在上的李嗣源卻一言不發，只是嘴角掛著一絲詭異的微笑。

推薦宰相，不僅是四大臣的權力，也是皇帝的權力。

李嗣源讓四頭鬥急了眼的鐵公雞都安靜下來，他有話要說。四大臣互相狠瞪著對方，怒氣未消，但都閉上了嘴。

「寡人有兩個人選，第一個人選是易州刺史韋肅，此人曾經在寡人落魄時出手相助，又出身名家（京兆韋氏），卿等可以考慮一下韋肅。」話說了一半，李嗣源瞟了一眼四位滿腹心思的大臣。

韋肅？在位的這幾位大臣都沒聽說過這個人，李嗣源怎麼想到用名不見經傳的韋肅為相，那還不如用馮道呢。

竅門就在這裡。

韋肅雖然有恩於李嗣源，但李存勗重用伶人陳俊、儲德源而大失人心的覆轍就在眼前，李嗣源怎麼會往陰溝裡栽？在論資排輩的官場，區區一個州刺史，居然連跳數級進內閣，官場其他老資格當作何感想？韋肅進內閣的可能性為零，這一點連李嗣源也不否認。

他之所以推出韋肅，其實是在用韋肅給第二個人選當墊背的。而從李嗣源嘴裡輕飄飄地說出的第二個名字，是馮道。

「如果韋肅資歷不夠，那卿等以為馮道如何？」

李嗣源繼續自說自話：「卿等素知馮書記為人，先帝在太原時，馮書記掌文墨事宜，處事得當，為人所稱。而且馮書記為人厚重謙和，不與人爭，與物無競。朕打算用馮書記為相，卿等以為如何？」

皇帝提出兩個人選，對於第一個人選韋肅，四大臣當然知道不可能選他，那麼皇帝的面子一定要給，那就只能選擇馮道。否則，皇帝的顏面何存？

這是李嗣源的一大聰明處。其實以李嗣源的皇帝身分，他完全可以在會議之初就提出馮道為相，用不著拐彎抹角的這麼麻煩。但他引而不發，先讓四大臣各薦人選。

李嗣源如此做，原因很簡單：如果他先推出馮道，先不管四大臣同不同意，四大臣同樣也有人選推出，而宰相位置有限，不可能人人都能安排。如果李嗣源強行任馮道為相，那就同時得罪所有大臣，於朝局不利。

李嗣源明知任圜和孔循等人勢必會否定對方提出的人選，這就會形成隔山對峙之勢，那麼李嗣源適時推出各方都能接受的人選馮道，也就順理成章了。

而且李嗣源也在等機會，馮道是他內定的宰相，還剩下一個名額，所以在任圜和孔循、鄭玨、安重誨兩方中，他勢必要得罪一個人。當李嗣源發現孔、鄭、安穿一條褲子，那就只能委屈任圜了。

這次會議其實並沒有落實任何決議，不是因為馮道，馮道對任、孔、鄭、安四人來說都是可以接受的中間人選，又是皇帝舉薦。他們真正的矛盾，是選李琪，還是選崔協？

答案是明擺著的，孔循已經私下發了狠誓，除非我死，必使崔協入閣。而安重誨也在私下和任圜做內幕交易，最終逼得任圜退讓一步，同意崔協入閣。

各方交易最終完成，馮道和崔協出任宰相。

正月十一日，朝廷下了明詔：以端明殿學士、戶部侍郎馮道，以及太常卿崔協並為中書侍郎，同中書門下平章事。

接到任命詔書時，馮道誠惶誠恐地伏地謝恩。

這次任相，也標誌著馮道正式進入官場一線行列，從而拉開了馮道三十年官場傳奇人生的大幕。當然，馮道也知道，此次入閣，他將面對更加複雜的權力鬥爭。

在送走中使後，面色平淡如水，心中卻翻滾似海的馮道支走了所有家人，把自己關在屋子裡，任由新沏的茶由熱變涼，紅燭上的火苗越來越微弱，馮道都視若無物。

他不停地在告誡自己：「慎之！慎之又慎。」

人生很複雜，官場更複雜。在官場中撈飯吃，從來都是把腦袋別在褲腰上的，稍有不慎，就要人頭落地，自毀前程。

當官很難嗎？其實並不難，只要會做人，就基本能當好官。在這一點，馮道做得很好。

很多人會把「做官就是做人」理解為萬事不要得罪人，其實並非如此，如果萬般皆不得罪人，那就只能做個平庸的昏官。而馮道是有理想、有追求的，所以他在官場上是從來不怕得罪人的，劉守光、李存勗這樣的人物都被馮道當面硬頂過，遑論他人。

馮道做宰相，不論有意或無意，他都已經搶了被有些人視為玩物的蛋糕，即使馮道對他們示好，這些人照樣對他反感。對於官場上的對手，表面文章要做足，禮讓謙恭，但涉及施政理想，是半步不能退讓的。

對於馮道由皇帝推薦入內閣，四大輔臣都沒有異議，他們和馮道素無恩怨。其實他們並不在意馮道是否能做出成績，權力場上的潛規則從來都是這樣：不怕你有才，就怕你不是我的人。馮道如果像崔協那樣百事無為，是永遠不會遭人忌的，可馮道如果做這樣的官，還不如回到景城種地。

不知道出於什麼緣故，後世的一些學者，一提到馮道就咬牙切齒地痛罵馮道「鮮廉寡恥」，或「衣冠禽獸」，還有什麼「惡浮於紂，禍烈於蹠」，甚至如狂人李贄等，罵馮道是「名妓轉世」，實在讓人感到莫名其妙。

馮道僅僅因為在亂世中出仕四個不同的短命朝代，就被一些道學先生罵得一文不值，而馮道在任相時簡任賢良，罷黜庸才，規諫君主，大修文事，卻被他們視而不見，真是好本事。按他們的荒唐邏輯，出仕多個朝代的何止馮道一人，僅五代宋初就有一大堆，他們卻只攻擊馮道，卻把史上最忘恩負義的篡位者趙匡胤吹成一朵花，何其不公！馮道任相時，一不收財，二不納妾，三不修居豪室，四不廣食方丈，私德幾無可指摘之處，世上哪有如此奸臣！

馮道用人唯才

馮道做了宰相之後的第一件事情，是簡拔散落在民間的人才，為國效力。說得通俗一點，就是主動地去得罪人。

作為寒素出身的知識份子，馮道身上有一種近乎本能的階級成見，就是對同屬草根階層出身的知識份子，包括鄉野村夫，馮道禮敬有加；而對豪門出身的士大夫，馮道向來是不理他們的。這一點和他的恩公張承業非常相似。張承業瞧不起那些豪門公子哥兒，動輒當眾辱罵，武宗朝宰相李德裕的孫子李敬義就因為出身好挨過罵。不過馮道是儒者，他不會用張承業那般激烈的手段，他向來推崇和風細雨式的待人處事方式。

馮道用人講出身，是馮道因為自己的出身不好而對權貴士大夫進行「階級報復」嗎，當然不是。馮道這麼做，更多的還是對寒素士人本能的同情，這是一種樸素的「階級感情」。

同樣是讀書人，面對有限的社會政治資源，出身好的士人就會很容易比寒士獲得更大的進取之階，特別是講究門第士庶殘餘的五代前期。

馮道是個苦出身，他甚至連科舉都沒參加過，這也是一些豪門士夫經常挖苦馮道的話題。馮道跟著劉守光九死一生，好不容易遇到幾位伯樂，才到了今天這一步。

馮道是人，是人就會有一定的偏私屬性，他在選擇人才時，也會優先考慮與自己關係好的人。

比如在五代大臣王延的仕途路上，馮道可以說是他最大的政治恩人。

王延是鄭州人，和馮道是老鄉（《新五代史》說王延是鄭州人，與馮道是故人，當誤），在馮道當宰相之前，王延的仕途不說是一團漆黑，但也了然無趣，始終在底層徘徊，只做到即墨縣令。

馮道做了宰相，有了用人之權，就動用自己的關係，說動李嗣源，把與自己私交不錯的王延從黃海之濱的即墨召到洛陽，拜為左補闕。官位不高，但畢竟就近在天子腳下，升官是早晚的事。果然，不過一年，王延就高升為中書舍人，賜金紫，順利混進官場一線。

在用王延的問題上，馮道徇私了嗎？

其實馮道並沒有徇私。

執政者用人徇私的標準是所用之人才能低下，混事於位，貪贓枉法，造成不可彌補的損失。這種情況才屬於因私進人，屬於標準的官場惡習，寧用奴才不用人才。

但問題是，王延不是奴才，反而是個大可用之才，而且人品非常好。

王延有什麼本事？一則好學，肚子裡有墨水的，並非草包；二則為人慷慨義氣，有千金不如一諾的君子之風。《新五代史》說王延「延為人重然諾，與其弟規相友愛，五代之際，稱其家法焉」。三則處事公平，不偏私黨，王延曾經做過科舉主考官，「人皆稱其公」。

馮道重用這樣有情有義，大公無私的人才，不但不是徇私，反而是為國選賢，其功甚偉。王延在官場上與馮道的交集，也僅僅是他與馮道是同鄉好友。史料上也沒有發現馮道與王延結黨營私的記載，可見馮道用人是不偏私的。

晉國大夫祁奚舉賢不避親，傳為千古美談，馮道舉賢同樣不避親疏，後世那些滿嘴道德文章的先生們攻擊馮道時，卻很少提到這一點。他們需要的，只是為了所謂的盛世樹立一個道德攻擊靶子，對於馮道的各種優良品質，他們向來是能避則避的。千古道德楷模司馬光先生在攻擊馮道時，卻忘了自己是如何提攜禍亂天下的超級奸臣蔡京的。

人以類氣相投，近朱者近墨者，馮道重用人品端正的王延，恰也從另一個角度證明了馮道自己的品質。

馮道經常派人去朝野之外尋訪賢人，只要出身寒素，又確有真才實學，馮道都會以宰相之尊接見這些在社會偏見中苦苦掙扎的知識份子，並利用自己的合法權利，為他們安排一個有上升空間的職位。

好像馮道精神生命的延續。雖然這些孤寒士子將來有可能出將入相，甚至把馮道拉下馬來，但馮道依然不遺餘力地獎掖後進。

而至於衣冠舊族，馮道對他們其實也不是一棍子打死，確實真才者，馮道依然會簡拔推薦。馮道真正打擊的，是那些「履行浮躁」者，也就是輕險冒進之徒，這些都是害群之馬，當然要進行一定程度上的打壓。而馮道的手段也僅僅「抑而鎮之」，敲打一下這些狂生，讓他們知道好歹進退，其實這也是對他們的一種愛護。

《兔園策》事件

馮道當然知道這麼做是會得罪人的，但他對這一切世俗的非議並不在意。事實上，馮道也清楚，自己再怎麼努力地巴結這些豪門士大夫，他們也不會高看自己一眼。與其如此，不如對他們敬而遠之。

馮道在官場上有幾位至交好友，如同為端明殿學士的趙鳳、新除兵部侍郎劉昫（《舊唐書》總編撰）、大理正劇可久。這幾位儒者都有一個共同點，就是皆為素族出身，身上都沒有所謂甲族門第的驕嬌二氣，所以能和馮道處在一塊。

至於那些甲族出身的，馮道從來都是愛理不理，這自然就會引起他們的不滿。當一個富二代或官二代被一個魯蛇輕視的時候，他們骨子裡的優越感會被強烈的挫折感所取代。

他們對馮道也沒有什麼好感，最主要的原因當然是出身。當得知馮道入相時，相信許多人是吃醋的，就憑馮道那寒磣的出身，外加粗陋的相貌，也配登閣入相？

宰相，在這些權貴後代的潛意識中，只是他們小圈子的玩物，草根是沒有資格和他們競爭的。沒有個光耀門庭的好祖宗，自然就沒有資格和他們站在一起，甚至爬在他們頭上。

魏晉以來的九品中正殘餘思想，還頑固地盤踞著他們的大腦。

雖然這些人也知道就是當著馮道的面辦了馮道祖宗十八代，馮道也不會因此下台，甚至有可能地位更穩定。但他們就是嚥不下這口惡氣，就憑自己在朝中盤根錯節的江湖關係，罵了馮道，諒你馮道能奈爺何！

出來獻醜的是工部侍郎任贊和吏部侍郎劉岳。

任贊家世不詳，從他對馮道的輕視以及和士大夫經常成群結夥出現來看，任贊可能和任圜沾親帶故。至於吏部劉大人，那可是大有來頭。劉岳的遠祖是北魏名族劉氏之後，八代祖劉政會是唐朝開國名臣，劉岳有叔父七人，皆位列高顯，其中最知名的就是嶺南節度使劉崇龜和唐昭宗朝宰相劉崇望。

任贊不好說，但劉岳文才名著天下，只是因為站錯了隊，在梁朝為官，梁亡後被貶。而馮道自燕亡後跟著李存勗玩，政治一貫正確，領導一向器重，所以平步青雲，這讓劉岳如何服氣。

劉岳為人詼諧，善滑稽，平時就喜歡拿人尋開心。馮道簡拔寒素，黜落衣冠，所以馮道很不幸成為他們取笑的靶子。

按《新五代史．劉岳傳》的說法，有一天大清早，百官入宮，準備朝會（《舊史》作散朝之後）。按官位順序，馮道當然走在最前面，和任圜、鄭玨、崔協等人同行，其他百官在其後魚貫隨行。而尾隨在馮道身後的，就是任贊和劉岳。

馮道在上朝前是沒有與同僚耳語習慣的，他總是正衣襟，執手笏，目光如水，沉默不語。不知道是不是任贊和劉岳在身後嘀咕什麼，還是馮道聽到了其他動靜，馮道走在殿階時，總是不自覺地回頭觀望，目光和任贊、劉岳碰到了一起。

馮道臉上沒有任何表情，扭回頭繼續走。

劉岳有些不爽，心想你這個鄉巴佬不就靠抱著皇帝大腿才撈到這個位置嘛，真要以文論相器，我能把你甩出八條長安大街！

任贊對馮道也是一肚皮的不滿，順口就問了劉岳一句：「昭輔（劉岳字），你說馮相回頭瞧什麼呢？」

劉岳掃了身前還在行走的馮道一眼，哂笑道：「還能瞧什麼，肯定忘記帶了《兔園策》，沒有這本名著，馮相拿什麼修身齊家治國平天下。」

任贊大笑。

和馮道同行的任圜、鄭玨、崔協三位豪門出身的宰相也聽到了劉岳的挖苦，差點笑出聲來，只是礙於馮道的面子，強忍著憋了回去。

馮道自然也聽見了。

《兔園策》，前面講過，這是一本由唐太宗之子蔣王李惲門客編撰的一部適合鄉村少年兒童學習用的三十卷的四經讀本。

《兔園策》是無數農家子弟通過科考登龍門的必讀之書，雖然是農村課本，但並非都是鄉村俚語，而是用南朝大家庾信和徐陵的文體，又是親王編撰，屬於正規教材。

只是《兔園策》在農村非常普及，幾乎每個家庭都有一本，作為知識壟斷階層的精英知識份子瞧不起農村教育，所以「（士）人多賤之」（《兔園策》）。

馮道出身鄉村寒儒世家，自然也是讀過《兔園策》的。任贊和劉岳的話意音分明是瞧不起馮道的農村出身，暗諷馮道的學術登不了大雅之堂，沒有資格當宰相。

馮道為人寬和厚重，向來不以別人的輕視羞辱為介懷，任爾一張破嘴吞雲吐霧，我處之如浮雲而已。從《新五代史》的記載來看，馮道並沒有對劉岳的嘲諷有什麼反應。

《新五代史》所載應該是抄襲《北夢瑣言》的舊文，而成書時間與《北夢瑣言》相同的《舊五代史・馮道傳》，卻記載挖苦馮道忘帶《兔園策》的是任贊，而劉岳則根本沒在《舊五代史・馮道傳》中出現過。

歐陽修說馮道在前面聽到劉岳對自己的挖苦後，「大怒」，從此記下了劉岳這筆嘴債，並在不久後，濫用宰相大權，貶劉岳為秘書監。

實際上，歐陽修的說法從邏輯上講是站不住腳的，即使是劉岳諷刺馮道忘帶《兔園策》，另一個同夥任贊也脫不了干係。而事實上呢？在明宗即將駕崩時，任贊因為黨附極有希望即位的秦王李從榮謀逆案，李嗣源召宰相議任贊等罪。

任贊如此得罪馮道，馮道完全有條件把任贊推到坑裡，但他又是怎麼做的？——這還是《新五代史》的記載，馮道替羞辱過他的任贊極力求情，說任贊與李從榮關係非舊，在李從榮手下任職也不到一個月，李從榮所犯諸惡，和任贊沒有關係。在馮道的挽救下，任贊免死，只是長流外放。

在唐末帝清泰朝，馮道在出任河中節度使時，副使胡饒當眾羞辱他，馮道也是一笑了之。對任贊、胡饒這些以辱馮道為樂的輕率人物，馮道都不為介懷，他又有什麼必要去打擊劉岳？

從歐陽修站在道德家的立場上對馮道的一貫指責來看，馮道打擊劉岳的記載是不太可信的。反而是《舊五代史》記載馮道對此事的處理，更符合馮道以寬和處人的一貫立場。

舊史記載，任贊當面諷刺馮道回頭是忘帶《兔園策》，眾人哂笑，讓馮道很沒面子。而馮道向來是不會在公開場合發火的，即使有人當面羞辱他，馮道依然是面沉如水，喜怒不形於色。

任贊當眾羞辱自己，如果自己順著任贊的指揮棒轉，也怒目金剛式還任贊以顏色，那馮道只能淪為同僚的笑柄。馮道的憤怒，不但無濟於事，反而會讓同僚以後更會拿《兔園策》大做文章。

都說宰相肚裡能撐船，馮道的肚子確實能撐得起幾條大船，馮道對任贊的挖苦並沒有當場反駁，而是處之如浮雲。等到下朝後，馮道派隨從去把任贊請了過來，置茶，趁著身邊沒其他大臣，馮道雖然面色和衷，但言辭甚厲：「方才任公的話我都聽到了，公等瞧不起《兔園策》，無非鄉野人手一本，傷了你們壟斷知識階層的體面。但公可知？《兔園策》都是唐蔣王召集當時名儒編撰的，語非俚俗，實書林第一流品。公等笑我自小習《兔園策》，我實能背誦之，可公等又會些什麼！」

馮道越說越激動，他早就瞧這些所謂士族出身的士夫們不順眼了，今天要不趁機敲打一下這些人，以後這些人還不知道會給自己上什麼眼藥。

「有些舊朝士子自詡為能，其實也不過讀了幾本書，未必強得過《兔園策》。彼等不過灌了幾方墨水，便敢上京赴考，僥倖混幾分功名，博公卿相位，無一策幹國家之利，如此學問，何其淺薄寡陋！」

馮道待人向來和善，這也是有關記載中，馮道對別人說過最為過激的幾句話，這還是在任贊面前指桑罵槐，並沒有直取任贊下三路，足見馮道性格之沉穩。都說兔子急了還咬人，馮道急了，也不過風輕雲淡地掃了對方幾句。

任贊自知無理取鬧，面對馮道的含沙射影、指桑罵槐，算是真正領教了馮道深藏不露的道行，再和這個鄉巴佬鬧下去，還不知道馮道會說出多難聽的話來。

任贊銜著馮道舉起了小白旗，「贊大愧焉」。

馮道對待下屬，講究的是一個「誠」字，以誠待人，相信人亦誠我不欺。馮道修養好，即使數落人，也藏鋒不露，和風細雨。我們平時處事，也應該如此，即使佔著理，得饒人處且饒人。要把對方逼急了攀咬自己，對自己又有什麼好處？

北宋名臣張泳深悟官場處世之道，曾對友人戲言說：「功業向上攀，官職直下覷。」這雖是戲言，其中卻潛藏著一個為官做人的大道理。大丈夫要建功立業，眼高於四海，但這不意味著你就可以淩駕於別人之上，即使你國士無雙。韓信是怎麼死的？與其說劉邦殺功臣，不如說韓信瞧不起其他的開國功臣，被蕭何等人做掉的。

做官，就像是在蓋一座樓房，人人都想把樓房蓋得又高又漂亮，但很少有人在意基層的重要性，一門心思巴結上司，卻冷落了腳下的泥。腳下的泥並不顯眼，但一旦這些泥使了壞，鬆動了地基，再高的樓房也站不穩。

會做人不代表油滑，不得罪人也不意味著無為混事，建功立業和為人處世並不矛盾。馮道輕易是不得罪人的，即使自己佔著理，用嘴炮把別人打翻在地，但之後呢？

要是心眼小的，會記恨一輩子，不知道何時就給自己背後打個黑槍。馮道講究以理服人，任贊面對馮道的反擊面帶慚色，說明馮道已經在心理上征服了他，日後他就不會再給馮道打黑槍，這就是馮道做人成功的秘訣之一。

指出才子李琪的筆誤

職場險惡，這是誰都知道的事實，但在私交上可以圓潤通融，公事上，如果怕得罪人，必將一事無成。

馮道這一點做得非常好，面對盧程這等鐵公雞，他一讓再讓，而對真正的有才者，他半點情面也不留。比如對當代才子李琪的態度，反映了馮道處理私交與公務時的公允執中。

李琪，在之前任圜曾經推薦入相，但被孔循提名的崔協擠掉。相對於飯桶無為的崔協，李琪是梁朝第一流的真才子，大文人。李琪有真才實學，但稜角過直，恃才狂妄，瞧不起人。李琪也為此付出了慘重代價，入後唐之後，李存勗非常欣賞李琪的才華，想讓李琪入閣，但卻遭到了梁朝舊臣的極力反對。為了顧全大局，李存勗只好忍痛割愛。

歷經此事件後，李琪的稜角大為磨滅，也開始變得中庸混世，但在文學上的傲氣卻沒有少減一分，依然是牛氣沖天。

天成三年（九二八年）的四月，盤踞在鎮、定二州的義武軍節度使王都（王處直之子）因為對李嗣源始終放不下心，乾脆勾結契丹人扯旗造反。義武軍是唐末以來割據軍閥中實力最弱的一個，即使王都與契丹結援，也根本不是李嗣源的對手。在第二年的三月，死守定州，被唐朝北面行營招討使王晏球攻破，王都被殺。

按舊例，凡逆賊被平定，都要由當時才子寫就一篇平賊文呈上，給平定叛亂的嘉慶氣氛添點彩頭。這件光榮的政治任務自然落在李琪頭上，李琪也意氣滿懷，寫就了一篇《賀平中山王都表》，可惜這篇文章沒有流傳下來。

以李琪的江湖地位，他寫的任何一篇文字無不洛陽紙貴，俟其文章落筆，各界名流早就瘋搶一空。但當馮道看到這篇《賀平中山王都表》時，卻凝住了眉頭。對於李琪的文筆，馮道向來也是折服的，但看到其中有筆誤時，馮道卻忍不住當場給李琪捉蟲，全然不顧掃了李才子的臉面。《賀平中山王都表》傳到現在，只在《舊五代史・馮道傳》留下了一句「復真定之逆賊」，而馮道當面指責李琪的，正是這句。

問題出在哪兒？出在李琪對地理位置的不熟悉。實際上，唐軍攻克王都的老巢是定州，並不是真定，兩地相隔百餘里，而李琪卻把定州當成了真定。

定州（今河北定縣）是義武軍節度使的駐節地，真定（今河北正定）則是成德軍節度使的駐節地。

真定，就是赫赫有名的中山國所在地。在唐朝的行政區劃中，真定即鎮州常山郡，原先叫中山郡。而定州也同樣大名鼎鼎，即高陽郡，天寶中改為博陵郡。

其實李琪所犯的這個錯誤情有可原，因為李琪自出道江湖以來，就一直在中原謀事，從沒有到過河北。犯了這種常識性錯誤是可以理解的，如果讓馮道講一講粵閩浙的地理概況，馮道也會出錯。馮道是河北人，又一直在河北做官，對河北地理非常熟悉，自然能一眼挑出李琪的錯誤。馮道做事很認真，拿著這篇文章來找李琪，當面糾錯，「李公弄錯了，官軍收復的是定州，而不是真定。真定是陛下龍興之所，又豈有喪於賊手之理。」

從史料記載來看，李琪這篇賀平賊文是已經進呈給皇帝御覽了，或是當眾宣讀了。李琪是當代才子，皇帝身邊的紅人，換了別人，一般不會當眾拆他的台，誰犯得著這般得罪人？馮道之所以冒著得罪李琪的風險，一來是他的直爽性格，二來是因為李琪為人尚算有君子風度。在職場上闖蕩，與其得罪小人，不如得罪君子。得罪君子，君子會以明槍對你，得罪了小人，就等著背後挨黑磚吧。

馮道以君子之風待李琪，這其實是對李琪發自內心的尊重，馮道真要是油頭滑腦，根本不會去做這等得罪人的事。李琪的反應也讓人感動，「頓角折服」，對馮道並非惡意的指摘錯誤心悅誠服，這同樣是君子風範！

君子愛惜君子，自古就是美談。

馮道的文才

李琪是五代文學史上有名的才子，十三歲時，便以一篇《漢祖得三傑賦》驚倒了特意出題試他的一代名臣王鐸。李琪稱得上五代才人，其實論筆鋒才力，馮道不遑讓於李琪。只不過因為各種原因，馮道在文學上的才華與成就被後世有意無意地給掩蓋了。

李琪對馮道俯首稱服，主要原因還是馮道在文壇上的地位，而不是因為馮道位處台閣。馮道在後唐官場十餘年，憑藉生花妙筆步步高升，李琪是心服的。換了別人批摘李琪的筆誤，以李琪的狂傲個性，未必心服。

馮道的文才，在出任河東掌書記時就已經聲名鵲起，官場中人提到馮道的文筆，莫不心折，稱馮道一聲「馮才子」，想必是沒有什麼異議的。

歷經千年滄桑和戰亂，馮道的詩文保存到現在的已經不多了，詩不過數首，文不過數篇而已。不過平心而論，馮道所遺留的幾首詩要麼是哲理詩，以詩言志，表達官場中生存不易的感慨，要麼乾脆就是打油詩。要說藝術感染力，自然是難追李白杜甫的，但也有馮道自己的特色。

說起馮道的詩，以兩首最為有名，一首是《天道》；另一首便是大名鼎鼎的《偶作》。

《天道》云：「窮達皆由命，何勞發歎聲。但知行好事，莫要問前程。冬去冰須泮，春來草自生。請公觀此理，天道甚分明。」

這首五律寫的是馮道本人對宦海沉浮、人生起落的豁達態度。文采沒有，但眼界視野很博大，沒有經歷大起大落的宦海中人，是很難有此感悟的。

從詩文中的第三、四句來看，這應該是馮道中年時的作品，甚至更早，因為馮道此時還要考慮官場前程，當是作於李嗣源執政前期。此時的馮道初入台閣，正處在事業的最關鍵時期，每走一步都是拎著腦袋在玩命。

雖說馮道正受皇帝眷賞，但官場險惡，今日紫蟒朝服，明日就有可能冰山消盡。所以馮道有了「但知行好事，莫要問前程」的無限感慨。此時的馮道對未來抱有很大的期許，但又不敢保證自己不會跌倒，「窮達皆有命」，這首詩實際上是給正在宦海中搏擊的自己打一劑預防針，時刻告誡自己為人處世不要太熱衷，平淡處之，平淡受之。一味鑽營，會導致根基不穩。

相比於《天道》，另一首《偶作》則是馮道詩文生涯的代表作，最為後人所熟知的一聯，「但教方寸無諸惡，狼虎叢中也立身。」這首詩高度概括了馮道在大亂世中生存的艱難，藝術性要略高於《天道》。

和《天道》不同的是，這首《偶作》應當作於馮道人生的中晚期，從詩文所表達的意思來看，這首詩應該作於後晉或後漢政局相對穩定的時候。馮道在後唐時仕途如錦似花，談不上狼虎叢中混飯吃，而自李從珂奪位到劉承祐繼位的這十五年中，政局執政動盪，這首詩明顯是在表達馮道在劫後餘生的感慨。

後人對這首詩往往看中尾聯二句，這也是詩眼所在，但真正對為人處世有啟發意義的，還是頷聯，「道德幾時曾去世，舟車何處不通津！」特別是後一句。道德是指基本人性，特別是帝王的基本人性，但不是所有帝王都有基本人性，劉守光就是一個惡例。指望帝王發善心，不如指望自己靈活處事，做人不要死鑽牛角尖，所以馮道告訴在名利場中摸爬滾打的人們：舟車何處不通津！

馮道這首詩教人們做人要圓通，不要一味膠柱鼓瑟。圓通不是圓滑，是一種開放性的思維，凡事都要給自己留條後路，萬事不可做絕。馮道之所以在詭異多變的政壇如魚得水，其實靠的就是這七字真經，參透了這七字，就能安享其榮，長保祿位。

馮道詩才在絢麗多彩的五代十國詩壇上最多算是中平，遠不如羅隱、貫休、這些詩壇大才。不過要論起馮道的文才，是當之無愧的第一流水平，這也是當時人普遍承認的。

賴《全唐文》的揖覽之功，後人有幸讀到幾篇馮道撰寫的文章。雖說這些都是正式的官樣文章，拍皇帝馬屁的，但拍馬屁也是一門藝術。

說到馮道的文章，不得不提那篇讓馮道賺夠聲名的《請上唐明宗皇帝徽號冊》，正是這篇馬屁文章，讓馮道徹底征服了之前對他橫挑鼻子豎挑眼的同僚們，為他的輝煌仕途奠定了一塊厚實的磚塊。

徽號是什麼？說得通俗些，就是皇帝在生前，由文武百官聯名上書給皇帝加的好聽的名號，也稱為尊號，我們所熟悉的慈禧，其實就是徽號。歷史上第一個自加徽號的皇帝是唐高宗李治，隨後便成為百官拍皇帝馬屁的絕好機會，如武則天的「慈氏越古金輪聖神皇帝」、李隆基的「開元開地大寶聖文神武應道皇帝」、李存勗的「昭文睿武至德光孝皇帝」。歷經二百多年的發展，尊號已經成為唐宋遼金時期帝王的一項正式禮儀，具有重大的政治意義，李嗣源自然也不會例外。

一般來說，給皇帝上尊號都是由宰相發起的。而在時任宰相中，崔協是個大飯桶、安重誨大字不識幾個、任圜也不以文學知名，能擔得起這副擔子的只有馮道了。

這篇堪稱馮道官場人生中最經典馬屁文章的《請上唐明宗皇帝徽號冊》，作於長興元年（九三〇年）四月二十五日，馮道與五行八作的各級官員共五千八百九十七人聯名上書。雖然當時有四位宰相，由於馮道是首席筆桿子，所以馮道的名字排在最前面。

不妨說一下馮道當時的具體官場職務，如下：金紫光祿大夫、守尚書左僕射、兼門下侍郎、同中書門下平章事、充太徽宮使、宏文館大學士、上柱國、始平郡開國侯（食邑一千五百戶食實封一百戶）。在這一長串的職務中，同中書門下平章事是馮道的真正職務，也就是宰相。一代才子李琪排在第三，排在第二的是馮道的好友，也是當時才子的趙鳳。

這篇文章寫得極富文采，堪稱恣意汪洋，雖是馬屁文章，但絲毫不落俗氣。開篇曰：「臣聞天不稱高而體尊，地不矜厚而形大。厚無不載，高無不覆。四時行乎內，萬物生其間。總神祇之靈，葉帝王之運。日出而星辰自戢，龍飛而雷雨皆行。元氣和而天下和，庶事正而天下正。」

整篇《請上唐明宗皇帝徽號冊》，後面的部分都是歌頌李嗣源平定叛亂，安國家撫百姓的，給李嗣源舔馬蹄子的，沒什麼實際意義。真正在有文學價值的，還是開篇這一段。北京天橋老相聲段子裡經常提到的「天不言自高，地不言自厚」，其實出處就是馮道的這篇《請上唐明宗皇帝徽號冊》。

「元氣和而天下和，庶事正而天下正」，一般的馬屁文是不會這麼寫的，哪個馬屁精會在拍領導馬屁時逆一逆龍麟？馮道雖也隨俗地寫馬屁文，但他畢竟受聖賢教誨的傳統知識份子，並沒有一味奉迎領導，而是在文中，給講皇帝講一個道理，就是凡事都要從自己做起。馮道這兩句話意思很直白，就是孔子說的「己身正，不令則從；己身不正，雖令不從。」只不過在這種馬屁場合，說得婉轉受聽罷了。

文如其人，文字是一個人性格、立場、感情等各種心理活動的有形反映。馮道性格較為恬淡，不與世爭，落在筆下時，文字也清新自然，看不出有熱衷的功利氣息。還有後面一句「天不以上帝自崇，日不以大明自貴。」雖然也是前面天不矜高兩句的變體，但依然顯示了馮道傲人的文學才華。

《舊五代史・馮道傳》稱讚馮道的這篇文章「其文渾然，非流俗之體」，應該指的就是這幾則華麗章句。在這篇文章之前，史料上還沒有馮道顯露文才的記載，而此文一出，驚服滿朝文武，史稱「舉朝服焉」。之前那些嘲笑馮道村野鄉鄙的名流大夫們都不得不在文學世界中跪在馮道面前。不服？你來寫！

而且最讓這些名流大夫們抓狂的是，馮道的才思彷彿是老天賜予的，馮道寫詩文基本上是倚馬可待，「秉筆則成」，一杯茶的工夫，馮道如錦花一般的文章就放在了案上了。

馮道筆力絕人，每寫出一篇文章，在洛陽萬人瘋搶，馮道堪比「洛陽紙貴」的左思。洛人每俟馮道文出，備筆籌墨，爭相謄寫，唯恐落於人後，這就是《馮道傳》所說的「必為遠近傳寫」。

這就是馮道做人的底氣！新人初來職場，雖然抱著不願得罪人的立場，但必要時就必須甩幾手絕活出來。任何時代的任何人性都是如此——欺軟怕硬，絕對沒有例外，你展示出有足以壓倒對方的才能，別人才不敢欺負你。

老話說，馬善被人騎，人善被人欺，就是這個道理。

馮道對五代十國時期文化上的貢獻，不僅是寫了幾首人生感悟詩，幾篇馬屁文章，還有一件文化上的盛事必須提及。就是在長興三年（九三二年）的四月，馮道和李愚聯名上章，請求皇帝命令博士田敏等人對九經進行大規模的校對工作，然後刻在雕版上，在社會上公開印賣。

《五代會要》記載了這道奏章的主要部分，「請依石經文字刻《九經》印版，敕令國子監集博士儒徒，將西京石經本，各以所業本經，廣為抄寫，仔細看讀，然後雇召能雕字匠人，各部隨帙刻印版，廣頒天下。如諸色人要寫經書，並請依所印刻本，不得更使雜本交錯。」

所謂九經，前面提到過，即《周禮》、《儀禮》、《禮記》、《左傳》、《春秋公羊傳》、《春秋穀梁傳》、《周易》、《尚書》，以及《詩經》最流行的一個版本《毛詩》。

隨著科舉制度的日益完善，讀書人需要更方便、快捷地閱讀經典傳籍。但以前的印刷水準有限，這在很大程度上限制了知識的傳播，也影響了朝廷選拔人才的空間與寬度。更重要的還在於，之前有關九經的印刷存在著各版本不同，導致內容時有差異的情況發生，這也會影響到科舉所考經典的權威性。

李嗣源雖是武人出身，但對文化事業的推進還是非常積極的，立刻批准了馮道與李愚所請，隨即由田敏主持這項意義重大的文化工作。

田敏是唐末五代著名的《春秋》博士，精通《春秋》，而且還是梁朝進士，田敏校對九經再合適不過了。

根據《宋史・田敏傳》的記載，參與校對九經工作的還有太常卿劉岳、博士段顒、路航、李居浣、陳觀等人。馮道應該沒有加入其中，但既然王全斌滅蜀、潘美滅南漢、曹彬滅南唐的功勞都算在趙匡胤頭上，校對九經的功勞自然也應該有馮道的一份。

只不過這項巨大的文化工程過於繁浩，從唐長興三年（九三二年）開始著手校定九經，直到周廣順三年（九五三年）六月，才最終寫成。而此時的田敏，已是七十四歲高齡了。

致君堯舜

會做官，會做人，會寫詩，會作花團錦簇的文章，事上忠懇而無私，待下謙和而心寬，這樣的人物，除了羨慕嫉妒恨的專業人士，幾乎是人見人愛的。

李嗣源對馮道的鍾愛，是官場人盡皆知的。

李嗣源送給馮道一長串讓人眼暈目眩的職務——門下侍郎、戶部尚書、吏部尚書、集賢殿弘文館大學士，加尚書左僕射，封始平郡開國侯，食邑一千一百戶，食實封一百戶。

其實馮道得到的這些職務，多半都是虛位榮銜，比如戶部尚書是財政大臣，但五代的財權一直掌握在三司使手裡。而馮道只要守住「同中書門下平章事」這個職務，那就是天下第一真宰相。但馮道卻添了「吏部尚書」的官銜，這是貨真價實的人事組織部部長，天下用人大權已在馮道手中，可見李嗣源對馮道的信任與喜愛。

《詩經》裡有一首著名的「木瓜詩」：「投我以木瓜，報之以瓊琚。匪報也，永以為好也！」

投桃報李，這是對人的基本道德要求。李嗣源以國士待馮道，馮道感激涕零之餘，要以國士之遇來報答李嗣源的知遇之恩。

拋開劉守光不說，真正對馮道有提攜之恩的是李存勗，但李存勗與馮道的故事，剛開始就結束了。但從性格來說，李嗣源同樣與馮道有著神奇的感應。

馮道的性格溫潤如玉，從不暴怒，擅長和風細雨的處人之道，而這兩個特質，同樣也是李嗣源所擁有的。人以同氣相類，兩個性格脾氣相近的人，又身處君位之首與臣位之首，他們在政治上完美的結合，對天成長興的小康時代來說，重要性是不言而喻的。

歷史上以臣諫君而成大道者，最有名的就是魏徵諫唐太宗李世民，如果沒有魏徵之諫，也難有貞觀之治世。魏徵成就一代賢名，而具有相同歷史作用與歷史貢獻的馮道，卻總是被道德家們喋喋不休地說他事五朝，為人臣者不純云云。

也許是巧合，馮道所侍奉的前三個君主，無一例外全是馬上皇帝，包括那位「大燕皇帝」劉守光，而馮道本人又是一個再標準不過的儒家士大夫。李嗣源繼位後棄武從文，以仁孝治天下，但畢竟他是武人出身，十三歲便張弓上馬打天下，響噹噹的河東李橫衝。如何和武人帝王相處，這也是在考驗馮道的政治智商與人生智慧。

無論是人君還是普通人，都有一個特性，就是老話常說的吃軟不吃硬。姿態放低點，給人留著面子，萬事都是好商量的。像魏徵那樣敢當眾掃皇帝的臉面畢竟不多，李世民很多次都被強硬的魏徵氣得發瘋。馮道應該是知道魏徵脾氣的，但他不會學魏徵，畢竟李嗣源不是李世民。

從經歷上講，李世民和李嗣源都是馬上皇帝，但問題是李世民本身就具有極高的文學修養，詩才一流，李世民身上的文人氣質很濃郁，這一點和魏徵很契合。而李嗣源大字不識三個，是唐末五代有名的大文盲，而這類純粹武夫的血液裡時刻流淌著暴力的基因。李嗣源不當老虎改當貓，但他畢竟還是老虎，老虎急了還是會吃人的。對付李嗣源這樣的大老粗，就不能以暴制暴，這只會引起更大的暴力情緒反彈。

後世道德家們批判馮道事主不忠，但這些人顯然沒有弄清人之處世，「大忠」與「小忠」的區別。何為小忠？事一家一姓王朝，王朝興則存，王朝亡則死，於天下萬民半點益處也沒有。而大忠則不然，「大忠」忠的不是哪一個具體的政權，而是忠於天下萬民，斯民生計。

而馮道心中，裝著的則是沉甸甸的「斯民福祉」。

身處亂世，人命如草芥，很多人都看破了，也無謂什麼家國天下治世夢了，只管自己吃好喝好，然後一堆黃土了此生。馮道固然有很多缺點，但他有一個優點卻是很多人不及的，那就是心中無私，坦坦蕩蕩。

馮道此時已是內閣宰輔，若是他也看破世事，可以多磕頭少說話，進也中庸，退也中庸，無災無難到三公。如果李嗣源完蛋了，再朝另一個新君磕頭就是，榮華富貴，還是自己的。但他在相位上，重點考慮的，是如何規勸李嗣源，把這位棄武從文的馬上皇帝培養成一個愛民的好皇帝。

有關馮道勸君愛民，最有名的一個例子，就是獻晚唐詩人聶夷中的《傷田家》詩。

事情發生在天成四年（九二九年）的九月，按《新五代史》的說法，天成、長興年間，「天下屢稔，朝廷無事」。是晚唐至北宋末以少有的太平治世，李嗣源治天下萬民得到了難得的休養生息的時期。馮道要做的，就是規勸李嗣源保持親民的心態，千萬不能再做第二個李存勗。

有一次，李嗣源把馮道叫上殿來，君臣二人對坐閒聊，並談及天下百姓生活富足否的問題。這李嗣源之前就佈置給馮道一個任務，就是讓馮道多打聽朝廷以外的百姓情況，飲食足否？居置安否？農稼熟否？有虎吏欺民否？所以上殿來，馮道要彙報自己的工作。

李嗣源面帶微笑地看著馮道，馮道也心情愉悅地看著這位與自己交心的知己皇帝。

「朕即位四年來，天下粗安，百姓遠離兵戈戰亂，數年農田豐稔。朕心甚慰。」李嗣源話語中帶著一絲驕傲。

然後話鋒一轉：「近來年五穀豐登，良糧滿倉，但朕最關心的還是百姓生活。馮先生，以你打聽到的情況，這兩年民間百姓的生活怎麼樣？朕高居上層，不能事事親為。」

馮道等李嗣源說完，也是微微一笑。平緩了情緒，馮道輕輕說道：「臣是農民出身，自小就生活在農村，也種過地，對農村的各種問題多少還是知道一點的。農民種地，如果這一年收成不好，百姓沒有飯吃，就會餓殍遍野，慘不忍聞，有傷聖人仁恕之道。」頓了一下，馮道又說了另一個道理。「但萬事皆有兩面，天下無穀，百姓市民自然餓死。但如果穀物豐實，農產品的價格就會下降，市民得到了實惠，但種地的農民卻因此受到了損失。這就是所謂的穀欠傷民，穀豐傷農。」

這個道理，李嗣源自然是懂的，糧食豐收，打擊的是農民的生產積極性。農民種糧的積極性遭到打擊，勢必對種糧失去興趣，糧食減產也勢在必然。

馮道接著說農民種糧積極性受挫後的可怕後果，「農民手上沒有錢，就不能投入新一年的各項農業生產，到頭來受害的，還是廣大糧食購買者，甚至包括朝廷的各項糧食需求。」

見李嗣源聽得認真，他背起了一首詩。「這首詩是大唐咸通中進士聶夷中的《傷田家》。」

李嗣源是不懂什麼詩的，見馮道說得激昂，也來了興趣，「那麼就請馮先生給寡人念一念吧。」

馮道清了清嗓子，用著略帶著景城鄉音的官話吟誦道：「二月賣新絲，五月糶新穀。醫得眼前瘡，剜卻心頭肉。」

李嗣源聽著，沒有說話，馮道又繼續念道：「我願君王心，化作光明燭。不照綺羅筵，只照逃亡屋。」

馮道念完，靜靜地看著這位文盲皇帝，他並不清楚李嗣源是否能理解這首詩意偏淺的詩。

「嗯！好，那句『醫得眼前瘡，剜卻心頭肉』朕聽得懂了。馮先生是不是說科差催逼太急，農民手上沒有錢投入生產，只能向官家借貸。而到年底收成時，因為糧價低，農民無所得，賣到手的糧錢還不夠繳還官家利錢的。朕的理解對嗎？」

李嗣源語出真誠，又切中時弊，讓馮道感懷不已。馮道說道：「陛下說的憫然如是！現在農村的情況就是這樣，傷民，人主不忍也！傷農，人主亦不忍也！」馮道自己是農民出身，說著說著，就很容易聯想到自己的家世，馮道又歎道：「管夷吾將天下人分為士、農、工、商四等，農雖不在四等之末，但論辛苦，無過於農者。士不耕不稼，工唯利器雕物，商以貨殖為生，三者所食所衣，皆出農人之手。無農，則無天下社稷。——人主愛民者，民恆愛之，前有漢文帝、光武帝，今有我唐太宗文皇帝及陛下。人主不愛民而止愛其身者，民恆恨之，前有紂王、周幽王，後有梁武帝、陳後主。此存亡之道，為人主者不可不重察之。」

李嗣源是文盲，但他對知識份子發自內心的尊重是真實的，也是讓人感動的。李嗣源很喜歡聶夷中這首文字淺白的詩作，忙叫來站在一邊的侍臣，讓侍臣拿來筆墨，請馮先生把這首詩寫下來。然後懸於殿上，李嗣源經常讓馮道或其他大臣吟誦這首《傷田家》，作為人主者警戒。

李嗣源是個可造的明君，但畢竟他是主宰天下的君王，帝王骨子裡那種「一覽眾山小」的征服快感會隨時發作。很多有為的君主前半生稱雄一世，卻是個半吊子英雄，前一腳上天，後一腳就踩到陰溝裡。比如苻堅、蕭衍、李隆基、李存勗。他們的失敗，無一例外全是喪失了對邪惡人性最基本的判斷能力，總覺得自己是無所不能的神，結果卻淪為歷史笑柄。

李嗣源也曾經不經意地流露過這種驕傲情緒，卻有幸地被馮道發現了，及時制止，並給李嗣源講了一番為人君的大道理。

事情其實並不大，而且此事要早於讀聶夷中《傷田家》詩，是發生在天成三年（九二八年）的九月，時任宰相兼領鹽鐵戶部差使的右僕射王建立不知道發了什麼神經，給李嗣源獻了一隻玉杯。玉杯本是宮中常見之物，但這隻玉杯的不同之處在於杯身上刻有六個討人喜歡的大字——「傳國寶萬歲杯」。李嗣源受之大悅，對此杯愛不釋手。在閒得實在無聊時，李嗣源派人把馮宰相叫到殿上，準備一起與馮先生欣賞這隻罕見的玉杯。

其實李嗣源收此杯，也不見得是驕傲自大，但馮道卻覺得李嗣源已經自覺不自覺地產生了一絲驕傲的苗頭。馮道勸人向來是和風細雨，這次也不例外。馮道先是照常例恭喜皇帝陛下得此寶杯，可還沒等李嗣源臉上的笑容散去，馮道就把話題轉到另一個方向。

「陛下以為這隻玉杯是有形之寶呢，還是無形之寶呢。」馮道循循善誘。

李嗣源被馮道說得一頭霧水，「馮先生在弄什麼玄虛？玉杯就放在眼前，自然是有形之寶，難道馮先生看不到嗎？」李嗣源還以為馮道視力不好，把玉杯往馮道面前挪了挪。

馮道笑了，「臣是看得見這隻玉杯的。也正如陛下說，這是一件有形之寶。可臣聽說這世界上還有一件無形之寶，不知道陛下聽說過沒有。」

「無形之寶？何為無形之寶？」

馮道說道：「為人主且有德者，自有一件無形之寶。」

李嗣源似乎聽出馮道的話中話，問道：「此寶何在？」

「在人主心中？」

「寡人心中也有這件無形寶貝嗎？」

「有！」

「請馮先生細言之。」

「臣所說的無形之寶，叫作仁義。」馮道不疾不徐。

「仁義？」

「人主之有為者，心中皆有此寶。人主之治天下，靠的不是玉杯金器，那些東西只是讓人主迷失仁義。而失掉仁義，就會失掉人心，進而失去天下。陛下且以臣斗膽言之，莊宗皇帝之失天下，即因為他心中已無仁義之寶。而陛下之得天下，因陛下心中已有仁義之寶。自古有為之君，莫不實行仁政，孔子曾經說過：『仁者，愛人也。』馮道指了指那隻玉杯，『自古人主愛此寶者，即失仁義。陛下治萬民，首先要愛他們，讓他們得到陛下實行仁政的好處。如果他們知道陛下只愛此玉杯，人心去矣。』」

馮道說得慷慨激昂，可惜這幾乎是對牛彈琴，因為馮道說得文心周納，李嗣源這樣的文盲根本聽不懂馮道在說什麼。什麼有形之寶、無形之寶、大寶曰位、何以守位，暈暈乎然也，一句沒聽懂。

李嗣源又不好當場讓馮道難堪，只好說：「先生說的有道理，仁義確實是無形之寶，朕以後就聽先生的勸誡就是。」立刻把馮道打發掉。

馮道言猶未盡，就被客氣地轟了出去。馮道也許知道自己說得太深奧了，老文盲理解上有問題，搖搖頭，笑著自去了。

果然，馮道前腳剛走，李嗣源就伸頭探腦袋地亂招手，把藏在帷幕後面的幾個侍臣叫了過來。「你們都過來。剛才馮先生的話你們都聽見了，他說的是什麼意思。」

這幾位歷史上無名的侍臣估計和李嗣源一樣，都是大字不識一筐的半文盲，但這些人多少懂點墨水，馮道的仁義論，他們都聽懂的。而皇帝要他們做的，就是用最淺白的語言把最真實的道理告訴他。這些不知道從哪兒冒出來的侍臣在李嗣源耳邊嘰哩咕嚕一陣，李嗣源不住點頭，「嗯，朕聽懂了，就是仁者無敵。記得馮先生說過一句話：愛人者，人恆愛之。」

「陛下大德大仁，厚德載物，誠萬民之幸也。」半瓶醋的侍臣伏地稱頌道。

這句話李嗣源聽懂了，不禁放聲大笑。

活在安重誨的陰影裡

李嗣源敬馮道為上賓，事必不恥下問，但馮道很早就發現他與李嗣源之間總是若明若暗地隔著一道牆，也許李嗣源自己也感覺出來了。

這道牆就是文化。

馮道歷侍五代十二君，不得不說的是，與儒家知識份子馮道最來電的，還是文章風流的唐莊宗李存勗。而十世紀最偉大的君主周世宗柴榮，在文學修養上，都是略不及李存勗的。

李存勗是張弓橫槊打天下的馬上皇帝，但這並不妨礙李存勗出眾的文學修養。特別值得一提的是，李存勗在詞史上的重要地位。宋詞有一個著名詞牌《如夢令》，其首創者便是李存勗，當時稱為《憶仙姿》。李存勗從小就接受正統的詩詞教育，文學功底之深厚，放在五代十國的歷史上不遜於李煜。而這一點，正是李存勗與馮道對脾氣的地方，如果不是李存勗自毀前程，他與馮道才是最有可能的李世民、魏徵組合的翻版。

李存勗的性格多重多樣，但他骨子裡還是和李世民一樣，充滿著浪漫的英雄主義，文人氣息濃厚。李嗣源卻與李存勗截然不同，別說自度曲，唱梨園行了，大字都不認識一個。李嗣源棄武從文，也只是出於下馬治天下的政治需要，他骨子裡還是大砍大殺的軍閥作派。

對於這一點，《新五代史・安重誨傳》說得很清楚，「明宗為人雖寬厚，然其性夷狄，果於殺人。」

《舊五代史・安重誨傳》雖然沒說李嗣源好殺人，但也記載了李嗣源暴怒之下欲殺人的糗聞，《新五代史》也照章抄錄下來。好在李嗣源身邊還有一個極與他投脾氣的安重誨，幾次殺人都被安重誨攔了下來。

李嗣源有時可能會不聽馮道的話，但安重誨說的話，李嗣源幾乎是每次都能進去的。自李嗣源初出江湖時，安重誨便緊跟在李嗣源左右，鞍前馬後，侍奉極謹。《舊史安傳》說安重誨「隨從征討，凡十餘年，委信無間，勤勞亦至，洎鄴城之變，佐命之功，獨居其右」。

別看李嗣源選宰相選得如此熱鬧，馮道、任圜、崔協、孔循的一圈亂畫，馮道也入主中樞，但天成朝能稱得上一人之下、萬人之上的，只有樞密使安重誨。從某種角度上講，李嗣源身邊的魏徵不是馮道，而是安重誨。

提到安重誨，又不得不將話題再次轉回李嗣源時代的朝政格局。在五代前期，所謂的宰相其實都不過是一群具備執行能力的文官，真正能影響政策制定的，主要還是皇帝與樞密使。關於安重誨「一字並肩王」的政治地位，《舊五代史・安重誨傳》記載：「重誨為樞密使，四五年間，獨綰大任，臧否自若。」

安重誨在李嗣源面前得寵到什麼程度？史料給出了幾則讓人觸目驚心的事例。李嗣源的侄子李從璨在李嗣源東巡期間，因酒醉在皇帝御榻上坐了一會兒，安重誨就上奏請誅之。李嗣源二話不說，立賜李從璨自盡。李從璨罪不當死，只不過安重誨一句話，說死就得死。

其二，宣武軍節度使符習因與安重誨有過節，符習經常上疏攻擊安重誨。安重誨也不會讓他安生過日子，唆使諫臣上章彈劾符習在任內暴斂搜刮汴人錢財，李嗣源只聽安重誨。安老弟讓辦誰，朕就辦誰！一道御旨下來，符習被迫退休養老。

於內於外，安重誨的權力都穩穩牢牢，滿目朝中，無人敢攖其鬚，馮道自然也不例外。對安重誨應該是什麼態度，想必在馮道的內心深處是有過掙扎的。若對著一個大字不識的沙陀文盲低三下四，將來自己會不會受到士林清流的恥笑。可如果和安重誨硬頂，自己會是李從璨的下場，還是符習的下場？馮道自己也拿不準。

平時沒見馮道私下與安重誨有什麼往來，只是在場面上，他與安重誨有著正常的工作交情。但是福不是禍，是禍躲不過，馮道千方百計躲著安重誨，到底還是沒躲過去，被迫捲入一場事後想來很後怕的後宮鬥爭。

李嗣源有四個親生兒子，分別是李從璟、李從榮、李從厚、李從益，但李從璟早卒。其實李嗣源還有一個拖油瓶的養子李從珂，而問題就出在李從珂身上。

李從珂本姓王，小名阿三，母親魏氏早年守寡，後來被李嗣源搶走做了妾室，王阿三自然跟了過去，改名李從珂。李從珂也算是梁晉爭霸時期的一代名將，史稱「驍勇善戰」，唐宗李存勗特別喜歡這個與自己同年出生的乾侄子，常呼此兒類我。李嗣源即位後，李從珂受封為潞王。

在李嗣源的幾個兒子兼養子中，其實最有希望繼位的，還是次子秦王李從榮。就算李從榮不濟，還有李從厚，李從珂自知養子身分，也不做這個無謂奢想。但讓李從珂沒想到的是，一次當年的醉酒鬧事，卻平白得罪了第一權臣安重誨，從此仕途險惡。

事情發生得很早，那時李嗣源都還沒有當皇帝。在某一場宴會上，大家都喝茫了，不知道因為什麼，李從珂與安重誨當面爭吵起來，李從珂藉著酒勁，踢翻案子，揪住安重誨，對著他的後腦一通亂捶。安重誨也夠機靈，一個野貓翻身，捂著被敲腫的腦袋逃了。事後李從珂酒醒了，自知惹禍，親自去向安重誨謝罪。雖說安重誨表面上要給李嗣源三分面子，但內心深處還記恨著李從珂。只要是機會，安重誨就沒少在李嗣源耳根子邊聒噪，「重誨屢（在李嗣源面前）短之於帝（李從珂）」不過，李嗣源向來心疼這個拖油瓶兒子，安重誨連放嘴炮，在李嗣源那裡半點化學反應也沒有。

安重誨要弄死李從珂，其實還是有自己的小盤算。李嗣源已是六十多歲，來日無他，能繼位者，或從榮、或從厚，皆事自己如父執。如果二人任誰繼位，自己依然大權在握。但如果是李從珂繼位，李從珂在軍中地位甚高，威望甚大，這樣的人物，安重誨是控制不住的。所以從這個角度說，李從珂不死，安重誨早晚得死。

為了弄死時任河中節度使的李從珂，安重誨設了一計，打著李嗣源聖旨的幌子，暗中密令河中指揮使楊彥溫驅逐李從珂。楊彥溫哪知其中的是非，按「聖意」將李從珂轟出河中府。李從珂也不是省油的燈，估計這是安重誨在暗中搗鬼，立刻給養父上疏自辯，李嗣源這才知道出事了。李嗣源不傻，他早知道安重誨與李從珂之間的過節，第一時間就聯想這有可能是安重誨在下套害人。

「這到底是怎麼回事，楊彥溫到底是奉了誰的主使？」

安重誨千算萬算，萬沒算到李從珂會狗急跳牆，把火直接燒到皇帝面前。安重誨已無後路可退，乾脆就請李嗣源發聲擊討楊彥溫，達到殺人滅口的目的。李嗣源卻想生擒楊彥溫，當面訊問楊彥溫是受了誰的主使。

事情到了這一步，其實明眼人都能看出來，安重誨在皇帝心中的地位已經沒有以前那麼高了。關於安重誨的失寵，李嗣源最寵愛的女人——花見羞王餅兒在其中起到了很重要的作用。

花見羞號稱五代第一美女，出身汾州一個賣餅的底層家庭，後來成為梁朝名將劉鄩的侍妾。後來劉鄩敗亡，花見羞輾轉流落，成了李嗣源的小老婆。花見羞能一步登天，還是安重誨在李嗣源面前拉的皮條，把花見羞介紹給了李嗣源。進宮初始，花見羞對安重誨感恩戴德。但花見羞花錢大手大腳，安重誨經常在她面前聒噪，說讓她勤儉持家，不要學敗家的莊宗劉皇后。花見羞被說得惱了，再加上她與李從珂的私交甚好，自然與安重誨就生分了。

討厭安重誨的，遠不止後宮這些權力鬥士，因為安重誨大權獨攬，專吃獨食，官場上「中外惡之者眾」。至於在這些厭惡安重誨的人中，是否有馮道的身影，無史料明載，但以馮道的脾氣性格，即使骨子裡恨安重誨不給自己肉吃，表面上他也絕不會表現出來半點不滿。

在官場或職場上混，最忌諱的就是吃獨食，人性都是自私的，讓我們枯瘦如柴地看著你吃得滿嘴流油？不整死你整死誰！

安重誨到底沒讀過書，他並不懂得這個非常淺顯的道理。不要說花見羞這樣的後宮女流，就是李嗣源這樣的一代梟雄，在暗中也對安重誨起了嫌猜，只不過面上不說而已。

安重誨也應該看出來李嗣源對自己留了小心眼，為了自保，安重誨密令西征的西都留守索自通、步軍都指揮使藥彥稠在攻破河中後立斬楊彥溫，讓李從珂死無對證。

安重誨自以為聰明，實際上這樣做更引起了李嗣源的極大懷疑，李嗣源痛罵藥彥稠等人為什麼不奉旨處置楊彥溫，實際上這些話是說給也許並不在場的安重誨聽的。

安重誨耳朵長，聽到了這些話，心中起了恐慌。但讓人莫名其妙的是，安重誨不去反思自己的跋扈專權，反而又把主意打在李嗣源鐵了心要保護的李從珂身上。不過安重誨這次沒有親自出馬，而是去找宰相馮道與翰林學士趙鳳，請他們出面替自己辦個差使——上疏奏河中節度使李從珂擅自離職，請治李從珂之罪。

至於安重誨是否與馮道說的，在哪裡說的，史無明載，但以馮道的為人作派，在他內心的掙扎想必是少不了的。

因為安重誨吃獨食，在官場上得罪的人甚多，如果馮道聽安重誨的指揮去咬李從珂，會不會讓那些討厭安重誨的權貴遷怒於自己？更重要的一點，李從珂雖是養子，但卻是皇帝極疼愛的，自己去招惹李從珂，李嗣源心裡會怎麼想。

其實馮道他完全可以耍一耍儒家知識份子的硬脾氣，你要咬李從珂，你自己去咬，我不陪你玩。其實安重誨在官場上人見人煩，只要不是傻子，都能看出安重誨已是身處險境，倒臺是遲早的事。李嗣源一定要活捉楊彥溫問底細，已經對安重誨不放心，馮道不是不知道。但讓人意外的是，馮道還是順著安重誨的指揮棒翩翩起舞，同時起舞的，還有馮道的親家趙鳳。

作為文官政府的首腦，馮宰相拉著趙學士，二人寫了奏疏彈劾河中節度使李從珂擅離河中，致使河中兵亂，請加其罪。

奏疏很快就擺到了李嗣源的案上，老皇帝像看妖怪似的盯著馮道，而馮道則坦蕩相對，這更讓李嗣源莫名所以。

「先生，這是什麼意思？」李嗣源話裡已起了慍然。

馮道依然從容相對，指著奏疏說：「國家制度，各地節使非受朝命，不得擅自離職。這次李從珂擅脫職守致使楊彥溫之亂，國家被迫興兵，動用庫帑不說，民間也多怨聲。若此風不剎，以後還有誰奉國家法度如鐵，人人如此，國家豈不是危哉？」馮道和李從珂沒有多少私交，說話也比較直接。

李嗣源還在盯著馮道，卻忍不住笑了，手指按在奏疏上輕輕彈著：「馮先生，有些話你不方便說，朕也能理解。」李嗣源人精似的，他怎麼可能不知道，不是安重誨在背後威迫馮道，以馮道這樣的清流名士，怎麼肯蹚這個渾水池子？

李嗣源掃了同樣伏地叩首的趙鳳，歎了一口氣，略覺心酸地說道：「朕知道，有些奸人橫豎都瞧不上朕這個拖油瓶的兒子，都出來作賤他。見扳不倒他，就想著法子挖坑設陷阱，不弄死三兒，他們是不甘心的。」

馮道只是聽李嗣源默默陳說，他聽得出來，李嗣源所說的奸人就是安重誨，但此時自己已不再合適說話，再說話就必然得罪李嗣源，只是低著頭，看上去似乎有些緊張。李嗣源也好像看出馮道的緊張，為了不給馮道背負更大的心理壓力，李嗣源話鋒一轉，把二人受安重誨脅迫的責任撇得一乾二淨。

「三兒礙著某些人的前程，加上和某些人素有舊怨，他急於扳倒三兒，倒是情有可原。可你們二位先生，都是先帝舊臣，天下文人種子，卻愣頭愣腦地闖進來，橫豎插了一腳，這並不符合你們的為人原則。」李嗣源歎了一聲，打破尷尬，「還是朕替你們說了吧。朕知道，你們聯名上這道奏疏，並非你們的本意。這渾水你們也不想蹚，是有人逼你們這麼做的。」

李嗣源說了大實話，就差捅出安重誨的名字，基本上算是摘掉了二人的政治責任，也為將來不得罪李從珂打下良好的伏筆。這一點，二人是聽得出來的，但據史料記載，聽完李嗣源一席話後，馮道和趙鳳「惶恐而退」。

馮道真的是「惶恐而退」嗎？未必。

馮道的「惶恐」，也許是在表演給李嗣源看的。

這也許是後人無妄的猜測，但從人性的角度來解釋，未必不能解釋得通。安重誨固然是第一權臣，但馮道已知李嗣源對安重誨起疑心的情況下，還不管不顧地跳到安重誨的漏船上，以馮道的智商，他絕對不會做這等給安重誨陪葬的傻事。

而且，李嗣源對養子李從珂的寵愛，天下人盡知，馮道豈能不知？李嗣源對藥彥稠等人違旨冒斬楊彥溫一事大發雷霆之怒，安重誨和李從珂在李嗣源心中的分量，不言自明。馮道明知此諫是雞蛋碰石頭，他還傻子一樣去撞，馮道人精似的，這種傻事豈是馮道做得出來的。

原因應該只有一個，馮道要在皇帝面前演一場苦情戲，在博取皇帝同情自己的同時，再給安重誨穿了一雙不合腳的小鞋。

道理很簡單：馮道是當朝文班頭子，除了皇帝之外，能騎在馮道頭上的只有二皇帝、樞密使安重誨。馮道敢聽安重誨的指揮棒轉，就在賭一件事——李嗣源會認為這是安重誨逼迫自己彈劾李從珂。只要這一條能賭對，讓李嗣源感覺到自己實在是受制於人。馮道果然賭對了，李嗣源不但沒懷疑馮道，反而替他開脫，不至於讓自己得罪李從珂。

至於給安重誨穿小鞋，更是很好理解，最高統治者最防什麼人？答案幾乎是相同的——僅次於自己的第二權力擁有者，也就是二當家的。因為二當家的是最有可能篡奪自己位置的人，如果任由二當家擴大權力，自己輕則下臺，重則死於非命。安重誨的權力是歷史形成的，李嗣源已經感覺到安重誨的權力過大，有意壓制之。而樞密使竟能指揮宰相如小兒，這豈不等於說明安重誨和自己一樣，能輕易控制朝局？面對這樣一個強勢到無限的二當家，哪個大掌櫃能睡得安穩？

安重誨要借馮道之刀殺李從珂，馮道也不是傻子，反用了一招借刀殺人計，用安重誨的刀來要安重誨的命。馮道在聽命於安重誨的同時，就已經把安重誨過大的權力控制能力暴露在李嗣源面前，李嗣源不驚出一身冷汗才怪。

除掉安重誨能給自己帶來什麼樣的收益

政府的權力被安重誨這個軍事長官牢牢把著，馮道這個虛位宰相做起來也沒啥滋味，他比誰都清楚，只有扳倒安重誨，自己才算得上是真宰相。但馮道顯然也想到了萬一安重誨取得勝利的可能性，李嗣源沒幾天活頭了，將來鹿死誰手還很難說，馮道順著安重誨的棒子轉，多少也給自己留了條後路。至少自己按安重誨的意思去做了，安重誨目的沒達到，也怪不了馮道。

對於這一點猜測，有一條史料可以印證。馮道與趙鳳「惶恐而退」後沒過幾天，趙鳳又進宮給李嗣源吹風，請求治李從珂的罪，馮道沒有同往。趙鳳也是傳統儒家知識份子，不是安重誨逼他，他也不會平白去得罪李從珂。結果不出所料，李嗣源拒絕治李從珂的罪。馮道為什麼沒有和趙鳳一起進宮？史未言其明，但可以推測，馮道或許找了什麼藉口躲開了安重誨的糾纏，反正自己人情已經盡到了。再讓自己得罪皇帝，馮道的底線是不會答應的。

趙鳳在李嗣源心中的分量不如馮道，可見安重誨利用過馮道一次，馮道已經不想再陪他玩了。黔驢技窮的安重誨只好硬著頭皮親自上陣請治李從珂之罪，結果並不意外地遭到了已忍無可忍的李嗣源一通夾槍帶棒的怒罵。

李嗣源之所以疼這個養子，應該不是因李從珂生母魏氏的原因，至少史料上沒記載這一點。李嗣源面對安重誨的步步逼宮，老淚縱橫地訴說著李從珂對他的好：「你天天逼著朕要對三兒下手，你讓朕如何下得了這個手！當年朕還沒有顯達時，在軍中職位低下，薪祿薄微，家貧無以自存。是這個拖油瓶兒子，為了奉養我這個養爺，每天不顧臉面地外面撿拾馬糞，或燒或賣，我才勉強度過那段艱艱之日。現在朕貴為天子，富有四海，竟然還保不住一個兒子？若是朕依了你，把三兒法辦了，讓朕萬歲之後，如何與他早死的母親魏氏見面！你我五十年的老交情，有些話你不妨直說，你到底想讓朕如何處置三兒，你才滿意？」

安重誨被弄得很沒面子，下不來台，只好極其尷尬地回應：「陛下父子之間，非外臣所敢言。臣只是建議，至於如何處置，唯陛下聖裁。」算是以退為進，看李嗣源下一步回應。

話說得很重，直接打安重誨的老臉。但此時的李嗣源縱對安重誨有萬般怨言，也不是扳倒他的時候，也讓了一步。安重誨要的是置李從珂於死地，這是李嗣源萬不能接受的，乾脆就坡滾驢，罷免了李從珂所有職務，一擼到底，發配回府老實待著，哪兒也不准去。

安重誨最怕的是李從珂奪權，威脅到自己的地位，現在被擼掉實權，形同庶人。對自己來說雖不是最好的結果，但李嗣源的讓步也只能到如此，以後再想辦法除掉李從珂。

安重誨還幻想著翻盤，但他在官場上的權臣之路卻已經走到了頭，這次攻擊李從珂未遂就是安重誨權力體系崩潰的標誌性事件。他得罪了太多的人，包括在後宮極得寵的王德妃花見羞，帶著奸猾太監孟漢瓊，藉著李嗣源還在惱火安重誨不給李從珂活路的機會，成天圍著老皇帝轉，說安重誨的壞話。

花見羞和孟太監敢在這個時候公開放安重誨的黑槍，就是看準了安重誨已經失寵，就差一個合適的機會扳倒他。放在安重誨得寵的時候，借花見羞一百個膽，她也不敢虎頭上拔毛。

李嗣源出於穩定朝局的考慮，暫時還沒有動安重誨，但安重誨也嗅出了一絲讓人窒息的殺氣，於是提出請皇帝解除自己的職務外放。

安重誨辭職，可不是看破紅塵，而是要以退為進。安重誨雖久處軍機，但在軍事上卻沒有什麼建樹，難免有人不服他。如果能在混亂的時代中建幾個像樣的軍功，再殺回樞密院，分量就不一樣了。

李嗣源心裡其實是樂見安重誨辭職的，但他並不想把逼安重誨出局的責任攬在自己頭上，裝模作樣地勸安重誨，說什麼君臣一心，誰敢離間？

李嗣源怎麼想的，安重誨心裡明鏡一般，他是鐵了心要遠離是非，幾乎是逼著李嗣源開除自己。李嗣源被惹惱了，也動了氣：「你想去便走，朕還愁無人可用？」

話直接打在臉上，安重誨感覺到一種前所未有被拋棄的恥辱感。雖然對安重誨有千般怨氣，到底還是念著舊情，氣話說完了，還是強行留下了安重誨。不過安重誨也是憋著一肚子的喪氣，因為他的權力大餅被一個新進的野心家生生咬掉了一口，這就是成德節度使范延光。

范延光為人奸狡，但知道如何迎合上峰，深得李嗣源的喜愛。在對安重誨起了嫌猜，打算換馬時，李嗣源就看中了范延光。范延光夠滑頭，聽說安重誨失了寵，進宮來替安重誨求情。他哪裡是在求情，分明是在為自己拉選票。

范大人說得真切：「陛下要撤了安重誨，天下又有何人能擔得起樞密使這樣的千斤重擔？」

李嗣源滿不在乎地說：「安重誨走了，不是還有你嗎？朕看你行。」

范延光竊喜不已。

李嗣源對范延光做出了許諾，但他還是不經意間耍了個滑頭，李嗣源不想獨自背負撤下安重誨的政治責任，便要拉文官政府那幫人來當墊背的。

但李嗣源顯然看輕了那幫政治滑頭的功力，這些油子們哪個也不想替李嗣源背這個潛在的政治黑鍋，大家的態度很清楚——反對在這個敏感時期撤換最高軍事長官。

只有一個人例外，他堅決支持解除安重誨的職務，這又是馮道。

馮道突然表這個態，應該是看透了李嗣源已經下決心要把安重誨踢出圈子了，也看透了安重誨以退為進的策略。這個時候選擇支持安重誨，實際上還是在給自己謀一條後路，萬一安重誨將來得勢，自己不至於得罪這個老狐狸。既然自己表態支持安重誨，李嗣源也拿不住自己什麼把柄，畢竟李嗣源自己也沒有完全表態要撤安重誨。

而趙鳳面對馮道的態度，很不滿地說了句「公失言，大臣不可輕動」。其實馮道何嘗不知道其中利害，安重誨固然戀權吃獨食，各方惡之者眾，但即將冒出來的范延光吃相比安重誨還難看，一旦讓范延光上位，比安重誨好不了多少。

但此時讓馮道做出選擇，馮道只能兩邊盡可能地都不得罪，在官場上或職場上生存，最重要的一點就是萬事都要給自己留一扇平時看起來只透著一絲光亮的小門。也許在某個最關鍵的亡命時刻，這扇小門就能讓自己逃出生天。

馮道果然賭對了，未幾就有詔下：以成德軍節度使范延光為樞密使，安重誨同時留任。

不過留在中樞顯然不是安重誨的本意，因為西川節度使孟知祥與東川節度使董璋日思反亂，欲割據外於中央，李嗣源已經派寶貝女婿石敬瑭發兵擊之，但日久無功。安重誨已經盯上了這塊肥肉，急於外出立功，何況外出有就有兵權，近可自保，遠可自立。安重誨幾乎是死纏著李嗣源，請他下詔讓自己西征二藩。李嗣源也知道安重誨的心思，不論是從保護還是除掉的角度，放安重誨外出都是非常合適的選擇，李嗣源自然爽快答應。

安重誨如何，其實與馮道的關係不大，在此之後，就沒有發現馮道與安重誨有任何交叉的軌跡了。只有趙鳳在李嗣源懷疑安重誨時還上書勸皇帝不要輕信外人言，被盛怒的李嗣源斥為朋黨。

面對趙鳳的被斥，馮道安如泰山，該做的，他都做了。生死榮辱，各有天命。

安重誨想外出避難，但他久在中樞，根本不適應外邊的生存環境。在外督軍期間，依然我行我素，霸道蠻橫，基本得罪了與他有工作往來的地方政府。安重誨在中央，「惡之者眾」；在地方，依然是「惡之者眾」，安重誨的悲劇下場已經不言自明。

李嗣源也下定了除掉安重誨的決心，這一點非常的艱難，但不得不如此做。李嗣源不可能因為一個強勢而落魄的前二把手而得罪統治階級的中間力量，二把手的位置，有的是人來頂替，但自己的統治基礎，是萬萬不能動的。

安重誨死了！

李嗣源派與安重誨有私怨的皇城使翟光鄴去河中宣旨，密令翟光鄴：「重誨果有異志，則誅之。」這話說出來，安重誨有沒有「異志」，都得死！

此行還有一個重要角色，就是前保義軍節度使李從璋，他奉旨調任河中，與安重誨有一個交接手續。就在安重誨出迎的時候，李從璋一刀砍死了其實從來沒有謀反逆心的安重誨，連帶安重誨的老婆孩子，一併送上西天。

政治鬥爭，無論打著什麼旗號，都是血腥骯髒的。只有勝負，無關道德。

荒唐的秦王

安重誨已經歷史被歷史無情淘汰掉了，但面對權力大餅的誘惑，身處其中的貴人們，又開始了新一輪慘烈的鬥爭。至於已經愈演愈烈的兩川之爭，孟知祥與董璋殺到紅眼，已經沒人關心了。

接下來大家要爭的是，下一任皇帝的人選。老皇帝真的老了，六十六歲的鶴髮老翁了，老胳膊老腿，不知道還能撐幾天。這麼一個誘人的位置，至少四方勢力在盯著。

一、後宮王德妃花見羞及太監頭子孟漢瓊，他們推出的人選是皇三子李從厚。

二、最有資格繼續大統的皇次子、秦王李從榮。

三、自認功高蓋世的皇養子李從珂。

四、按身分沒有可能繼位卻野心極大的李嗣源女婿、石敬瑭。

在這四方勢力中，石敬瑭其實可以暫時忽略不計，連石敬瑭自己都不相信老岳父會選他，只是他需要在爭儲中下一份功夫，將來至少有個自保的本錢。

李從珂比較特殊，李嗣源固然心疼這個養子，甚至為了他不惜和安重誨翻臉。但李從珂畢竟只是養子，身上流淌著的不是李嗣源的血液。李嗣源在有親生兒子且已成人的情況下，選擇李從珂的可能性，也基本等於零。只不過李從珂心中不服，也只是在府上沒人的時候徒呼負負罷了。

真正有競爭力的，還是秦王李從榮與宋王李從厚。

其實李嗣源還有一個幼子李從益，生下來就為花見羞所養，視為己出，但實在幼小，不可能具備爭儲實力。李從厚和花見羞的關係很好，李從厚之所以娶孔循的女兒，就是花見羞拍的板，可見二人的「母子」關係如鐵板一塊。

花見羞是個權欲很大的女人，也許在她的內心深處曾經想過要做武則天第二，而要做到這一步，就必須有一個易控制的皇帝。顯然，性格敦厚，甚至有些窩囊的李從厚是再合適不過的人選，就如同武則天控制李顯、李旦一樣。而要夢想成真，就必須扳倒性格疏狂的李從榮。

自皇長子李從璋戰死之後，皇次子李從榮已身肩河南尹（相當於京城行政一把手），又兼判六衛諸軍事，實際控制著京師精銳軍隊，是朝野上下公認的儲君不二人選。不過讓花見羞既驚且喜的是，從為人作風上來說，李從榮是第二個安重誨。

李從榮唯一比安重誨強的，是他的文學水準，喜歡吟詩，還出版了一本《紫府集》。但除此風雅之外，安重誨具備的性格缺點，李從榮一樣也不少。安重誨之所以失敗，最大的原因就是性格跋扈吃獨食，李從榮也是如此。上面提到的爭儲三大勢力，李從榮全都給得罪了。花見羞、孟漢瓊、李從厚、石敬瑭和老婆永寧公主，還有兩個樞密使范延光和趙延壽。至於李從珂，李從榮向來也是嫌棄如敝履。

不僅是這些權貴，就是朝中宰輔這班人，包括馮道，也被李從榮騙人的氣勢所震懾，不敢輕易攖其虎毛。馮道對誰當新皇帝是非常在意的，但李從榮、李從厚都不是馮道所中意的。

李從榮是典型的富二代性格，從小嬌生慣養，養成了志大才疏、目空一切的自大性格，覺得自己有本事繼承下來老爹打下來的江山，但實際上不過繡花枕一包草。李嗣源曾經告誡過兒子，你是將家子，天生不是做學問的，不要賣弄你那三腳貓的學問，你叔皇帝（李存勗）就是玩花拳繡腿把自己給玩死的。李從榮從來聽不進去老爹的勸告，他相信自己能把老爹打下來的江山打理得更好。

對於李從榮的自信，朝野上下沒有一個人相信。范延光、趙延壽、石敬瑭個個都是人精，他們已經明顯嗅出一股淡淡的血腥味。他們清楚，一旦李從榮繼位，大家都要跟著一起完蛋。

范、趙二人為了避禍，天天纏著李嗣源，要求外放到藩鎮。實際上是控制地方兵權以圖自保，但都被李嗣源攔下。而石敬瑭卻幸運地離開中樞，就任當時天下最誘人的太原尹、河東節度使。這是李從榮在背後使的力氣，李從榮奪權在即，不想讓石敬瑭留在身邊搗亂，不如先轟出去，將來再想辦法弄死。

能跑的都跑了，馮道卻沒地方可去。他是一個純技術性的文臣，根本不具備就任外藩的條件，面對錯綜複雜的朝局政治只能每日虛以周旋，在陰晴無定的宦海中小心沉浮著。他對李從榮的態度，和之前對安重誨的態度基本差不多。在不喪失自己原則立場的情況下，你讓我做什麼，我就做什麼。

按制度，朝廷宰輔有權力給親王安排師傅，以便就近管教，不使胡作非為。但面對囂張跋扈的秦王，馮道抱定了一個宗旨：不摻和，你想怎麼玩就怎麼玩。

《通鑒》上說「宰相畏秦王從榮，不敢除人，請令王自擇（師傅人選）」。這裡所說的宰相，實際上就是指馮道。

馮道畏秦王之威，這似乎為後世的道德先生們批判馮道的軟骨頭提供了有力的證明。這也許是馮道性格上的弱點，但如果設身處地換位思考，面對這樣一個有些病態首位繼承人，有多少人會冒著掉腦袋的風險去得罪這樣的主？別人都做不到，指責馮道就沒有多少說服力了。

李從榮的性格早已經固定，是無法從根本上加以改變的。在這種情況下，再硬頂下去，已是毫無意義，不如順觀其變。李從榮從各方面來說，都和李存勗有驚人的相似，馮道應該是考慮過如果李從榮真繼了位了，他將如何與這位性格嚴重偏執的人物相處？畢竟當初與李存勗相處時，李存勗還在事業的清醒時期，性格缺點還沒有及時暴露出來。等李存勗胡作非為時，馮道又回鄉守喪，並沒有與變質的李存勗有多少接觸。

或許，馮道在想，上天能否再給自己安排一個離開朝廷中樞的機會。上一次僥倖躲過李存勗敗亡之亂，這一次呢？

形勢比較明朗，李從榮的儲君之位雖然沒有得到李嗣源的官方認定，但從各方面的訊息來看，李從榮當皇帝是鐵板釘釘的。除了原先的職務，李嗣源又加封李從榮為天下兵馬大元帥，實封食邑三千戶，這是一個非常頂級的數字。更重要的是，李從榮在朝廷官員中的位序最高，「班位在宰臣之上。」宰相之外的權貴又一次騎到宰相頭上，當年的安重誨也不過如此。

馮道對此也已經習慣，在他的內心深處想必已經做好了與李從榮周旋的心理準備。

但讓人意外的，李嗣源一邊提高李從榮的政治地位，明顯是準備讓李從榮接班。另一邊，李嗣源卻對大臣勸立李從榮為皇太子極為排斥。

太僕少卿何澤應該是受了李從榮的指使，上書請立皇太子。沒想到李嗣源情緒激動，當場就老淚縱橫，說什麼大臣要立皇太子了，還要我這個糟老頭子有什麼用，不如讓我回太原養老吧。

李嗣源確實是老糊塗了。如果不想讓李從榮繼位，就不應該實質上確定李從榮的儲君地位。既然確定了他的地位，更不應該出爾反爾，這只能讓李從榮感覺到自己的地位並不穩固，極有可能鋌而走險。

李嗣源或許是想把黑鍋扣在大臣們頭上，把范延光、趙延壽、馮道、趙鳳等人都叫進宮裡，商議立皇太子的事情。

這次會議具體說什麼，史無明載，但以馮道的為人原則，他應該是主張立李從榮的，這有後來李從榮自己說的話做反證。

不論反對還是贊成，李從榮當皇帝，目前看起來都是十拿九穩的，除非出現天大事變。至於李從厚，雖然李從厚的性格比較對馮道的胃口，但實在太過懦弱，加上後宮強勢的王德妃和老太監孟漢瓊，一旦是李從厚繼位，情況也好不到哪兒去。

作為一個帝國的創建者，在兩個兒子加一個養子中，如何選擇一個能繼承下這份天大的產業，是李嗣源最需要解決的問題。但馮道顯然並不想參與這些權力鬥爭，得罪哪一方都是對自己沒好處的。這也許就是馮道真實的態度。

但馮道主張立李從榮，不但沒有得到李從榮的好感，反而讓李從榮更加警惕。李從榮應該對馮道沒什麼好印象，私下對范延光與趙延壽兩大樞密小窗私聊，說馮道的壞話。

「執政欲以吾為太子，是欲奪我兵柄，幽之東宮耳。」

所謂的執政，只能是馮道。馮道也許並不知道李從榮說的這些話，但馮道絕對沒有李從榮說的這層意思。富一代和富二代的權力繼承衝突，馮道向來是沒興趣參與的，何況是讓馮道冒著殺頭滅族的風險來拆李從榮的台？好處在哪裡？馮道不像范延光、趙延壽這些由外入內的樞密，說溜也就溜了，馮道哪都去不了，何必得罪人？

李從榮自以為天下非他莫屬，可天下人聽說李從榮要當皇帝，一個個都嚇得腿肚子抽筋。范延光走了花見羞和孟漢瓊的門路，終於獲得李嗣源的批准，回到成德軍當節度使去了。趙延壽的根底也硬，估計是走了老婆興平公主的後門，連滾帶爬去了汴州做宣武軍節度使，替補上來的是奸險狡猾的三司使馮贇。

這些人都是有後門的，風一吹就能跑掉，所以《通鑑》上說當時的情況是「要近之官多求出以避秦王之禍」。只是苦了那些沒後門可走的，親軍都指揮使康義誠是一個典型，他是李嗣源的心腹，根本沒法走脫。為了自保，康義誠兩邊下賭押寶，自己圍著老皇帝轉，卻讓兒子低三下四地吹捧李從榮。就算自己將來被秦王做掉，至少還有兒子延續自家香火。

洛陽城中的政治形勢越來越緊張，李嗣源已經病入膏肓，眼看著就要駕鶴西遊了。孟漢瓊在花見羞的支持下，日漸得勢，身邊已經形成了一個龐大的孟黨集團。而這個團夥，已經與李從榮勢不兩立，決戰在即。

隨便這些人折騰，馮道躲在府裡飲酒看書，坐等結果出來，再議對策。

長興四年（九三三年）的十一月十七日，李從榮以探望父親病情為名進宮打探情況，此時的李嗣源昏迷不醒，李從榮搖了幾下，也沒動靜。李從榮以為老爹真的伸腿瞪眼了，心中驚喜，立刻出宮準備兵變。而李從榮剛走出宮外，就聽見一夥宮女太監號啕大哭，更讓李從榮堅定了這一點。秦王殿下春風得意地回到府上，立刻派出馬仔馬處鈞四處聯絡，以滅族為威脅，強迫一些大員上自己的破船。馮贇、朱弘昭、康義誠都被李從榮當眾恐嚇。

秦王之死

李從榮夢想著以大唐史上第二個秦王的身分入登大寶，然後效仿唐太宗文皇帝，創建一代盛世。當月二十日凌晨，意氣風發的秦王殿下帶著自己最忠誠的騎兵部隊千餘人，浩浩蕩蕩地從天津橋出發，去實現自己的大帝夢想。

只是讓李從榮做夢也沒想到的是，李嗣源當時只是昏迷，等李從榮走後，李嗣源又醒了過來，而且神志清醒。聽說李從榮竟然不顧老父安危，率兵進宮奪位，李嗣源氣得說不出話來。

李從榮在沒有掌握宮中具體狀態的情況下，冒失地率兵進宮準備「即位」，最大的受益者就是李從榮的政敵——花見羞和孟漢瓊。

孟漢瓊平時就沒少在李嗣源面前拆李從榮的台，但李嗣源從來聽不進去，孟漢瓊也無可奈何。李從榮突然昏暈來這麼一招，孟漢瓊暗中已經笑翻了天，天上掉餡餅，不吃是傻子。李從榮當著李嗣源的面謀反，看你老頭子還有什麼話說。

作為專業政治玩家，老太監自有辦法煽動本就緊張的政治局勢，為自己牟利。孟漢瓊踉踉蹌蹌地跑進興聖宮，跪在驚疑未定的李嗣源面前號啕大哭，老太監顫抖著身子哭道：「秦王謀反，現已經率兵殺進宮來！秦王已發話，須臾進來，我等皆死！」

此時宮中還有一大票和李從榮不對盤的太監宮女近臣，這些人聽孟公公說得嚇人，「宮中相顧號哭」。有膽小的，估計都嚇得尿了褲子。

這正是孟漢瓊要的效果。通過身邊近人的真實心理反應，來影響最高決策者的決策方向。

李嗣源開始還不是很確定，又問了朱弘昭：「果有此事？」

朱弘昭同樣不會放過李從榮，千載一時之機會！朱弘昭的回答是「有」！

李嗣源哭了，真的哭了。當年的李橫衝老淚縱橫，幾乎是顫著蒼老的身軀，使盡平生最大的力氣，指揮若定，恍惚間，那個萬人陣中橫槊嗜血的少年就在眼前。

李嗣源所能調動的軍事資源，都出去了。

不僅御林軍頭子康義誠親自出馬，李嗣源的養孫（李從珂之子）、控鶴都指揮使李重吉也奉命死守宮門，與李從榮的叛軍決一死戰。

雖然史料上沒記載李重吉的心理反應，但除掉李從榮，想必李重吉心裡樂開了花。養祖父馬上歸西，宋王李從厚懦弱，如果除掉李從榮，那麼最有可能繼位的將是自己的父親李從珂。而一旦如此，自己就將是皇太子……

不過最出鋒頭的還不是李重吉，而是大太監孟漢瓊。誰都沒有想到，孟總管會如此高調地出馬，孟漢瓊身為太監，竟然身披重甲，縱馬橫劍，帶著馬軍都指揮使朱洪實，親率五百最精銳的騎兵出宮平叛。

形勢幾乎就在一瞬間發生了逆轉。

如果按人數，李從榮身邊至少有千餘人，不過這些人多屬於烏合之眾，根本不是朱洪實手下的大唐帝國王牌騎兵的對手。但更重要的是，在得到老皇帝還健在，並發兵擊討逆賊李從榮，他們已經師出無名。這些人跟著李從榮折騰，只是想跟著李從榮佔便宜發財。而現在李從榮的身分已從最有力之帝位繼承者變成了國家叛逆，誰還會跟著他玩？

不知道誰扯著嗓子驚呼了一句：「敢從反賊作亂者，死！」李從榮的馬仔們頃刻間都作了鳥獸散。包括在秦王府等待勝利消息的賓客幫閒們也聽說形勢瞬間逆轉，都嚇得尿了褲子，鬼哭狼嚎地都溜出了歷史的邊界。

李從榮眾叛親離，自然不會有好下場，躲在床下面哆哆嗦嗦的秦王殿下被官兵發現，皇城使安從益就近斬之，並其妻孥。就是李從榮一個養在宮裡的襁褓幼兒，也被反李從榮一派不顧李嗣源的苦苦哀求：「此兒何罪！」當場殺死。

兒子死了，孫子也死了，白髮蒼蒼的李嗣源看到幼小的孫兒屍體痛哭流涕，幾欲昏死，而侍立旁邊的權貴們卻彈冠相慶。

很殘酷的歷史畫面。

對於李從榮的敗死，馮道對此是樂見的。李從榮死後，最有可能繼位的是宋王李從厚，雖然李從厚能不能守住這個爛攤子還不得而知，但跟著李從厚，總比跟著性格乖戾的李從榮要安全得多。

馮道的表演時間又到了。

面對兒孫的慘死，蒼老的英雄李嗣源還在號哭。第二天早上，侍臣來報，以宰相馮道為首的百官大臣連袂請見皇帝。

李嗣源聽說馮道來了，還在黑暗中迷失的他似乎看到了一絲光明，老皇帝強打起精神，在雍和殿接見馮道和他的僚友們。

馮道依舊挺拔如松，紅衣執笏，對著臉上掛著淚痕的李嗣源，緩緩下拜。群臣以馮道為牛首，舞蹈山呼萬歲。

「皇帝陛下萬歲！」聲音並不齊整。

李嗣源似乎從這句恭迎話中聽到了刺耳的諷刺意義，又看到馮道眼神中流露出來的對自己的同情，長叫一聲：「馮先生！」已是老淚縱橫，嗚咽難言。

對於李嗣源的痛哭，《資治通鑒》用詞很震撼——雨泣嗚咽。

一代威震天下的橫衝名將，竟老衰至此！

面對馮道的依舊從容，李嗣源待情緒恢復正常後，面有慚色地對群臣自省：「吾家事至此，慚見卿等！」

李嗣源讀書不多，馬上起家，但至少待人真誠，有了錯誤就要敢於承認，哪怕是家醜。而封建時代的帝王家醜，那也是國家天下事。

史料上沒說馮道是如何相勸李嗣源的，但和風細雨的寬慰話，想必馮道沒少說。和李嗣源相處了七年多的時間，箏鼓共鳴，君臣和諧，李嗣源把他捧到魏徵的歷史位置，讓馮道盡最大可能發揮出了自己的諫臣本質。這才是馮道最中意的人生定位，臣有生諫、有死諫，馮道都做到了。這些年下來，馮道對李嗣源也有了很深的感情，他當然希望李嗣源能活得更長一些。且不說青史銘名，李嗣源多活一年，馮道就能在亂世中多吃一年的安穩飯。李嗣源一死，形勢就很難說了。

我要救我的仇人

看到李嗣源抖動著蒼老的身軀，白髮蓬亂，痛哭失聲的震撼場面，馮道一陣陣地心疼。心疼歸心疼，馮道來到殿上見李嗣源，其實還有一件更重要的事情，這事關係著自己死後的千秋清名。

按權力場的規矩，勝者為王敗者賊。李從榮死了，但以孟漢瓊、朱弘昭為代表的新興執政集團並不打算放過李從榮系的人馬，決定要對這些失勢官員斬盡殺絕，以免留下後患。

而馮道此來，就是要力爭保下這些人的。最值得一提的是，在這些大量等待被清洗的權力失敗者中，有曾經嚴重得罪過馮道的兵部侍郎任贊，此時任贊的身分還是天下兵馬大元帥府的推官。

之前的《兔園策》事件，任贊對馮道極盡挖苦諷刺之能事。當時馮道初次執政，在官場上立足未穩，自然是不能對任贊痛下殺手，以免被人說成心胸狹小，這對馮道的官場輿論是很不利的。但現在任贊徹底失勢，成了待宰羔羊，新興權貴朱弘昭對任贊恨得咬牙切齒，恨不得當場撕碎任贊。馮道與任贊有舊怨，而只要馮道不說話，裝聾作啞，就能親眼看著任贊被殺，足解一時惡氣。

馮道第一個要從刀下撈的，就是任贊。朱弘昭提出要殺任贊的理由是任贊作為李從榮的內應，一旦李從榮殺進宮來，任贊就有可能裡應外合，殺掉我們這些人。

對於朱弘昭的理由，馮道駁斥得很有力，他略帶微笑面對著殺氣騰騰的朱樞密：「道不能認同朱樞密的觀點，我認為任贊並沒有參與秦王謀逆的理由。秦王素來不道，陰謀圖逆不是一朝一夕的事情，少說也有幾年時間了。可任贊進入大元帥府當判官才多久？只有區區半個月時間。據道所知，任贊之前與李從榮並沒有任何交集，說任贊參與李從榮謀反，理由並不充分。」

不僅是任贊，原秦王府的官員如河南少尹劉陟、李蕘、河南府判官司徒詡、河南府推官王說、秦王府記事參軍魚崇遠、殿中監王居敏等人都上了朱弘昭斬盡殺絕的黑名單。馮道應該是知道朱弘昭起了殺心，所以敢於擔著得罪朱弘昭，及朱弘昭背後勢力的風險，不惜代價也要保住這些人。

其實馮道可以不管這些人，他們的死活，與馮道並沒有直接的利害關係。何必為了這些不相干的人去得罪新得勢者。這就與一個人在利害危機面前所應該持有的品質有關了。

馮道可以面對任贊的死而不管，畢竟人不是他殺的，但馮道畢竟不是個忍人，而且他是對事不對人。即使馮道對任贊的舊怨還沒有消除，但持公而論，在李從榮謀反這件事上，並沒有任贊需要承擔的責任。

當然，馮道力救任贊等前秦王府官員，也不是說沒有半點私心，至少馮道應該是希望後人書寫青史時，能重墨記下自己這一筆的。

或者是馮道已經預感到了自己未來的仕途將是「一妻多夫」式的，這在「忠為死先」的封建時代，以一身侍多朝，無論自己多麼愛民，畢竟在士林圈中還是不光彩的。換句話說，馮道不惜冒著風險救下任贊等人，也許就是為了補救後世對自己「事主不忠」的指責。

不過，這一點只是猜測，這首先還要看馮道的為人品質。如果品質不好的人，是不會在乎死後罵名的，他們只在乎生前榮華富貴。馮道救人，其實還是出於一種真正的儒家知識份子的熱血擔當，如果馮道不在乎身後清名，他是不會在私生活中那麼檢點清白的。

在馮道、馮贇等人的極力堅持下，朱弘昭只好後退一步，不再要求誅殺這些人，只是將他們罷為庶人，長流千里。而在這些被貶的前秦王府官員中，有一個人乘亂過淮流落到吳國，他就是後來的南唐一代名臣江文蔚。

讓朝野官員意外的是，經此秦王之變，一躍而起掌握中樞大權的竟然是此前沒沒無聞的朱弘昭。馮道對朱弘昭成為新的權臣並沒有直接而清晰的舉動，依舊平淡而從容地做他的救世宰相。只是讓馮道沒想到的是，就在他極力救下前秦王府官員一天後，曾經與他君臣和諧的一代雄主李嗣源孤苦伶仃地駕鶴西去，時年六十七歲。

宋初史家對李嗣源的時代給予了極高的評價：「故天成、長興間，比歲豐登，中原無事，言於五代，粗為小康。」

宋末時儒家曾經對五代十三位皇帝有過非常精準的評價，說五代有三位頂級明君，分別是周世宗柴榮第一，唐明宗李嗣源第二，柴榮的養父、周太祖郭威第三。

只能說是歷史的遺憾，李嗣源當皇帝時實在太晚了，整整六十歲才登上大寶。如果李嗣源壯年登基，未必不能還給歷史一個堪比貞觀治世的偉大盛世。就如同周世宗柴榮多活二十年，那就是一代震撼古今的千古大帝，而不是其他不入流的配角站在歷史的高臺上出醜。

對於李嗣源的駕崩，馮道心裡想必是橫生過巨大感情波瀾的。英雄遲暮，早晚會有這一天的，但李嗣源的死，也許會比李存勗的死，更讓馮道感受到人生沉浮的震撼。李存勗純屬自作孽不可活，而李嗣源文治武功都沒有問題，卻偏偏栽在對子女無原則的慈愛上。

身處漩渦中

李嗣源駕崩後，繼位的是馮道並不熟悉的宋王李從厚。

說到李從厚，歷史上還有一位與李從厚非常相似的帝王，就是出名的明建文帝朱允炆。二人最大的共同點，就是他們溫軟懦弱的性格與本朝創業者（李從厚之父李嗣源，朱允炆祖父朱元璋）的霸道強橫形成強烈反差。同時，他們還是被近親宗室發動兵變推翻掉的。

李嗣源很喜歡這個性格敦厚的兒子，李從厚喜歡讀《春秋》，身上具有明顯的儒家知識份子氣質，這一點很得李嗣源欣賞。馮道對李從厚的態度不詳，但在當時混亂的形勢下，性格過於怯弱的帝王很難掌控內有強臣、外有軍閥的局面。但李從厚的性格又非常對馮道的胃口，跟著李從厚，總比跟著李從榮要安全。

長興四年（九三三年）十二月日，宋王李從厚在大行皇帝的靈柩前繼位。帶頭的，還是馮道。

根據《舊五代史・閔帝本紀》的記載，李從厚繼位時，公卿百官並沒有在場，馮道也不在。父親過世，作為人子，李從厚需要守喪節制。幾天之後，以馮道為首，群臣上表請皇帝臨殿聽政。李從厚才勉從所請，穿著孝服，在廣壽門外東廡接見了群臣。

這應該是馮道很久以來首次見到新皇帝李從厚，這也是馮道人生中與李從厚為數不多的直接面談之一，雖然只是幾句官話。

馮道抖了抖官服，持笏三叩首，禮罷，馮道趨於殿下，言語恭敬地上奏皇帝：「自大行皇帝駕崩以來，皇帝陛下率天下萬民以成人子之孝心，哀不成禮，此臣等所不忍也。皇帝陛下雖盡大孝，但天下豈能無主！陛下若久居內廷，臣民不得覲見聖顏，心有不安。」

這幾句應該不是馮道自己的意思，馮道才沒興趣見什麼李從厚，以現在的混亂局勢，李從厚能當幾天皇帝都是問題，這當是內閣集體確定的正規場合用語。類似於現在「您日理萬機，不愧是人民的好書記」，純粹官場套話。

也許馮道並不想過這樣「行屍走肉」般的僵化官場走秀，但他依然樂此不疲地忙著這些場面活。過了幾天，等李從厚解去孝服解喪，馮道又跳出來，帶著群臣恭請皇帝恢復正常的殿飲制度。

年輕的皇帝正坐於殿上，宰相馮道小心翼翼地捧著酒杯，趨著碎步站在玉階之下，恭請皇帝用酒。不知道是事先安排的劇本，還是李從厚對馮道這一套非常厭煩，當場掃了馮道的面子。李從厚面色悲戚地拒絕馮道：「朕終不是愛酒之人！平時也只和一些朋友小飲數杯，這一點眾卿也知道。朕雖允了卿等請復日常殿飲的舊制，但畢竟先帝甫崩，山海同哀之際，朕還沒有走出喪父之痛，豈有心思再飲酒。」

李從厚說的其實有道理，君父剛死沒幾天，作為宰相就讓皇帝當著群臣的面大吃大喝，也確實有傷國體。只是馮道作為首席宰相，人精中的人精，他又豈不知這個淺顯道理？無法得知馮道為什麼要主動碰這個硬釘子，但如果推測的話，這有可能是馮道故意製造與李從厚的矛盾，將來用於自保。

自古在亂世中，性格懦弱的皇帝從來沒有善終的，特別是以南北朝和五代十國為甚。李從厚撿漏當了皇帝，但他身邊虎狼窺視，梟雄遍地，他的位置並不穩。最遙遠的梟雄孟知祥在李嗣源剛駕崩後就已經在成都自稱大蜀皇帝了，這急壞了曾經與孟知祥同等級別的後唐近親宗室軍閥們。其中有兩大勢力最值得注意：

一、李嗣源的女婿，河東節度使、北京（太原）留守、兼大同彰國振武威塞等軍蕃漢馬軍總管石敬瑭。

二、李嗣源的養子，鳳翔節度使、潞王李從珂。

此外，李嗣源另一個女婿，二坐鎮幽州的盧龍軍節度使趙延壽也對李從厚的位子虎視眈眈。除了這些外臣，內處樞密的朱弘昭也不是個省油的燈，面對一個性格懦弱的皇帝，貪婪的朱弘昭也有了一些想法。雖然正史記載朱弘昭只是「欲專朝政」，但如果時機成熟，馮道也不敢排除朱弘昭廢立新朝的可能。

而如果這四個人中的任何一人踢掉李從厚自立，馮道又對李從厚言聽計從，難免不會被這些新貴認為馮道是李從厚的人。

作為外聘員工，在職場上撈飯吃，最忌諱的就是被人視為大哥的死黨走狗，這等於把自己的所有身家都押上去。一旦大哥失勢，自己也將被新貴視為前朝餘孽，連鍋帶碗的全都砸掉。而如果自己的派系顏色不深，隨便他們折騰，誰上臺自己都鼓掌歡呼，自己便會處在一個相對安全的位置。何況以馮道這等具有標誌性的首輔大臣，只要政治傾向不明顯，任誰上來，都需要馮道與他的親密合作。在這種情況下，任李從厚七歪八倒，馮道自是穩如泰山。

李從厚時期的馮道資料非常少，惜字如金的《舊五代史・馮道傳》對李從厚時期提都沒有提，甚至張冠李戴地把李從厚任命馮道為山陵使、安葬明宗李嗣源的任務扣到了之後的末帝李從珂時期。

馮道這在短暫的閔帝時期都做了什麼，沒有記載留下來。但可以想到的是，馮道已經預料到了李從厚不會在這個位置坐太久，早晚會被人擼下來。現在朱弘昭得勢，外加幾個藩鎮虎視狼顧，自己本就是大隱隱於朝，何必出來蹚這個渾水。

在各方勢力對最高權力進行慘烈角逐的時候，外聘員工不宜過多地拋頭露面，能躲便躲，千萬不要出鋒頭逞英雄。一如之前李從榮胡亂折騰，馮道閉門觀山景一樣。

馮道的預見是正確的，新一輪慘烈的官場廝殺即將拉開帷幕。

李從厚是個傀儡，和手無寸鐵只剩下嘴炮的光緒差不多，內政多被朱弘昭與馮贇把持，但朱弘昭的勢力範圍只在洛陽，面對石敬瑭與李從珂兩大外藩，想必朱樞密半夜也會嚇醒的。

防止權臣控制地方軍政大權，在地方上紮根，最好的辦法就是頻繁調動，讓權臣們沒有時間經營地方勢力，朱弘昭用的就是這個辦法。

朱弘昭打著李從厚的旗號，把李從珂調到河東，而石敬瑭則調為成德節度使，而原成德節度使范延光又被調到天雄軍。雖然各地藩鎮的調動被朱大人像玩玻璃球一樣讓人眼花撩亂，但朱弘昭的重點還是鳳翔的李從珂。

朱弘昭猜忌李從珂，其中也有可能是李從厚的意思。原因很簡單：放眼當今天下，在大唐中興功臣中，軍功顯赫、善於佈陣行軍且健在者，捨李從珂而誰？最要命的是，李從珂還是明宗納入宗籍的養子，在法統上，李從珂有繼位皇位的權利……

平心而論，朱弘昭只是不想讓李從珂在鳳翔紮根，將來勢大難制，並沒有要整死李從珂的意思，但李從珂顯然不這樣認為。當調離命令送到李從珂手上時，李從珂當場就惱了，這般調來調去，明顯是想奪我的軍權。在亂世中沒了槍桿子，狗屁也不是，幕府也勸李從珂不要輕易離鎮。

李從珂知道這一刀是朱弘昭砍向自己的，他哪敢出門送死？在李從榮死後，李從珂對養父李嗣源不立戰功卓著的自己，而立其懦弱的親生子李從厚一肚皮不滿。現在李從厚大權旁落，「奸臣」當政，李從珂苦苦等待的機會，終於來了。

此時的形勢和四百多年後的永樂「靖難之役」驚人地相似，李從厚是前世的朱允炆，李從珂是有頭無尾的前世朱棣。朱棣初起兵時，控制範圍只有一個北平府，李從珂也同樣只有一個鳳翔府。李從珂異想天開地給周邊各道藩鎮發使者，希望他們能站在自己這邊。只是眼前的李從珂形勢不明，誰敢上他這條破船？「潞王使者多為鄰道所執」，李從珂的老臉瞬間變黑。

朝廷兵馬勢力強大，各道兵會於鳳翔城下，圍住李從珂就是一通暴毆，鳳翔城中死屍如積山。李從珂眼看著中央軍已破關城，自己行將受死，不禁悲從中來，對著手下人一通號哭自辯，但也無濟於事。

只是讓所有人都沒想到的是，中央軍在形勢一片大好之下，突然自己出了亂子。山南西道節度使張虔釗求功心切，不顧麾下士卒安危，提著大刀片子逼士卒強行登城。這些兵大爺都是喝慣民血的，哪受得了這般羞辱，當場把正在吹鬍子瞪眼的張大人揍得鬼哭狼嚎，「躍馬走免」。張虔釗溜了，羽林軍使楊思權乾脆當場押注，賭李從珂能搞掉李從厚，率這夥丘八大爺們倒戈投降了李從珂。中央軍本就是各懷心思，張虔釗這路完了，其他各道兵馬也一哄而作鳥獸散了。

天上突然掉下一塊大肉餅，李從珂被幸福砸暈了。李從珂還算聰明，這麼多弟兄捲甲而降，圖的就是個錢財。李從珂幾乎把鳳翔城中所有值錢的東西都拿出來，送給弟兄們做酒錢。

這次中央軍當場投降，給了困境中的李從珂以極大的鼓勵，讓他看清了這些滑頭是不會死保李從厚的。看到希望的潞王殿下信心大增，一路向東殺過去，所到之處無不望風披靡，一直殺到距離東都洛陽不過二百里的陝州（今河南陝縣）。

李從珂勢如破竹般地順利東進，極大地震撼了東都城中的君臣。李從厚垂涕無所計，急得團團轉，最終想出來的主意竟然是要親赴前陣自投羅網，任由王兄處置。李從厚走投無路，曾經威赫一時的樞密朱大人更慘，李從珂已經發帖，全國人民皆可赦，唯獨朱弘昭與馮贇兩族不赦，西軍進洛陽，必屠二族之首。朱弘昭惶恐無所計，乾脆跳進井裡自殺了。小朝廷的完蛋就在眼前，聰明人都知道該怎麼辦，安重進搶先下手，端掉馮贇滿門，割下朱弘昭和馮贇的人頭，快馬送給潞王。

形勢已明顯偏向於李從珂，懦弱的皇帝李從厚惶恐不知所措，朝中那般狐狗大員們爭先恐後地痛踹落水狗。曾經力助李從厚上臺的老太監孟漢瓊不但不理會李從厚的求助，反而投降了李從珂。最可恨的是李從厚在藩時期所信任的牙將慕容遷，之後升任皇家近衛軍——控鶴軍都指使使。李從厚的下一站避難地是魏州，因身邊無人保護，李從厚幾乎是厚著臉皮求慕容遷不要拋棄他，率控鶴軍護衛他東逃。慕容遷嘴上說得甜如蜜，但等李從厚果真出逃的時候，慕容遷任李從厚痛哭流涕，兀自裝聾作啞，閉門不出。

應順元年（九三四年）三月二十八日夜，孤苦無依的李從厚率僅有的五十個忠於皇帝的騎兵悲愴夜出玄武門。

剛繼位不到三個月的皇帝跑了，京城無主，幾位之前躲在幕後看熱鬧的宰相們又跳到舞臺上賺出場費了。這一次，他們討論的是要不要承認李從厚帝位的問題。

李從珂起兵造反，雖然打的是「清君側」的幌子，而兩大「奸臣」朱弘昭、馮贇已經滅族，但傻子都能看出來，李從珂是衝著李從厚那個讓人眼熱的位子去的。

此時的李從珂還沒進城，首先要解決的是名分問題。按李愚的意見，應該繼續承認李從厚的皇帝身分，至少在潞王沒有進城之前，要聽取皇太后的懿旨。

皇太后姓曹，是明宗李嗣源的繼妻，長興元年，冊立為皇后。李從厚繼位，尊為皇太后。

李愚是個聰明人，知道眼下的形勢不是他們這幾個空頭宰相所能控制住的，一旦下錯棋，玉石俱焚，不如把燙手的山芋塞給老邁的皇太后手中。

馮道對此提出了不同的意見。

馮道自上次給李從厚敬酒被拒之後，就再無馮道出頭的消息。甚至在二十八日，朱弘昭自殺、馮贇滿門被殺如此重大的消息，馮道竟然毫不知情，這一點也印證了上面提到的馮道刻意躲避李從厚時代以求自保的推測。

根據《資治通鑒》的字面推敲與時間計算，李從厚出逃是在朱、馮死後的當夜，馮道更應該是沒有時間知情的。馮道真有這麼純潔嗎？未必！馮道既是生活儉樸，想必是置辦不起豪宅深院的，朱馮被殺，皇帝出逃，滿城盡知，馮道家的小宅院又怎麼可能不透風？只能說明馮道在裝傻，發生了什麼事？我一概不知道！

實際上，馮道什麼都知道。

關於迎立潞王的一場口水官司

其實不僅是這一次大亂，之後幾次更大規模的局勢動盪，馮道基本上都以此道處之，這也是後世道德家樂此不疲攻擊馮道的主要原因之一。

事主不忠，這是他們扣給馮道最大的一頂牛鬼蛇神專用的高帽子。

馮道自然不是什麼聖人，他是抱定了不摻和亂局的宗旨，你們愛怎麼玩火都行，只要別燒著我就好。這種略顯油滑的處世態度確實不如豫讓吞炭報智伯那般剛烈。馮道自己曾經在《仕贏學・遠猷篇》中提到人之大「義」，馮道認為「義」，就是「為不可為之事」。

面對合法皇帝李從厚悲愴出逃，馮道應該挺身而出，在馬前面責李從珂為臣不忠。馮道即使被憤怒的李從珂當場殺死，也能留下一世清名。

北宋有個著名的道德先生唐介，這位唐先生極瞧不起馮道的「一妻十嫁」，王安石稱讚馮道是當世的活菩薩，唐介攻擊馮道：「（馮）道事十主，更四姓，安得謂之純臣？」唐介認為為人臣者只能事一主，主死則臣死。那麼趙匡胤身為周臣，而且是舊主死前託孤的重臣，卻忘恩負義篡位，唐介是不是認為他們的太祖在陳橋兵變時應該自殺？

顯然，唐介不但不會，也不敢以貶低馮道的標準去貶低趙匡胤，反而給趙匡胤塗脂抹粉，但為什麼要用雙重標準來要求馮道？宋初那些與馮道同樣「事十主，更四姓」的大臣，如張昭、符彥卿，唐介攻擊過哪個？

還有以仁厚面目混跡於歷史舞臺上的趙宋第四代皇帝趙禎（謚號仁宗），同樣虛偽得近乎可笑。在皇祐三年（一〇五一年），馮道的曾孫馮舜卿上書趙禎，請看他曾祖父的面上，錄用他為官，趙禎鄙夷地說：「馮道相四朝，而偷生苟祿，無可旌之節。」

真要按趙禎以及宋人史家的說法，趙匡胤是被陳橋兵變的士兵強迫著當皇帝的。那趙匡胤既然是「被迫」的，那趙匡胤有一萬次機會自殺以表忠心，為什麼不自殺？反而即位後大肆攻擊對他親如兄弟的周世宗？偽君子趙禎攻擊馮道「偷生苟祿」，為什麼不說趙匡胤「忘恩負義，欺負舊主孤兒寡母」？

以雙重標準待人，誰其心服！

馮道是說過「為不可為之事，義也」。但馮道同樣在本篇首先還說「天下事，有可為者，有不可為者。為可為之事，智也」。

馮道這是為自己的「為臣不純」開脫嗎？顯然不是，有句老話：「識時務者乃為俊傑」，做人總是要現實一點的。再說李從厚也不可能鹹魚翻身了，能活到哪天都難說。眼前的形勢，李從珂即位已成定局。馮道不是二李的死黨，誰上誰下，對馮道來說有什麼區別？

誠然，李從厚是李嗣源的兒子，李嗣源待馮道如國士，可李從珂不也是李嗣源正式納入宗籍的養子嘛。從這一層面說，馮道並沒有背叛李嗣源。而且，馮道並非李嗣源一家的私臣，他是天下的公臣，只要心中存念百姓冷暖，誰當皇帝有什麼區別？宋人吹捧趙匡胤，不正是用的這個邏輯嗎？

在李從珂還沒有進城的情況下，馮道提出讓中書舍人盧質火速擬定潞王的即位詔書，遭到了盧質的質疑。

其實盧質與馮道的私交非常好。李嗣源剛稱帝的時候，盧質出任匡國軍節度使（駐同州，今陝西大荔），馮道在郊外驛亭擺酒給盧質送別，曾經寫下一首詩，今只留下兩句，卻為一時士人傳誦。其詩句云：「視草北來唐學士，擁旄西去漢將軍。」評價不可謂不高。盧質人品非常端正，他似乎有些懷疑馮道的人品，話語間也有一些輕薄之意。

盧質反對馮道提出來的現在就給潞王起草即位詔書，已六十多歲的盧質任風吹著蒼老的白鬚，坦然說道：「可道說的，恕我無法認同。天子出奔，京城無主，今潞王在側，聰明人都知道要易代了。只是現在天子名分還在，我們身為臣子，不宜朝三暮四如此之快，以防後人恥笑。」

馮道直視盧質炯炯有神的雙眼，面露微笑，用平和的聲音問道：「以盧僕射的見識，當如何處之？」

盧質慷慨激昂，「不錯，潞王是肯定要即位的，但我們應該按規矩來，先請皇太后教令，再議廢立。我們為人臣的，怎麼可以捨太后而自議廢立？」

盧質說了半天，宗旨與李愚完全相同。由太后下令廢立，自古皆然，但還是難逃自我保全不留後世罵名的嫌疑。

盧質與李愚說的，馮道豈有不知道的道理，明哲保身，誰不會？馮道只說了四個字：「事當務實。」

即使盧質、李愚一心維護官場規則，也只能說明他們都是讀死書的書生，不會將學到的知識活學活用。馮道立足於現實，提出迎立李從珂，「事貴從權」。早日結束混亂的政治局面，得益的不僅是馮道這些文臣，普天下的百姓至少也有個喘息的機會。至於說馮道拍李從珂的馬屁，馮道沒有這麼做的必要。他已是蓋天下文官班頭，只要公允持中，誰上臺都得要借馮道的這塊招牌，李從珂也不例外。

盧質對馮道的觀點不以為然，大聲質問：「潞王還沒進京，可道就火急火燎地迎立潞王，可萬一潞王沒有即位的心思，我等又當如何。潞王若是一心守住臣節，當面責問可道，請問你將如何應對？」

其實盧質在睜眼說瞎話，他自己都不相信自認最有資格即位的李從珂會守住所謂的臣節，這種「萬一」發生的可能性為零。盧質和李愚繞了半天，最終所得到的，還是馮道所說的迎立潞王。馮道主張省掉這些虛文環節，其實也是盡可能快穩定局勢，一旦形勢有變，萬一太后頭腦發暈，不發廢從厚而立從珂的教令，惹得李從珂狼性大發，洛陽城還能保得住？

好在曹太后也算明智，事情鬧到這一步，不立李從珂，大家都別想過安生日子。反正李從厚和李從珂都不是從她肚子裡爬出來的，立誰不還叫自己一聲母后？眼下保住腦袋最重要。

就在盧質拽住馮道的衣袖扯雞毛蒜皮的時候，曹太后很及時地承認了李從珂「候任皇帝」的合法性，派一隊太監到城外慰勞潞王。

曹太后所做的，也早在盧質等人的預料之中，在這種情況下，盧質還在糾結不停，只能說明這些人的小聰明有些過了頭了。只顧著留身後清名，全然不顧城中百姓安危。相比之下，馮道寧可獨擔千古罵名，也要「事貴務實」，更顯得可貴。

四月初三，意氣風發的潞王抵達洛陽城郊的蔣橋，百官公卿以宰相馮道為首，恭迎潞王立於路邊。

李從珂雖然瞧不上李從厚，但對自己的養父李嗣源感情還是非常深的。當年李嗣源為保自己，公開與安重誨翻臉，每每想起，李從珂都感動不已。李從珂進宮見了太后和花見羞，伏在李嗣源的梓宮前，號啕痛哭，一肚子的委屈似乎無從說起。

接下來，馮道帶著一夥弟兄請潞王即皇帝位，李從珂卻婉言推掉，說什麼「我這次起次靖難，實是為了自保，絕沒有篡位的心思，你們不要置我於不義」。

聽了李從珂的假話，想必馮道心裡也是一陣起膩，他知道，現在相關手續還沒辦好，李從珂自然不能越格。

皇太后雖然老邁，但還不傻，李從珂的飯是不能白吃的。第二天（四月初四），老太后就下了懿旨，廢掉已經出逃的李從厚為鄂王，立潞王為監國，為李從珂稱帝騰出位置。這道教令寫得文采飛揚，非大家手筆不能為此，也許就是馮道的傑作。當時的後唐朝廷，文筆好的，一個馮道而已。

馮道最近比杜甫還忙，剛草就廢立教令，立刻帶著急於拜見新皇帝的同僚們前腳踩後腳地都擁進至德宮。此行是向潞王請罪，罪名應該有眼無珠，沒看出來潞王才是真命天子。

潞王殿下站在殿前，看著殿下黑鴉鴉的幾百號人，假模假樣地說道：「你們都是朝廷重臣，哪裡有什麼罪過，請不要自責，都回到自己的工作崗位去吧。」

《舊五代史》記載群臣得了李從珂這句保證之後，「乃退」，其實就是一窩蜂作鳥獸散了，從此腦袋無憂，富貴可保，沒人在乎誰當皇帝。

馮道也不例外。但馮道和那些眼裡只有祿位的人不同，馮道開始考慮撤退。退一步海闊天空，千古至理。

退一步海闊天空

馮道最後一次給李從珂站臺，是四月初六。

根據《舊五代史・唐書・末帝紀上》的記載，這一天，「特進、守司空兼門下侍郎、同中書門下平章事、充太微宮使、弘文館大學士、上柱國、始平郡公、食邑兩千五百戶」馮道聯合不知道從哪冒出來的九千五百九十三個人，聯名上書，請潞王即皇帝位。

馮道文筆好，又是內閣首輔大臣，想必這篇勸進書還是馮道寫的。但內容全是假大空的官話，半文錢也不值。

潞王「耐不住」群臣的勸進，不好再駁大家的面子，勉從所請，於明宗皇帝柩前即位，改元清泰。因李從珂後來戰敗，沒有諡號，史家稱他為唐末帝。

大唐江山，不到半年，又變天了。

不過對馮道來說，變不變天，他依然可以做他的太平宰相，官俸拿著，優哉游哉，大隱於朝。

但出乎所有人意料的是，僅僅一個月後，新朝廷突然宣佈一條重大人事調動：內閣首輔大臣馮道不再在內閣供職，而是以宰相身分出任治所在同州（今陝西大荔）的匡國軍節度使。馮道的兒女親家，也是宰相之一的判三司使劉昫成為實際上的內閣首輔，天雄軍節度使范延光再次入主樞密院。

後人言及馮道，都說歷仕五朝任宰相而三十年不倒，其實馮道有段時間是不在內閣上班的，比如這次同州之任。

其實馮道離開內閣，外放到藩鎮，是當時的官場潛規則，所以《舊五代史・馮道傳》說「循故事也。」但這一條制度是可以變通的。只要馮道有留下來的意願，或是李從珂不想放馮道離開，是可以臨時應變的。

不過綜合來看，馮道這次外任，只有兩個字可以解釋，那就是——避禍。

溪雲初起日沉閣，山雨欲來風滿樓。

李從珂戰勝了李從厚贏得帝位，但明眼人都能看得出來，亂局才剛剛開始。以馮道的智商，他當然能夠看出來形勢不但沒有好轉，反而日益惡化。歸納起來，大致有兩條。

一、李從珂對曾經得罪過自己的官員大肆報復。

朱弘昭和馮贇對李從珂暗中使了些手腳，李從珂出兵東進時，就曾經公開下令，西軍進城，洛陽城中官民無恙，唯朱弘昭、馮贇二族人不赦，必殺。後來朱馮二族被滅，雖不是李從珂直接下手，但也李從珂這道命令擺不脫關係。

不要說得罪過李從珂的朱、馮，就是曾經對李從珂不錯的老太監孟漢瓊，匹馬投降李從珂，也最終沒逃過李從珂的快刀，被斬於路邊。

還有李從珂初起兵，朝廷派來征討自己的鳳翔行營都招討使康義誠，雖然也投降了李從珂，但李從珂素厭其為人，竟滅其族。

得罪過李從珂的都死了，已經被廢的前皇帝李從厚也最終難逃一死。在河東節度使石敬瑭拒絕收留李從厚，並殺死李從厚身邊所有衛士，孤苦伶仃的李從厚被扣在衛州州街。這是石敬瑭為了穩住李從珂，獻出的一份大禮，李從珂當然笑納。派馬仔王巒帶著藥酒去衛州請李從厚踏上黃泉路。李從厚悲憤之下拒絕飲此酒，王巒獰笑著，以布纏李從厚之頸，活活勒死了這位小名菩薩保的懦弱皇帝。

李從珂對仇人進行全面清洗，馮道都是看在眼裡的。但最讓馮道驚心的是，自己也曾經嚴重得罪過李從珂。

當年安重誨與李從珂有積怨，必欲整死李從珂而後快，一直受到李嗣源的阻攔。為了扳倒李從珂，安重誨強迫馮道與趙鳳等人在李嗣源面前說李從珂的壞話。李嗣源知道馮道為人所迫，一笑了之，但李從珂心胸沒那麼寬，他會不會因為這事忌恨馮道，馮道一點把握也沒有。

不要看李從珂表面上對馮道還尊稱一聲「相公」，但只要等李從珂形勢穩定下來，翻臉比翻書還快。康義誠剛投降時，李從珂形勢未穩，也沒有立刻動手，最終還是滅了康義誠滿門。

每思至此，馮道一身冷汗。

二、李從珂離末日也不遠了。

在亂世中拉起隊伍闖江湖，最離不開什麼？仁義、威望，智慧？那都是扯淡。最離不開的只有一樣東西，那就是金錢。你首先得有錢養起軍隊，弟兄們才能心甘情願地給你賣命。

遺憾的是，李從珂手中偏偏沒錢。

李從珂剛起兵時，就給弟兄們打下包票：入洛之時，每人重賞百貫錢財！弟兄們這才雀躍地跟著大哥鬧事。沒想到進城之後打開國庫，總數也不過區區數萬，距離第一筆五十萬的犒軍費差了十萬八千里。被耍了的李從珂在城中狠狠搜刮一通，才搶到幾萬貫帶血的銅錢。李從珂為此大發脾氣，幾乎把洛陽城掘地三尺，甚至連老太后、太妃花見羞的私房錢都倒摳出來，也只勉強湊到二十萬貫。李從珂實在沒辦法，只好厚著老臉把這點家底都分給弟兄們買酒喝。楊思權這樣的「功臣」拿多一些，一頭駱駝兩匹馬，七十貫錢，隨自己起兵東進的軍人每人二十貫。最慘的是洛陽中的原朝廷軍隊，每人只有十貫。這些兵大爺跟著李從珂沒撈到什麼油水，氣得在城外給李從珂編造謠言抹黑，說「除去生菩薩（指李從厚），扶起一條鐵（指李從珂）」！

這一次真不是李從珂鐵公雞，他兜裡確實沒錢了。但這些事情對馮道來說也是有影響的，那就是李從珂手上的軍隊隨時有可能譁變，或者是在外來強大軍閥的軍事壓力下叛變。

繁榮錦繡洛陽城，不久又將來銅駝夕陽，荊棘狐兔其間。

此時不跑，留下來等死？

綜上所論，外出避禍是所有能選擇的選項中，唯一能讓馮道接受的。

而從李從珂的角度，馮道離開中樞相府也是李從珂希望看到的。馮道上次跟著安重誨擺了自己一道，雖說李從珂心裡沒惦記馮道。但馮道是天下文臣清流領袖，不是說殺就能殺的，讀書人得罪不起。而馮道外放到同州，雖說掌握了一定兵權，但馮道說到底只是一個柔弱的知識份子，對李從珂的政權產生不了威脅。「秀才造反，三年不成」，就是把刀塞在馮道手上，馮道都未必知道如何殺人，而把范延光這類滑頭軍閥拴在身邊才放心。

馮道在同州

量大福也大，機深禍也深。

在名利場中，以馮道所處的高層位置，只能往上看，但再往上看也只看到老闆一個人，周圍的人都在盼著自己犯錯下臺。而他突然抽身離開，暫避鋒芒，站在周邊往裡看，反而會看得清楚透徹。

馮道暫退，所有人都知道，用不了多久他就會回來的。

馮道自清泰元年（九三四年）四月赴同州就任，便在鬥爭激烈的朝局消失得無影無蹤。直至清泰二年（九三五年）十二月，才又回到京城。

一年半的時間，馮道在他繁碌且多奇的人生中，難得地過上了逍遙自由的半隱居生活，一如當年父親去世，他在景城家中住了三年……

史家對馮道這段半隱居的同州之任著墨甚少，只說了兩件事情。其一是馮道在同州的治績，《舊五代史・馮道傳》稱馮道「為政閒澹，獄市無擾」。這是馮道四十多年為官史僅有的一次出任地方行政長官的經歷，很少有具體的史料能展現馮道的能臣之才，但僅此八字評語，依然讓能人管窺到馮道出色的地方治政能力，他不止是一個書生。

「為政閒澹，獄市無擾」是什麼意思？其實說得直白一些，就是「黃老無為而治」。

世人皆知馮道是傳統的儒家知識份子，其實在馮道的人生哲學中，他還是一個道家思想的信奉者。

馮道與道家的緣分是與生俱來的，他的父親馮良建替他起了一個極具道家符號的名字：名道，字可道。

有些儒家知識份子，特別是宋朝的那些道德家們，讀書都讀傻了，走進了極端的儒學泥潭中不可自拔，成了極端儒教份子，這與孔子充滿理想主義的儒家精神早已背道而馳。

在馮道身上顯然看不到這個弊端。馮道是一個矛盾的結合體，他出身儒學世家，卻能將知識活學活用，半點也不見迂腐酸臭之氣。同時，在複雜的官場仕途上，又處處可見他的道家風骨。

無為而治，其中心思想是以老子在《道德經》第五十七章中引用先哲一段話為藍本的，「我無為而民自化，我好靜而民自正。我無事而民自富，我無欲而民自樸。」

無為而治，並不是說什麼都不做，無政府主義只能導致更大的混亂，而是政府不對民間活動進行過多的干預，並且正確引導民間活動。政府手伸得太長，百姓的吃喝拉撒都管，民間的發展活力會被行政力扼殺。

馮道應該是很珍惜這一次時間不會太久的地方任職，久任中樞，遠離民間，看待基層的民生問題很容易走偏，甚至走了歪路。

在馮道的骨子裡，他信奉的還是儒家「治國平天下」那一套哲學，總想在世人面前證明自己的能力。可惜的是，他雖然任職宰相七八年，但卻是個空頭宰相，五代真正的宰相是軍職班頭樞密使。馮道頭上霸著一個大字不識的頭號權臣安重誨，很多時候，馮道在朝廷中的地位是只能提建議，至於用不用，馮道說了不算。

而五代時期的節度使，則是地方的實權機構，軍權、行政權、財權一把抓。只要你有足夠的號召力，割據一方當個土皇帝是半點問題也沒有的。馮道有了這次難得的機會，自然會好好表現自己。

「為政閒澹，獄市無擾」，八個字，其中前四字是原因，後四字是結果。「為政閒澹」，馮道的性格就是和徐如風，有什麼問題都會慢條斯理地講出來，以理服人。

西漢初年的黃老無為而治打造了一代文景盛世，上從民所欲，官方畫一條大框框，只要不出軌，隨便百姓們折騰，馮道也是如此。所謂「閒澹」，不是什麼都不管，而是該管的管，不該管的不亂伸手。

同州馮翊郡是漢唐時著名的三輔之一，唐人王勃那句著名的「城闕輔三秦，風煙望五津」，其中的三秦之一，就是馮翊郡，另二秦是指京兆郡、扶風郡。馮翊地處黃河與渭河的交匯處，土地肥沃，又兼地險，受到唐末戰亂波及較小。經濟發展在當時戰亂頻繁的中原屬於中等，經濟基礎較好，有了飯吃，就不會有百姓造反，同時也有了馮道在這裡實行無為而治的先天條件。

道理是一樣的。

自古以來在權力集中制成為習慣的中國官場，一個地方官素質的好與低，直接決定著這個地方的發展程度。中央政府主要負責制定政策大方向，而地方政務是直接面對民眾的，這一點決定了地方政務的複雜性。而做好一任地方官，最重要的不是「廉」，而是「能」。

馮道在歷史上就以清廉著稱，反對馮道的道德家在這一點上永遠抓不到馮道的把柄。元人張光祖在《言行高抬貴手》中稱讚馮道「性廉儉，不受四方之賂，未嘗以片簡擾諸侯。私門之內，無累茵，無重味，不畜姬僕，不聽絲竹。」

馮道治理地方上的「能」，在任職同州期間，得到了很充分的體現。「獄市無撓」，是指馮道在司法管理以及發展經濟上的公平持正。

「獄市無撓」，說出來容易，做起來很難。在當時幾乎是無官不貪的情況下，馮道是個異類。

後人反馮道者喋喋不休地拿馮道「以一身事五朝」大肆鞭撻，但五代時人對馮道的評價幾乎全是正面的，王安石說馮道有「諸菩薩行」，不是平白無據的。

危險的副使

「為政閒澹，獄市無撓」。這是馮道在同州一年半的主要政績。不過馮道在同州期間，留給後人最大的財富，是他用實際行動，教給後人一個如何與人相處的大道理。

事情並不複雜，就是匡國軍節度使馮道與匡國軍節度副使胡饒之間發生了一些不愉快，甚至差點拳腳相向。

在人物繁雜如過江之鯽的五代，胡饒不是個很有名的人物，一生從未做過外道節度使這樣的一線職務，只做過副職，屬於官場上的準二線至三線間人物。不過讓人驚奇的是，這麼一個三線人物，居然在《舊五代史・晉書》中有自己的傳記。雖然篇幅很短，但關於馮、胡之爭，《胡饒傳》裡介紹得遠比《馮道傳》要更詳細，也有助於後人了解馮、胡之爭的來龍去脈。

胡饒是個典型的善於察言觀色的官混子，特別會折騰。任何領導給這種人一點機會，他馬上就能翻雲覆雨，把領導拍得舒舒服服。因為胡饒是大梁人（今河南開封），在梁末帝時期，胡饒就近混入宣武軍節度，因為眼力活泛，鑽營奉承的事沒少做，竟然升級馬步軍都虞候這樣的地方軍中高職。後唐滅梁，李嗣源稱鎮宣武，但作為亡國餘燼的胡饒顯然還不夠資格攀上李嗣源。胡饒很聰明，攀不上大老闆，能攀上大老闆身邊的心腹，效果也是一樣的。作為李嗣源心腹的大將王建立，就進入了胡饒的法眼。不知道胡饒用了什麼高招，竟然能和王建立「建立」了很好的私交，「相善」。

王建立也不是什麼好貨，這位王將軍脾氣極為暴戾，史稱「鷙猛無檢」，好殺人，人稍有小過，動輒將人滅族。而且王建立還有個變態的癖好，殺完人喜歡把人的屍體堆積起來欣賞，江湖人稱「王垛疊」。如果不是李嗣源死保，李存勗早就砍翻這個殺人狂徒了。

胡饒和王建立玩得火熱，王建立自然也不會虧待胡饒。王建立出任成德軍節度使後做的第一件事，就是上奏李嗣源，請任命胡饒為成德軍治所所在地真定府的少尹，繼續穿一條褲子。

吃了王建立的軟飯，胡饒天天給王建立出餿主意，甚至還給王建立引薦了同樣奸險善拍馬屁的梁朝前右庶子張澄任節度判官，三人成天鬼混一起。胡饒為人奸險，而且治政能力又嚴重不足，他出的每個主意幾乎都能在當地造成巨大災難，「四郡大擾」。最可怕的還不僅於此，天成三年（九二八年）的四月，成德軍北領義武軍節度使王都發動武裝叛亂，王都寫信給王建立，勸王建立起兵同反。胡饒和張澄貪圖眼前富貴，力勸王建立造反。不過好在沒等王建立做出決定，後唐中央軍就撲滅了王都叛亂，王建立就此躲過一劫。胡饒勸反的消息應該沒有被透露出去，否則李嗣源豈能饒得過他？

對於胡饒這樣的災難性人物，不知道李從珂出於什麼樣的考慮，馮道出任匡國軍節度使時，居然讓胡饒來做馮道的副手。對於胡饒為人，想必位居中樞且兼過吏部的馮道應該是有所耳聞的。得知胡饒要跟自己共事時，馮道頭皮一陣陣地發麻，這樣的刺頭混在自己身邊，不知道會整出什麼么蛾子出來。

從陰謀論角度以及權力安排角度來講，任命節度使以其副使的權力，掌握在皇帝李從珂手中，而馮道當年又得罪過李從珂。即使李從珂出於政治影響力，不便對馮道採取什麼強硬措施，但派胡饒這根攪屎棍子出馬，給馮道添一添噁心，還是有很大可能的。

果不其然，胡饒剛跟著馮道屁股後面竄到同州，就開始找馮道的麻煩。如果仔細論起來，胡饒衝著馮道吹鬍子發威，也與馮道多多少少有一點關聯。在馮道的骨子裡，他是瞧不起胡饒這樣軍吏出身的粗人的，雖然胡饒作為匡國軍副使，但馮道似乎抱定了主意，即使是公事，也絕少與胡饒往來。《舊五代史・馮道傳》說得很清楚：「道以重臣，稀於接洽（胡饒）。」有事可以派遣下屬去找胡饒。而馮道，又在同州做起了大隱士。公務之餘，看點書，飲點酒，養點花草。

縱是江湖血海紛爭，吾自倚欄閒看落日歸鴻。

胡饒覺得自己很委屈，雖說胡饒無賴了半輩子，但在公務上，他去找節度使，節度使再瞧不起他，也是應該出來就公論公的。馮道居然不見他，一向心氣高傲且脾氣火爆的胡饒豈能嚥得下這口氣？於是，「（胡）饒忿之」。

節度副使與節度使的矛盾公開化了。

馮道是儒家士林出身，與人發生矛盾，用的也是儒生那一套——我不理你，你其奈我何。而胡饒則是江湖土匪出身，用的卻是綠林鬍子那套——你不理我？看我罵不扁你八輩老祖奶奶！

馮道瞧不上胡饒，胡饒同樣瞧不上書呆子馮道。

在唐末五代宋初的亂世，粗魯武夫一般都瞧不起文弱書生的。後漢大將軍史弘肇在一次酒會後吐出真言：「安朝廷，定禍亂，直須長槍大劍，至如毛錐子，焉足用哉！」長槍大劍指的是武夫，毛錐子管城公，代指文臣書生。

胡饒不算是武人，但他自出道時便在軍界供職，身上也沾染了嚴重的武人習氣，甚至他看馮道都是俯視的。原因無他，因為馮道在他心中，不過是個讀死書的呆子，罵了你又如何！

胡饒是個酒鬼，平時沒事也要喝上幾杯，藉著酒勁給馮道上幾瓶眼藥。不清楚胡饒的酒量如何，但胡饒應該是在喝著半醉的情況去找馮道論理的。

匡國軍節度使的衙門前，出來了一個讓所以人都覺得滑稽可笑的場面：有身分的節度副使胡大人，手裡拎著一瓶酒，口中哈著酒氣，踉踉蹌蹌坐在地上，指天畫地地痛罵節度使馮大人……

史書並沒有記載胡饒都罵些什麼，但不妨想像一下，胡大人醉臥門前，先問了馮道八輩祖宗的安，繼續罵道：「你這個醃臢混沌，有什麼言語在外人處，說來欺負老子！我也是個帶頭巾的男子漢，叮噹響的爺們，拳頭上立得人，胳膊上走得馬，人面上行得的人！不是那等搠不出來的憋老漢！（引自《水滸傳》潘金蓮的名言）」

副使當街辱罵正使，這在同州城的歷史中，是極為罕見的，整個衙門都轟動了。衙門中的官員胥吏們，都睜大了眼睛看笑話，新來的馮大人該如何應對。

馮道在同州是最高行政長官，身邊也少不了通風報信的人，早有人連滾帶爬進了內院，給正在閒坐養神的馮道通報了此信。

「唔……竟有此等事？」馮道睜開眼睛，站起來自語道。

馮道作為使相（以宰相身分出任節度使），又是馳名天下的明宗朝首輔，在同州還是有資格拉起自己一票人馬的。自然會有心腹人勸馮道要給胡饒一點好臉色看，不然這種人一旦蹬鼻子上臉，後果不堪設想。

馮道笑了笑，對屬吏說道：「胡副使罵得也饑渴了，你去，辦些酒食來。我請胡副使吃酒。」一下邊這些人都愣了，「大人，這樣給他臉面，他會得寸進尺的。他已經醉了。」馮道還是在微笑：「正因為他醉了，才更要讓他進來。這樣的人醉酒，隨時會砸桌子鬧事，順著他的脾氣來，才能避免他把我這節帥府搞得雞飛狗跳。去吧，按我吩咐的做。」

酒菜很快備好，就在馮道日常起居的內室，早有人把醉酒中的胡饒請了進來。馮道笑容滿面地把胡饒請到上座，給胡饒斟酒。胡饒沒想到馮道會如此「低三下四」地招待自己，反而有些局促。

馮道久在官場浸淫，自然知道如何對付這個地頭棍子。史書上並沒有記載馮道與胡饒的直接對話，但從《舊五代史．馮道傳》「致敬而退」一句來看，馮道對胡饒可以說好話說盡，把胡饒哄得舒舒服服。縱然馮道心裡極其厭惡胡饒，臉上也絲毫看不出來。

「致敬而退」的主語應該是胡饒，而不是馮道。這也恰好說明了馮道對胡饒極盡尊重，才讓胡饒覺得馮道對自己不錯，自己再鬧事就說不過去了。一般有涵養的人面對粗野人士尋釁滋事時，都會像馮道這樣，「他強任他強，明月照山岡」，我不和你一般計較，因為檔次不夠。

你對比你層次低的人物斤斤計較，那麼你就輸了。

胡饒本已喝得半醉，又在馮道這裡吃了一通酒，已經醉得不省人事，被馮道派人攙扶了回去。

看著胡饒遠去的背影，馮道身邊的心腹人極為忿怒，「您跟這種小人客氣什麼？您什麼身分！當朝宰相，怎麼能容得下他這般胡鬧。您便是當面訓斥他，諒他也不敢放一個屁。您這一次讓他，下一次他還會接著鬧。」

馮道捋著半白的鬍鬚笑道：「此人自然不是個東西，他以前幹的那些壞事，我也是知道的。但你們要明白，寧可得罪君子，也不要得罪他這樣的小人。得罪君子，君子會在明面上和你鬥下去，絕不做陰惡醜行。但得罪小人，小人會不講江湖規矩地給你放暗箭。小人眼中只有利益，沒有道德。惡人自有惡報，他惡貫滿盈，將來自有天意報他，我何必和他這種人生氣。」

馮道是個預言家，他果然猜到了胡饒將來會遭到報應的。四年後，已經是晉朝石敬瑭時代，天福二年（九三七年），鄴都西南面都部署張從賓發動叛亂，時已被罷官的胡饒覺得機會來了，又竄到張從賓麾下做起了狗頭軍師。沒想到張從賓是個面瓜（**北京方言，指笨、有點膽怯或者不夠果斷之意**），沒兩天就被官軍給剿了。落水狗一般的胡饒無家可歸，但想到他的「朋友」、坐鎮青州的平盧軍節度使王建立爵拜臨淄王，胡饒喜滋滋地去投奔舊友。張從賓是殺害晉高祖石敬瑭兩個兒子的凶手，胡饒跟著張從賓，石敬瑭豈能饒他？王建立正愁沒有給石敬瑭的見面禮，胡饒送上門來，王建立笑得合不攏嘴。「斬（胡饒）之以聞」。

胡饒作惡太多，江湖名聲早就臭了，聽說他被殺，「聞者快焉」。胡饒興於王建立，死於王建立，從唯心論來講，未嘗不是上天的報應。

小人之間是沒有友情的，他們之間只有利益交換。一旦失去交換價值，所謂的「友情」一毛錢都不值。

話題再回到馮道對胡饒的態度。下屬都為馮道屈就胡饒感到不值，其實馮道置酒敬胡饒，應該還有一層不便與人說的意思。

因為馮道懷疑胡饒給自己找麻煩，也許是皇帝李從珂故意對自己的試探。史書上並沒有記載胡饒與李從珂之間有任何直接交集，但李從珂能任命胡饒為匡國軍副使，說明他們之間應該是見過面的。而以胡饒順杆爬的為人，能抱上皇帝的粗大腿，是他夢寐以求的，接受李從珂讓他監視馮道的任務，也是順理成章的。

也許是猜測到了這一點，面對胡饒的無理取鬧，馮道笑面春風。因為馮道也不敢確定胡饒是否真的為李從珂在刺探自己，但寧可信其有，不可信其無，萬一要是呢。如果是真的，自己對胡饒這種粗人一味退讓，等於向李從珂自證自己沒有野心。如果馮道當場暴跳如雷，李從珂知道了，會怎麼想？

當然，還有一點也不排除，就是馮道不敢確定胡饒將來不會爬到自己的頭上。亂世時代，人品差的反而經常出人頭地，萬一胡饒走了狗屎運，成了可以主宰自己命運的人。在這種可能出現的情況下，馮道得罪了心胸狹窄的胡饒，將來胡饒要是得了勢，能放得過自己？胡饒只是一張臭嘴罵人，自己也沒少二兩肉，做人不能因小失大。

憤怒的宰相，抓鬮抓出來的宰相

退一步海闊天空，馮道聰明地跳出了那個小圈子，以局外人的身分看熱鬧。果然，圈裡的事情很熱鬧。因為馮道是首輔大臣，他的離開，等於給次輔劉昫和三輔李愚騰出誘人的位置。馮道可能也沒有想到，他前腳剛走，李愚就和劉昫咬上了。

馮道的離開，也是李從珂近距離觀察次輔與三輔的好機會。李從珂並沒有換相的打算，有劉昫和李愚，足夠用了。沒想到讓李從珂出盡洋相的，也是這兩位宰相大人。

在三位宰相中，只有馮道的性格深合儒家中庸之道，喜怒不形於色，你橫自你橫，我自端坐微笑。而劉昫和李愚卻是兩個一點火就著的火藥筒子，脾氣暴躁。劉、李二人都是正統的儒家知識份子，二十四史之一的《舊唐書》的主編撰就是劉昫。李愚也非凡物，從小就讀罷諸書，文筆剛健，有韓愈、柳宗元之風。可如此層次的大文人，性格上卻都有嚴重的缺陷，史稱劉昫「性苛察」，稱李愚「剛褊」。

這麼兩個性格極端的人在一起合作，結果可想而知。

馮道走後，內閣就是劉昫和李愚的天下。如果馮道和劉、李二人中任何一個人合作，都會產生良好的化學反應，因為他們的性格有反差。但劉昫與李愚都是死槓到底的極端性格，二人在議事時，稍有不合，便當面破口大罵對方。

這其中本沒有馮道的事情，但李愚還是不甘心地把馮道扯了進來。如果不是李愚主動捅出來，官場上有些人也許還不知道，兩大宰相——馮道與劉昫原來是一對兒女親家。

李愚自稱是趙郡平棘李氏出身，世家顯貴，向來是瞧不上馮道這號泥腿子的。以前就因為政見不同與馮道爭吵過。現在馮道雖然出閣，但李愚對馮道的怨氣還沒有發作完，藉著與劉昫的爭吵，李愚衝著劉昫冷嘲熱諷：「劉相所說的政令，實則大弊，這都是劉相的賢親家（馮道）當時所為。現在他不在內閣，劉相把他的那些糊塗政策都改過來，不是順理成章的嗎？」

李愚這麼說劉昫，其實還是影射劉昫能進內閣，還是馮道開的後門，心氣高傲的劉昫豈能嚥下這口惡氣。「昫恨之（李愚）」，也是惡語相向，什麼難聽罵什麼。後來兩人罵急眼了，也顧不著大國宰相的身分，擼胳膊挽袖子，指著對方的鼻子罵娘，祖宗八代的隨時伺候，就差抱在一起亂打王八拳了。

當朝兩大宰相如潑婦般在中書省罵大街，消息傳出，頓時成為官場笑柄。當李從珂聽說時，老臉都黑了。李從珂放馮道出鎮，其實有一個原因，馮道是明宗舊人，和自己不是一路人。而劉昫、李愚和明宗瓜葛不是很深，可以當成自己人來培養。

結果就培養成這樣？

李從珂以為他們鬧夠了，沒想到這才剛剛開始。為了爭一口惡氣，劉大人和李大人烏眼雞（**烏眼雞好鬥，因以形容人互相嫉恨、怒目而視的樣子**）似的從中書省一路罵到太和殿，來找皇帝評理。皇宮其實是有作息規矩的，和現在朝九晚五差不多。太陽下了山，大臣們就必須離開宮裡省殿。而劉昫和李愚則不管這些雞毛規矩，大半夜還在宮外，請求叩見皇帝論理。神仙打架，凡人遭殃。兩個宰相只管揪蒜扯皮，中書省的政務徹底荒廢，也沒人管了，地上扔的全是各地報上來的公文，隨風胡亂起舞……

李從珂忍無可忍了，派樞密副使劉延朗到宰相政事堂當場打二位宰相的老臉，「你們都是宰相，國之柱石大臣，這樣當街如潑婦般廝打，你們不顧自家體面，置朝廷臉面於何地？以後不能再這樣了，否則朕絕不輕饒。」

劉昫和李愚已經不適合再當宰相了，李從珂準備換人。天下之大，還愁找不到好宰相？不過讓李從珂有些為難的是，自馮道出鎮後，朝中真就沒有多少人具備宰相之才、之量了。劉昫和李愚性格有嚴重問題，而且威望不夠，不適合當宰相，其他人呢？

李從珂問遍了身邊所有人：誰適合當宰相？矮子裡總能拔出將軍來。親信們給李從珂提了三個人選：

尚書左丞姚顗。

太常卿盧文紀。

秘書監崔居儉。

三人各有特點，姚顗是一代清流名士，曾野遊於嵩山，得天地之靈氣。他的岳父非常著名——晚唐大詩人、詩論家司空圖。

盧文紀最大的特點竟然是能吃會喝，「健於飲啖」。他還是個摟錢高手，死後留下家資巨萬，堪稱宰相中的首富。不過可惜生個敗家子兒子，沒兩年就把家底給鑿空了。

崔居儉出身甲族清河崔氏，文筆很好，也精通制度典章。就是因為出身好，心氣難免高傲，對眼前的職務並不滿意。

李從珂手上的推薦名單其實還不止這三位大爺，還有十幾個富有清流名望的官員，這些人名單不詳，估計政治地位不是很高。十幾個人選，其中三個重要人選，但只有兩個宰相位置。在必須拿掉至少一人的情況，李從珂覺得這些人各有優點，也有不足，翻來覆去，反而陷入兩難。

不知道哪位世外高人給李從珂出了一個高招，或是李從珂自己的天才所思，一個絕妙主意橫空出世——抓鬮。

辦法很簡單，李從珂找來一個口大的琉璃瓶子，把所有人選的名字都寫在紙條上，然後揉成紙團扔在瓶子裡。因為這是在選宰相，儀式需要隆重一點，李從珂煞有介事地在三更半夜焚香禱告上天，希望天意能幫他選出兩個好宰相。

折騰完畢，李從珂拿起竹夾子，伸到瓶子去夾紙團子。

兩個幸運兒很快就浮出水面，第一個中獎的是盧文紀，第二是個姚顗。

崔居儉等以下十餘人，都悄無聲息地沉到了歷史的水底，再無聲響。

可事實證明了李從珂這種抓鬮選宰相的辦法很不靠譜。劉昫和李愚固有缺點，但卻是公認的能臣，能力是沒得說的。可被抓鬮選出來的盧文紀、姚顗卻是兩個徒增人笑的酒囊飯袋。

姚顗人品端正，清廉自持，卻是個爛忠厚沒用的人，分不清錢與幣的區別，對市場的認識幾乎等於零。歐陽修說他「御家無法」，而當了宰相之後，更是「齷齪無所為」，除了佔著茅坑不拉屎，什麼作用也沒起到。

盧文紀同樣百無一用。當時局勢初步穩定下來，政權初創，及時救時宰相出山救世。可這位當國首輔盧大人「無輔弼之謀」，每天計較的都是雞毛蒜皮的小事，不是誰和誰結黨營私，就是選用官員有違朝制云云。盧文紀在位唯一的「政績」，也不過是恢復了唐朝時的五日起居制度，於風雨飄搖中的國家救時一無用處。

這麼兩個活寶當宰相，清泰朝的內外政務搞得一團糟。李從珂踢掉兩個瘋子，結果卻選了兩個飯桶，特別是盧文紀。

李從珂當皇帝，面對的卻是比李從厚更加難以維持的困難局面，因為河東節度使石敬瑭扯旗造反了。更讓李從珂憂心的是，石敬瑭為了拉贊助，竟然以拜乾爹，並割燕雲十六州為代價，引來了對中原虎視眈眈的契丹國大皇帝耶律德光出兵精騎五萬，助石敬瑭南下滅李從珂。

李從珂雖然咬緊牙關，率兵北上征討不臣，但他從骨子裡對石敬瑭和耶律德光的五萬契丹騎兵充滿了畏懼心理。眼下沒有任何退兵良策，李從珂便把火發在了隨行宰相盧文紀的頭上。

李從珂在從洛陽出發前，痛責盧文紀：「朕以前聽說你有宰相的度量，故力排眾議任卿為首輔（實際上是抓鬮出來的），本想借卿之智，為朕解憂難。而今石敬瑭反亂，中原塗炭，你可為朕出過一個主意？平息叛亂，本宰相中樞之責，你們究竟有什麼用處，連累自己必須忍著眼疼親征討賊？朕苦逼如此，你良心安嗎？」

盧文紀被罵得狗血淋頭，卻又無言以對，只好厚著老臉叩頭請罪。

這又能解決什麼問題。

在忍無可忍的情況下，李從珂又想到了馮道。

大司空，掃地僧？

清泰二年（九三五年）的十二月二十四日，已經被石敬瑭聯合契丹騎兵南下搞得灰頭土臉的李從珂下了一道詔令：以匡國軍節度使、同平章事馮道為入朝為司空。

時隔一年零八個月，馮道再次站在洛陽城外，仰視著這座風塵滿面的千年古城，無限感慨。不過，馮道回是回來了，而且也出任三公之一的大司空，地位是非常尊崇的。但是，馮道並不屬於內閣成員。換言之，宰相還是那兩個人：盧文紀、姚顗。

唐高祖李淵以太尉、司徒、司空為三公，自後定為成例，是官員中最有德望者，一般人是混不到這個位置的。而在清泰朝，無太尉也無司徒，那麼，司空就自然順理成章地成為百官之首，地位在同平章事之上。

李從珂突然安排馮道回京，卻沒有讓馮道回到內閣，史料上沒有記載李從珂的用意，但推測一下，因為盧文紀和姚顗是自己挑選的，而馮道是自己轟出去的，如果再讓馮道進內閣而清退盧、姚，豈不是當著天下人的面自抽老臉？而讓馮道入位司空，一方面即保住了自己所謂的臉面；另一方面也可以藉助馮道的威望來壓一壓文官班子，自己好投身全力對付石敬瑭。

可事實證明，李從珂這樣的想法純屬一廂情願，朝中還是因為馮道的突然回歸而引發一場軒然大波。帶頭鬧事的，還是那位身材魁梧、寬額大臉且「健於飲啖」的宰相盧文紀。

盧文紀有縫可鑽，還是當時的政權建設不完備。馮道入拜司空，竟是晚唐以來的頭一回！因為晚唐戰亂，典章制度多有闕失，很多人根本不知道拜司空究竟有多少道程序。《新五代史．馬胤孫傳》：「司空自唐以來無獨拜者，有司不知故事。」甚至於司空的職務範圍到底什麼，有些人也說不清楚。

這就給了盧文紀機會。

馮道回朝，雖然沒有入閣，但他的江湖地位是明擺著的，自然對會內閣形成強大的氣場壓迫。自己好不容易踩上狗屎運當上內閣首席大臣，豈肯輕易退避讓人？

至於李從珂能不能扛得住石敬瑭和耶律德光的蹂躪，那是他的事情，盧文紀是不關心的。李從珂完了，石敬瑭進京，他照樣還能當宰相，但馮道依然還有可能回到相位。

所以，盧文紀最大的敵人，不是石敬瑭，而是馮道。

馮道作為新任司空，到底應該安排給他什麼權力，朝臣發生了激烈的爭論。大致分為兩派：一派主張，司空是三公之一，本身就具有宰相職能，在沒有太尉、司徒的情況下，司空就是文臣班首，以司空為宰相，古有成例。這些人多是馮道在相位的故友親朋，他們對馮道有好感，而對盧文紀嚴重不滿，自然希望馮道能擠掉盧文紀這個大飯桶。

另一派主張，以司空的主要職責是「灑掃庭除」為由，認為司空不應該管實事。這一派的人物，只有盧文紀一個人……

為了自己的切實利益，雖千萬人，吾獨往矣！

其實盧文紀這是混淆司空的職責概念。按唐制，三公是正一品，是官中極品，職責是輔弼皇帝，調和陰陽，平邦國，無所不統。而所謂的灑掃庭除，也確有責，但這只是在皇帝祭祀祖廟時才出現的臨時工作。祭祀時，司空負責掃地，司徒負責獻肉，太尉負責第二次敬酒。要是按盧文紀的荒唐說法，司徒的職責難道只是獻肉？豈不讓人笑掉大牙。

為了不讓馮道回到內閣，盧文紀親自扛著大刀片子上陣。在當時的內閣中，其實是三位宰相，除了盧文紀和姚顗，還有一位身任中書侍郎職務的馬胤孫。但這位馬宰相和臨事不決的姚顗一樣不堪重用，馬胤孫性格最大的特點就是缺乏主見，臨事不能決斷。面對兩派關於馮道司空的職責範圍的爭論，馬胤孫也拿不出來自己的主見，只是一味轉圈。

因為宰相具有決策上的巨大優勢，在姚顗、馬胤孫沒有表態的情況下，盧文紀雖孤軍作戰，但他的意見依然能取得壓倒性優勢。

眼前這一場雞毛亂飛的鬧劇，作為主角的馮道，看得一清二楚。對盧文紀的精彩表演，馮道也是讚歎有加。

在大多數人偏向於自己的意見被強制壓下去後，馮道是時候該說句話了，因為他要給這些支持自己的官員解一解圍，盡快平息這場爭論。

在聽了盧文紀所謂司空只是灑掃庭除時，身材清瘦的馮道拂著花白相間的鬍鬚笑了。馮道已經五十三歲了，什麼樣的大風大浪他沒見過？眼前這點雞毛蒜皮，他要是認真就輸了。

盧文紀不想讓馮道進內閣掌實權，可問題是，此時強行被李從珂召回京城任司空，同樣也不是馮道的選擇。

看到李從珂滅掉李從厚後，緊接著又要面對河東石敬瑭的強力競爭，中原大戰不可避免。李從珂發神經似的把自己趕到外鎮，正是自己求之不得的避難時機。馮道應該是知道的，在他被召回的這一段時間，河東兵與契丹騎兵已經風捲殘雲般地殺向洛陽，李從珂倒臺只是時間問題。如果自己留在洛陽，即使石敬瑭依然想利用自己的政治影響力而保全自己，但刀兵之下，誰敢保證？更何況還有蠻橫的契丹人……

在這種情況下，馮道的權力越小，越安全。還是老話說得好：槍打出頭鳥。盧文紀拒絕馮道進閣，其實正中馮道下懷。

馮道掃了盧文紀一眼，眼裡盡是溫和寬容的笑，「子持（盧文紀的字），你說得有道理，司空的職責就是負責灑掃庭除。我也老了，幹不動了，做點力所能及的事情，也不負君王厚遇。」

不知道出於什麼原因，抑或確實是歷史的真實還原，關於馮道說完這段話，盧文紀的反應只是「知其非（知道自己虧理）而止」。這應該不是盧文紀的性格，他敢以首相的身分強壓百姓，就能說明他為了自己的利益是什麼事都能幹出來的，馮道再有威望，也不至於能壓倒盧文紀。應該是李從珂在其中說了什麼話，盧文紀不敢違旨，只好結束了這場一毛錢都不值的爭論。

史書上並沒有記載盧文紀在「知其非而止」後，馮道的司空角色到底是不是分擔了宰相的一部分權力。其實盧文紀心裡很清楚，馮道即使什麼都不做，僅僅做一個花瓶般的大司空，他也能影響官場一大批人，一如魏國的老太尉司馬懿……

從《舊五代史・晉書・高祖紀二》的記載來看，石敬瑭即位後，「制以司空馮道守本官兼門下侍郎、平章事、弘文館大學士」，這裡的司空，顯然還是後唐時的職位，說明在馮道出任司空至石敬瑭稱帝這一階段，馮道確實沒有進入內閣。

什麼都不做，但又無所不在地發揮著自己獨特的政治影響力，「大隱無形，大象希聲」，這其實正是馮道所希望的活法。

「學得一個烏龜法，該縮頭時便縮頭。」話雖然不好聽，但道理是對的，兵荒馬亂之際，對一個文弱書生來說，出來逞什麼能？等待戰亂過去，自有人出來請自己，馮道並不著急。

馮道並不是某一朝某一帝的私臣，政權雖然屢興屢亡，但天下社稷還在，不過換個老闆而已。所以，指責馮道不忠，是沒什麼道理的。

馮道又適時地站在黃鶴樓上，笑看江中沉舟側畔千帆過。

有關石敬瑭的一點話題

接下來開始轉盤賭，必有一死、必有一活的遊戲，主角是李從珂與石敬瑭。用一點篇幅介紹石敬瑭這個千古奇人。

首先要說明的是，石敬瑭的民族屬性。

《新五代史》說石敬瑭是西夷人，即沙陀人，他的父親叫臬捩雞。至於這一家人為什麼姓石，歐陽修也說不出來原因。但《舊五代史》對石敬瑭的家世卻記載得非常清楚，認為石敬瑭是西漢著名宰相石奮之後，後來中原戰亂，石奮後人流落西夷。

現在學界比較認同歐陽修的說法，認為石敬瑭是沙陀人，並把石敬瑭建立的後晉，加之沙陀人李存勗建立的後唐、沙陀人劉知遠建立的後漢，稱為「沙陀三王朝」。

其實，《舊五代史》的說法更符合邏輯。歷史上因為動亂而由漢入夷的例子並非沒有，比如北朝著名胡姓——竇氏，其先祖就是東漢時一代外戚名將竇憲。竇憲壞了事，子孫流落大漠。

石敬瑭未必就是石奮之後，這應該是石敬瑭自抬身價，殊不可信。但《舊五代史》的編撰者如薛居正、盧多遜等人都在石敬瑭治下成長起來，他們都是親歷者，對石敬瑭的身世應該是比較清楚的。

《舊五代史》說石敬瑭的父親石紹雍，番名叫臬捩雞。這個記載非常重要，如果石紹雍是沙陀人，應該倒過來記載「臬捩雞，漢名石紹雍」。番名，說明石紹雍在擁有番名之前已經有了自己的本族姓名。

歐陽修寫新史，道德批判過多，比如對馮道的所謂道德批判，簡直就是兒戲，對石敬瑭同樣是如此。因為石敬瑭出賣燕雲十六州，並認比自己小十一歲的耶律德光為乾爹，在當時就已經惡名昭彰。在北宋統治穩定下來之後，急需一個在道德上被批判的出賣中原利益的政治靶子，石敬瑭自然是最合適的人選。

綜合來看，石敬瑭不是什麼沙陀人，而是貨真價實的漢人。

石紹雍是軍人，但沒有混開，至於《舊五代史》說他聲望僅次於郭德威，純屬拍馬屁。新舊《五代史》連石紹雍的簡短傳記都沒有。石敬瑭真正的飛黃騰達，是在娶了代州刺史的女兒，而這個代州刺史，就是李嗣源。

石敬瑭雖然是靠裙帶關係爬上位的，但石敬瑭本人卻遠非後人所辱罵的那般齷齪無能，石敬瑭也是個有真本事的人物。石敬瑭精通兵法，性格沉穩，而且人緣特別好，李存勗就特別喜歡他，想留在身邊，還是被李嗣源強行要了回來。

從某種程度上講，石敬瑭在許多方面都與馮道非常相似。他們都是五代史兩大臭名昭著的反面人物，一個割讓國土，禍害四百餘年；一個節操「不如妓女」。其實他們的私德都非常嚴謹，「帝性簡儉，未嘗以聲色滋味輒自燕樂，」說的是石敬瑭，但馮道也是如此。

後人只記住了石敬瑭為一己私利割讓燕雲十六州和認小夥子當乾爹的醜行，但卻有意無意地忽略了石敬瑭非常出色的治政能力。石敬瑭戎馬倥傯之餘，每每與幕僚坐談民間百姓疾苦，得失利弊，以及朝廷各項政策的優劣。而後的事實也證明，石敬瑭在位的七年裡，中原發展恢復到了一個令人可喜的程度。如果把石敬瑭換在趙匡胤那個位置上，他會做得更好。石敬瑭的軍事能力同樣強悍，在後唐滅梁的過程中，李嗣源的兩個晚輩立功甚著，一個是他的養子李從珂，一個就是他的女婿石敬瑭。

李從珂堪稱軍事天才，但他從骨子裡最畏懼的，只有石敬瑭。

有句老話說，是龍就有性（脾氣）。石敬瑭有真本事，自然不服能力與他相當或不如他，卻佔據高位的人，比如對李從珂的態度。

從天而降的狗屎運砸到李從珂頭上，幾乎是一夜之間得到了皇位，這讓實力更強的石敬瑭極為不服。道理很簡單，能力一般且立功不著的趙匡胤運氣更好，簡直就是白撿的皇位，這讓李重進、李筠這樣的老將如何服他？所謂臣服，不過是畏懼柴榮調教出來的那支鐵血禁軍，對趙匡胤，他們骨子裡是瞧不上的。

在李從珂得勢後，盤踞在河東且與自己關係不和的石敬瑭自然就成了李從珂的眼中釘，必欲拔之而後安。李從珂與石敬瑭互相畏懼，麻桿打狼兩頭怕，李從珂初得勢時，石敬瑭不敢貿然尋釁，甚至還到洛陽朝見李從珂，三跪九叩，一樣不敢少違。

這本是李從珂扣留石敬瑭的好機會，李從珂也動了這個心思，這是解決河東兵患的唯一良機。但石敬瑭在後宮中有人，他的老婆永寧公主是曹太后的親生女兒，而曹太后又德高望重，李從珂不敢少忤。石敬瑭在洛陽期間，身患重病，應該不是裝出來的，而是被李從珂隨時扣留驚嚇出來的。

石敬瑭走了老泰水（岳母的雅稱）的門路，李從珂出於各種壓力，不得不咬牙放了石敬瑭。龍歸大海，終成後患。

石敬瑭的春天

因為時機不到，石敬瑭還不敢公開反對李從珂，但已經從經濟、軍事，甚至是政治上開始做準備。石敬瑭靠著太后老岳母的關係，在李從珂身邊砸進釘子，李從珂的所有政策，還沒出臺，就被石敬瑭摸得一清二楚……

石敬瑭在河東的苦心經營，四處拉壯丁擴軍費，已經讓李從珂如坐針氈。但更讓李從珂心驚的是，石敬瑭已經和擁有數十萬精銳騎兵的契丹皇帝耶律德光走得太近。

其實李從珂是有機會在政治上離間石敬瑭和耶律德光之間的苟且關係的。給事中呂琦給李從珂連出了三計——放歸契丹敗將、送公主與契丹、贈歲幣於契丹。

當年王都叛亂，契丹先太祖耶律德光派大將禿餒和莿剌出兵南下，結果禿餒被殺，莿剌被擒。而契丹屢次派人來求放莿剌，均被李嗣源拒絕。之後又發生了契丹皇長子耶律突欲渡海投唐的重大事件，後唐手上掌握著非常豐厚的牽制契丹人的政治資源。

如果能按呂琦的辦法，耶律德光貪圖每年十幾萬貫的歲幣，又有他最忌恨的長兄耶律突欲在李從珂手上，必不敢輕舉妄動。耶律德光與石敬瑭穿一條褲子，無非是貪圖石敬瑭給他畫下的那幾張空頭大餅。李從珂佔據的資源遠比石敬瑭豐富，只要他能捨下這點小利，耶律德光便會對窮餿餿的石敬瑭失去興趣……

李從珂起先也認為這是好辦法，但沒想到樞密直學士薛文遇卻迂腐地說什麼中華天子豈能屈事夷狄之君，甚至還諷刺李從珂把國家安危繫在女人身上。李從珂本是個沒主見的人，聽到薛文遇這般說法，又覺得有理，竟然把呂琦找來臭罵一頓。

從這件事情上，可以看出李從珂凡遇大事，總不能臨機決斷，猶豫不決。放跑石敬瑭是一誤，不聽呂琦之計是二誤，其實還有第三誤，就是他竟異想天開地給石敬瑭調動工作。

當然，李從珂心裡清楚，以石敬瑭的為人，調鎮要反，不調鎮也要反。可是如果不主動挑釁石敬瑭，石敬瑭未必有這個膽量先反。李從珂這道強硬的調令給了石敬瑭選擇最合理的藉口。

皇帝詔下：以河東道節度使石敬瑭為天平軍（治鄆州，今山東東平）節度使，以自己在鳳翔起兵時的鐵桿馬仔、河陽三城節度使宋審虔為河東節度使。

河東是石敬瑭苦心經營多年的戰略根據地，是他在亂世中混飯吃的命根子，拖油瓶王阿三要砸他的飯碗，石敬瑭自然不會答應。

最讓石敬瑭興奮的是，李從珂也許是出於必欲逼反石敬瑭的考慮，派建雄軍（治晉州，今山西臨汾）節度使張敬達武裝「催促」石敬瑭現在就捲舖蓋滾到鄆州「就任」。此時的張敬達其實不在晉州就任，而是隸屬於石敬瑭麾下，以北面兵馬副總管的身分駐守雁門關。

宋審虔來河東「就任」，石敬瑭可以不理會，但張敬達是後唐一代名將，又兼雄兵在握，這才是石敬瑭最害怕的。

左右衡量之下，加之日後成為晉朝開國宰相，且對割讓燕雲十六州有不可推卸責任的河東掌書記桑維翰力勸石敬瑭起兵自立。

石敬瑭當然知道這個道理：你不殺人，別人就要殺人。但能否滅掉李從珂，石敬瑭是沒有太大把握的。如果投靠契丹，無利不起早，不割讓肥城，耶律德光豈肯白幫忙，這就要留下千古罵名。

此時的石敬瑭內心是非常煎熬的。

但活命為大，千古罵名，後人想罵就罵吧。石敬瑭派人去找耶律德光，開出了極為豐厚的條件：只要能助我滅李從珂，事成之後，割讓幽州道節度全境，以雁門關以北諸州，總計十六州。

如下：幽州、薊州、瀛州、莫州、涿州、檀州、順州、新州、媯州、儒州、武州、雲州、應州、寰州、朔州、蔚州。

同時每年向契丹輸入總值三十萬匹貫兩的歲幣。

石敬瑭輕允一諾，自此中原門戶大開，北方游牧騎兵橫掃河北如入無人之境，給中原文明的生存發展造成了極為嚴重的破壞。二十多年後，一代天驕聖主柴榮大帝親率漢家鐵騎北上收復燕雲，可惜天意不祚漢家，英年早逝。繼任者與石敬瑭一流人物（人品遜石敬瑭多矣，至少石敬瑭沒有欺男霸女，殺人夫淫人妻），致使燕雲陸沉，漢兒城頭直作胡語罵漢人。直至四百年後，大將軍徐達、常遇春率漢家將士直搗大者，妥懽貼睦爾夜車北逃，才算給石敬瑭擦乾屁股。

不過，讓石敬瑭在歷史上惡名昭彰的，還有一件讓正常人都難以啟齒的事情——石敬瑭認乾爹。在政治史上有一個臭名昭著的名詞——兒皇帝，指在強權卵翼下的漢奸傀儡政權，其發明者，正是石敬瑭。在社會上認乾親其實非常普遍，很多人都有自己的乾爹乾媽。但問題是石敬瑭的乾爹耶律德光，足足比乾兒子石敬瑭的年齡小了十一歲。

西元九三六年，這一年，石敬瑭四十四歲，耶律德光三十三歲。

石敬瑭為什麼要認乾爹？其實原因很簡單：以非血緣的父子關係來鞏固自己與契丹的政治同盟。石敬瑭以認乾爹的方式抱耶律德光的大粗腿，卻遭到了頭號心腹、北京馬步軍都指揮使劉知遠的強烈反對。劉知遠認為割讓十六州，年贈三十年的豐厚條件已經足夠吸引耶律德光發兵，何必屈膝認小青年當乾爹，這是要貽笑千載的。可惜石敬瑭堅定認為自己的選擇正確，沒聽劉知遠的。

清泰三年的五月初，石敬瑭正式扯旗造反，理由是李從珂不是明宗皇帝親子，必須退位，由明宗第四子、許王李從益承襲大統。

欲加其罪，其無辭乎！

昭義軍節度使皇甫立關於石敬瑭造反的奏報擱在了洛陽太極前殿的御案上。李從珂平靜地看完，突然大發雷霆之怒，當場撕碎奏報，大罵石敬瑭：「你現在抬出許王，天下人誰不知你的心思。當年鄂王（李從厚）東奔，你殺盡鄂王從騎，天下人俱在，誰其不知！」

此時的李從珂，對消滅石敬瑭還有抱有一定自信的。張敬達的五萬精銳步兵，一萬精銳騎兵就在太原城下，契丹兵此時還沒有南下，而石敬瑭手上的軍隊並不多。

李從珂在賭張敬達能以迅雷不及掩耳之勢滅掉叛軍。可惜張敬達遇事優柔，屢失良機，再加上石敬瑭所部齊力一心，石敬瑭頭號心腹劉知遠的指揮調度，太原城安然無恙。官軍消滅叛軍的行動，從六月一直拖到九月，沒有絲毫進展，而且官軍屢屢發生中層軍官叛逃到河東的負面消息。形勢的變化，越來越對石敬瑭有利。

李從珂當時經過精密計算時間差的優勢，也被來自塞北的胡風吹散。

得到了石敬瑭的天價許諾，耶律德光自然要有所表示的。當年九月，契丹大皇帝親率五萬精銳鐵騎，對外號稱三十萬，從代州崞縣的揚武谷（今山西原平西北）取道南下。旌旗漫天，馬蹄陣陣，胡塵滾滾，場面極為震撼。

說到耶律德光，其實他是個非常有趣的歷史人物，有時單純得可愛，不像有些人明裡一套背裡一套，他將來與馮道的人生碰撞也非常精彩。

如果單論軍事能力，整個十世紀的帝王中，耶律德光不算最強的，但也不是最差的，對付一個略顯迂腐的張敬達是沒問題的。

在與唐軍主力的決戰中，耶律德光用的是引蛇出洞之計，用三千名不穿重甲的騎兵做誘餌，衝擊唐軍重陣。其實稍有軍事眼光的人都能看出來這其中是有詐的，但唐朝那些兵大爺哪管這些，都對這三千匹馬流著三千尺的口水。「唐兵見其羸，爭逐之。」

這些沒穿重甲的契丹騎兵成功地把唐軍吸引到了汾河灣，三千契丹戰馬踩著稍淺的汾河水浮河而去，唐軍大爺們還沒有放棄擁有一匹契丹馬的夢想，蹚著河水要追逐自己的夢想。

白日夢被刺眼的陽光擊得粉碎。

無數契丹伏兵見唐軍一半在河裡，一半還在岸上前進，前後擠成一團。兵法云：乘其半渡而擊之。契丹人大笑著從汾河灣東北角快樂地殺出，如斬蛇腰一般，將唐軍一斬而前後共擊之。

是役，唐軍慘敗，據不完全統計，死在契丹人刀下馬蹄下的唐軍步兵將近一萬人。如果計算唐軍總人數，這個損失應該還在能接受的範圍內。但問題是，此時的唐軍作戰意志明顯不強，各部心力不一，稍有風吹草動，就會出現全面崩盤之勢。

張敬達他們都是棋子，真正導致局面崩盤的，還是鼠目寸光的李從珂。

在唐軍陣營中，還潛伏著一個潛在的石敬瑭，就是幽州節度使趙德鈞。趙德鈞控制的幽州兵實戰能力是非常強勁的，如果用之得當，應該是可對箝制耶律德光起到重大作用的。趙德鈞和石敬瑭一個德性，也想嘗嘗做皇帝的滋味，但他知道自己很難實現這個夢想，便想給養子趙延壽鋪鋪路。趙德鈞三番兩次苦求李從珂，希望皇帝能封趙延壽是成德節度使。

雖然趙德鈞的要求有些乘人之危亂揩油，但李從珂現在是火燒眉毛，穩住趙德鈞的意義不言而喻。可李從珂惜官爵，死不鬆口，讓趙德鈞非常失望。在李從珂這裡撈不到油水，趙德鈞自然想到了耶律德光的粗大腿……

惡果很快顯現，當契丹人在團柏鎮（今山西祁縣東）對唐軍發起大規模進攻時，對李從珂深懷怨望的趙德鈞、趙延壽父子招呼自己的幽州兵拔腳溜了。趙家父子好榜樣，其他同志紛紛效仿，符彥饒、張彥琦、劉延朗等將軍都拔腳溜之。

「（唐軍）士卒大潰」，前後擠壓踩死者有一萬多人。

李從珂手上的本錢基本上被這些百無一用的飯桶能折騰光了，他的未來一片黑暗，而耶律德光的義子石敬瑭則看到了他無限光明的未來。

後唐清泰三年（九三六年）十一月十二日，千古雄關太原城外，寒風呼嘯，原唐朝河東節度使石敬瑭正式受契丹國大皇帝耶律德光冊封，在柳林築壇即皇帝位，國號大晉。

說來恥辱的是，石敬瑭此時的身分並不是中原皇帝，他甚至都沒有穿上中原王朝皇帝即位時穿的漢家袞冕，而是穿上契丹人的服制即位。但石敬瑭並不在乎這些，他早已不知道「羞恥」二字是怎麼寫的。在耶律德光的幫助下，石敬瑭終於實現了自己的夢想，他當然要履行自己的諾言：割讓幽雲十六州，歲獻帛三十萬匹。

春風拂面的石敬瑭並沒有打算放過李從珂，他首先要做的，就是廢除了李從珂的清泰年號，甚至李從厚的應順年號也沒有承認，直接上承長興，詔改明宗長興七年為晉天福元年。

當年李從珂在鳳翔起兵時，李從厚似朱允炆，李從珂似朱棣。三年輪迴，李從珂終於也嘗到被外藩推翻的滋味了。當年他沒放過李從厚，現在他也知道，石敬瑭是不會放過他的。

石敬瑭基本穩定了河東的基本盤，耶律德光也厭倦了中原枯燥無味的戰旅生活，他開始懷念混同江裡的大魚，還有那無邊無際的草原。

契丹兵捲甲北上，大晉軍浩蕩南下，殘唐敗卒如鳥獸散。天下底定，正在其時。

當洛陽城北的河陽三城節度使萇從簡於十一月二十四日開門迎降石敬瑭時，李從珂知道自己的末日到了。三天後，十一月二十七日，絕望的李從珂顫抖著花白鬍鬚，帶著老邁蒼蒼的曹太后，自己的劉皇后以及皇子李重美登上玄武樓，坐在一堆豬油浸泡過的木柴中間。隨著火焰騰空而起，宣告了一個不完美時代的徹底終結。

洛陽城中的老百姓看到玄武樓上的沖天大火，無不搖頭歎息。

同樣歎息的，還有一直保持沉默的馮道。

就在李從珂自焚的當天深夜，晉朝皇帝石敬瑭大駕駛入硝煙瀰漫的洛陽城。十一月二十九日，當形勢初步穩定下來之後，石敬瑭以新主人的身分登臨太極前殿，正式宣告天下變主。

一個新的王朝開始了。

馮道的政治生命也隨著這個新興的王朝，又開始了一場還算精彩的表演。

選宰相是個問題

一朝天子一朝臣。

每個開國君主都有自己的心腹人馬，比如趙匡胤有趙普，石敬瑭也有自己的心腹，就是桑維翰。也許是巧合，石敬瑭與趙匡胤有幾分相似，桑維翰就與趙普有幾分相似。趙匡胤發動陳橋兵變，趙普是歸德軍（趙匡胤所領藩鎮）的掌書記，而石敬瑭起兵時，桑維翰是河東道掌書記。趙匡胤發動陳橋兵變奪位，其力成者首推趙普，而石敬瑭拉耶律德光蹚渾水，割讓十六州，稱臣納貢，其力成者首推桑維翰。

石敬瑭甘當漢奸，出賣中原文明利益，桑維翰要負重大責任。同理，趙匡胤欺負舊主孤兒寡母，畏懼契丹不敢出兵收復舊州，導致中原文明利益嚴重受害，趙普也負有重大的歷史責任。

桑維翰是石敬瑭的文膽謀主，一如趙普之如趙匡胤的作用。石敬瑭稱帝後，桑維翰也跟著吃到一塊大蛋糕——翰林學士、禮部侍郎、知樞密院事。前兩個職務相對於知樞密院事這塊大蛋糕來說，只是蛋糕上那顆美麗可人的櫻桃。

石敬瑭在太原稱帝，其實是拜了兩個宰相的，一是河東掌書記桑維翰；一是河東節度判官趙瑩。而桑維翰也成為為新朝的最高軍事長官，但此時的石敬瑭還沒有進洛陽，桑、趙二人可以以新主的心腹身分進入內閣為相，但石敬瑭南下洛陽後，就必須給洛陽的文人職業官僚集團留出足夠的內閣位置，否則那夥人是會鬧事的。而且桑維翰和趙瑩江湖威望不夠，首席閣僚也不可能是他們，必須在洛陽舊臣中尋找。

擺在石敬瑭面前的宰相候選名單也就是那幾個演技純熟的老演員：馮道、劉昫、呂琦，以及清泰朝三宰相盧文紀、姚顗、馬胤孫。

呂琦第一個可以被排除掉。呂琦是一代剛直名臣，是非常適合入閣的。但在李從珂與石敬瑭奪位之戰中，呂琦是站在李從珂一邊的，和親之計差點毀掉石敬瑭的前程。而且呂琦還斬殺過石敬瑭的來使，石敬瑭入洛時，雖然大度，沒有找呂琦算帳，但也沒給好臉色，只授秘書監。

盧文紀和姚顗兩大飯桶宰相在清泰朝「無為而治」，百無一用，石敬瑭也看不上。甫一入洛，盧文紀便罷相為吏部尚書，姚罷相為刑部尚書。馬胤孫同樣是個吃白食的，政績為零，被石敬瑭罷歸田裡養老。明宗朝的趙鳳倒是可用之才，可惜趙鳳在去年（清泰二年，九三五年）就去世了，年僅五十歲。

剩下的，只有馮道與劉昫這對兒女親家了。

如果論官場資歷，劉昫可能稍次於馮道，劉昫投李存勗帳下的時間只比馮道晚幾年。論文學才幹，劉昫也不遜馮道，史稱劉昫「文學優贍」，《舊唐書》的大手筆不是浪得虛名。更重要的是，劉昫在經濟管理上的能力要強於馮道。

李從珂曾經讓劉昫做過三司使，主管鹽鐵大宗。劉昫充分發揮自己獨特的經濟專長，清理虛假舊帳，對那些有社會強硬關係的老賴堅決催還國家債務，傾家蕩產也要還。而實在沒有償還能力的，劉昫一筆勾銷。劉昫此舉雖然得罪了大批官僚士紳，但卻得到了底層百姓的感涕擁戴。

經過連年戰亂，中原經濟疲弊凋殘，而且還要忍受向契丹年輸三十萬匹的沉重經濟壓力，如果能用劉昫，會幫助並不擅長經濟的石敬瑭解決錢袋子問題。而原清泰朝的三司使張延朗雖有經濟才幹，卻得罪過石敬瑭，被石敬瑭殺掉。

用劉昫，意味著石敬瑭會擁有一個相對安全穩定的經濟大後方。

但石敬瑭卻絲毫沒有起用劉昫的打算。原因也只有一個——劉昫在官場上的人緣特別差。如上所講，劉昫偏於下層的經濟政策嚴重得罪那些官僚士紳，而這些官僚士紳又是石敬瑭統治中原的政治基礎。為了一個經濟天才而得罪了大一票文人精英，石敬瑭是不會做這等蝕本買賣的。石敬瑭和趙匡胤一樣，知道讀書人是得罪不起的，寧得罪天下百姓，不能得罪寫史的讀書人。只有傻子才會為了螻蟻百姓的蠅頭小利，去得罪那些為了一己私利可以罵死民族英雄的無國界道德家們。

劉昫不能用，至少眼前不能用。唯一的人選，也只有馮道了。

在石敬瑭大駕入宮後的第四天，天福元年的十二月初三，內廷就有詔下：以唐司空馮道為中書侍郎，同中書門下平章事。

種桃道士歸何處？前度劉郎今又來。

一筆心照不宣的政治交易

最終宰相人選是馮道，所有人都不感到意外，因為馮道的江湖地位在那兒放著。石敬瑭其實和馮道是沒有什麼私下交情的。換言之，石敬瑭用馮道，就是看中了馮道在官場上的超然地位。

劉昫有才但暫時不能用，因為他得罪人太多，而馮道則沒有這個麻煩。馮道雖然以農家弟子的身分宣麻拜相，曾經遭到許多士清名流的輕視，但馮道在明宗朝前幾年的精彩表演，已經成功地堵住了那些人的嘴。

對於這些心中充滿階級優越感的官員，作為一個出身差的官員，只有把實實在在的成績都打在他們臉上，他們才會尊重你。

明宗是小康帝王，馮道是小康宰相，七年的輝煌宰相之路，已經樹立了馮道在文人官僚集團中的地位。雖然《舊五代史·馬胤孫傳》中記載「群情不悅馮道」，但這些官員對馮道是羡慕忌妒恨，並不能改變馮道在官場上的威望。

用馮道，大家都沒有意見。對馮道有意見的，要麼死了，如李愚；要麼被貶了，如盧文紀。

自李嗣源即位後，石敬瑭常年在外領藩，和洛陽官場的直接接觸並不多，和眾多官員沒有建立密切的私人關係。如今石敬瑭成為洛陽新主人，為了穩定政治形勢，只能從這些官員中找到一個旗幟性的人物，來幫助他與文人官僚們溝通關係。

再沒有比馮道更合適的人選。一如趙匡胤發動兵變篡位後，依然要以世宗時的首席宰相范質為首相，因為范質名滿天下，心虛的趙匡胤要通過范質來穩定混亂的局面。

對於石敬瑭拋過來的橄欖枝，馮道並沒有拒絕，而是愉快地接受了皇帝的任命。自為了避嫌，出任匡國軍節度使時，馮道等這一天，已經很久了。

馮道也知道石敬瑭重用自己，是有所圖的。不過從新回到相位，就能有機會施展自己的理想抱負，這不正是馮道苦讀聖賢書而苦苦追求的夢想嗎。

其實相比於無謀少決的武夫李從珂，石敬瑭更適合與馮道在政治上結合。石敬瑭雖也是武人，但他比李從珂更尊重知識份子，也知道如何調動儒生們的動力。因為與契丹和親問題，李從珂對呂琦的沖天一怒，已經冷了儒生們的心。

李從珂也是個文盲，這一點是遠比不上石敬瑭的，石敬瑭能深讀《兵法》，算是個儒將。而且石敬瑭性格沉穩如水，馮道也是如此，兩個沉默的人在一起相處，其實更能擦出激情的火花。

石敬瑭從小就跟著岳父李嗣源闖蕩，而李嗣源又「素知」馮道為人，在潛移默化中，石敬瑭也會產生對馮道的好感。在政治上，石敬瑭是李嗣源的堅定追隨者，所以石敬瑭剛在太原稱帝，就下詔「法制皆遵明宗之舊」。

明宗朝的小康盛世，是石敬瑭非常渴望複製成功的。而明宗小盛世的主要功臣，一個是李嗣源，另一個就是馮道。

從這個角度講，石敬瑭選相，非馮道莫屬。

石敬瑭重視馮道，是官場盡人皆知的，但更意外的還在後面。天福二年的春節剛過，春天的氣息正瀰漫著洛陽城，皇帝突然一道詔下：以守司空、同中書門下平章事、弘文館大學士馮道兼任鹽鐵轉運使。

這是一個非常奇怪的任命。在史料記載中，馮道並沒有從事過與工商業運轉有關的工作，也沒有發表工商業方面的觀點。

在歷代封建國家的經濟中，鹽與鐵，向來都是大宗進項。鹽，意味著控制人民的飲食；鐵，意味著控制人民的反抗。自唐末戰亂以來，國家開銷巨大，任何一個帝王都會嚴格控制鹽鐵部門，這是他們的命根子，石敬瑭自然不會例外。

石敬瑭會拿自己的命根子開玩笑，任命一個經濟外行來管理經濟？

當然不是，石敬瑭任命馮道為鹽鐵轉運使，實際上是在為一個人鋪路。這個人就是馮道的親家劉昫。

前面講過，劉昫在經濟上的才幹非常突出，特別是管理鹽鐵方面有非常豐富的經驗，這正是石敬瑭需要的人才。只是劉昫脾氣不好導致人緣差，如果貿然把劉昫撥到鹽鐵重要部門，不知道會有多少人反對。但劉昫是石敬瑭非用不可的，怎麼辦？只有一個辦法——讓馮道出面幫忙，先兼任鹽鐵使。

馮道不懂鹽鐵？奧妙就在這裡。

正因為馮道不懂鹽鐵，石敬瑭才會用馮道。讓沒有這方面經營的馮道管理鹽鐵，必然會造成一定程度上的工作不便，甚至會對鹽鐵運營產生負面影響。鹽鐵事涉國家經濟根本，等出現問題後，石敬瑭再簡拔劉昫主管鹽鐵，那些反對劉昫的人就沒閒話可說了。

對於石敬瑭這個小算盤，馮道心裡是明白的。劉昫是自己的兒女親家，在政治上又同聲同氣，馮道自然樂於扶劉昫一把，肥水不流外人田。至於自己主管鹽鐵會不會造成重大事故，馮道考慮過，石敬瑭不會讓自己在鹽鐵位置待太久，只要謹慎做事，應該不會這麼巧就出大事。

事實也證明了馮道的判斷。石敬瑭在正月任命馮道為鹽鐵轉運使，只過了半年多，當年八月，石敬瑭終於把本該屬於劉昫的蛋糕還給了劉昫。

詔下：以左僕射劉昫加特進，兼任鹽鐵轉運使。

這是一個三贏的局面：石敬瑭找到了自己的財政總管；馮道幫助了親家老友，也避免了自己在經濟上栽大跟頭；而劉昫雖然沒有入閣，但掌握了經濟大權，依然可以充分發揮自己的才幹。

其實在劉昫兼鹽鐵使的任命同時，還有一道詔命下達：同中書門下平章事馮道加開府儀同三司，食邑實封。

開府儀同三司，是帝王為了表彰大臣而加封的一種榮譽性職務，意指官員在加開府之後，可以在自己的府上自闢僚屬。雖然沒有實際意義，但非德高者、功大者是得不到這樣待遇的。

關於食邑實封，因為馮道在明宗時的爵位是始平縣開國侯，他的食邑是一千五百戶。但這個一千五百戶是虛的，是榮譽性數字。馮道真正可以享受到的食邑數字是一百戶，所以稱為食邑實封。

到了清泰朝，馮道晉為始平郡公，食邑更進一步，為兩千五百戶。雖然沒有記載這次的實封數字，但如果按馮道在後來《長樂老自序》中所說「食邑一萬一千戶，實封一千八百戶」來粗略計算，虛封與實封的比例約為六比一，也就是四百多戶。綜合前後來看，李從珂給馮道提高食邑至兩千五百戶，但應該還沒有給予實封，這次石敬瑭給馮道落實了食邑實封。

食邑實封，加開府，其實是石敬瑭對馮道幫忙表示的感謝。天下沒有免費的午餐。馮道幫石敬瑭留住一個經濟奇才，給石敬瑭帶來的利益豈止四百多戶租賦的千萬倍。石敬瑭心知肚明，這點小錢對石敬瑭來說不算什麼，他不覺得心疼。事後也證明，天福一朝的經濟發展相當好，這也是後來石重貴敢和耶律德光拼刺刀的底氣所在。

這是馮道應該得到的酬勞，馮道假意推辭一番，也就笑納了。

推薦鹽鐵副使的奧妙

馮道長於治政而短於經管，而且又是給人幫忙，在他這半年多的宰相生涯中，馮道「無為而治」，袖手旁觀。

什麼也不做，自然什麼錯誤都不會犯。

馮道真的什麼都沒做嗎？其實他在鹽鐵使任上還是做了一件事情的。事情不大——推薦前貝州刺史史圭出任鹽鐵副使。

馮道之所以要推薦史圭充當自己的副手，首先是看中了史圭的才幹和正直的品質。史圭著稱五代官場奇人，說他奇有兩點，一是工作部門相當跨界，有文有武；二是他與後唐幾大權臣都有非常深的瓜葛。

史圭當過縣尉，寧晉等五縣的縣令，曾被真定府尹任圜命為司錄，不過沒有就任。郭崇韜出任真定尹，史圭又當上從事。天成朝，安重誨推薦史圭出任河南少尹，代理府事。又拜安重誨所薦，史圭不久改任樞密院直學士，尋又升尚書右丞，一時成為官場紅人。

在外界看來，史圭是安重誨的心腹人馬，所以江湖上傳聞史圭有可能進入內閣。但後來安重誨敗事，史圭自然要被李嗣源清洗掉，罷為貝州刺史。不知道是不是李嗣源還在忌恨安重誨的原因，史圭在貝州刺史沒坐穩幾天，被一擼到底，成了閒散百姓。不過史圭並不在乎這些俗物，「恬然終日」，每日遊山玩水，彷彿世外神仙。

史圭在常山冒充活神仙，但在遠離常山數百里的洛陽官場上還有人在惦記著史圭，這個人就是新朝首輔馮道。

史圭這樣的高級人才成天遊山玩水，實在是巨大浪費，馮道為國舉才。在馮道的大力推薦下，石敬瑭隨即下了一道詔令，以前貝州刺史史圭為刑部侍郎，兼任鹽鐵副使。

史圭有在地方上工作的成熟經驗，而且為人頗有膽量。當年在寧晉縣令時，百姓饑荒，史圭冒著被彈劾的風險，開倉濟民。做經濟副主管，會牽涉到很多大員的經濟利益，沒有點抬棺材蹚地雷的膽量是做不出成績的。

在經濟部門工作，能力是一方面，另一方面更重要的是會做人，劉昫之所以被從經濟主管上擼下來，根本原因就是他的性格不圓柔。史圭恰有這方面的特長，史稱史圭「長於吏道，敏於吏事」。這裡的「道」或「事」，既可以指具體的工作，也可以代指圓熟的交際能力。看看任圜、郭崇韜、安重誨這等超級大佬爭先恐後地推薦史圭，就足見史圭為人處世的能力。

有了史圭出任鹽鐵副使，各方面操心的工作都由史圭來做，馮道可以做個甩手大掌櫃，安穩渡過半年多的過渡期。而史圭還在為當年沒有入閣拜相耿耿於懷，這次在鹽鐵副使上做出成績，將來還是有入閣希望的，史圭自然會有足夠的動力去做事。

有一點不太為史家所注意，就是馮道和史圭出任鹽鐵使、副使的時間以及罷免時間相當接近。馮道是天福二年正月主管鹽鐵，八月罷；而史圭是天福二年三月任副使，十月罷。

而石敬瑭心中最合適的鹽鐵使人選劉昫在當年八月主管鹽鐵。

奧妙就在這裡。

劉昫將來鐵定要主管鹽鐵政務的，但他人緣不好，這就需要八面玲瓏的史圭出面給劉昫拔草，「長於吏道」，由史圭出面替劉昫結好人緣，遠比馮道出面合適，因為馮道是劉昫的兒女親家，走得太近容易授人以柄。史圭在鹽鐵副使任上待了五個月，足夠給劉昫鋪好路的。

推薦自己的政敵

遊手好閒的散仙史圭得到了宰相馮道的力薦，迎來了政治生命中第二個春天。可官場上很多人都知道，馮道曾經與史圭爆發過一次激烈的衝突。

這次衝突應該發生在明宗長興元年（九三〇年）九月之前，史圭在尚書右丞的任上，因為此後史圭已經由尚書右丞轉為戶部侍郎。而馮道，還是內閣首輔大臣。

事情不算複雜，因為馮道與史圭對官員選拔制度的分歧。

需要把唐朝的人才選拔制度，即銓選，簡略介紹一下。唐朝的銓選分為文選與武選，兵部主管武選，吏部主管文選。而一個低級別官員想通過銓選晉升，必須符合四個條件：

一為「身」，即相貌要對得起人民，不能長得歪瓜裂棗。

二為「言」，思維要清晰，語言要流利。

三為「書」，要寫得一手漂亮的字，字寫得跟狗爬一樣，也影響官場觀瞻。

四為「判」，要寫得一手錦繡文章，而且是當場筆試，「文理優長」。

因為名額有限，如果很多候選人都符合四項條件，那就看他們的品德。如果品德相當，那就再比綜合才幹。如果還分不出高下，那只好看「勞」了。所謂的勞，其實就是你在官場上的資歷。

史圭時任尚書右丞，按唐制，吏部銓選本屬尚書左丞職內事，應該是某些特定原因，所以吏部銓選暫時由尚書右丞史圭代理。馮道是宰相，位列尚書省首，自然也有權力參與人事任免。

對於上面提到的用人四原則，史圭與馮道對前三項應該沒有太大異議，爭議在第四條——判。《舊五代史·史圭傳》記載，二人產生衝突是因為「（馮道）嘗以堂判衡銓司所注官」，說明史圭是不認同馮道「堂判」選官任人的。堂判，是唐朝宰相在政事堂議事時的一種文書形式。而史圭具體的反駁意見，史無所載。

代理人事部長與總經理在用人制度上發生分歧，可以在公權力允許的範圍內進行爭論，這都是規則允許的。可史圭卻對馮道的做法產生了嚴重不滿，史稱「圭怒」。

史圭生馮道的氣，應該不是因為他不認同堂判，而可能應該是馮道在人事安排上胡亂插手。選拔人才是史圭的一畝三分地，馮道雖是宰相，權力覆蓋面也包括用人，但畢竟史圭是人事主管，馮道難免管得寬泛了些。

史圭是個強硬頭子，做官清廉，廉能生威，他自恃官緘乾淨，橫看豎看馮宰相不順眼，直接就拍了馮道的桌子。

馮道也不是省油的燈，他自入唐以來，還沒有誰敢當面衝馮道發火，李存勗也沒有這麼做過。看著眼前臉都氣得變形的史圭，馮道也極為不滿，他自認沒錯，你憑什麼拍我的桌子。不過馮道的官場涵養非常好，劉岳、任贊當眾挖苦馮道出身不好時，馮道也只是淡然處之。但即使如此，馮道還是對史圭「微有不足之色」。馮道嘴上可能盡可能的不說髒話，但臉色已經非常難看了。

這個「微」字，應該是史家對馮道的回護之辭。史圭廉能生威，馮道同樣可以廉能生威，也許是史圭憤怒過了頭，言語過界，馮道也難免對史圭產生一些不好的印象。

可能是皇帝李嗣源或安重誨出面調解，二人對堂判的爭議很快就翻了過去。隨著安重誨的倒臺，史圭也被放歸田裡，馮道與史圭的人生再無交集，只是彼此心裡對這次爭吵還依然對記憶猶新。

歲月如風吹過，一晃，七年過去了。

馮道再次出任宰相，對於空缺的刑部侍郎兼鹽鐵副使職務，馮道毫不猶豫地向石敬瑭推薦了史圭。

馮道為什麼要推薦史圭？有公心與私心兩種政治視角不同的解釋。

馮道曾經與史圭發生分歧，但那是因為公事，他們之間並沒有私怨。公私分明，是一個職場中人最基本的道德要求，公報私仇，利用公權力對曾經得罪過自己的人大肆打擊報復，只能拉低一個人的道德層次。

這方面的反例，是趙匡胤。

趙匡胤特別記仇，這位史上最幸運的篡位者篡位成功後，對曾經因為私事得罪過他的老將王彥超和董遵誨連番敲打，逼得王彥超奉表請罪於庭下，董遵誨伏地請死。當然王、董二人從內心深處還是不服趙匡胤的，只不過趙匡胤佔著那個位置罷了。

而不因私廢公的正能量例子，則是晉國大夫祁黃羊。

祁黃羊的父親被解狐殺死，後來晉悼公讓祁黃羊推薦中軍尉的人選，祁黃羊毫不猶豫的推薦了殺父仇人解狐。晉悼公非常驚訝，說解狐不是你的殺父仇人麼？祁黃羊正色回道，國君只是讓我推薦中軍尉，因為解狐有能力出任中軍尉，並沒讓我說殺父的私事。

馮道深知史圭的才幹，為國薦賢，看到自己推薦上去的人才取得事業上的成功，其實也是自己的成功。

從私心上講，馮道突然推薦史圭，也許在一解胸中積鬱七年的那口悶氣。史圭和馮道發生衝突是官場人盡皆知的，很多人把史圭列入馮道不喜歡人的黑名單上。從《史圭傳》的記載來看，史圭本人對曾經與宰相爭執而心存不安，時刻擔心馮道利用公權力對自己打擊報復。

因為有了這種人為的輿論導向，反而更加有利於馮道利用這件事情給自己貼上「胸懷寬大」的道德標籤。所以當史圭得知是因為馮道力薦，自己才能回到官場高位時，史圭大為感動，並為自己的小肚雞腸而深感慚愧。「愧其（馮道的）度量（自己）遠不及也」。

嚴格來說，馮道與史圭不但不是私敵，甚至連公敵也是算不上，不過在公事上發生了一點小摩擦，遠不夠讓馮道咬牙切齒記恨終身的程度。既然如此，那又何必放不下，把這樣的人物推薦上來，官場中一片叫好，也有利於自己的道德形象建設。

馮道是高層職員，而史圭的職務遠遜於馮道，二人之間並不存在直接的權力競爭關係。最重要的是，石敬瑭並沒有要任史圭為宰相的任何意思，史圭完全衝擊不到馮道的地位。在這種情況下，自己的利益不受損失，反而能撈金貼黃花老臉，為什麼不做？

如果馮道利用公權力對史圭打擊報復，固然得到一時之快意，但會使身邊的同事，包括老闆感覺到心寒。史圭得罪你，你就要把人整死，那我們要得罪你，也將落得同樣的下場。如果大家都這麼看馮道，那麼出於自保心理，大家就會對馮道敬而遠之。

馮道力薦史圭，讓大家都看到馮道的寬大胸懷。客觀上也減輕了自己在工作上有可能遇到來自同事的阻力。

利人利己，何樂不為？

馮卿，出使契丹，非你莫屬

卸任了本就不在行的鹽鐵轉運使，馮道又回到自己熟悉的宰相崗位上。此時的內閣被石敬瑭做了微調，桑維翰不再擔任宰相職務，專任樞密使。桑維翰留下的空缺，由兵部侍郎李崧接任，同時李崧也兼任樞密使。再加上馮道與趙瑩，內閣還是三人組合。

李崧是河北一帶的才子，詩寫得很好。馮道曾經讀過李崧的詩作，「大稱之」，與馮道有著不錯的交情。另一個宰相趙瑩，性格穩重純謹，不惹是生非，與馮道相處得也很好。因為馮道是首輔，德望彌重，石敬瑭把一些很重要的任務都交給馮道去做，比如出使契丹。如果契丹在當時算是外國的話，這是馮道人生中唯一一次國外旅行。

石敬瑭為什麼要派宰相出使契丹？原因是石敬瑭為了發展與契丹良好的關係，準備給他的乾爹耶律德光以及他的乾祖母、契丹老太后述律氏上尊號。

尊號也稱徽號，是大臣給皇帝拍馬屁的一種官樣文章，沒有什麼實際意義。石敬瑭是通過耶律德光幫忙才當上皇帝的，從法律意義上講，晉朝是契丹的屬國，石敬瑭也可以說是契丹國的臣子。所以石敬瑭以人臣身分給契丹父皇帝上尊號，也是「理所當然的」。

出使契丹是晉朝外交的重中之重，政治意義極為重大，所以在特命全權大使的人選上，石敬瑭是絕不敢馬虎的。他定了兩個他認為非常合適的人選：左僕射劉昫出任契丹皇帝冊禮使，宰相馮道出任契丹太后冊禮使。

《舊五代史・晉高祖本紀二》記載契丹太后冊禮使是給事中盧重，不是馮道。但同書《馮道傳》與《王權傳》，以及《契丹國志》都記載了是馮道出使，《資治通鑒》也說是馮道出使契丹。而《遼史・太宗紀二》則記載馮道是太后冊禮使，副使是左散騎常侍韋勳，盧重則成了劉昫的副使。《遼史・地理志第一》也有馮道擔任契丹太后冊禮使的記載。

各方記載略有混搭，但馮道出使契丹則是確鑿無疑的。盧重的官階不高，由他出使給契丹皇太后冊禮，外交禮儀上不對等，石敬瑭不太可能這麼做。

為什麼是劉昫與馮道？正常的解釋是二人都是中原名臣，有足夠的江湖地位。以這樣的顯貴身分出使契丹，也體現了石敬瑭對發展契丹關係的重視。如果派幾個小官去，對比自己小十一歲的契丹父皇帝是非常不禮貌的。

有一個疑問，如果按政治地位，馮道要高於劉昫，應該是由馮道出任契丹皇帝冊禮使。石敬瑭卻讓馮道出任契丹老祖母的冊禮使，也許很多人會感覺到意外。

其實這正體現了石敬瑭在政治上的成熟。

在封建時代，帝王的家事既國事，帝王的老娘即使深居後宮不問政事，也是可以看成政治人物的。更何況耶律德光的這位至尊老娘從來也不是個省油的燈，在政治上興風作浪是家常便飯。石敬瑭知道這老娘兒們的厲害，想繞過述律氏而與契丹發展良好的關係，是不可能實現的。

封建政權講究以仁孝治天下，尊敬老娘是人倫之大道，帝王也不例外。太后的政治地位比皇帝還要高，如果讓次一級的劉昫給述律太后加冕，無疑是對契丹王朝的不尊重。馮道的政治級別在一定程度上正與述律太后相對應，由馮道出面擔任太后冊禮使是非常合適的。

不過，石敬瑭精心籌備的這次契丹冊禮之行，卻在官場上引發了很大的爭議。因為華夷之防。石敬瑭為一己私利出賣人格與靈魂，更讓中原士大夫不能容忍的是，石敬瑭以中原皇帝的身分向草原酋長稱臣。

中華稱臣於夷狄，士大夫們引以為恥。

史傳馮道並非石敬瑭派往契丹冊禮的首選，而是兵部尚書王權。王權堅持不去，石敬瑭才派馮道前去。而根據《舊五代史・王權傳》的記載，王權拒絕契丹之行，其實是在馮道出使之後，但這也說明了中原正統文人對向契丹稱臣的抗拒心理。

王權出身南北朝隋唐以來的頂級世閥豪門——太原王氏，家世清貴，不想出任屈辱的陪臣冊禮使。

馮道的家世不如王權家世顯赫，但也是武周以來鼎鼎有名的儒林世家——景城馮氏。王權的賢士大夫對「夷狄」這種優越心理以及不屑，馮道其實也有。

因為這項出使工作非常丟人，所以沒有多少人願意去，石敬瑭應該是實在找不到合適人選了，才硬著頭皮決定由馮道前去。

當時的馮道正在與另兩個宰相趙瑩、李崧辦完事情回到中書省大堂，剛在食堂裡吃過午餐，外邊就有中書省的工作人員踉踉蹌蹌地跑過來，風傳了天子要以馮宰相為冊禮大使北上的消息。

消息傳來，眾人變色。馮道聽到後，臉上卻沒有絲毫驚變，幾十年來的宦海風雲，已經讓馮道養成了足夠的定力。馮道當然不想去，但既然石敬瑭已經決定了，自己再爭無益，不如坦然面對。

面對老闆安排自己不喜歡的工作，馮道的選擇是迎難而上。馮道取來一張紙，寫了兩個字——道去。

也許是因為擔心家裡人對自己北行的擔心，馮道乾脆不回家，只是派人到家裡通知了夫人，說我即將出使契丹，要有許多準備工作要做，暫時就不回家了。

看到馮道如此決絕，堂吏為之泣下。

這意味著馮道就要遠離中原繁華之地，遠赴塞外大漠。至於馮道夫人得到丈夫要去契丹的消息，不知道臉色會如何。也許此別之後，永難再有相見之日。

馮道隨後入宮，來見天子。

馮道的那張紙，石敬瑭已經看到了，心中石頭落了地。但還是對馮道說了一句：「此行，非卿不可。」

半是求人，半是命令。

馮道沒有做絲毫猶豫便答應了下來：「陛下，臣願意為陛下分憂，去契丹走一趟。」馮道面色從容，眼無旁騖，絲毫看不出來他內心深處對這項出使工作的排斥。

石敬瑭感激得都想站起來給馮道鞠個大蝦躬。

艱難的大使人選定了，石敬瑭心裡一陣輕鬆。可看到馮道清瘦的臉龐，花白的鬍鬚，滿是褶子的眼色，石敬瑭竟有些不忍，抑或是假惺惺的關心起馮道。

「其實這趟差使本不該由先生去的，先生是本朝德高且望重者，而且先生也老了，以老年行此萬里，深入沙漠，而且南北飲食不便，朕心中實是不忍。」

皇帝「動情」，宰相依然面色如舊，馮道站起來，輕輕歎了一口氣，持笏對石敬瑭長拜。「陛下受北朝恩，當有所報效。而臣又受恩於陛下，食君之祿，分君之憂，是人臣之本分，陛下何必如此。」

這句話怎麼聽起來都像是在暗諷石敬瑭。石敬瑭能聽得出來話外有話，但石敬瑭定力非常好，也只是淡然一笑。

馮道辭陛後，沒有回家，也沒有去中書省，而且直接去了城外的驛館，為他即將開始的奇異旅行做準備。

五十七歲的馮道在思考人生。

天福三年（九三八年）的七月，初秋溫暖的陽光裡還是夾雜著一絲肅殺的氣氛，天邊有數行大雁飛過。

天子在洛陽城外的郵亭設宴，親自給契丹皇帝冊禮使劉昫、契丹皇太后冊禮使馮道餞行。馮道與劉昫給端坐著的石敬瑭行了君臣大禮，石敬瑭受了禮，忙含笑站起來，上前攙扶著比自己年長十歲的馮道。

馮道和石敬瑭並沒有私交，即使馮道不給石敬瑭轉圜幫忙，石敬瑭也不敢對他怎麼樣，最多閒置高閣。馮道卻連番救了石敬瑭的急，石敬瑭握著馮道瘦筋的老手，心裡還是非常感動。

石敬瑭還在做官樣文章，又重複了幾句此次契丹之行對於晉王朝特別重大的政治意義。「語以家國之故」。

根據《續資治通鑒長編》卷二十六的記載，石敬瑭站起來給馮道敬了一杯酒，然後流涕語馮道：「達兩君之命，交二國之歡，勞我重臣，之彼窮塞，息民繼好，宜體此懷，勿以為憚也。」

半是感激，半是警告。

該說的話，都說完了。石敬瑭還是覺得虧欠馮道什麼，「煩耆德遠使」，把馮道吹成了一朵在初秋微寒中肆意綻放的喇叭花。

石敬瑭是動了真感情，他認契丹為父稱臣，割讓燕雲，已經承受了巨大的社會輿論壓力，背後戳著石敬瑭脊樑罵他是漢奸的不在少數。如果馮道還不理解他，石敬瑭只能是孤獨的。

好在，馮道很理解他，並分擔了石敬瑭的一部分壓力。因為馮道同意此行，等於認同石敬瑭的漢奸行為，日後史家董狐之筆，也是不會放過他的。

一輛輛押著金銀絲帛的車輛緩緩駛出汴梁城略顯破舊的城門，馮道與劉昫上了馬，衝著石敬瑭長長一揖，策馬揚長而去。

馮道一行的目的是大契丹國國都上京臨潢府（今內蒙古巴林左旗），一個被裹挾在荒漠狂風中的新興城市。從汴梁到上京，二千四百里的路程。

雖然史書沒有記載，但相信馮道一行應該不會走陸路的，因為時間消耗太長。而當時從汴梁以北的滑州坐船走永濟渠，速度相對會快很多，從行程以及馮道的身體考慮，馮道的選擇應該是水路行舟。

站在滑州白馬渡口的踏板上，馮道即將遠離他熟悉的故土，踏上一個生死未卜的艱難旅程，前程未知。舟船星發，馮道獨立船頭，迎風站立，若有所思。

這應該是馮道第一次進行如此漫長的水路行程，他似乎看不夠兩岸美麗的風景，甚至是他的隨從都不忍心去打擾他。

從滑州到滄州，約有一千里水路，但因為藉著風勢，並沒有耽擱太多的時間，幾天的時間，這支浩蕩的船隊就在滄州碼頭上了岸。

而滄州往西行進五十里，就是馮道經常魂牽夢縈的家鄉——景城馮家莊。馮道清晰地記得，上次回景城還是給父親馮良建治喪守孝。這一晃，十二年過去了，馮道鬢邊青絲早已生成華髮，身體也不如以前硬朗了。

馮道西望著，嘴裡呢喃著什麼，一狠心，上馬策鞭北上。

經此一別，馮道再無回到家鄉，在父親墳前祭酒的機會。

很快到了幽州，這裡同樣是馮道魂牽夢縈的地方。他的同僚孫鶴在被劉守光酷殺時的慘笑聲，經常讓馮道在夢中驚醒，一身大汗淋漓。

幽州是年輕的馮道夢想開始的地方，馮道曾經幻想致君堯舜，助劉守光成一代令主。夢想很快破滅，雖然馮道很快就找到了自己合適的人生，但劉守光喝令武士將自己縛起時，自己映著跳動的爐火，仰天流淚狂笑的那一幕，早已烙進馮道的靈魂深處。

三十年，彈指一揮間。這裡已不再是大唐帝國的幽州，而是大契丹國的南京——耶律德光已經下詔，升幽州為南京幽都府。

物是人非，馮道感慨無限。

幽州雖已是契丹國土，但這裡的風土人物，馮道所熟悉的一切，還是一如三十年前的大唐故風。

但再往北上，就是天險居庸關，綿延望不到盡頭的山脈，則是中原與塞北的分界線。後周胡嶠所著《陷北記》，詳細記載了胡嶠本人被擄到契丹的行程經歷。從幽州到上京，胡嶠等人歷盡千難萬險，連過居庸關、石門關，趨新武州，過雞鳴山，再入永定關，再至歸化州，登天嶺。登天嶺又稱辭鄉嶺，地處山高之處，四面荒野，只有黃雲白草，隨風飄搖。中原漢人一過此嶺，從此再無機會回到家鄉，胡嶠一行皆哭。

可以想見，面對人見鬼愁的辭鄉嶺，即使馮道面色依然從容，他身邊的侍者也會因為可能再也回不到家鄉而痛哭。

辭鄉嶺下，便是黑榆林。這裡氣溫常年恆低，雖是七月初秋，卻冷如寒冬。不過等過了五十里斜谷，接下來就是萬里平原，這裡沒有幽燕苦峻山險，但平添了一份異國情調。

馮道看到了天高雲淡，鷹擊長空，牛羊遍野，健兒競逐，他還聽到了放牧人爽朗而歡快的歌聲。一隊隊牛羊從馮道身邊咩咩咩咩的行過，馮道歡喜地撫摸著其中一頭看上去比較溫順的羊。

如果從出居庸關開始算起，胡嶠一行抵達上京，共用了三十一天（或三十二天）。考慮到胡嶠等人可能是徒步前行，而馮道有馬有車，速度可能要快一些，估計在二十四五天左右。

而此時的馮道，已經有些記不起汴梁城的新家在城中什麼位置了。

眼前有一座在塞北寒風中孤立的巍峨城池，想必這裡就是契丹國都上京了。

朕要出城迎接馮道

上京始建於遼天顯元年（九二六年），遼太祖耶律阿保機滅渤海國回師之際。不過耶律阿保機當年就去世了，上京的建設工作實際上完成於耶律德光。

上京是一座幾乎完全模仿中原城建風格興起的草原都市，皇城周長二十七里，城牆高兩丈。城中也依次建成皇宮以及各部衙門，國學、孔廟、皇家寺院一個不少，甚至是各個城門名稱都是濃厚的中原唐風。

當馮道牽著馬漫步於上京城中的街道時，一股濃郁的唐風迎面撲來，因為馮道看到了很多中原打扮的漢人。契丹境內的漢人越來越多，在上京城中，城南是安置漢人的地方，稱為漢城。

飛簷碧瓦，綠樹紅牆，街道靜塵，商鋪鱗次櫛比，一派繁華景象。

早在馮道的外交團隊進入契丹本部的時候，契丹邊境官員就已經把情況向皇帝耶律德光做了彙報，耶律德光得知晉國大使為首的是馮道，這位不算年輕的皇帝激動萬分，他做出來了一個驚人的決定——以宗主國皇帝的身分出城迎接附屬國使者。

這在契丹歷史上是沒有先例的。

因為馮道來了！

耶律德光的思緒被拉回到十五年前，那是契丹天贊二年，後唐同光元年。

那時的耶律德光還叫契丹名耀庫濟，他清楚地記得，他的父皇耶律阿保機聽說南朝有個侍郎叫馮道，因為父親去世而回到景城守喪的消息後興奮的樣子。阿保機咬牙切齒地命令契丹騎兵：「你們，把馮道給俺捉來！」這句話，深深印在耀庫濟的腦海中。他曾經問過父皇，一個馮道至於如此興師動眾麼？阿保機笑道，一指身邊的韓延徽，說道：「看看你韓叔叔，就知道馮道有多重要了。」韓延徽衝著耀庫濟頷首微笑。

在耶律德光的內心深處，馮道彷彿是個躲藏在朦朧霧色中的仙人，而今天，歷史的清風即將吹散這蓬讓人厭煩的煙霧，馮道即將出現在自己眼前。

耶律德光怎麼可能不激動。

《契丹國志》卷二：「八月，晉上尊號於遼帝及太后，以同平章事馮道、左僕射劉昫為冊禮使，遼帝大悅。」

從這一點上來講，耶律德光是個非常可愛的歷史人物。他固然有殘暴惡霸的一面，但至少他活得真實，不像有些人入戲太深，演戲過了頭。

但耶律德光的興奮勁還沒有過去，就被他身邊的大臣迎頭澆了一盆冰涼的洗腳水。

「陛下，自古未聞大國天子出城迎接屬國大臣，此於理不合。」一位大臣反對耶律德光出城迎接馮道。這人是誰，他為什麼要反對？真的於禮不合麼？也許他是在忌妒馮道。

耶律德光不滿的瞄了他一眼，「嗯，朕知道，不過這次來的可是馮道！你知道馮道是什麼人嗎？」

「臣知道，景城農夫，初入劉守光幕府，後為南朝所用，今為宰相。」

「你知道韓令（政事令韓延徽）嗎？」

「臣知道！」

「馮道之才堪比韓令，朕為國求人，有何不可？」

「陛下愛才，但不能有違君臣之禮。如果開了這個先例，以後南朝再派大臣來，陛下接還是不接？」這人很會動心思。

耶律德光沉默，過了一會兒，「好吧，你贏了，朕不出去了，就在這裡等他。」

熊肉，老友記

在監軍寅你已的陪伴下，馮道緩緩走進裝葺一新的驛館。

也許是特意為了迎接馮道的到來，驛館裡的裝飾一如中原風格，桌椅茶具，皆依南朝。馮道在這裡，並沒有感覺到不適。

住宿沒有問題，馮道需要適應的是這裡獨特的飲食。契丹人是漁獵民族，逐草而居，飲食習慣與中原漢人截然不同。

因為契丹地處極北冰寒之地，氣候較冷，所以需要大量的肉來補充熱量，契丹人以肉食為主。主要肉類供應有熊肉、豬羊肉，牛肉、鹿肉，以及兔子肉、大雁肉等。契丹人善食肉，每餐必以大盤盛之，以大刀叉割肉食之。

契丹人自己是這樣吃的，接來南朝的外交使者，也是這樣吃的。

寅你已與馮道寒暄畢，到了飯點，寅你已輕輕拍了拍手，便有兩個十幾個的契丹兒童，穿著鮮亮的衣服，雙手各舉一個大盤子，輕輕把盤中的肉放在馮道眼前的案上。

馮道看著盤中餐，經寅你已介紹，盤中是馮道從來沒有吃的熊脯，還有新烤製出來的野兔肉。

劉昫看著這些稀奇古怪的肉食，面露難色，他吃不慣腥肉。

馮道輕輕掃了劉昫一眼，嘴角含笑，問寅你已：「貴國人如何捕得大熊？」寅你已的興趣被馮道撩撥了起來，繪聲繪色地給馮道講述契丹人在深山老林如何捕殺黑熊，並剝其皮，製其肉的過程。馮道聽得津津有味，一邊用不太熟悉的手法執刀叉，有些生硬地割下一塊熊肉，嗅著這發怪的味道，牙關一咬，衝寅你已輕輕一笑，把肉送進嘴裡，輕輕嚼著。

入鄉隨俗，於理當然。

馮道當然可以向契丹外交部提出抗議，要求契丹提供中原食物，但馮道面對不合口味的待遇，依然安之若素。這是一種自信與寬容，進入一個陌生的環境，需要的是盡快適應這個陌生的環境，而不是讓這個陌生的環境去適應你。馮道知道自己將在契丹生活很長一段時間，契丹方面不可能事事做得如自己心意，經過幾天略有不適的反應，已經樂於品嘗這些稀奇古怪的肉食了。

耶律德光並沒有立刻接見馮道，而是由接伴使寅你已日日陪伴。皇曆一頁頁掀過去，劉昫等得有些著急，埋怨耶律德光為什麼還不見面。馮道含笑勸親家：「再等等，不急。」

劉昫略有氣惱地捶了捶案子，案上的茶壺被捶得叮叮咣咣的動，馮道依然端坐如山。何時召見自己，耶律德光自有見馮道的那一天，馮道耐心等待。但有一個人，是馮道特別想見到的。

韓延徽——一個馮道在夢裡經常遇到的朋友。

根據《遼史．韓延徽傳》記載，韓延徽與馮道生於同年（八八二年），而比馮道晚五年去世（九五九年）。也就是說，馮道出使契丹時，韓延徽還健在。

《新五代史．四夷附錄》記載，馮道這次出使，奉石敬瑭之命，給兩位在契丹用事的漢人重臣各送一頂貂蟬冠：一頂給了吏部尚書張礪，另一頂給了韓延徽。從這一點上來看，馮道應該是在正式場合見到的韓延徽，但考慮到人情天性，分別已經二十三年的老友突然來到自己的面前，身體康健的韓延徽怎麼可能不來見馮道。

五十七歲的契丹崇文相公韓延徽（契丹人對他的尊稱）跳下牛車，掙開侍人的臂膀，拄著杖，逕直闖入驛館，四面觀望，大聲呼叫著：「可道何在！可道何在！」

五十七歲的晉朝首輔馮道已經得知了韓延徽要來的消息，忙顫著身子，也拄著杖迎出來，與韓延徽四面相對。馮道激動地回應：「可道在此！可道在此！」

兩個黃土埋到半截的老人，扔掉拐杖，各上前兩步，兩雙瘦筋枯老的手緊緊握在一起。執手相看淚眼，竟無語凝咽。

「可道，你老了。當年最後見你一面的時候，你挺拔如松，而今背也駝了，頭髮也花白了。」

「藏明（韓延徽的字），你也老了。」

老淚縱橫，兩位老者互相感慨著各自的人生際遇。宦海沉浮，從何說起。

等重逢交往深入，馮道也許會向韓延徽提出一個問題：「當年我回景城守喪時，是不是藏明你向貴國太祖推薦了我。——當時若不是南朝看管得緊，也許我也會像你一樣，已經習慣了吃這裡的熊肉。」馮道指著食案上的熊脯，微笑道。

韓延徽笑了：「這是自然，食人之祿嘛。不過你不來北朝也許是對的，這裡也是刀光劍影，不比在南朝為官輕鬆。」

馮道也笑了，「為什麼貴朝皇帝還不接見我？他是不是很忙。」

與耶律德光、逑律平的第一次見面

耶律德光很忙嗎？他不見馮道，可能是內心深處正在做一個艱難的決定——扣留馮道。當時的馮道是天下第一名臣，名動四海，何況耶律德光早就在父親以及韓延徽那裡對馮道的能力有了很深的了解。馮道自天成中入閣拜相，所做出的成績都是實實在在的。太陽底下無新鮮事，耶律德光自然能夠輕易得到有關馮道任何公開活動的消息。

耶律德光動了要留下馮道的心思。

契丹皇帝決定接見晉朝特命全權大使馮道。此時距離馮道來到上京，已經過去了一個多月。十一月的上京，已經是嚴寒時節，略有些「卑陋」的上京開皇殿，接見以馮道、劉昫為首的晉朝外交使團。這是一次例行會見，並沒有舉行任何儀式，耶律德光只是想見到馮道。

隨著中書舍人一聲唱禮，晉使入見。耶律德光坐在最高處，看到殿門口走近一個五十多歲的老者，一襲合身的紫袍，清瘦而挺拔，目光如炬，眼無旁騖。馮道走在丹陛之下，從容跪下，然後從容站起來，直視耶律德光。

馮道似乎聽到了殿上有人竊竊私語：原來他就是馮道！

馮道嘴角輕輕微笑著。

耶律德光的眼光一直沒有離開馮道身上，這確實是他想得到的馮道。

如果說在接見之前，耶律德光對留下馮道還有所顧慮的話，此見之後，堅定了耶律德光留人的決心。至於石敬瑭的反應，耶律德光從來也沒有尊重過這個比自己大十一歲的乾兒子。

耶律德光對馮道動了心思，但首先還得讓馮道把屬於他的戲分演完？給契丹述律皇太后獻尊號。第二天，隆重的獻太后尊號的儀式正式開始。因為皇太后是皇帝之母，政治地位要在皇帝之上，所以要先進行皇太后冊禮，然後才能進行皇帝冊禮。劉昫是皇帝冊禮使，應該沒有出席，而耶律德光也沒有出席，他還在盤算著如何才能留下馮道。

考慮到契丹典章禮儀制度的延續性，《遼史・禮志・賓禮》對宋使來賀遼朝太后生日的儀程，應該與馮道這次出使的程序是差不多的。

雖是皇太后冊禮，但契丹百官臣僚都要列次站班，五十多歲的花花太后述律平盛裝坐在殿上。這個從來就不安分的草原傳奇女人一臉威嚴地俯視下面，無數男人對他伏跪叩首，心中不由得升騰出一股征服的快感。

這大契丹的江山，至少有她的一半。

有資格坐下的高官都坐了下來，其他沒有資格入座的中低層官僚禮畢，退於東側站立。按禮，契丹官員先入殿，漢人官員次入殿。述律平還在伸頭張望，她也想見到一直生活在契丹人傳說中的那個中原宰相馮道。

由契丹中書令出面，傳令晉朝太后冊禮使馮道及副使韋勳入殿。馮道是個見慣大場面的人，這點架勢唬不到他。馮道從容上殿，步態端方，目不旁顧，風儀桀然。

述律平一面讚歎著馮道的風度儀表，一面按禮程問馮道：「南朝吾孫皇帝聖躬安否？」

馮道對契丹人是沒有什麼好感的，也許是對那塊散發著奇怪味道的熊脯起的本能排斥反應。但他既食石敬瑭之祿，就要把自己的工作做好。

馮道撩衣跪地，操著流利的中原官話回答：「來時聖躬安。」說罷，馮道起立，在契丹舍人的指導下，從東階下殿，站在丹墀之下。然後與韋勳共上石敬瑭給述律平上的徽號——廣德至仁昭烈崇簡應天皇太后。

馮道北上，應該還帶來一位專押石敬瑭送給述律平禮物的引進使。引進使指揮從人捧著禮物從西洞送上殿。

鞠躬，舞蹈，太后賜湯茶，馮道從容就食。

這一套禮儀程序非常繁雜，沒有一個上午的時間是演不完的。等述律平已經忍無可忍的時候，隨著契丹舍人一聲「閤門無事」，馮道的身影已經遠去。

我要回家

馮道此次北上的目的就是給契丹太后述律平上徽號，任務完成了，馮道卻遠遠沒有到可以從容離開契丹南返的時候。

耶律德光已經準備向馮道公開攤牌——朕希望馮先生能留下來。

耶律德光對馮道的喜愛是眾所周知的，馮道剛來上京不久，耶律德光就派人賜給馮道只有契丹貴臣才能資格得到的珍貴禮物——一副象牙打製的笏，以及一只牛頭。為此，馮道還寫詩表示感謝：牛頭偏得賜，象笏更容持。

讓耶律德光下決心留人的，應該是馮道這幾次在殿上所展現出來的那份風姿，馮道已經折服了那些對他還抱有一定偏見的契丹大臣。契丹人方面對馮道的阻力已經解決了，接下來，耶律德光就需要和馮道談條件了。

皇帝派一個得力的心腹大臣來到驛館，聲稱要見馮道，有皇帝重要的諭旨要宣。

耶律德光為什麼沒有直接與馮道本人面談，因為他怕馮道當眾拒絕，自己下不來台。

這位契丹大臣應該是個漢人，甚至可能就是韓延徽本人。就如同孫權要勸降出使東吳的諸葛亮，最合適的說客人選就是諸葛亮的同母兄長諸葛瑾。

契丹大臣應該是來去匆匆的，他只是在密室中給馮道傳達了耶律德光的意思：皇帝希望馮先生能留在契丹，輔佐我家皇帝，成就一番偉業。

耶律德光公開攤牌，這應該是馮道的預料之中。也許馮道在接到石敬瑭給他安排的這次北上任務時，心裡就考慮過耶律德光強留自己的可能性，畢竟耶律德光的父親阿保機當年就差點得到自己。從馮道的志趣上來說，他對留在草原上沒有多少興趣的，他更喜歡的還是中原漢風，畢竟漢人與契丹的飲食、語言、思維習慣有很大的差別。

耶律德光已經有了一個韓延徽，馮道不想做第二個韓延徽。

但如果馮道此時就當面拒絕耶律德光，很可能會激怒這個喜怒無常的契丹酋長，強行把自己留下來。馮道並沒有直接拒絕，但也沒有直接答應，而是和耶律德光玩起了文字遊戲。

馮道聽罷來人的話，笑道：「皇帝待道實在天高地厚，道何以為報！只是皇帝似乎忘記了大國與南朝的關係。我皇帝（石敬瑭）既認皇帝（耶律德光）為父，則北朝為父為君，南朝為子為臣。我皇帝都是皇帝的臣子，何況我馮道。我既是子皇帝的臣子，自然也是父皇帝的臣子。留在南朝，或留在北朝，為父皇帝效力的效果是一樣的。」

馮道果然老辣！這番話，既是對耶律德光留人的變相接受，但也為自己南返留下活口。更重要的是，馮道趁機吹捧了石敬瑭對父皇帝的無限忠誠。

石敬瑭派馮道北上，最重要的目的就是「結二國之歡」，一定要確保契丹不會對中原起窺視之心。中原初經大亂，民生凋敝，從這個角度講，馮道穩住耶律德光，對中原經濟的恢復發展是具有重大外交貢獻的。北宋獨行者王安石稱讚馮道為活菩薩，不是沒有道理的。有人會指責是石敬瑭為一己之私割讓十六州，導致中原無險可守的。誠然如此，可這些與馮道又有什麼關係？

來人把馮道的原話一字不差地轉給了耶律德光。

耶律德光應該能從這些兩邊都靠的話中讀懂馮道的心思。從字面上看，馮道似乎在婉拒耶律德光留人的意思。但如果深品其意，馮道也沒有把話說死，在南朝工作與在北朝工作沒有區別，那反過來，也可以說在北朝工作與在南朝工作同樣沒有區別。

這是不是馮道給耶律德光做出來的暗示？

畢竟在當時的政治形勢下，德高望重的南朝第一宰相突然留在契丹，牽涉面太大。稍有操作不當，就有可能給契丹或晉朝造成巨大的政治動盪。晉朝是契丹的臣屬國，晉朝如果大亂，對耶律德光是沒有半點好處的。

耶律德光也許體諒到馮道的「難處」，他還可以用其他辦法來贏得馮道的心。

不過馮道是鐵了心要走，他開始懷念讓人垂涎三尺的美食蕭家餛飩、還有眾僚歡笑的燒尾宴。熊脯、馬肉、燒兔子，馮道天天吃也膩。

但從契丹使者的話裡話來，以及耶律德光不惜代價的賞賜馮道重物，馮道能感覺到耶律德光這次真動了邪念了。怎麼才能讓打掉耶律德光的邪念，馮道苦思了很久。

終於，馮道眼前一亮，辦法倒是有一個。——裝老。

馮道知道耶律德光看到的是自己的才幹以及江湖威望，而不是自己這副蒼老的軀殼。如果自己在耶律德光面前表示的老弱不堪，不知道哪天就入土做鬼，耶律德光要這麼一個隨時散架的棺材瓤子有什麼用處？

而馮道今年五十七歲，在生產力以及保養水準低下的古代，這個年齡已經是很老很老了。

面對耶律德光賞賜給自己以及隨從人員的財物，馮道一聲令下：你們，把這些寶貝全都拿到上京的市場上賣掉，一件也不許留。賣來的錢全都換成柴炭。

……

「大人，這是什麼意思？驛舍裡不是有柴炭嗎？」

「你們想不想回家？」

「今天就想走。」

「那好，就按我說的做。只有我們做出長留於此的舉動，北主才不會懷疑我們有南歸的心思。如果我們稍流露出半點走的意思，我們能走得了嗎？——而且要大張旗鼓地賣貨及買炭，要讓所有契丹人都知道。」

晉國外交使團賣貨易炭，果然驚動了耶律德光，他立刻派人過來探風。

馮道面對契丹使者的詢問，指著窗外的漫天大雪笑道：「我常年生活在中原，而且已經老得不成樣子了，不太適應這裡嚴寒的氣候。我要長留於此，所以要多備些柴炭，不然我這老病身軀，如何扛得過這冰刀寒鐵？」

馮道要讓耶律德光明確知道自己確實要留下來，但讓馮道有些意外的，他接到了耶律德光的一道明令——催促自己及代表使團立刻南返中原。

等契丹使者離開驛館，隨從人員歡呼流淚，馮道忙阻止了他們。

馮道告訴他們：「你們歡呼得太早了，這有可能是北主對我們的試探。如果我們立刻接招，你們中間誰可以保證北主不會突然改變主意？」

現場一片沉默。

馮道的應對辦法是——你讓我走，我偏留下來。

當然，這樣做比較冒險，萬一馮道要求留下來，耶律德光真的答應了，豈不是沒有轉圜的餘地？但如果立刻接受耶律德光讓他們離開的要求，萬一這是耶律德光對他們的試探，他們損失會更大。

馮道給耶律德光上了一道表，在表中，馮道「拒絕」契丹皇帝讓他離開的「好意」，他要留下來。表中寫的什麼，於史無載，但馮道一定會向耶律德光表「忠心」，並分析契丹如日中天的國勢。沒有讓馮道意外的是，耶律德光果然拒絕了他的要求——你必須走。

看來耶律德光催自己上路不是在試探，而是他的本意。不過馮道還是不太放心，又連上兩表，內容比第一次上表可能會更加激進，甚至不排除馮道說了些過於阿諛奉承的鬼話。甚至連喜歡聽鬼話的耶律德光都覺得噁心，他不想再見到這個古怪的老頭。

耶律德光為什麼要如此決絕的趕馮道南歸？原因不詳，但推測起來，大致兩條：

一、馮道在上京待的時間過長，汴梁城中的石敬瑭有些沉不住氣了，派人來找耶律德光要人。

二、基於第一條的判斷，石敬瑭是臣服於契丹的，而保證石敬瑭在中原的統治是符合契丹利益的。馮道是中原柱石大臣，有馮道坐纛內閣，輔助石敬瑭，可以穩定中原局勢。耶律德光有一韓延徽足矣，石敬瑭失一馮道則不可。

如果中原變了天，石敬瑭被趕下臺，耶律德光還上哪兒去這麼孝順的乾兒子，以及每年三十萬匹的收入？

耶律德光應該沒有對馮道說起這些，也不方便說，但馮道卻不知道其中到底發生了什麼，耶律德光的態度怎麼會發生一百八十度的大轉彎。

面對耶律德光下的逐客令，馮道還是不放心，他決定和耶律德光耗一耗耐心。

如果換成劉昫，接到耶律德光的三次逐客令，早就捲舖蓋跑了。馮道卻非常有耐心，在耶律德光第三次拒絕他要求留下來的請求後，馮道反而不走了。

一晃，一個多月時間過去了。

在這期間，耶律德光一直在催促馮道趕緊滾蛋，馮道好似牛皮膠一樣，賴在上京不走了。

耶律德光欲哭無淚，這老頭想幹什麼？

也許是為了試探馮道，耶律德光利用一次官方宴會的機會，把以馮道為首的晉國外交使團都請到開皇殿，耶律德光與他們吃酒。

雖然史書上並沒有記載此次宴會的具體內容，但以耶律德光和馮道這樣的擰巴（北京話，偏執、彆扭之意）脾氣，雙方的交鋒一定是非常有趣的。

也許耶律德光會像當年的李存勗一樣，下殿給馮道敬酒。趁別人不注意時，耀庫濟附在馮道的耳邊低聲說道：「你到底想幹什麼？你什麼時候滾犢子（東北方言，你小子滾開之意）？」

馮道微笑應對：「臣醉矣！」

「……」

看著馮道有些倨傲且略著征服快感的清瘦背影，耶律德光無奈地搖著頭。

契丹國會同二年（九三九年）的春節剛過，耶律德光已經忍無可忍，給馮道一夥下達了最後的通牒：立刻滾蛋，否則扒房牽牛。

滾，統統給朕滾蛋！

看到耶律德光已經歇斯底里了，馮道微微一笑，跨上他那匹老瘦的腳力馬，搖搖晃晃出了上京大順門。

馮道猛地回首，寂寞經春，小橋依舊燕飛忙。

當晉國擔任契丹太后冊禮使的外交人員歡呼可以回家之後，卻發現馮道似乎並不是要回家的節奏，因為他走得實在太慢了。

馮道一行從上京返回中原的路線，應該與之前來上京的路線是一致的。僅上京到幽州就有近一個月的行程。按正常邏輯，馮道日夜思家，恨不得臂生雙翼，直飛汴梁。馮道卻騎著那頭老邁的蝸牛緩慢前行，馮道不時還用剛學會幾句並不熟悉的契丹語與路過的契丹人打著招呼。

……

就這麼一路閒逛似的南歸，大家都忍無可忍，有人問馮道：「大人，您為什麼讓大家走得這麼慢。」

「因為我擔心北主會來追我們。」

「大人的話不合邏輯，若是怕北主來追，我們就應該快馬急蹄一路南歸。就算北主想來追我們，恐怕我們已經過了拒馬河了，彼又能奈我等何！」

聽到這話，馮道仰天大笑。

馮道停下老馬，給大家講講道理：「我們騎的是什麼馬？日行多少里？」

「常馬，不過百里。」

「契丹人騎的又是什麼馬？日行多少里？」

「健馬，日行五百里。」

「這就對了，當我們還在契丹境內裡，以我們所乘老馬的速度，我們走了五天，契丹騎兵一天就能追上我們。只要北主改變主意要強留我們，我們和契丹人拼馬速，我們拼得過嗎？我們身邊經常有契丹人出沒，這都是北主佈置的眼線，我們的一舉一動，北主盡收眼下。如果我們迫不及待地加速南歸，會引起北主的懷疑。我們之前的苦情戲全都白演了，明白了吧，孩子們。」

眾人拜服！

大家心情放鬆了很多，每天都是遊山玩水，優哉游哉，樂山樂水。直到進入晉朝境內時，看著遠去的契丹哨騎，大家圍著馮道歡呼。

從上京出發兩個多月後，這支疲憊的晉朝外交使團終於抵達汴梁城。為了紀念這次令人難忘的北國之旅，馮道寫了五首七律，其中一首是：

去年今日奉皇華，只為朝廷不為家。
殿上一杯天子泣，門前雙節國人嗟。
龍荒冬往時時雪，兔苑春歸處處花。
上下一行如骨肉，幾人身死掩風沙！

「只為朝廷不為家」，馮道是這麼說的，也是這麼做的。

馮道的酬勞——事無巨細，咸決於道

聽說馮道回來了，石敬瑭激動地哭了。

馮道此次「結二國之歡」的外交任務完成得非常圓滿，因為石敬瑭一直擔心乾爹變卦。而從馮道帶回來的外交成果來看，耶律德光並沒有換馬的打算。

石敬瑭看著馮道更加滄桑的面容，淚又不覺流下。

「馮先生，辛苦了！」

「陛下何出此言。食君祿、謀君事，是為人臣者的本分。」馮道從容應對。

石敬瑭越發感動，重賞以馮道為首的外交使團。

這是國家給大家的榮譽。

一個月後，以劉昫為首的契丹皇帝冊禮使回到汴梁後，石敬瑭又再一次重賞馮道。

「頒賜器幣如馮道等」。

其實石敬瑭知道馮道不喜歡錢。如果對立有重大外交貢獻的宰相馮道僅限於賜幣的話，會讓人覺得石敬瑭像項羽一樣愛惜爵位，因為馮道要的不是這些。

也許馮道已經知道了，去年，他還在上京喝西北風的時候，石敬瑭就已經對人事制度進行了重大調整——罷樞密使。原兩大樞密使桑維翰、李崧都不再兼任，另任他職。

這事與馮道有關係嗎？大有關係。

當年馮道還在明宗朝任首相時，因為上頭還有一位強橫的樞密使安重誨，馮道的首相地位徒有虛名，不過是個大號翰林學士而已，並沒有多少實權。在五代時期，樞密使在很大程度上才是真宰相。石敬瑭廢除樞密使，很大程度上是在為馮道讓路。

石敬瑭突然罷廢樞密院的原因，按《舊五代史・晉書・少帝紀一》記載，是汲取明宗朝時樞密使安重誨權力過大的教訓，「高祖事後唐明宗，睹樞密使安重誨秉政擅權，賞罰由己，常惡之。」

李嗣源以安重誨為樞密使，以及後來周太祖郭威以王峻為樞密使，位在宰相上，是因為安、王二人是李嗣源、郭威的政治盟弟，相當於一字並肩王，屬於權力分紅。而桑維翰顯然不具備安、王這樣的政治地位，他更接近於趙普這樣的幕後僚師，從李崧這樣的純文人能出任樞密使，可見晉朝的樞密使功能已與宰相功能大部份重疊。在這種情況下，多設樞密使確實沒有多大必要，有一馮道足矣。

至於桑維翰，石敬瑭另給他一個更為重要的任務——坐鎮鄴都。魏州鄴都自古是中原副都，牽一髮而動全身，這裡時常發動兵亂，石敬瑭遷都汴梁，考量也在於此。穩定鄴都，非桑維翰不可。

所以石敬瑭可以暫時取消樞密院，並把樞密院的相關職權與中書省合併，交給馮道打理。一方面人盡其才；另一方面可以把取消樞密使對外宣傳成對馮道的獎賞……其中奧妙，不可深言。

天福四年（九三九年）四月十三日，詔下：廢樞密院。

樞密使的印信交給中書省（實際上是交給馮道本人）管理，所有樞密院一應職權，俱入中書省由宰相分處。

此時的內閣，還是三位宰相：馮道、趙瑩、李崧。但天下誰人不知，晉朝只有一個真宰相，那就是馮道。其他二位，備員而已。

這次石敬瑭是真下了血本，「（廢樞密使，職權）並歸中書，其院印付道，事無巨細，悉以歸之。」

事無巨細一總相權者，古今只有二人，第一個是蜀相諸葛亮，第二個便是晉相馮道。

《三國志．蜀書．諸葛亮傳》：事無巨細，咸決於亮。

石敬瑭這是要讓馮道託孤的節奏。

對於石敬瑭送上來的超級大禮包，馮道「誠惶誠恐謝之」，「有詔不許」，於是從容笑納。

這一天，對馮道來說是極具象徵意義的。

都說馮道是五朝宰相，自天成二年（九二七年）入中書算起，前後二十七年。但彼時的樞密使安重誨才是真宰相，之後雖然再無武夫強臣專橫，雖然馮道依然是內閣首輔，但權力並不大，甚至還當過政治掃地僧。

而這一天，馮道才真正成為五代真宰相。

四個月後，石敬瑭繼續給馮道送大禮——詔下，以守司空兼門下侍郎、同中書門下平章事、弘文館大學士馮道為守司徒、兼侍中、封魯國公。

同時還有一道詔書，「中書印只委上位宰臣一人知當」。石敬瑭宣告天下：中書省，是馮道一人的天下。

是年，馮道五十八歲，年近耳順之年。

拒絕領導的學問

石敬瑭對馮道的重用，是出於當時嚴峻政治形勢的考量。石敬瑭坐擁了天下，但身邊虎狼太多，一個楊光遠，一個范延光，就足夠耗盡石敬瑭的精力。

只有馮道，才有能力以及威望，替石敬瑭分擔朝務。石敬瑭給馮道以人臣所能獲得的最大權力，並非是在挖坑試探他，確實是出於誠心。

石敬瑭了解馮道——給馮道一萬次稱帝的機會，他也斷然不會接受的。

而馮道顯然並非像石敬瑭想的這麼簡單。

馮道也能看出來石敬瑭是真心尊重自己，但從另外一個角度講，石敬瑭把自己捧到了極限，自己反而沒有了絲毫退路。如果稍有不慎，就有可能從懸崖上掉下來，摔得粉身碎骨。

馮道本人在《仕贏學》中說過：「禍福無常，焉能自知？夫滿則虧，盛則衰，物之常也。」

中國式官場的一個潛在生存規則就是——槍打出頭鳥。你表現得越出色，地位越高，你越遭人忌妒。排骨就那麼一塊，都讓你啃光了，讓弟兄們喝西北風？

馮道浸染官場近三十年，各色人物等都接觸過，大家心裡怎麼想，他心裡非常清楚。

高層人物之於官場，就如同輝煌的金字塔頂之於青石塔基。有些人物對外取得了空前的成功，但因為對內關係處理不好，結果一敗塗地，比如東漢名將竇憲。馮道此時就站在金字塔的塔頂，但他並沒有向前遠，看到萬里江山如畫，而是朝下看，他明顯看到了那一條條青石塔基不平的神色。馮道有些不安。

馮道給皇帝上了一道表，闡明了他不敢接受皇帝如此禮重的意思，希望皇帝能取消成命。

馮道真想辭掉這個讓人眼熱的差使嗎？未必，至少不全是。

大宰相的職權過大，容易遭人忌恨。如何才能抹掉來自青石塔基的忌恨？只有一個辦法——馮道唱紅臉，石敬瑭唱黑臉。黑鍋，由石敬瑭來背。

馮道需要石敬瑭出面，來堵天下眾人悠悠之口。

早在馮道還在契丹時，石敬瑭就已經廢除樞密院，專等他回來。馮道知道，石敬瑭鐵定要讓自己出來任大宰相，任何推辭都不可能改變石敬瑭的決心，不然馮道豈不是當眾打皇帝的臉？

正因為石敬瑭離不開馮道，他算準了自己上表，石敬瑭肯定要拒絕的。而且鬧的動靜越大，越能堵住別人的嘴。

《舊五代史・馮道傳》對於馮道上表求退的記載，用了一個非常曖昧的「嘗」字，「道嘗上表求退」。

「嘗」字，可以做「曾經」解，但仔細品這句話的意思，馮道似乎是在「嘗試」石敬瑭的態度，有很深的試探意味。對於馮道的心思，石敬瑭當然心領神會。

皇帝當著眾大臣的面，把馮道上來的這道表摔在御案上，佯作生氣狀，聲音很大的對下面說道：「馮宰相也太不給朕面子了，朕說過的話，幾時更改過。這個決定是朕經過深思熟慮才決定的。——重貴。」

從班中閃出一個約三十歲的青年，「兒臣在。」

石重貴，石敬瑭兄長石敬儒的兒子，因石敬儒早死，石敬瑭便養在身邊以為子，時封鄭王。

「你去中書省，把朕的意思告訴馮宰相。今天，他必須接受朕的命令。如果他不接受，你就說朕寧可當著天下人不要這皇帝的臉面，也要去中書省求他出山。除了磕頭，朕什麼禮數都可以給他。」

石重貴不是傻子，自然能聽得出來叔父這些話是說給群臣聽的。石重貴快步來到中書省，把叔父的意思一字不落地都傳給了馮道。

馮道「左右為難」。

在石重貴的強烈要求下，馮道「不得已出焉」，接受了石敬瑭對他的所有任命。

《資治通鑒》第二百八十二卷說馮道「稱疾求退」，從邏輯上講，如果馮道稱病不出，自己隨後再出山，豈不是當眾自己抽耳光？不如留個話口，只說能力不夠，三揖三讓，扭扭捏捏出山，也落不下話柄給別人。

架子擺足了，馮道搖搖晃晃的出山，幾乎有東晉「（謝）安石不出，奈天下何」的架勢。

馮道此舉，既賺了裡子，也贏得了面子。沒有人對馮道羨慕忌妒恨，有的只是熱烈鼓掌。

「當時寵遇，無與為比。」

諸葛亮在蜀漢的政治地位，也不過如此。所不同的是，諸葛亮面對的是智商有所欠缺的少主劉禪。而馮道面對的，是百煉成鋼的一代梟雄石敬瑭。

應變將略，非其所長

「應變將略，非其所長」，這是《三國志》作者陳壽對故國宰相諸葛亮做出來的經典評價。意思是指諸葛亮只會搞政治，不會搞軍事。

其實縱觀馮道的一生，他懂政治，通人事，熟吏治，精文化，但唯一的短板，就是軍事能力。「應變將略，非其所長」，用在馮道身上也非常合適。

關於馮道不懂軍事的事例，在《舊五代史・馮道傳》有詳細的記載。

這是一段馮道與石敬瑭之間有關軍事的對話。

事情應該發生在馮道已經接受大宰相職務，並承擔原樞密院軍事職權之後，時間大致在天福四年八月之前。

石敬瑭把馮道請到內殿，與馮道討論軍事。

馮道聽了，隨即一頭黑線，他對軍事是完全不懂的。

但馮道自有馮道的辦法——坦白自己的短處。

向器重自己的大領導承認自己的能力短處，這是需要很大勇氣的。

馮道自己有幾斤幾兩重，對於皇帝的詢問，似乎早有此準備。

馮道從容拍起了石敬瑭的馬屁，「陛下歷盡艱險困苦，百戰經營，才有這大晉天下。陛下神武睿智，運籌帷幄，天下人誰其不知！而今天下多事，叛亂從事，這都要仰仗陛下獨斷制之。——臣本是一個鄉野書生，逢遭聖明，連進中書，為陛下守文事，不敢有一絲鬆懈。」

馮道瞄了一眼石敬瑭，又說：「臣在明宗時便這樣，侍陛下也是如此。」馮道的意思很清楚，先撇清自己與將來有可能出現軍事失誤的關係。我說了我不懂軍事，你非讓我主管樞密，一旦有事，與我無關，這是你用人不當。

二，馮道很坦率地告訴石敬瑭，軍事是自己的短處，而不是為了贏得所謂的面子，去嘗試著在軍事上開闢勝利，這是非常危險的。

對於馮道的說法，「晉祖彼可其說」。以石敬瑭的智商，他豈能不知軍事是馮道的短處。他當時廢除樞密院的軍事功能，由馮道來承擔其職權，就考慮過這一點。

馮道不懂軍事不要緊，但石敬瑭是個軍事天才，有石敬瑭在，馮道在軍事上遇到什麼難題，石敬瑭完全可以幫他解決。

那麼，石敬瑭這麼安排豈非多此一舉？

一個合理推測的話，石敬瑭這麼做，只有一個目的——準備託孤於馮道。

在亂世中選擇託孤重臣，一般要求這個大臣必須具備三點要素：一、忠誠；二、政治成熟；三、軍事才能。

諸葛亮具備前兩條，但因為諸葛亮不是軍事天才，結果把蜀漢也帶進了溝裡。

馮道也很難說具備第一條，但石敬瑭不計成本的目的很明顯，是希望把馮道培養成對石晉王朝忠心不二的老臣，將來自己死後好把江山交給馮道打理。

石敬瑭的幾個年長兒子皆死於戰亂，只剩下一個年僅四歲的幼子石重睿。雖然石敬瑭還有一個近三十歲的侄子石重貴，但侄子畢竟不如兒子親，石敬瑭心中的首席繼承人還是石重睿。

要保住石重睿的江山，除了要求馮道忠誠外，就是第三條——軍事才能。至於第二條政治成熟，馮道不用多說。

如何培養對軍事不甚精通的馮道的軍事才能？至少也要培養成軍事發燒友級別，那就需要給馮道在軍事上壓一壓擔子，讓馮道早日熟悉軍事領域，並與軍界人物建立一定的良好關係。

承擔軍事職能，對馮道來說並非第一次，當年在李從珂時代出任具有準軍事能力的匡國軍節度使，馮道就摸過槍桿子。而像馮道這樣的純書生，不懂軍事，既安全，也危險。

亂世的老粗軍閥們不會對一個文弱老書生產生懷疑，不懂軍事，會有效地保護自己。說危險，如果在特定的政治環境下，馮道主管一方軍鎮以自保，在這種情況下，就必須懂軍事。否則極容易被其他軍閥頭子滅掉。

《舊五代史・晉書・少帝紀一》記載，在天福七年（九四二年）七月，石重貴繼位一月，馮道等人便上表請恢復樞密院建置，石重貴沒有立刻同意。天福四年四月馮道接管樞密，直到三年後成年新君繼位，馮道才交出軍事管理權。

三年的時間，足夠使馮道成為一個合格的軍事發燒友。

石敬瑭的人生終點

石敬瑭在位六年，而天福四年這次有關軍事的談話之後，再也找不到石敬瑭與馮道面對面交談的記載。當然，作為天子第一宣力大臣，馮道是沒少見到石敬瑭的，只是馮道比較忙。

樞密院本身就事務龐雜，擔子全壓在馮道肩上，馮道每天都忙得片刻不得閒。《舊五代史．少帝紀一》記載馮道後來請求恢復樞密院的理由就是「事繁」。

馮道，忙並快樂著。有了馮道坐鎮中樞，調度行政，內外和諧，石敬瑭就可以騰出精力，全力對付一些不聽話的藩鎮，比如成德節度使安重榮。

安重榮，小名鐵胡，朔州沙陀人，善騎射，力大無比。當年石敬瑭在晉陽造反，安重榮率騎兵千人加入石敬瑭稍顯微薄的隊伍。石敬瑭發財後，自然不能忘記這個小兄弟，封成德節度使，算是知恩圖報。

但安重榮是五代宋初響噹噹的一頭餓狼！他有句名言：「天子寧有種乎！唯兵強馬壯者為之。」後人常說槍桿子裡面出政權，其實就是安重榮這句名言的現代版。

安重榮當了位高權重的成德節度使，不過他並不滿足，他想做到石敬瑭那個位置。安重榮腦袋一根筋，他不像范延光、楊光遠這夥滑頭與石敬瑭陽奉陰違，暗中撒釘子，而是選擇明火執仗與石敬瑭公開對抗。

石敬瑭為了維護中原穩定，昧著良心發展與契丹的「父子」君臣關係，但安重榮偏偏不吃他這一套，不但專門破壞晉遼關係，殺了幾十名契丹騎探，甚至當著天下人的面揭石敬瑭的短，直斥石敬瑭出賣中華（中原）利益。

「斥高祖稱臣奉表，罄中國珍異，貢獻契丹，凌虐漢人，竟無厭足。」

「高祖」大怒。

為了就近應付不聽話的安重榮，天福六年（九四一年）八月初五，石敬瑭大駕離開汴梁城。七天後，八月十二日，抵達剿滅安重榮叛亂的最前線——鄴都（即魏州）。

馮道也去了。

而蹊蹺的是，石敬瑭年僅七歲的幼子石重睿也在老太監溫暖的懷抱中跟著去了鄴都。

這個舉動，是聰明人都能看出來，石敬瑭在做後事準備！萬一聖躬不豫，石重睿就在柩前即位。隨駕的很多官員都從中嗅到一絲肅殺的氣息。

但形勢遠沒有他們想像得那麼簡單。在石敬瑭抵達鄴都三個月後，石晉宗室最年長的第二代、留守東京的鄭王石重貴突然被石敬瑭召到鄴都。未已，石敬瑭正式封石重貴為鄴都留守，改封齊王。

如果要立石重睿，石敬瑭在這個敏感時期是不應該把石重貴也叫到身邊的。

對於皇位繼承人的問題，皇帝到底是怎麼想的，大臣們在私下議論紛紛。

馮道不置一語。他知道石敬瑭還在猶豫。

石敬瑭此次大駕幸鄴，目的是剿滅安重榮，因為安重榮對自己的威脅足夠大。

也許石敬瑭高看了安重榮，在強大的中央軍面前，安重榮的那點雜牌軍根本不堪一擊。

安重榮在起兵叛亂前，居然異想天開地致書吐谷渾、韃靼、契苾等部落，希望弟兄們幫他推翻石敬瑭。誰知道這夥人根本沒瞧上安鐵胡，吐谷渾大酋長白承福倒是準備出兵渾水摸魚，但在晉朝的河東節度使劉知遠的恩威勸說下，乾脆投降官軍。而韃靼、契苾，理都沒理安重榮。

安重榮「勢大沮」。

天福六年（九四一年）十二月十三日，這是狂妄自負的安重榮至死都忘不了的恥辱日。

中央軍與成德叛軍在宗城西南（今河北鄴縣）相遇。其實安重榮本來是有機會取勝的，因為他布下了一個精美絕倫的偃月陣，任憑中央軍如何撲咬，俺自巋然不動如山。中央軍討賊總指揮、天平軍節度使杜重威已經心虛，準備後退。還是指揮使王重胤獻計，中央軍兵分三路，兩側進攻成德叛軍最薄弱的兩翼，杜重威率主力硬抗安重榮最精銳的成德中軍。

安重榮英雄一世，結果變成了狗熊。聽說部下趙彥之突然叛逃中央軍，安大人嚇得跳進了草料車裡瑟瑟發抖……

面對天上掉下來的一塊大肥肉，中央軍的弟兄們吃了個滿嘴流油。是役，中央軍殺叛軍一萬五千人。如果算上因天冷被凍死，或被踩死的，兩萬餘人。

安重榮狼狽逃回鎮州，但他的生命在二十天後就戛然而止了。

天福七年（九四二年）正月初二，官軍在「叛徒」的引導下，順利攻下鎮州，斬安重榮人頭。

經石敬瑭同意，晉軍把安重榮人頭以漆漆之，送給契丹，請乾爹耶律德光消消氣……

平定了安重榮叛亂，但河北局勢並不十分穩定，所以石敬瑭一直坐鎮鄴都。等到形勢穩定下來，再回汴梁。

石敬瑭已經回不去了，他這一番波詭雲譎的人生，最終也定格在鄴都保昌殿。天福七年六月十三日，五十一歲的石敬瑭病逝。

因為出賣燕雲十六州，認自己小十一歲的耶律德光為父，石敬瑭在歷史上可算是惡名昭彰，人多唾其無恥。但實際上，除了這兩個洗不掉的污點，石敬瑭還算是個有為明君。《舊五代史・晉書・高祖紀六》對石敬瑭的評價很客觀：「旰食宵衣，禮賢從諫，慕黃、老之教，樂清淨之風。」沒有對下苛剝百姓，晉朝百姓在石敬瑭統治的七年中，生活還算安穩。

從某種程度上說，石敬瑭延續了他的岳父、唐明宗李嗣源的小康盛世。

至於歐陽修指責石敬瑭「晉之事醜矣」，不過是宋人的雙重標準罷了。

馮道面臨的儲君選擇——選大還是選小？

天下是石敬瑭連坑帶拐騙過來的，他死了不要緊，江山必須傳給石家人。可惜石敬瑭命中寡息，因亂世無序，被人連殺帶砍滅掉五個。還有一個幼子石馮六，剛生下沒多久就夭折了。

現在有繼位可能的只有兩個人選：親生兒子石重睿、養子兼侄子石重貴。不得不說石重貴是非常幸運的，石敬瑭的幾個親生兒子，個個都是人中之龍。比如石重信，為人敏悟多智而好禮；石重乂好學知兵法。特別是石重信，死得最為可惜。張從賓之亂時，石重信不幸遇害，年僅二十。「遠近聞者，為之歎惜」。可以說，如果石重信不死，儲君位子鐵定是石重信的。

如果石重信能繼位，以他的天資能力，守住晉朝天下不是難事，也許歐陽修就不敢再說什麼「晉之事醜矣」了。

因為幾個有競爭能力的堂弟都死了，剩下一個幼沖的石重睿，就是石重貴唯一的威脅了。這在一點上，從某種程度上講，周世宗柴榮比石重貴還要幸運，因為養父郭威的幾個親生兒子全都在乾祐之變中被殺。當然，柴榮的損失同樣慘重，自己的三個兒子也同時遇害。有一個不死，也絕輪不到趙匡胤憑空撿個大寶貝。

亂世立長君，這是自古以來一個不成文的立儲潛規則。特別是在宗族乏才的情況下，立長君是風險相對較小的選擇。如果一定要立幼君，首要條件是這個政權的宗室有強悍的皇叔群，或者是強悍的皇太后，最著名的——清孝莊皇太后博爾濟吉特氏與睿郡王多爾袞，以及將北宋打得找不著牙的契丹蕭太后……

不過對於石重貴的態度，石敬瑭一直是模糊不清的。如果繞過石重貴而立年幼的石重睿，必然導致石重貴嚴重不滿。而且石重貴在政軍兩界都有成熟人脈，石重貴完全有可能發動各方面的力量端掉石重睿，自立為帝。在這種情況下，立石重睿豈不是多此一舉，甚至還有可能讓石重貴遷怒於石重睿。

綜合各方面考慮，立石重貴對石家社稷來說是最安全的選擇，畢竟石重貴是石家血脈。再怎麼著，石重貴還得尊重自己這個開國叔皇帝，並不是易朝換代。

只是有石重睿這個親生兒子在，石敬瑭還是不太甘心把江山傳給侄子……

關於到底立誰為儲的問題，史家記載各不相同。

《舊五代史・高祖紀六》和《少帝紀一》言之鑿鑿：石敬瑭死前以書面形式立石重貴為儲，即位。「（石重貴）承制即皇帝位」。

但《資治通鑑》卷二百八十一和《契丹國志》卷三記載的卻是石敬瑭並沒有打算立石重貴為嗣，而是把年幼的兒子石重睿抱出來，直接扔在內閣首輔馮道的懷裡。

「馮先生，你看著辦吧。」

……

在家天下時代，帝王把事涉本家族榮辱的立儲決定權交給大臣，這是非常罕見的，馮道從來沒有經歷過這些，因為他不是諸葛亮。

劉備在白帝城臨死前，流著淚對諸葛亮說：「若嗣子（劉阿斗）可輔，則輔之。若其不才，君可為成都之主。」

諸葛亮惶恐流淚叩頭。

劉備這句話，半是真誠，半是恐嚇。劉備真要把所有權力都移交給諸葛亮，何必再讓李嚴從中插上一腿。

但石敬瑭把立儲權交給馮道，則是舉棋不定下的無奈選擇。

其實石敬瑭把石重睿扔在馮道懷裡讓他選擇，可以看出來，石敬瑭也知道在正常情況下，是非立石重貴不可的。

可石敬瑭的首選，還是親生子石重睿。

實在做不了決定，乾脆把燙手山芋塞進馮道懷裡，讓馮道來決定。雖然這事涉石家天下，但石敬瑭有一萬個理由相信馮道不敢自為中原之主。

秀才造反，三年不成。

石敬瑭交給馮道的權力，只是在石重貴與石重睿之間二選一。

天下，依然姓石。

但馮道卻陷入了兩難。

馮道知道石敬瑭不想立石重貴，肥水不流外人田，否則可以直接立石重貴，何必給自己出這個難題。

看著石敬瑭含著淚闔然長逝，馮道一聲歎息。

如果立石重睿，因其年幼不更事，相權肯定依然交給馮道。只是問題是，石重貴會服氣嗎？肯定不會。

石重貴在朝中經營多年，羽翼早豐，皇兄奪位的事情鐵定會發生。如果這樣，馮道豈不是平白得罪了石重貴？不但石重睿的小命保不住，自己這條老命也如風中殘燭。

從馮道自身的利益角度講，如果立了成年長君，自然不如立石重睿那樣可以相權獨攬。但如果立石重貴，他即位後必然感激馮道，再加上馮道天下第一大臣的名牌，即使相權旁落，依然可以悠遊卒歲，富貴一生。

寧可得罪石重睿，也不能得罪石重貴。

而從天下角度看，立長君可以有效地收攬兵權，至少石重貴能在一定程度上壓住藩鎮大帥。若立年幼的石重睿，誰會心服？不定會再冒出幾個安重榮、范延光，大家都別想過日子。

為了這事，馮道來找侍衛馬軍都指揮使景延廣，二人在密室連夜商議，到底立哪一個？

為什麼找景延廣？這其中大有學問。

景延廣算是五代史上的傳奇人物，自小便學騎射，善挽強弓。自出道以來，景延廣一直在軍中供職，先事梁，後轉投河東。

最傳奇的一幕——晉王李存勗對梁朝發起戰略總攻，河上一戰，梁朝最後的名將、鐵槍王彥章與晉軍大戰，而晉軍列中就有景延廣！是役，景延廣重傷，由是知名。

說起來，石敬瑭一直非常欣賞景延廣的軍事才幹，甚至景延廣後來出事要斬首，還是石敬瑭開了後門放景延廣一條生路。自此後，景延廣便是石敬瑭的心腹要員，石敬瑭繼位後，景延廣一直處在軍界的最高層。在石敬瑭去世的這一年，景延廣任侍衛馬步軍都虞侯。

這是什麼官？換言之，景延廣控制的是晉朝最精銳的馬步御林軍！相當於十幾年後趙匡胤控制的精銳禁軍。

馮道要決定立儲，是不可能繞過景延廣的。否則石重貴不動，景延廣都會第一個跳腳。蛋糕就這麼一塊，要吃大家分著吃，誰也別想獨吞。

站在景延廣個人的利益角度，他所考慮的與馮道大致相同。立石重睿，石重貴鐵定不服，雖然自己掌握馬步御林軍，但在軍界威望並不高。如果得罪了石重貴，對自己是沒有半點好處的。立石重貴，至少能穩定現有局面。而立石重睿，若有藩鎮不服造反，局面就不是自己可以控制的。

馮道與景延廣密議多時，答案終於揭曉——立齊王石重貴。

對外宣稱的原因是非常有說服力的：國家多事，應立長君。

誰也沒有話說。

道理誰都明白，如果趙匡胤立趙德昭為帝，為北宋建立及穩定立有汗馬功勞的趙光義能服寸功沒有的趙德昭？答案是明擺著的。

天福七年（九四二年）六月十三日，三十三歲的石重貴在鄴都保昌殿，叔父石敬瑭的遺柩前即皇帝位。

因後來契丹滅晉，石重貴北遷出晉，史稱晉出帝，或晉少帝。

馮道受託孤與趙匡胤受託孤的一點比較

因為馮道「背叛」了石敬瑭的託孤，拋棄了石重睿，改立石重貴，遭到了南宋大儒胡安國的強烈炮轟。

胡安國，南宋初大儒，因死後諡號文定，所以世稱胡文定。這位老先生對「事五朝歷十君」的馮道向來是瞧不上眼的。

宋人葉隆禮在《契丹國志》卷二記載完馮道有違石敬瑭託孤遺願，改立石重貴之後，附上了胡文定公一條批判馮道的評語。

胡文定公曰：「晉高祖以幼子委馮道，道不可，盍明言之，乃含糊不對。死肉未寒，乃背顧命，其視荀息為如何？」

胡安國指責馮道有違臣節。如果馮道不想立石重睿，那就當面直接說要立石重貴，讓石敬瑭死也死得明白。何必當面支支吾吾，背後卻耍花槍，立了石重貴。和荀息相比，馮道相差何其遠也！

荀息是春秋晉國時的大夫，事晉獻公姬詭諸。晉獻公就是春秋五霸之一晉文公姬重耳的父親。春秋著名妖女驪姬的老公，就是這位晉國國公。

晉獻公討厭太子申生及重耳、夷吾，要立驪姬所生兒子姬奚齊，由荀息託孤輔政。結果奚齊剛立沒多久，就被權臣里克殺掉。荀息覺得有愧於獻公託孤，準備自殺，被人勸住，後立小驪姬所生的兒子卓子。沒想到姬卓又被里克殺掉。荀息不服里克，為里克所殺，算是對得起晉獻公的託孤之請。

不過胡安國拿馮道比之荀息不太合適，反而是他們的本朝太祖趙匡胤比之荀息再合適不過了。

胡安國攻擊馮道有負石敬瑭託孤之請，但他絕不會攻擊趙匡胤是如何有負周世宗柴榮託孤的。

從趙匡胤篡位後的言行來看，他在周朝就有了當皇帝的心思，只是懼柴榮雄武而不敢發。既然趙匡胤有稱帝之心，那麼他在柴榮託孤時為什麼「道不可，盍明言之」。直接對柴榮說我想當皇帝，陛下不要讓我託孤？另選他人。

馮道至少有心要立石重貴，但也沒回絕石敬瑭要立石重睿的意思，只是「含糊對之」。趙匡胤呢？可是跪在柴榮面前指天畫地要保幼主的。柴榮剛死半年，趙匡胤就要殺柴榮的幾個幼子。

胡安國們的客觀哪裡去了？

馮道沒有接下石敬瑭的話，也只是含糊應對要立石重睿，嚴格來說不算託孤，只能說是石敬瑭希望馮道能立石重睿。而即使立了石重貴，天下依然是石家的……

趙匡胤背叛自己對柴榮許下的諾言，是史有明載的。

《宋史・石守信傳》記載，趙匡胤打算讓老將符彥卿執掌禁軍，但卻遭到天下第一名吏趙普的堅決反對。趙匡胤被問急了，大聲說道：「朕待彥卿素厚，彥卿必不負朕。」

趙普冷冰冰地回了一句：「陛下奈何負周世宗？」

趙匡胤被兜心一拳打的沉默無語，遂罷此議。

柴榮死前，託孤大臣實際上有五個，三個文臣——范質、魏仁浦、王溥，兩個武臣，守城的韓通、統領天下最精銳禁軍的趙匡胤。

之前的殿前都點檢是張永德，柴榮不放心張永德，換上本屬二線人物的趙匡胤，目的當然是要趙匡胤輔助幼主的。

結果又如何？趙匡胤在陳橋密謀發動兵變，闖進宮裡，第一件事就是要殺柴榮的幾個還在襁褓中的幼兒。還是潘美念著世宗的好，希望手下留情，雖然柴榮生前並沒有太多照顧潘美。趙匡胤大怒：「汝以為不可耶！（你難道認為不該殺掉柴榮的幾個小崽子嗎？）」

還有一例。

後唐潛帝李從厚失國，石敬瑭殺掉李從厚所有身邊人員，導致李從厚最後被殺。胡文定公為此大發雷霆之怒，指責石敬瑭為臣不忠，認為如果即使是李從厚不當立，至少還有許王李從益也是明宗子，為什麼不立李從益？

胡安國的質問看似很有道理。但問題是，趙匡胤做了與石敬瑭相同的事，胡安國為什麼不說即使柴守訓失國，周世宗還有幾個兒子，趙匡胤何不立之？

李從厚的死確實與石敬瑭有直接關係，可趙匡胤不也要殺舊主幼子嗎？何況柴宗訓十九歲時死得不明不白。

荒唐的婚姻

在五代十國宋初幾十個亂七八糟的帝王中，論天才，石重貴不如柴榮；論名氣，石重貴不如李煜；論權術，不如趙匡胤；論荒誕離奇，不如閩國、南漢那一溜完全不靠譜的天皇大帝……

但石重貴卻意外的在後宮八卦史上插上一腳，成為後人津津樂道的八卦話題。

石重貴即位後，娶了守寡的親嬸娘馮氏為妻，立為皇后。

男人喜歡女色，自古英雄、小人皆然。

即使是思想相對開放的現代社會，一個男人娶了自己的女性長輩為妻，也要承受巨大的社會輿論壓力，何況是注重人倫大防的古代。

天下美人萬千，皇帝卻獨愛嬸娘一人。石重貴這位嬌滴滴的新娘子馮氏，按輩分算，是石重貴父親石敬儒少弟石重胤的妻子。不過這樁親事卻是石敬瑭親手操辦的。

馮氏是後唐時鄴都副留守馮濛的女兒，定州（今河北定州市）人。定州距離瀛州景城不過一百多里的距離，不清楚定州馮濛與景城馮道之間是否存在親屬關係。

馮濛因為「性巧佞」，走了樞密使安重誨的門路，從一個小小的州進奏吏一躍龍門，出任「繁富為天下之冠」的鄴都的副留守。而時任鄴都留守，正是石敬瑭。

馮濛能把安重誨拍得找不到北，自然也能把石敬瑭伺候得舒舒服服。石敬瑭極愛馮濛，為了建立雙方家族的友好關係，石敬瑭為自己的幼弟石重胤娶了馮濛的女兒，就是馮氏。不過石重胤命薄，早喪，馮氏年輕輕的就當起了寡婦，一直沒有再嫁。

綜合史料來看，馮氏寡居後應該就一直跟在石敬瑭身邊，直到石敬瑭稱帝，深居宮中，不然石重貴是沒有多少機會見到這位比自己大不了幾歲的嬸娘的。

晉朝建立後，石重貴位居高顯，會經常入宮找叔父皇帝議事，自然沒少與小嬸子打照面。一來二去，烏雞對鳳眼，雙方都有了那層意思。石重貴高大帥氣，馮娘子美貌驚天，乾柴烈火，就差兩桶油了。

也許大侄子和小嬸子早在石敬瑭健在的時候就暗通款曲，歷史彷彿在穿越：父皇病重時，太子李治與父皇身邊的才子武媚娘勾勾搭搭，輕握玉足如弓……

等叔父駕崩，自己順利繼位後，這位年輕的皇帝再也耐不住體內雄性荷爾蒙的衝動，闖進了小嬸子獨居的宮室，抱起小嬸子直入香榻。

幾日的顛鸞倒鳳，已經讓石重貴片刻也離不開小嬸子，他做出一個震驚內外的決定——朕要立嬸娘為皇后。作為君臨天下的皇帝，大權在握，沒有什麼人可以違背皇帝的意志。

天福七年（九四二年）十月初三，石重貴正式冊封小嬸娘為皇后。

皇太后李氏對石重貴亂倫非常不滿，曾經的弟妹變成了現在的侄媳婦，李太后「大恚」，但生米已經煮成熟飯，徒呼負負罷了。

皇帝大婚，公卿大臣們豈能無動於衷，「群臣皆賀」。

而其中帶頭的，還是馮道。

不要試圖影響新老闆對自己的分權

如何與自己並不熟悉的石重貴打交道？馮道的態度還是老樣子——不管誰當新老闆，你給我發工資，我給你賣力幹活。老闆家的私生活，與我無關。

其實按道理講，馮道還是石重貴的政治恩人，不是馮道與景延廣選中他，此時的石重貴還在府上喝著悶酒。但對於這一點，馮道和景延廣完全不同。

立石重貴，是馮、景二人以為國家多難當立長君，要說功勞，也是兩個人的。但景延廣年輕，見識淺，居然把立石重貴「獨以為己功」，每天趾高氣揚地存在著，景延廣認為有必要讓天下人都知道這皇帝是我立的。

馮道對此，只是呵呵笑，除了忙完公事，就在府裡鑽沙。如果景延廣認為功勞全是他的，盡可以拿去，馮道與世無爭。

景延廣的自負，歸根結柢，還在於石重貴對他的無限信任，二人在私下場合關係就非常好。馮道已經能深切地感覺出來，一朝天子一朝臣，新君繼位後，就要扶持自己的親信上位，景延廣飛黃騰達只是時間問題。

果然，在石重貴繼位一個月後，就有詔下：鄆州天平軍節度使兼侍衛馬步都虞侯景延廣加特進、同中書門下平章事，充侍衛親軍都指揮使。

同中書門下平章事，意味著景延廣擁有了一半的相權。

侍衛親軍都指揮使，意味著景延廣控制著朝廷最精銳的禁軍部隊。

天下第一宣力大臣，不再是馮道，而是景延廣。

這就是景延廣敢當著天下人的面，自詡新君非吾不能立的底氣所在。景延廣是石重貴著力扶持的首席大臣，他的狂妄自負是得到石重貴默許的。人家是一夥的，隨便他們怎麼折騰，那是人家的事情。馮道作為外人，如果馮道滿世界宣傳立新君是自己的功勞，當事人石重貴會怎麼想？新貴景延廣又會怎麼想？

石重貴也許會想：我是你立的，但你也可能廢掉我。

景延廣也許會想：沒有我掌握軍權配合你，你立的新君能坐穩江山？

馮道不會以這樣的方式去得罪新老闆和他的團隊。

馮道當年也經歷過類似場面，明宗時代，馮道名義上是內閣首輔，但實際上的首席大臣是樞密使安重誨。那時的馮道就在夾著尾巴做人，現在不過是複製了當年的模式，沒什麼不適應的。

有時候，得罪老闆並不可怕，可怕的是得罪老闆身邊的近臣。

寧得罪君子，莫得罪小人，從古到今，道理是相同的。

也許馮道還想到了另外一個可能：景延廣公然蔑視自己的存在，獨攬擁立大功，是石重貴暗中授意。

新主登基，最忌諱的是權力集中於他人之手。何況在有兵權即可奪權的五代宋初，權力過大，極容易導致改朝換代。

景延廣如此張狂，不僅不把馮道放在眼裡，甚至也不把新主放在眼裡。換了別人，早已成年的石重貴能容忍得了？景延廣固然褊狹自負，但如果沒有石重貴的暗中支持，以馮道的江湖地位，景延廣不至於如此公開掃馮道的臉面。

《資治通鑑》卷二百八十二：「帝以延廣有定策功，故寵冠群臣，又總宿衛兵，故大臣莫能與之爭。」

當石重貴都認為自己繼位的功勞都是景延廣的，馮道還能爭什麼呢？

馮道其實並不想爭什麼，該爭的，當年他都爭過了。問題是，石重貴對馮道並不是十分放心。所以，景延廣四處炫耀自己的擁立新君之功，實際上就是暗中傳達石重貴對馮道的真實用意——有些權力，你該放一放了。

景延廣是站在石重貴這條船上的，大家榮辱共擔，石重貴對他一百個放心，但馮道不是。

當初石敬瑭為了馮道，裁撤樞密院，所有權力都交給馮道。馮道文武雙挑，又兼三朝重臣，威望素著，極易在身邊形成一個油鹽不浸的文人官僚集團。馮道本人固然不會篡位，但身邊站著這麼一個權力過大的人物，如果馮道不配合自己，石重貴的權力邊界會非常有限。

所以石重貴需要利用景延廣來敲打一下馮道。

槍打出頭鳥。這個道理，馮道還是懂得的。自己的權力過大，新老闆有意見，新老闆身邊的紅人也有意見，他們都幾乎公開讓自己交權了，他豈會看不出來。

就在景延廣進內閣，並任侍衛親軍都指揮使的詔令下來沒幾天，馮道等宰相突然上表，要求皇帝恢復樞密院的建置。

表略云：「竊以樞密使創自前朝，置諸近侍，其來已久，所便尤多。頃歲樞密使劉處讓偶屬家艱，爰拘喪制，既從罷免，暫議改更，不曾顯降敕文，永停使額。所願各歸職分，豈敢苟避繁難。伏請依舊置樞密使。」

馮道的理由是自己年歲太大，而廢除樞密院後，所有原樞密院的事務都壓在他們幾個老人肩上，實在忙不過來，「馮道等厭其事繁」。

為了讓我們這幾個老傢伙多活幾年，請陛下復設樞密院。

馮道真的是「厭其事繁」嗎？

石敬瑭罷廢樞密院，並移交權力給馮道，是在西元九三九年。彼時馮道五十八歲，早已華髮老矣。如果馮道要是真覺得力不從心，在接手樞密院事務半年內，就能感受到事務的繁劇，最遲一年，當時馮道就應該「厭其事繁」，而不是接手三年後才「厭其事繁」。而此時正值新主即位，新主人馬開始登上權力舞臺的敏感時期。

《資治通鑒》卷二百八十二在記載用了一個不太為人所注意的詞——勳舊。

「勳舊皆欲復置樞密使」，這才有了馮道「三奏，請以樞密職讓之」。換言之，朝野上下要求恢復樞密院建置的呼聲極高，特別是晉朝的那幫皇親國戚、功臣大將。天下是他們的，結果就那麼一塊蛋糕，還被馮道這個老傢伙緊緊攥在手裡，大家只能眼巴巴地望著這塊蛋糕流口水，誰其心服？

如果馮道見機不退，他將得罪官場上所有沒有吃上蛋糕的同僚。老話云：斷人財路，如同殺人父母。

以馮道的見識，他豈能做如此傻事？

馮道提出要恢復樞密院，正合石重貴的意思，但這位新皇帝也不傻。如果立刻接下馮道扔過來的這個臭雞蛋，就等於承認他是希望恢復建置樞密院，分擔宰相權力的。

這對新皇帝的公眾形象建設，是不太有利的。

於是，第二道表再上，果然被石重貴拒絕。

第三道表又上了，還是被拒絕了：「復請置之，庶分其權，表凡三上，不允。」

但馮道知道，石重貴越是推得乾淨，越是對自己不放心。

夜深人靜的時候，馮道斜臥榻上，和衣看著那在微風中搖搖晃晃的殘燭，馮道心緒萬千。

新老闆對自己表面尊重，暗中提防，馮道覺得是時候避一避鋒芒了。

江湖有句老話：不要敬酒不吃，吃罰酒。

對契丹態度模稜兩可的馮道

石重貴對馮道並不滿意。

原因倒不是二人之間有什麼私怨，而是二人的脾氣、性格都有著很大的區別。

馮道穩重謹慎，不輕易與人爭，有如老僧坐禪，性格屬於軟性。而石重貴卻外向剛決，殺伐果斷，性格屬於剛性。

一個很明顯的區別，在於如何對待石敬瑭向契丹割地稱臣認子的態度上。

馮道有一定程度上理解石敬瑭的行為，馮道肯冒著老病死於塞外的風險幫助石敬瑭「結二國之歡」，就已經證明這一點。

而石重貴，對叔父的降格外交嚴重不滿。

按禮制，先皇帝駕崩，新皇帝必須派遣使者到契丹告哀，石重貴也派人去了。但其中涉及一個名分的問題，到底要不要向契丹稱臣。

石重貴明確表示了自己的態度——可以向耶律德光稱孫，但不可以稱臣。

其實耶律德光只比石重貴大十三歲，石重貴向耶律德光自稱乾孫子已經是自降人格。但如果不向契丹稱臣，至少國格還在。

石重貴是個很有理想的年輕人，他不想因循守舊。稱孫可以，畢竟只是一家人的恥辱，但如果向契丹人稱臣，則是整個中原人的恥辱。

石重貴有血性，他做不到這一點。

同樣年輕氣盛的景延廣也做不到這一點。

景延廣的態度是——寧可稱孫，只辱一人；如果稱臣，則辱天下人。面對契丹使者喬榮的責問，景延廣替石重貴回話：「當年我高祖皇帝（石敬瑭）為北主所立，向北主稱臣，其宜也。而今我皇帝是中國（中原政權）自立，與北主無關，稱臣，其不宜也。」

意氣風發的天下第一宣力大臣站在大殿上，對著被罵得灰頭土臉的契丹使者猛張雙掌，怒目圓睜，大喝道：「我大晉朝自有十萬橫磨劍，若是契丹人覺得不服，自可領胡騎萬千來戰。中國兵馬強盛，足夠讓你們站著進來，躺著出去！」

喬榮是契丹派到中原的最高經貿代表，而他這支經貿團隊的其他人員都被狂妄的景延廣殺掉了，財物一體充公。喬榮看著臉已扭曲變形的景延廣，冷冷一笑，說了句：「算你狠！」抽身而去。

這是景延廣的態度，也是石重貴的態度。石重貴不滿於叔父對契丹的屈膝外交，提出與契丹的平等外交，大家都是大國元首，憑什麼我要給你奴顏婢膝？

我叔父自是我叔父，我自是我！

從某種角度上講，景延廣是大臣中的石重貴，石重貴是皇帝中的景延廣。

石重貴希望能與契丹發展正常的外交關係，但他拒絕向契丹稱臣，已經嚴重侵犯了契丹在中原的利益，耶律德光當然不能容忍。

當喬榮回去後，把在汴梁發生的一切添油加醋說了之後，耶律德光的老臉也變了形，「契丹主大怒，入寇之志始決」。

一場腥風血雨的江湖惡戰，不可避免。

對於如何發展與契丹的國家關係，晉朝最高統治集團內部發生了嚴重分歧。

大致可分為三派：

少壯強硬派，以皇帝石重貴、首席大臣景延廣為首，主張發展平等外交。若其不從，刀兵應之。

主張維持現狀派，以開國老臣桑維翰、宰相李崧為首。桑維翰自不必說，現在的對契丹關係就是他制定的，他不會自抽耳光。李崧則對石重貴景延廣的激進觀點進行了強烈駁斥。

李崧警告石重貴：「先帝為了中原利益，不惜以自身受辱而免中原百姓受刀兵之禍，忍辱負重，雖勾踐不過如此。而今日陛下要與契丹翻臉，請陛下自問，我朝甲兵，能當契丹十一否？等契丹人大舉南牧，陛下無人可用，只能親自披甲拎刀，上陣與契丹人對砍。——臣請陛下收回成命，免致後悔！」

石重貴大怒。

第三派是以河東節度使劉知遠為代表的地方大藩。

作為與契丹相鄰的戰略重鎮的最高長官，如何發展與契丹關係這樣重大的政治討論，卻聽不見劉知遠的任何聲音。他保持沉默。

《資治通鑒》給出的理由是劉知遠不想得罪天子寵臣景延廣，但胡三省在同一條下批注則非常有道理。胡三省認為劉知遠不說話，是有意放石重貴的暗箭。

當初石敬瑭病重時，準備召劉知遠入朝輔政，被石重貴暗中做了手腳，劉知遠原地不動，「知遠由是怨齊王」。

劉知遠恩怨分明，睚眥必報，他恨不得一腳將石重貴踹下地獄。耶律德光和石重貴翻臉，是劉知遠喜聞樂見的。晉遼大戰，如果石重貴戰敗，作為天下第一大藩的河東，劉知遠有很大的機會渾水摸魚。

「劉知遠非不敢言，蓋亦有憾於帝而不欲言，將坐觀成敗，因而利之也。」

其實在這三派之外，還有一派，就是模稜兩可派，代表人物——馮道。

當景延廣氣沖牛斗般的與李崧進行口水大戰時，指責李崧奴顏婢膝，馮道的態度卻非常曖昧。即不反對景延廣的平等外交，也不反對李崧的屈膝外交，你們聊你們的。

「馮相覺得我們誰的觀點更有道理？」

「都很有道理，是的，你們說的都對。嗯，確實如此，對契丹關係事關本朝興亡，不可等閒視之，是需要制定一個合理的方略。」馮道說了很多，可全是一字沒用的廢話。

地方長官代表劉知遠一言不發，最有威望的首席宰相馮道模稜兩可亂打醬油，當失去了這兩大派的支持，無權無兵的一介書生李崧又如何頂過得天子第一信臣。桑維翰比李崧的資歷更老，石重貴都不聽他的。

按馮道對契丹的態度，石重貴的激進外交路線是馮道難以認同的，但馮道為什麼要袖手旁觀？答案很簡單：馮道有意表現得老邁不中用，等皇帝把自己趕出朝廷，避禍。

馮道再一次裝傻。

馮道對重大決策「依違兩可，無所操決」的模糊態度，引起了官場上的很大爭議。有人認同，說馮相老成謀國；有人反對，指責馮道尸位素餐。

馮道在暗笑。

也許是心中有太多的感慨，馮道有一次約了一位在官場上相熟的朋友，詢問大家對自己的態度。這位朋友實話實說：「是非相半。」

馮道笑了，「黨同伐異，千古皆然。老兄說我在政事堂的名聲是非相半，非也。在我看來，朝中反對我的人可不止一半，十成裡至少有九成。」

馮道知道，自己佔據了朝中近乎九成的政治資源，自然會有至少九成的人盯著自己手上的那塊其實已經變味了的蛋糕。

果然，有人在石重貴面前向不在場的馮道射去一支暗箭。

這個人是誰，史無明載，《舊五代史・馮道傳》稱其為「有人」，《資治通鑒》稱其為「或」。

有三種可能。

一是景延廣派人詆毀馮道。有馮道橫在自己面前，景延廣縛手縛腳，必須踢開馮道，自己才有施展抱負的空間。

二是石重貴本人自導自演的蹩腳雙簧戲。隨便找個人來與自己按著劇本配戲，然後找個理由開掉馮道。

三，就有可能馮道本人為了早日離開官場，故意找熟人說自己壞話。

不知真相如何，但這位先生對馮道的評價非常精彩。

「馮道生不逢時。」

「何解？」石重貴問道。

「如果生在太平時代，以馮道的才力，足以做承平良相，雖姚、宋不過如此。而今社稷艱難，天下多故，以馮道做事依違兩可，意志不堅的態度，讓他為國家解憂分難，猶有一比。」

「比之者何？」

「猶如老僧使飛鷹去追殺兔。人各有專長，盛世用賢臣，如明皇用姚、宋；亂世用強臣，如苻堅用王猛。馮道類姚、宋，而不類王猛，非陛下所急用之人。」

石重貴不住地點頭，「朕對馮道也是這般看法。」

看到馮道對自己要改變與契丹的外交關係保持沉默，石重貴就對這位名滿天下的宰相心存不滿。朕需要進取之臣以助朕解國家危險，要你一個泥雕木偶何用？本來石重貴對是否棄用馮道還在猶豫，聽罷此人對馮道的精彩評論，石重貴終於下決心搬掉馮道這塊臭石頭。

石重貴手下還有很多人需要吃蛋糕，馮道不走，大家都要挨餓。

詔下：以太尉、兼侍中馮道為檢校太師、兼侍中，充匡國軍節度使。

時隔九年，馮道再一次回到了他首次出任地方節度使的同州。

馮道面無喜怒地與同僚告了別，置酒郵亭，長笑一揖，揮手自茲去，蕭蕭老馬鳴……

而耐人尋味的是，在馮道被請出朝廷僅僅三天後，又一道非常重要的制度調整命令對外公佈——恢復樞密院建置。

理由是有人對石重貴推薦桑維翰，說天下多故，陛下欲抗契丹，非用桑維翰不可。石重貴然其可，立刻封桑維翰為樞密使、中書令，「事無巨細，一以委之」。

根據胡三省的說法，這個「或」，與評價馮道的那個「或」，是同一個人。當年石敬瑭送給馮道的所有權力，都被石重貴收回，然後一樣不少的都送給了桑維翰。所以胡三省在《通鑑》此條下批注：「出馮道鎮同州，將別命（宰）相也。」

雖然桑維翰是堅定的投降派，與石重貴的強硬外交路線互不相容，但畢竟桑維翰是先帝（石敬瑭）舊人，出道以來就追隨先帝，未事二主。而石重貴仔細數了數馮道曾經侍奉過的君主：劉守光、李存勗、李嗣源、李從厚、李從珂、先帝……

晉遼大戰

趕走了馮道，石重貴接下來要面對的，一是公私困頓的經濟局面，特別是各種自然災害導致的大量平民餓死；二是他那位還在發沖天之怒的乾祖父耶律德光。

關於第一條，相關的史料記載可謂怵目驚心。

《舊五代史・晉書・少帝二》：天福八年（九四三年）九月，「州郡二十七蝗，餓死者數十萬」。

《舊五代史・晉書・少帝二》：天福八年，「是冬大饑，河南諸州餓死者二萬六千餘口。」

《舊五代史・晉書・少帝二》：開運元年（九四四年）四月，「隴州奏，餓死者五萬六千口。」

在小農經濟時代，大量平民的死亡，意味著朝廷收入的必然減少。因為要準備與契丹的戰爭，軍用乏錢，石重貴不得不把主意打到百姓身上。一支由三十六人組成的搜刮團，在汴梁城外分手，分散到全國各地搜刮民財。有人敢不交錢者，朝廷授劍，立斬。

現場慘不忍睹：一個面目窮惡的朝廷搜刮大使，率領一夥打手，帶著刀槍鎖具，闖進百姓家裡，翻箱倒櫃的刮地皮。「百姓大小驚懼，求死無地」。

沾滿百姓鮮血的財貨源源不斷地送往汴梁國庫，石重貴和景延廣看著這些五顏六色的寶貝，喜笑顏開。

石重貴缺錢嗎？確實缺錢。但這些搜刮來的財富都用在對抗契丹的軍費上了麼？並非如此。

這些財物有一部分確實充作軍費之用，但還有相當大的一部分，是準備用於石重貴及其權貴集團個人享受的。

石重貴有一次去景延廣家中作客，景延廣給皇帝進獻帛五千匹、棉一千四百兩，馬二十二匹，玉鞍、犀金不計其數。石重貴同樣出手闊綽，賜給景延廣名馬玉帶，包括景延廣老娘、老婆，七姑八姨、家生子、幕府吃閒飯的，一干貓三狗四俱有厚賜。

歐陽修罵道：「時天下旱、蝗，民餓死者歲十數萬，而君臣窮極奢侈以相誇尚如此。」

晉朝經濟幾近崩潰，公私困頓，這是耶律德光決定起兵推翻石重貴的重要外因。當然，晉朝吃裡扒外的內奸特別多，包括楊光遠、趙延壽，以及後來的李守貞，張彥澤諸先生，晉國內有契丹的第五縱隊，這也是耶律德光敢於起兵的重要原因。

晉開運元年（遼會同八年，九四四年）正月初二，汴梁城中慶賀新春的煙火味道還沒有隨風散去，邊關奏報：契丹大將趙延壽、趙延照領兵五萬，已大舉南下，契丹皇帝耶律德光壓陣前行，大軍進逼貝州（今河北清河）。

還沒等石重貴反應過來，噩耗傳來：貝州失陷，名將吳巒戰死，死傷百姓萬餘人。

耶律德光是不會給石重貴任何喘息機會的，數路契丹強兵分道南下，太原、正定各道皆急告契丹大舉入侵。

貝州是河北入河南的門戶，丟了貝州，黃河就在契丹騎兵的面前，而契丹人一旦渡河，後果是可以料見的。

石重貴再也坐不住了，先把珠玉寶貝鎖進箱子裡，然後北上找乾祖父喝茶聊天。

正月十二，晉朝皇帝大駕從汴梁城中出發。而僅僅兩天後，還在路上的石重貴就收到了不好的消息：契丹人已經殺到了黃河北岸的黎陽鎮。

不過石重貴對戰勝耶律德光還是充滿了信心。僅從紙面上講，晉軍的戰鬥力絕不遜色於契丹人，真要拼個死活，晉軍的勝面反而要大於契丹人，因為晉軍非常的團結。

其實這還是耶律德光自己的失誤造成的。耶律德光性情殘暴，殺人上癮，每得一地，盡殺其壯丁，萬戶為墟。更讓人髮指的是，為了發洩對石重貴的不滿，每俘晉軍，耶律德光都要殘忍地燒死他們。

消息傳來，晉軍將士怒髮衝冠，「晉人憤怒，戮力爭奮」。「晉人憤怒」，其實還有一個原因，就是石重貴捨得給弟兄們砸錢，從這一點上來說，石重貴要比李從珂幸運。

李從珂因為沒錢餉軍，窘態百出，而石重貴出手大方，自然深得軍心。在他剛即位時，就當一回散財童子，賜侍衛親軍等軍錢財，軍級低者領五貫足錢，軍級高者能領到一百貫！

重賞之下必有勇夫，千古莫不如此。

耶律德光還是有些小瞧石重貴，覺得晉軍不堪一擊，可當他真正面對晉軍主力的時候，耶律德光有些後悔。

在馬家口，耶律德光嘗到了石重貴的厲害。

契丹人橫渡馬家口，是內奸頭子楊光遠通敵賣國的傑作。不過石重貴手上的牌面足夠強硬，五代三位頂級名將：高行周、符彥卿、李守貞各率強勇之徒一字排開，後面還有梁漢璋、皇甫遇、白再榮一干亡命強徒，石重貴半點也不怵耶律德光。

在十世紀中原政權與契丹的大戰中，趙匡胤畏懼契丹不敢戰，趙光義兩次北伐慘敗，柴榮北伐因沒有與契丹主力交戰備受爭議。而在石重貴時代短短的四年裡，就與契丹王牌主力進行兩次熱血肉搏，取均得罕見的大勝，馬家口之戰便是其中之一。

戰役的起因是晉軍的先鋒指揮使石公霸被契丹人圍在戚城北，高行周和符彥卿親率數百精騎去撈人，結果又被黑鴉鴉望不到頭的契丹騎兵死死圍住。高行周年輕的兒子，宋初演義小說史上著名的白袍高懷德挺槍入門。《宋史・高懷德傳》對此有著非常精彩動人的描述：「懷德左右射，縱橫馳突，眾皆披靡，挾父而出。」

如果高、符兩大名將不幸遭難，將是中原政權的重大損失。責任，其實還是志大才疏的景延廣的。景延廣制定了一套所謂分地而守的作戰計畫，要求各將不能擅自離守，即使為敵所圍也不能輕動。如果不是二人命大，根本不可能活著出來。氣得高行周與符彥卿跑到石重貴所在的御帳哭著告了景延廣一狀。

而由此，石重貴對景延廣的軍事指揮也產生了懷疑。

晉朝三大名將中，高行周、符彥卿大放光彩，另一位名將李守貞也不遜色。

李守貞的作戰任務是打敗契丹人從馬家口東渡黃河的企圖。耶律德光出手實在闊綽，僅先鋒軍就有兩萬人，步軍一萬，在河東岸築壘，騎兵一萬環守新壘，而河西岸聚集著數萬契丹王牌主力。

李守貞的作戰方法其實非常簡單，就是玩命相搏，揪住了就劈頭蓋臉一通亂揍。簡單而粗暴，卻非常有效。契丹人沒想到晉軍會如此粗魯，連個招呼也不打，頓時方寸大亂。最要命的是契丹人死守河東岸，背後完全沒有退路，一旦戰敗，後果是致命的。

河東岸的契丹人被強悍的晉軍衝得七零八落，僅被擠進黃河淹死的就是好幾千人。河西岸的契丹眼睜睜看著同伴被南人殲滅，卻無法出手相救，「號哭而去」。浩浩蕩蕩的黃河上空，還淒厲地盤旋著契丹人絕望的哭喊聲。

契丹人被激怒了，晉人也怒了。

一場震驚五代史的漢人與契丹人的慘烈大戰，在一個名叫白團衛村的小村莊，悄然拉開血腥的帷幕。

這場戰役起源於一個被晉軍俘虜的趙延壽所部士兵的傳言。

這個士兵告訴杜重威等晉軍大將，「契丹八萬餘騎，當天夜裡就會抵達定州，請速作戰備。」杜重威打仗的本事要小於摟錢的本事，聽說八萬多契丹騎兵南下，嚇得立刻從定州撤到泰州（今河北清苑）。這個被俘的士兵並沒有假傳消息，黑鴉鴉望不到頭的契丹騎兵果然殺了過來，晉人逃到哪裡，他們就追到哪裡。

晉軍結成大陣，且戰且退，一直南撤到白團衛村，又被契丹人重重合圍。外無救兵，內缺糧草，早已是人饑馬乏。

此時，已是晉開運二年（九四五年）三月二十六日的傍晚。烏雲覆頂，狂風呼嘯，飛沙走石，一片地獄末日景象。

沒有糧草還能撐一會兒，但營中早斷了水源，甚至連泥水都喝光了。契丹人知道這是晉軍主力，必欲全殲之，耶律德光端坐在由兩頭駱駝拉著的大奚車上，看到晉軍人馬俱乏，冷笑道：「先取彼軍，後取大梁！」

數萬契丹最精銳的鐵鷂子騎兵聞令齊下馬，各操短刀，拔掉晉軍設置的鹿角，步步進圍。這些契丹人說著漢人們聽不懂的契丹語，暴烈的東北風颳得後面的戰旗獵獵作響，契丹陣地鼓聲如雷，耶律德光下令縱火揚灰，增加現場恐怖氣氛，天地一片晦暗，場面異常震撼。

看著死神步步進逼，晉軍主將杜重威畏懼契丹兵勢，按兵不動，弟兄們都急了，大聲請戰。杜重威不懂戰陣兵法，說等風小了再戰，結果被李守貞當面嗆回：「此時風大日晦，胡人也不知道我軍底細，如果風停了，我們強勢盡在彼眼中，安能得生？」

是戰是等，晉軍高層發生了分歧。馬軍左廂都排陣使張彥澤主張風小再戰，畢竟風大有阻力，不利揮刀。但馬軍右廂都排陣使藥元福卻提出了一個非常新穎的觀點：「契丹人仗著風勢進逼我們，就算定了我們饑渴無力，不敢逆風迎戰。彼料我不能迎風戰，而我則必迎風戰，出其不意，卒能大勝。」

符彥卿認同藥元福的觀點，橫刀大呼：「與其成為契丹人俘虜，不如戰死，還能落得英雄之名。」

李守貞貪婪，但戰鬥力強，在馬上高舉大槍，聲音嘶啞地吼道：「諸軍與吾共擊賊！」

橫豎都是死，那不如橫著死，至少還像個男人。

一萬多晉軍最精銳的騎兵忍著饑渴，在藥元福、符彥卿、李守貞等人的率領下，悄悄繞出了營寨西門，趁契丹鐵鷂子軍完全沒有心理準備時，以排山倒海之勢衝進契丹人陣中。

鐵鷂子軍是契丹王牌騎兵，但此時他們是步戰的，而且只帶短刀，根本無法與縱大馬，舞大刀的晉軍相抗衡。

晉軍在逆境中爆發恐怖的求生欲望，邊殺邊吼，聲音震動天地。宜將剩勇追窮寇，契丹人被晉軍趕鴨子一樣追殺二十多里，死傷遍地。

契丹主力勢如山崩，坐在大奚車上悠閒看風景的耶律德光再也坐不住了，他不想以失敗者的身分見到曾經給他叩過頭的乾孫子石重貴。耶律德光已經看到晉軍揮舞著大刀就快到自己面前，這位「爺皇帝」肝膽俱裂。幸虧揪住了一頭正在轉圈的駱駝，耶律德光跨上駱駝，長鞭飛舞，嘴裡嘰哩咕嚕念著契丹古老的咒語，這頭倒楣的駱駝扭著碩大的屁股閃電狂奔。

三十四年後，「素不知兵」的北宋太宗趙匡義兵敗高梁河，趙匡義大腿上中了一箭，險些被契丹人活捉。幸虧尋到一輛正在轉圈的驢車，趙匡義倉皇穿上宮女的衣服，揮舞大鞭，長髯隨風飄舞，趕著這頭被驚嚇到的驢子閃電狂奔。

歷史，總是這麼喜劇。

耶律德光灰頭土臉地逃回幽州，大發雷霆之怒，對作戰不利的酋長們扒了褲子打屁股。而勝利者石重貴則滿臉喜悅地回到大梁城，論功行賞。

大梁城正在陶醉，「皇帝陛下萬歲」的呼聲響徹雲天。

沉默的馮道

很久沒有了馮道的消息。

石重貴把心思都用在對付乾祖父耶律德光的騷擾上，馮道早已走進他的記憶深處。在與馮皇后行完床第之歡，昏沉睡去後，馮道那清瘦的身影突然在自己面前，含笑看著自己……

石重貴不知道馮道在同州任上每天都做些什麼。

其實馮道什麼也沒做。

馮道第一次外放同州時，是以進為退，將來好重進中樞一展羽翅，所以他在同州任上積極進取，「為政閒澹，獄市無撓」。但第二次來到同州時，馮道卻保持著讓人窒息的沉默。

相關史料上找不到馮道第二次同州之任時活動的一個字，無論公事抑或私事。

自開運元年（九四三年）六月，馮道離開汴梁赴同州上任，一年多的時間，馮道除了沉默，還是沉默。

同州其實離中原不算特別遠，皇帝與契丹人熱血大戰的新聞，馮道每天都能聽到。但馮道對此不置一詞，似乎這一切與他沒有任何關係。

還記得馮道寫的那句詩：「只為朝廷不為家。」如今國家有難，馮道卻主動逃離，這似乎他的熱血承諾相違背。

其實並非如此。

馮道對得起石重貴，但石重貴卻未必對得起馮道。

馮道冒著違背先帝流淚託孤遺願的罵名，改立石重貴，結果還是遭到石重貴的猜疑。石敬瑭知道馮道的分量，但石重貴只認景延廣才是真國士。當馮道成了政治棄婦，誰還能站在道德的制高點上，要求棄婦還為舊夫守身如玉。

馮道主動避難遠離，是看到石重貴這條豪華的船隻下面有了一個微小的漏洞，船會慢慢下沉，馮道不想陪石重貴送死。

趨利避禍，人之常情。

當然，馮道有些地方也做得不好，比如在石重貴討論與契丹的外交戰略時，他不應該模稜兩可，等著皇帝把他轟出去。只顧著自己明哲保身，多少少了些馮道所處那個位置該承擔的歷史擔當。

同州還是那個同州，但馮道早已經不是原來那個馮道。風雨無情，很容易消磨掉一個年輕人原本堅硬的稜角，馮道開始變得沉默。

在稍顯破舊的同州衙舍裡，六十二歲的馮道依舊在擺弄著他那些花花草草。來了興致時，馮道會輕輕吟哦著韓昌黎那首著名的《早春呈水部張十八員外》：「天街小雨潤如酥，草色遙看近卻無。最是一年春好處，絕勝煙柳滿皇都。」

風風雨雨，馮道早已看淡。

馮道喜歡養花，每到一地，都在街角院落開一方園圃，親手種植些喜愛的花卉，並賦詩記之。馮道曾經寫過一首《吟治圃》，看格式應該是七律，可惜這首詩並沒有完整地留傳下來，後人只是有幸從浩繁發黃的舊書堆中找到了其中兩句：

已落地、花方遺掃，未經霜、草莫教鋤。

馮道每天的生活如此簡單而悠閒。處理完並不紛雜的公務，馮道退回衙舍，養花弄魚，思考自己的人生。沒有他的允許，任何人都不能進來。

沉默了一年，石重貴終於又想起了馮道。

不過，石重貴並沒有把馮道召回內閣的打算，而是在開運三年（九四五年）的五月，一道詔下：以前匡國軍節度使馮道為威勝軍節度使。

之後，石重貴又開始把精力放在對付耶律德光的騷擾，以及馮皇后那永不滿足的欲望上了。石重貴覺得以後可能還有機會再見到馮道，只是讓石重貴沒有想到的是，早在開運元年調馮道出任匡國軍節度使，馮道陛辭時，竟是他與馮道的最後一次相見，從此天涯各自。

馮道知道石重貴對自己的態度。即使自己是手無縛雞之力的文人，在同一個節度使位置上坐久了，皇帝也是不放心的。給自己挪窩，防止自己在同州坐大。

威勝軍，去就去吧，馮道沒有任何怨言。處理好了交接工作，馮道把身邊一些物品裝上一輛小車，自己坐在另一輛小車上，向南而去。

威勝軍，位於晉朝疆域的最南部，隔著山南東道，就與十國之一的荊南接壤，治所在鄧州（今河南鄧州市）。

六百多里的距離，馮道的馬車慢悠悠行走在並不太平整的官道上。

當然，石重貴有一點做得比較好。仔細比較不難發現，石重貴給馮道安頓的這兩個養老院，都遠離刀兵戰火。無論是同州還是鄧州，政治形勢都非常穩定，經濟條件很好。

從這點上來看，石重貴還是抱有重新重用馮道的意思，只是暫時沒有精力，也沒有做出最後的決定。但有一點可以肯定，石重貴絕不會放馮道到國外，石重貴承擔不了如此重大的政治責任。

先看同州，北距党項、西距歸義軍各數百里；再看鄧州，雖然距離荊南較近，但中間還隔著一個山南東道（治所南陽），馮道想逃也逃不出去。

也許石重貴需要馮道做的，就是什麼都不要說，慢慢等吧，朕會用你的。

心有靈犀一點通，到了鄧州，馮道果然再次保持沉默。

馮道在鄧州，任何記載都沒有留下，一片空白。

《資治通鑒》整個第二百八十四卷，記載了開運二年（九四四）到晉朝滅亡（九四七）三年間所發生的重大歷史事件，卻找不到有關馮道的一個字。

石重貴的末日，杜重威的春天

石重貴還陶醉在白團衛村的大捷中，沒有清醒過來。此時的石重貴像極了當年的李存勗。李存勗滅梁，曾經自負地說天下自吾十指中得之，石重貴也把這次大捷的功勞算在自己頭上，他人無預。

中原與契丹戰爭史上罕見的白團衛村大捷，讓石重貴相信他那位乾祖父已經被嚇破膽，短期內不敢南下騷擾。

歌舞昇平，皇帝開始狠狠地犒勞自己。

晉朝的經濟一開始就不好，旱災蝗災彼此不絕，餓死百姓數十百千萬口，但石重貴還是下令：「四方貢獻珍奇，皆歸內府。」

老臣桑維翰越看越傷心，上殿直陳：「今國家多故，百姓多餓死，將士寒餒不能食。陛下卻愛黃白絲帛而不愛百姓將士。長久，則人心不附，若寇再來，陛下何以應戰？」

皇帝大怒：朕有自天佑，卿何必多言。百姓餓死？何不食肉糜！

……

看著桑維翰蒼老的身軀映著如血殘陽下殿時的搖頭歎息，石重貴依然撫摸著一件絕世珍寶，得意地笑著。

自古皇帝多貪寶貨者，身邊必蒼蠅般聚集著一堆巧佞之臣。而正在鑽營石重貴這顆臭雞蛋的，是石重貴的妻舅馮玉。

兄以妹貴（《新五代史》記載馮皇后是馮玉的姐姐），千古皆然，遠有楊國忠，近有馮璟臣（馮玉的字）。馮玉靠著妹妹的關係，一躍成為天子第一信臣。原來的第一宣力大臣景延廣，因剛狠難制，為石重貴所猜疑，罷掉兵權，安置洛陽閒居。

此時的情形，石重貴似李隆基，馮皇后似楊玉環，馮玉似楊國忠。楊國忠貪財，馮玉更貪。馮玉每天的任務就是摟錢，不停地摟錢……

看到馮玉會摟錢，石重貴越發欣賞妻舅，他曾經對宰相們下達一道命令：以後刺史以下官的除授，皆由馮玉決定。李崧等人無語。

佞臣是不喜歡直臣的。這一點，桑維翰深有體會。為了扳倒人嫌狗憎的桑維翰，馮玉用盡心思，和與桑維翰有怨的李守貞等人日夜密謀，最終成功說服石重貴，改桑維翰為開封尹，扶正性格軟弱易制的趙瑩。石重貴懷疑桑維翰有異志，要扶立幼弟石重睿，昔日舊情，早已成仇。

城狐社鼠當道，天下事，可知矣！

在大舅哥的狂熱吹捧下，石重貴已經飄飄然不能自已。石重貴相信自己能滅掉耶律德光，成就千古一帝的盛世偉業。石重貴的信心，來自契丹降將劉延祚的請降。

劉延祚本是中原漢人，後降契丹，任瀛州刺史。劉延祚給晉朝寫了一封密信，除了感慨自己對故國的無限思念之外，希望能以城南歸外，劉大人還透露了一個軍事機密——瀛州城中的契丹守兵還不到一千人！而耶律德光遠在上京，契丹主力一時過不來。只要朝廷肯發大兵，瀛州指日可定！

除了劉延祚的請降信，另一位地位更高的契丹降將趙延壽也寫來密信，訴說自己紅透了的中國心，希望早日歸國。若皇帝需要，延壽可為內應。

石重貴接到兩封密信，拍掌大笑，樞密使馮玉、李崧連袂稱賀。並請求皇帝不要錯過這千載一時之機，北上收復故土。君臣彈冠相慶，天下事，底定矣！

劉延祚、趙延壽奉耶律德光密令，詐降晉朝，引蛇出洞，晉朝上下居然沒有一個人看得出來。如果桑維翰或馮道有一人在此，也斷不至於連這點小把戲也看不出來。

石重貴以為耶律德光經白團衛村一敗，已經嚇成了縮頭大烏龜，卻不知道耶律德光強悍基因內的狼性經白團衛村一敗，反而被徹底激發出來。

在休整和反思了近二年後，耶律德光又開始了對晉朝的第二波超大攻擊。

其實契丹人是兵分兩路南下的，但西路軍實在不給力，在陽谷被晉朝河東節度使劉知遠揪住一通亂揍，戰死七千人。

河東地區山多谷多，不利於發揮出契丹人的騎兵優勢以及陣地戰的優勢，北方游牧民族進入中原，多走河北平原。一鞭直指，便是黃河北岸。

不過還沒等耶律德光大駕南下，他就已經接到情報，石重貴已經選定一位大元帥，即將率無敵晉師北上……耶律德光狂笑不止，因為這位無所不能的元帥居然是大貪官杜重威。

杜重威貪婪成性是舉國共知的，宰相趙瑩認為杜重威不知兵，在同樣貪婪的情況下，不如用懂兵的李守貞。因為杜重威是石重貴的姑父，又兼杜將軍財富無匹，沒少暗中送給內侄大量珠寶，石重貴自然不想肥水流到外人田。

「（石重貴）不從。」

皇帝意氣風發向世界抒發著他的滿懷豪情：「專發大軍，往平黠虜。先取瀛、漠，安定關南；次復幽燕，蕩平塞北。」同時皇帝下令：能生擒虜酋耶律德光者，即授大鎮節度使，錢萬貫、銀萬兩、絹萬匹！

石重貴相信北面行營都指揮使杜重威一定能成為當代戰神李靖，卻沒想到姑父第一個就把自己給賣掉了。杜重威本已手握重兵，但依然通過自己老婆（石重貴姑母）的門路，說兵太少，請加兵，必能取耶律德光的首級。

石重貴不在前線，根本不了解情況。為了能滅耶律德光，石重貴把自己看家底的禁軍都發付北上，交給杜重威。杜重威掌握了天下最精銳的禁軍，就有了在亂世安身立命的本錢，退可降契丹，進可自立為帝。南面的石重貴手上沒了軍隊，當契丹人突然在自己面前時，已是無路可退。

最可笑的是，石重貴已經是魚游於沸鼎，還在做著收復幽燕的春秋大夢。開運四年（九四六年）十一月，詔下：以侍衛馬步都指揮使李守貞權知幽州行府事。

石重貴指望著杜姑父能一戰定天下，杜重威哪裡會打仗？他最大的愛好就是搶劫百姓。當杜重威所派遣的先鋒梁漢璋所部兩千騎兵在瀛州附近被契丹騎兵全殲後，杜將軍大發雷霆之怒，燒掉附近幾個縣城，把城中所有婦女全部裝車，滾滾南逃。

耶律德光早知晉軍虛實，數萬契丹鐵騎從易、定穿插南下，直撲恆州。杜將軍依舊威武，要麼逃跑，要麼死守不戰。

杜重威為什麼不戰？一則畏懼契丹，二則想與耶律德光談一場買賣。

杜重威早就瞧上了內侄的帝位，如今軍權在握，甚至還包括最精銳的禁軍，只要耶律德光肯幫忙，自己就將是第二個石敬瑭。至於要認個契丹乾爹，杜重威並不在乎。

無論部下提出來任何能破契丹的建議，杜重威一律不聽，每日在營中飲美酒，看歌舞，與女人嬉戲取樂。

耶律德光遇到這麼一個豬一樣的對手，笑得合不攏嘴，在妙計斷掉晉軍的運糧通道後，晉軍絕糧，人心慌亂，契丹人進一步形成了對晉軍的戰略優勢。

特別是奉國都指揮使王清的悲壯戰死，更使晉人奪氣。

王清帶著兩千步軍與契丹人慘烈廝殺，居然佔據了戰場上的主動。如果杜重威能發重兵救之，形勢依然可以挽回。而杜重威鐵了心要砸石重貴的飯碗，不發一卒，坐看王清戰死。

杜重威更過分的是，石重貴所有的精銳都交付給他，他居然還不滿足，又請石重貴增兵。石重貴哪還有什麼兵可增？最後把守汴梁宮殿的警衛都湊到一起，也不過七百人！

杜重威的春天終於到來！與契丹人的談判取得了重大成果，耶律德光答應，只要杜重威投降，我就以你做中國主人。杜重威激動得淚流滿面：俺就要當皇帝了！

耶律德光略施小計，就把杜重威騙得團團轉。

杜重威開始強迫軍中將士簽投降協議，所有人都要簽名。晉軍將士都是七尺男兒，誰堪其辱！眾軍皆號哭，聲動天地。

耶律德光是個優秀的心理學家，他洞悉一點，晉軍不降，是不想做契丹人的奴隸。所以耶律德光立刻派趙延壽送只有皇帝才能穿的赭袍送到晉營，表示朕無意留守中原，廢一漢人，復立一漢人。

中原，還是你們的。晉軍將士這才勉強收淚，舉軍皆降。

杜重威急切地要進汴梁當皇帝，派「一代名將」張彥澤帶著兩千鐵騎南下直撲汴梁，大遼皇帝大駕隨後就到。

開運四年（九四六年）十二月十六日，還在祈禱上蒼的石重貴接到一個噩耗：杜重威率全軍將士投降契丹。

石重貴幾近崩潰。還沒等石重貴回過神來，就在當天晚上，張彥澤的騎兵團就殺到汴梁城下。在石重貴的號泣聲中，次日凌晨，張彥澤大軍強破封丘門，刀鋒直抵明德門。

石重貴知道夢醒了，自己的末日也要到了。此時他恨的就是他的姑父杜重威，如果早聽李崧良言，罷掉貪官杜重威，他不至於落到今天這個淒慘的下場。

石重貴已經無路可走，只好含著淚寫下降表。其表略云：「孫男臣重貴，禍至神惑，運盡天亡。今與太后及妻馮氏，舉族於郊野面縛待罪次。」

當初掃蕩塞北的豪言，言猶在耳。

曾經對石重貴搖尾拍馬的張彥澤，窮凶極惡的將石重貴趕出皇宮，押往開封府候命。石重貴哭泣著步行前往開封府，等候著自己未知的命運。路人看到皇帝此狀，無不揮淚歎息。

整整三十年後，在金陵城沖天的大火中，南唐滅亡。江南國主李煜在出降時，含著屈辱的淚，寫下了那首著名的《破陣子》：

四十年來家國，三千里地山河。鳳閣龍樓連霄漢，玉樹瓊枝作煙蘿，幾曾識干戈。

一旦歸為臣虜，沈腰潘鬢消磨。最是倉皇辭廟日，教坊猶奏別離歌，揮淚對宮娥。

新年的正月初一，晉朝公卿大臣在城北送別了即將被押往契丹的舊君石重貴，淚灑當場。隨後，公卿大臣素服紗帽，恭迎大遼皇帝陛下。

「大遼皇帝陛下萬歲！」

聲音響徹雲霄。

而一無所有的石重貴北上路過姑父杜重威的大營時，捶胸頓足，痛哭流涕：「天乎！我家何負，為此賊所賣！」揮淚而去。

而此時的耶律德光還在打掃滅晉之後的一地雞毛鴨毛。

因為張彥澤「赤心賣主」，名聲極臭，又剽掠府庫，殺人如麻，汴梁人士對張彥澤極為痛恨，紛紛要求處死張彥澤。耶律德光對張彥澤之流本就是利用，卸磨殺驢，撈取好名聲，何樂不為？功狗張彥澤被凌遲於北市，萬人爭食其肉解恨。

古往今來不變的規律是：降敵者地位高且有利用價值的，新主還會給予重用，但內心薄其為人。而小嘍囉一般則會被新主給百姓送順水人情，當街斬殺，贏取民心。

而對生意場上曾經親密無間的戰略合作夥伴杜重威，耶律德光早已忘記自己的莊嚴承諾，哪兒涼快哪兒待著去，被趕回鄴都。

耶律德光唯一給杜重威的優惠，則是免除了漢人將帥必須交納給契丹人的一萬貫犒軍錢。這是杜重威主動求免的，雖然這點錢對杜重威來說不過九牛一毛。

來自耶律德光的問候

杜重威沒當上皇帝，並不影響身為漢人的晉大臣們對契丹皇帝的崇敬之情。而在這群翻臉如翻書、節操不如妓女、對著新老闆舞蹈山呼的大臣中，沒有桑維翰，他已被張彥澤殺死。也沒有景延廣，他害怕遭到耶律德光的羞辱，扼頸自殺。同樣也沒有馮道，此時的馮道還在鄧州任上。

耶律德光還清楚地記得，當初馮道被自己咬牙切齒地轟出上京南返，這一晃就過去了八年。白雲蒼狗，耶律德光有些記不清馮道的模樣了。

但出乎耶律德光的意外，也出乎天下所有人意外的是，馮道居然離開鄧州守地，星夜北上赴汴，他點名要見大遼皇帝陛下。

汴梁城，還是馮道所熟悉的那座新興帝都，但當馮道走進皇宮時，他才驚訝地發現，這裡充滿了瑰麗多姿的異族風格。

殿門前瀰漫著沖天的腥肉氣，在馮道來之前，有一批不幸的狗被凌遲處死。狗肉和著熱血，味道腥臊，馮道差點嘔吐出來。

「你們在幹什麼？」馮道不禁問持刀橫在殿門前守衛的契丹兵。

「這是我們契丹人的風俗，殺狗以厭勝。裡面還有羊皮。」

馮道順著士兵的指向，果然看到原先金碧輝煌的大殿上，有幾個契丹兵高舉著竹竿。竹竿上各挑著一張新揭下來的羊皮，鮮血滴答。

馮道又是一陣嘔吐。

馮道再往前看，耶律德光坐在原先石重貴做過的位置上，正微笑著注視著自己。

「馮先生，咱們又見面了。」

「臣馮道，叩見大遼皇帝陛下。」

馮道稽首，耶律德光含笑受禮。

馮道為什麼主動要來見耶律德光。

對於馮道的這一舉動，胡三省極輕蔑地評論道：「（馮道）歷唐、晉，位極臣，國亡不能死，視其如路人，何足重哉。」胡三省對耶律德光禮重馮道十分的不滿。

胡先生的觀點其實很難自圓其說的。如果說馮道事過周、晉，國亡就必須以死殉國，張昭、符彥卿、范質歷仕多朝的入宋名臣名將是不是也必須自殺？否則就是為臣不忠。

一碗水要端平，這樣才有說服力。

按胡三省的說法，馮道北上見耶律德光應該是為了求官。客觀來講，此說並非完全沒有道理。如果說馮道當年耍盡心機逃離上京，是不想留在塞外受苦，而今耶律德光的身分已是中原皇帝，馮道再投耶律德光，並不需要遠行塞外。但問題是，如果此說成立，那麼隨後耶律德光守不住中原，押著晉朝百官北撤塞外，馮道也是沒有任何反對跟著去的。

馮道要想留在中原，有的是辦法，他又何必冒著身敗名裂的風險去跟著耶律德光回塞外？

從邏輯上是很難講通的。

有觀點認為馮道作為漢人，北上找契丹人求官，有失民族氣節。在明末，投降清朝，導致關防大開、漢人遭受大屠殺的那一干子漢臣大員都被無限美化為「民族團結的模範」，馮道這點事又算得了什麼呢？

何況，馮道阻止了契丹人有可能對中原漢人更大規模的屠殺。

佛出救不得，唯有皇帝能救得

馮道來見耶律德光，敘舊嗎？也不是，馮道對耶律德光向來沒有什麼好感。馮道冒著罵名北上來虜主，準確地說，是來救人的。

什麼人需要馮道拯救？答案是天下萬民。

不得不說，契丹人滅晉，對中原百姓來說是一場塌天的災難。

由於契丹的漁獵習性，使得他們對中原農耕文明並沒有產生天然的親近感，破壞中原農耕文明並不會影響到契丹人的生存。再加上契丹人的強勢，視中原百姓如糞土，所以他們在進入中原後，對中原百姓大肆屠殺，並以此為樂。

以河北為例。

大貪官杜重威在天福七年（九四二年）任順國軍節度使，出鎮恆州，處在與契丹對峙的最前沿。而自石重貴與耶律德光交惡後，契丹人無時不縱兵順國軍所轄境內為患。

杜重威摟錢是行家，打仗是飯桶，幾十個契丹遊騎就能嚇得坐擁數萬精兵的杜重威尿褲子。面對契丹南下騷擾，杜重威閉關自守，百姓死活與他無關。

看到杜重威不敢輕動，契丹人放開膽子進行大屠殺。數十萬手無寸鐵的百姓因為杜重威的軍事不作為而慘遭殺戮，橫屍千里，場面慘不忍睹。

《舊五代史．杜重威傳》對此事有明確記載：「部內城邑相斷破陷，一境生靈受屠戮。」《資治通鑒》第二百八十四卷的記載更加怵目驚心，「（杜重威不作為）由是虜無所忌憚，屬城多為所屠。千里之間，暴骨如莽，村落殆盡。」

順國軍轄境有多少人口？

順國軍即原來的成德軍，下轄鎮州、深州、趙州、冀州，根據《新唐書》所載唐開元二十八年（七四〇年）的戶部計帳，鎮、深、趙、冀四州共有人口一百九十一萬四千三百六十四人。拋除安史之亂後河北混戰的人口減少，歷經二百年，四州人口不至於銳減一半。在晉遼交惡之前，四州人口當在百萬上下。而經契丹人大肆屠殺，雖不至四州人口清零，但從「村落殆盡」來看，四州人口損失至少也在四五十萬上下。

晉遼交惡時，馮道已到同州，但以當時的資訊傳播速度，以及馮道的政治地位，河北發生的這幾起滅絕人寰的大屠殺，馮道是有條件知道的。

都說馮道有官癮，這一點並不否認，可誰又沒有官癮呢？有些人當官上癮，貪腐成風。而馮道當官，不是為了錢，而是為了實現「治國平天下」的宏大理想。只是生不逢時，雖位極人臣卻權力有限（石敬瑭後期接管樞密院除外）。

有些處在馮道這種地位的高層人物，在失去實權後往往會大肆享受人生，但馮道沒有。馮道是個善心的人，讓他學杜重威為了發財殺掠百姓，馮道寧死也是做不出來的。

不要說殺人，就是一條魚，馮道都捨不得殺。馮道在府上弄了一個池子，取名放生池。池子養的魚並非自己的魚苗，而是馮道在外面看到有人賣的成魚，自己買下來放進池子裡的。

記載這則軼事的宋人彭乘對馮道的評價，只有簡簡單單三個字——性仁厚。

馮道人雖在外鎮，但一直心繫朝廷百姓安危。石重貴自取滅亡，契丹人南進中原，最讓馮道擔心的一個問題，就是契丹人的殘暴，又會屠殺多少手無寸鐵的百姓？

馮道北上，是為了救人。

馮道有沒有底氣能說動耶律德光放下屠刀，馮道自信地認為，他有這個能力。

這因於他與耶律德光特殊的忘年交情，馮道比耶律德光大了整整二十歲。

耶律德光對馮道的喜愛，是眾所周知的。當馮道出使上京時，耶律德光差點就以宗主國皇帝的身分出城迎接臣屬國的臣子，足見馮道在耶律德光心中的地位。

只要馮道言語得當，拍對了耶律德光的馬蹄子，從契丹人的屠刀下救出萬眾生靈，並非不可能的事情。

馮道想到了一個人。確切地說，是一個已經去世一千五百多年的神——佛祖釋迦牟尼。只要請動了佛祖，就能說服耶律德光，因為他知道耶律德光信奉佛法。

會同五年的六月，皇太后述律平生病，耶律德光為了給母后祈福，親臨寺廟，飯僧五萬人。耶律德光雖不及他的堂孫耶律阮（遼景宗）信佛，但耶律德光很喜歡別人稱他為佛子。

馮道行了禮，站起，平視耶律德光。

「馮先生無恙？」

「謝陛下，臣無恙。」

「先生老了，比八年前一見，鬢髮全白了。」

「臣老朽無用，自是白頭，不及陛下日夜操勞，愛民於萬一。」馮道很自然地把話題切進來。古代很多帝王都崇尚佛教，特別是以武功打天下的。趙匡胤如此，耶律德光同樣如此。趙匡胤去寺廟裡上香拜佛，有個和尚說現在佛不拜過去佛，趙匡胤極為受用。

耶律德光其實知道自己殺人如麻，現在契丹人進入中原，以「打草穀」的名義到處剽劫百姓財產，殺人放火，無惡不作。凡是這樣的帝王，往往都具備雙重人性，如同教皇沙迦那面雙面頭盔。

這一面，面目猙獰。

另一面，淚流滿面。

大肆屠殺百姓，耶律德光的殘暴欲望已經基本發洩出來，再這麼胡殺下來，中原人會被他們逼反，可他也不知道該如何收手。

馮道適時地出現了。

「馮先生，你為朕解一脈。」

「陛下請說。」

「方今中原大亂，百姓流離，朕欲救百姓於倒懸萬一，先生看如何救得。」耶律德光略有真切、又略有自負地問道。

馮道是與耶律德光打過交道的，知道這頭嗜血的老虎命門在哪兒。

馮道搖搖頭：「現在天崩地陷，衣冠絕種，末日之象。莫說聖人出，就是佛祖降世，也救百姓不得。」

「唔……先生是說一點希望都沒有了。」

「有，還有一人！若此人肯救，則天下必有救。」馮道聲音愈發洪亮。

耶律德光似乎感覺激動人心的這個答案與自己有關，聲音略帶顫抖地問：「連佛祖都不如此人能救百姓，這個人是誰，他在哪裡？」

「正是陛下！」馮道聲若洪鐘。

空闊的大殿裡迴盪著馮道的聲音，耶律德光激動地站了起來。在這個世界上，還是第一次有人將他與仁慈的佛祖相提並論。

耶律德光幻想過自己是佛祖轉世，但一直無人看出來，而馮道卻看了出來。聽馮道話中的意思，自己比佛祖還要厲害，能救萬方普羅修身眾。

耶律德光站了起來，此時的他頓時覺得腳下有些飄浮，他似乎感覺到有萬朵祥雲擁到他腳下，萬道佛光從自己身上射出，普照世界……

因馮道一言善，救生者眾。

關於馮道這句「佛出救不得，唯陛下救得」到底對勸止契丹人停止對中原的殺戮到底起到多大作用，各史記載稍不同。

《舊五代史．馮道傳》稱讚馮道此舉：「其後衣冠不至傷夷，皆道與趙延壽陰護之所至也。」

歐陽修向來對馮道橫挑鼻子豎挑眼，但在《新五代史．馮道傳》卻很客觀地讚馮道的善行：「人皆以謂契丹不夷滅中國之人者，賴道一言之善也。」

《新五代史》的這個「人皆以謂」非常重要，說明馮道在耶律德光的屠刀下救人，是得到普天下人認可的。

馮道一句話，就拯救了掙扎在契丹人馬刀之下的數百萬人，這是什麼樣的大功德！救人一命，勝造七級浮屠，救百萬人命，又該造幾級浮屠呢？

有些道德家指責馮道有失臣節，也許有道理。但問題是，是保持所謂的臣節重要，還是拯救百萬黎庶的生命重要？

答案顯然是後者。

而《資治通鑑》第二百八十六卷則記載了契丹人「打草穀」的殺人行動。所謂打草穀，就是縱容契丹騎兵到民間搶劫殺人。

這次大屠殺造成了嚴重的惡果，「丁壯斃於鋒刃，老弱委於溝壑，自東、西畿及鄭、滑、曹、濮，數百里間，財畜殆盡。」

《新五代史・四夷附錄》也有如下記載：東西二三千里之間，民被其毒，遠近怨嗟。

這是契丹人在中原製造的又一起血案，也是耶律德光隨後被趕出中原的重要因素。爭議之處在於，這次「打草穀」，到底是發生在馮道勸諫耶律德光之前，還是之後。

從《資治通鑑》本卷的記載順序來看，「打草穀」一條記在生在馮道勸諫之後，似乎減弱了馮道勸諫對拯救中原人的效果。

本卷出現馮道，是耶律德光拒絕了原匡國軍節度使劉繼勳對馮道的攻擊。而在此條之後四條，才出現了「打草穀」，但這並不能說明「打草穀」就一定發生在馮道勸諫之後。

眾所周知，司馬光對馮道向來是沒好感的。在記載馮道死後，司馬光咬牙切齒地把他罵得狗血淋頭。

馮道一語救天下眾生的偉大英雄事蹟，司馬光一字都沒提。存在著一種可能，司馬光為了貶低馮道，故意漏掉馮道救人這一段。同時將馮道被劉繼勳當面攻擊的事情放在契丹人「打草穀」之前，這樣就會給人一種錯覺——在契丹人對中原人的大屠殺面前，馮道不但什麼也沒有說，反而成了大屠夫耶律德光的座上賓……

個中意味，不可言傳。

劉繼勳，請你不要指著我

不是馮道挺身而出，不知還有多少無辜百姓會慘遭契丹人屠殺。

後世的道德家們對馮道求全責備，雞蛋裡挑骨頭，甚至對馮道大肆辱罵，僅僅因為馮道跳了幾回槽，換了幾個老闆。

比如南宋詩人劉因寫過一首詩，題目就叫「馮道」，對馮道極盡嘲諷，「亡國降臣固位難，癡頑老子幾朝官？朝唐暮晉渾閒事，更捨殘骸於契丹。」

司馬光攻擊馮道「朝為仇敵，暮為君臣，易面變辭，曾無愧怍。大節如此，雖有小善，庸足稱乎！」

在劉因等人看來，守住一家一姓的臣節，比守住幾百萬百姓的生命更重要。救下幾百萬人居然成了「小善」。

百萬條人命，在他們這些道德家們看來竟如此的不值錢？

想必劉因等人都知道，同樣朝唐暮晉、捨殘骸於契丹的還有：李濤、王易簡、趙上交、張鑄、張昭遠、范質。

這些人有三個共同點，一、都是文臣，與馮道相同；二、都歷經五朝十帝；三、都入了宋。

算算這些人踹掉了多少破產的老闆？

不過，木秀於林，風必摧之。只要你過於優秀，總會有人盯上你的。

盯上馮道的這個人，叫劉繼勳。

劉繼勳，《舊五代史・晉書》有傳。從派系上說，劉繼勳出道以來就跟著晉高祖石敬瑭，算是嫡系心腹人，但地位不高，高祖時代還沒設過大鎮節度使。石重貴繼位後，劉繼勳火速攀上石重貴這棵大樹。為了討好新老闆，在石重貴與契丹絕交的重大戰略決策上，時任宣徽北院使的劉繼勳無條件支持石重貴，而馮道是兩邊不靠的。劉繼勳因為飛達沖天，出任鎮國軍節度使（治所在今陝西華州），擠進地方一線。

還有一點需要提及，馮道第二次出任匡國軍節度使，駐守同州，之後改任鄧州。而接替馮道出任同州節度使的，正是劉繼勳。

晉朝滅亡，很多原晉朝的方面人員都懷著各自的目的，爭先恐後的來朝見新皇帝。馮道來見耶律德光，是為了救普天下眾生。劉繼勳來見耶律德光，是為了拍新老闆的馬屁，升官發財。

不過耶律德光對劉繼勳並沒有什麼好感。耶律德光知道，當年慫恿石重貴與契丹絕交，導致晉遼大戰的相關責任人中，就有眼前這個衝自己搖頭擺尾的劉繼勳。

等劉繼勳給耶律德光行完大禮，還沒等完全站立，耶律德光劈頭蓋臉就是一通響亮的耳光。

「繼勳入朝，契丹主責之。」

耶律德光責罵劉繼勳什麼，雖史無明載，但結合前後文來看，顯然是指責劉繼勳在晉出帝反契丹事情中扮演的不光彩角色。

耶律德光操著不太熟練的漢話，將本來滿心歡喜的劉繼勳罵得狗血淋頭。

大殿之上靜悄悄，所有人都屏住呼吸，有些平時與劉繼勳不對盤的官員暗中竊笑。而馮道，則持笏站在前排，臉上沒有任何表情，也沒有人知道此時的馮道，在想些什麼。

劉繼勳被罵得老臉有些掛不住，低著頭不敢正視耶律德光。突然，劉繼勳發現站在自己面前的正是馮道……

「陛下罵錯人了。」劉繼勳聲音很大。

「唔，罵錯人了？負義侯違兩朝之好，難道不是你的責任？」

「絕兩國之好，使大皇帝親征者，幾險象環生，中原受刀兵之苦，非臣也，實馮道也！」劉繼勳突然把矛頭直指馮道。

大殿之上有人驚呼。

「說說你的理由。」耶律德光同樣面無表情。

劉繼勳在眾人的錯愕的眼色中，把手指向了馮道，「負義侯敢對抗大朝（契丹），就是首相馮道和景延廣等人為了迎其所好造成的惡果。不是馮道這種人逢君之惡，怎會有今日之局面。」

「你沒勸止負義侯？」

「馮道何人？天下第一大臣，居位宰輔。臣何人？地位卑下，微末小員，恐君見責，所以不敢多嘴。」

劉繼勳練就了一嘴顛倒黑白、倒打一耙的好本事。明明是他慫恿石重貴反遼，馮道並未表明自己的態度，劉繼勳居然面不紅心不跳的把髒水一古腦兒全潑在馮道頭上，毫無羞愧之色。

後人都說馮道有虧臣節，其實真正有虧臣節的是劉繼勳。

馮道之於石重貴，就如同換了老闆的原公司老員工，和新老闆不過是領工資和發工資的關係。何況石重貴並不信任馮道，直接趕出權力中樞。

如果按歐陽修在《新五代史》中立家臣傳的標準，劉繼勳是標準的晉臣，因為他之前只侍奉過晉朝石氏叔侄。晉朝公司破產，馮道和原公司的勞動合同自動解除，自然可以另行擇業。

面對劉繼勳突如其來的誣陷，據史書所載，馮道什麼都沒有說。

劉繼勳血口噴人，如果馮道不說話，會不會給新老闆留下不好的印象。不會，因為新老闆非常了解他，這正是馮道敢視劉繼勳不存在的底氣所在。

馮道和耶律德光是什麼交情！

耶律德光從小就生活在父親阿保機與韓延徽叔叔營造的有關馮道的神話中，養成了他對馮道幾乎是毫無原則的崇拜。以臣屬國出使宗主國，宗主國皇帝差點親自出迎的，只有馮道一例。

耶律德光曾經賜給馮道的那些什麼牛頭木拐，足以說明一切。

其實劉繼勳自石重貴時代以來久處晉朝官場一線，是知道馮道與耶律德光這層君臣之外的知己關係的。劉繼勳應該與馮道沒有過恩怨過節，他之所以突然攀咬馮道，也是情急之下的無奈之舉。《舊五代史．劉繼勳傳》說得很明白，「契丹責之，時馮道在側，劉繼勳事急」，才指責馮道的。

劉繼勳過完了嘴癮，抬頭看了看面目冷峻的耶律德光，知道自己闖下大禍了。

果然，耶律德光大發雷霆之怒！

耶律德光從來都是一副二百五的活寶脾氣。他認為他不該尊重的，他當面就敢操人家的老娘，對人家使用下三爛的語言暴力。而他認為他該尊重的，簡直可以用低三下四、奴顏婢膝來形容。

居然有人敢罵馮道，耶律德光罵道：「且閉上你的麻雀嘴！你不是扯牛皮蛋嘛，這個老子我是知道的，向來不是挑撥是非的人。負義侯議與我絕好，根本就沒有馮先生的事，他可是什麼都沒說的。而你，可沒少在負義侯面前說過朕的江湖黑話。兩國失好，完全是你和景延廣數輩搞出來的，和馮先生有什麼關係。」

沒錯，耶律德光對馮道的稱呼就是「老子」，換成現在的行話，就是老爹。已經統治中原的大朝皇帝對一個亡國的舊大臣，挑著大拇指，搖頭晃腦地稱「這是我馮爸爸」，而且一臉自豪……《舊五代史・劉繼勳傳》：（契丹主曰）此老子不是好鬧人，無相牽引，皆爾輩為之。

劉繼勳已是滿頭黑線。

耶律德光並沒有打算放過劉繼勳，命侍衛拿出一副大鐵鎖，二話不說，直接套上早已癱軟在地的劉繼勳，「將送黃龍府（今吉林農安）」。

雖然不知道出於什麼原因，耶律德光沒過多久就放了劉繼勳，但劉繼勳經此折騰，羞愧難當，油盡燈枯，未幾卒於家。

出於對馮道的反感，司馬光在《資治通鑒》記載這一條時，刻意隱去了充滿敬意的「老子」二字。司馬光將「此老子」換成了「此叟」，馮爸爸降格為老馮頭，完全抹掉了耶律德光對馮道那份無與倫比的敬重。

歐陽修、司馬光諸先生對連嫁五夫的「政治寡婦」馮道百般醜化嘲諷，卻無法理解為什麼馮道在當時能得到那麼多君王的無限禮敬？僅僅因為馮道向他們屈膝稱臣？

胡三省雖然對馮道也是求全責備，說馮道是巴結耶律德光才免禍及身，所謂「依阿免禍」。其實這一點也是說不通的。同樣是對耶律德光屈膝稱臣，同樣「依阿」耶律德光，劉繼勳怎麼就當眾被耶律德光掃臉？半點情面也不給。

除此之外，胡三省還是對馮道有一句客觀的評價。他認為馮道之所以能立五朝而不倒，歷朝君主都把馮道當乾爹一樣供著，原因還在於馮道「持身謹淨」，所以才能贏得歷代君主的尊重。

馮道為人，不貪腐、不奢侈、不與人爭利，不搖唇鼓舌說些不該說的話，而且有好生之德。無論遇到什麼困難，馮道都平靜淡然處之，出人一頭時，不張狂自負；低人一頭時，也不捶胸頓足。

親眼看到耶律德光對自己的真心維護，以及劉繼勳被掃臉後的窘態，馮道還是一言不發，但他那滿是褶子的眼角卻露出一絲笑意。

即使是勝利者，依然可以保持沉默。因為所有人都看到你勝利了，所以不需要多說什麼。

大漢皇帝劉知遠

五代是哪五代？眾所周知，梁、唐、晉、漢、周。

其實嚴格來說，應該是六代。

在晉出帝石重貴與漢高祖劉知遠這兩個為正史所承認的中原皇帝之間，硬生生擠進去一個頑皮涎臉的耶律德光。

……

遼朝算不算中原王朝？其實是應該算的。

遼會同十年（九四七年）二月初一，大遼皇帝耶律德光服通天冠，穿絳紗袍，在汴梁宮中正式接受晉百官臣賀。

這次受禮，完全是按照中原王朝的朝禮進行，設鐘鼓鳴樂，漢家儀衛，一件也不少。原晉朝的漢人官員穿上漢服，契丹人著胡服，三跪九叩，舞蹈山呼萬歲。

如果說趙匡胤策劃陳橋兵變，趕走了本該由趙匡胤傾心輔佐的幼主柴宗訓，建立大宋王朝屬於合法，耶律德光同樣是合法的中原政權。

如果耶律德光能以漢法治中原，他的子孫就會像北魏拓跋氏那樣，世世代代統治北中國。就不會出現後來的後漢，後周，也不會出現宋朝。

可是，歷史並沒有這麼多的如果。

耶律德光還沒坐穩汴梁的龍廷，就被憤怒的漢人用大棒子趕出了中原。

耶律德光曾經自信滿滿地告訴晉大臣：「中國事，我皆知之；吾國事，汝曹不知也。」晉大臣確實未必知道契丹國事，但中國的事情，耶律德光同樣不知道。

耶律德光在中原的失敗，原因到底出在哪裡？

大致有三個原因：一、耶律德光縱容契丹人打草穀，大肆屠殺百姓，得罪普天下的百姓。二、耶律德光不給投降契丹的漢人上層人物留一點活路，逼迫他們交出所有的財富，準備運回契丹，得罪了軍閥官僚。這兩個原因導致幾乎中原各階層的漢人齊力抵抗契丹人。

而第三個原因，耶律德光滅晉，其實是火中取栗，替他人做了嫁衣裳。這個最終依靠天時地利人和，將耶律德光擠出中原的人物，就是一代梟雄劉知遠。

劉知遠，沙陀人，長相奇異。史稱劉知遠臉皮紫色，而且眼白較多，人多異之。劉知遠是晉高祖石敬瑭滅唐自立的關鍵人物，地位有些類似趙匡胤之於柴榮。

劉知遠為人強傲，看不起不如他的人物。因為石敬瑭把劉知遠與大貪官杜重威並列，引起劉知遠的強烈不滿，不屑與飯桶為伍，竟然拒絕受命。石敬瑭大怒，要不是趙瑩等人苦勸，石敬瑭差點就廢掉劉知遠。

不過劉知遠畢竟是石敬瑭的貼身嫡系，肯定還是要重用的，天福六年七月，劉知遠出任河東節度使。正因為有了這次任命，劉知遠才有了異志，並羽翼漸豐，最終龍歸大海。

石重貴是奈何不了劉知遠的，耶律德光同樣奈何不了劉知遠。因為劉知遠的演技比耶律德光的乾兒子石敬瑭還要出色，將耶律德光騙了個血本無歸。

劉知遠是個聰明人，他知道烏龜在受到攻擊時會把頭縮進殼裡自守，等有機會時再伸出頭咬人一口。眼前的局勢，耶律德光初得志，劉知遠暫時惹不起，那就裝回孫子。

劉知遠派人到汴梁向耶律德光稱臣，並懇切地說自己沒有親自來給大皇帝拜加賀，是因為河東番漢雜居，他不敢輕易離位。

看來是耶律德光沒了乾兒子，感覺到空虛失落，他發現劉知遠非常適合做自己的乾兒子。耶律德光親切地下詔褒獎劉知遠，賜給只有契丹親王才有資格受賜的木拐，並對外宣稱劉知遠是自己的乾兒子……

劉知遠持詔大笑。

當看到契丹人在中原胡作非為，盡失人心時，劉知遠知道自己的機會來了。在心腹郭威、楊邠等人的勸進下，遼會同十年（九四七年）二月十三日，河東節度使劉知遠在太原稱帝，因自己姓劉，定國號漢。因為劉知遠知道中原人還念著石敬瑭的好，便對外宣稱自己沒有忘記晉高祖之德，年號依然是天福。

劉知遠知道自己的五萬步騎兵家底，是難以對抗契丹人的，他現在唯一能做的，就是等憤怒的中原人將契丹人趕出去，他再下山摘桃。

形勢愈發對耶律德光不利，中原地區一波接一波的反契丹浪潮讓耶律德光精神幾近崩潰。大皇帝對身邊人歎道：「我沒想到漢人難制如此！」

其實這一切都是他自己不尊重漢人招來的麻煩，怪不得別人。

耶律德光終於坐不住了，他想家了。但他又不能說是被漢人趕跑的，否則臉上不好看。耶律德光想到一個好辦法，他召見晉百官，言辭懇切地說：「我是塞外人，習慣了低溫氣候。你們這天氣太熱，我受不了，我要回塞外避暑。而且更重要的是，我想我老娘了，我要回家看看老娘。」晉百官不知誰在使壞，說可以把太后請到汴梁享福。耶律德光臉一黑，怒道：「太后老了，譬如大樹，根大入土，不宜輕動。」然後他用手指著殿下各懷心思的晉大臣，「你們，都跟我回去！」

……

馮道站在前排，臉上依然沒有任何表情。

三月十七日，契丹皇帝駕發汴梁城，晉朝文武諸司百官數千人悉數跟隊北上，甚至連宮女太監都打包帶走。

汴梁城的國庫裡空空如也，老鼠們在快樂的聚會。

殺胡林

耶律德光將中原人才庫徹底清空的心態其實很簡單：我得不到的，你劉知遠一毛錢也休想得到。

耶律德光雖然經常犯二（經常做一些缺心眼、不經大腦的蠢事），但他對人才還是非常尊重的，他也知道治國需要大量漢人官僚精英。既然自己在中原待不下去，那就把他們都帶回草原。一來為自己所用，二來讓劉知遠喝西北風去。

所以晉朝官僚悉數北上，馮道自然也在其列。他為什麼不想辦法留下來？

其實還是有一部分職銜低的官員有幸被耶律德光強留下來，職銜高的，一個也跑不了。如果馮道此時提出要留下來，會同時得罪兩夥人。一是得罪耶律德光，所有人都可以留下來，唯獨馮道必須北上，因為馮道是天下第一名臣，政治意義重大。二是得罪所有的漢人官僚，這些人會對馮道群起而攻之，馮道顯然不會這麼做的。

馮道願意北上嗎？當然不願意，否則當年就留下來了。馮道留戀中原的一切，文化、飲食、服裝、生活習慣。

此年的馮道已經六十六歲了！

沒有人願意去大草原，但此時大家的人身受到強行限制，他們唯一的希望，就是祈禱耶律德光在北行路上發生重大變故。如此，他們還有一線生機，留在故國。

也許冥冥中真有天意。如果這幾千人的漢人官僚精英被強制北上，將是中原政權的重大損失，之後的柴榮和趙匡胤什麼都不用幹了，因為手上早已無人才可用。

欒城（今河北石家莊南六十里），一個契丹人會永遠記住的地名。

當滿頭黑線的耶律德光率這支亂七八糟的隊伍行進至欒城時，之前突染疾病的耶律德光病情突然加重，已經無法前行，病狀是渾身發燙。契丹人找來特製的冰塊，放在耶律德光的身上，希望這些冰塊能降低皇帝的體溫。

耶律德光被燒得胡言亂語，下意識地拿起冰塊，放進嘴裡大嚼。這是耶律德光在人間的最後一頓晚餐。

遼會同十年（九四七年）四月二十一日，四十四歲的草原梟雄耶律德光病死於殺胡林。

契丹人聽說皇帝死了，操著馮道們都聽不懂的契丹語哭訴著他們對皇帝的思念。馮道們為了避嫌，也跟著契丹人哭，但馮道此時想的是：如何才能逃離契丹人的控制。

耶律德光的死，像是一顆威力十足的炸彈，炸裂了契丹最高統治集團鉤心鬥角的冰層。冰下，水流湍急。

契丹內部有三股勢力，對耶律德光死後留下的最高權力真空虎視眈眈。

一、耶律德光的三弟、皇太弟耶律李胡，背後有皇太后述律平支持。

二、耶律德光長兄耶律倍的長子、東丹王耶律兀欲，背後有契丹隨軍將領的支持。

三、莫名其妙的燕王趙延壽。

按道理講，耶律李胡是皇太弟，名分最正，耶律德光死後，耶律李胡最應該繼位。但問題有兩個，一個是真要論起來，名分最正的是大遼開國皇帝耶律阿保機的長孫耶律兀欲。

大契丹的天下，本就該屬於耶律倍的。

第二個對耶律李胡不利的地方，是他本人遠在契丹本部，而在軍中威望甚高的耶律兀欲此時正在南征軍中，近水樓臺先得月。

耶律李胡和耶律兀欲的鬥爭主要集中耶律兀欲回到契丹本部之後，而耶律兀欲此時最主要的競爭對手，竟然是絲毫沒有契丹血統的漢人趙延壽。

趙延壽也是個苦孩子。耶律德光南下大戰石重貴時，就曾許諾滅晉後立趙延壽為中原皇帝，趙延壽喜出望外。可滅了晉之後，耶律德光忘記自己說什麼了，趙延壽只好退而求其次，希望能被皇帝立為皇太子，又被耶律德光拒絕了。

耶律德光突然暴死在殺胡林，這對趙延壽來說是千載難逢的機會。趙延壽渴望做皇帝，實在是太久了，他發明了一個非常有意思的職務——權知南朝軍國事。換成現代話，就是代理中原大總統……

趙延壽對外宣稱，這是契丹大皇帝（耶律德光）的遺詔。

耶律兀欲當然不會信這些天花亂墜的謊言，叔父一死，大遼皇帝的位子，必須是他的，誰也別想奪去。耶律兀欲率諸將連夜闖進趙延壽的大營，和趙延壽正面對峙。

正定驚魂記

趙延壽從來不服耶律兀欲，你玩你的，我玩我的。

趙延壽為了造成既定事實，他準備在五月初一舉行權知南朝軍國事的儀式。屆時，晉朝百官大臣，以馮道為首，給趙延壽行君臣大禮。

趙延壽被耶律兀欲逼紅了眼，幾近瘋狂，但如果他真這麼做了，等於逼耶律兀欲與他魚死網破。耶律兀欲手中掌握著契丹最精銳的部隊，趙延壽手上並沒有多少軍隊。

隨隊的原晉朝宰相李崧私下勸趙延壽不要衝動，要智取，不要霸王硬上弓。等趙延壽冷靜下來，他為剛才自己的衝動驚出一身冷汗。

為什麼是李崧勸止，馮道呢？

對於趙延壽或耶律兀欲，馮道還是偏向於趙延壽的。一則趙延壽是漢人，又是唐明宗的小女婿，遠比耶律兀欲這個自己從來沒打過交道的契丹人更有親近感。二則趙延壽想當南朝皇帝，如果他能穩定局面，馮道就不必再跟著耶律兀欲回大草原上喝西北風了。

但史料上卻沒有記載馮道說過什麼話。原因應該不難猜測——馮道不認為趙延壽有成功的可能性。

這一點，從耶律兀欲率契丹各部大將殺到恆州城下，趙延壽畏其勢大，不得不將他們放進城就可以看出來。

趙延壽不是能將馮道救出苦海的那個救世主，馮道自然不會把注押在他身上。何況趙延壽多年在中原官場上打滾，趙延壽是個什麼樣的人，馮道再清楚不過。趙延壽不可靠，馮道只能保持沉默。他在耶律兀欲的競爭者趙延壽面前多說一句，就會成為耶律兀欲手中現成的話柄。

馮道果然成了精！事態的發展印證了馮道的判斷。

五月初一，這本是趙延壽舉行權知南朝軍國事儀式的好日子，趙延壽、張礪、和凝、李崧，以及馮道等原南朝宰相級高官都收到了永康王耶律兀欲的請柬。

在請柬中，永康王情真意切地請他們來到自己所下榻的館驛飲酒談生。馮道則沒有把注押在趙延壽身上，不得罪耶律兀欲，心中無鬼一身輕。有人請客，為什麼不去。

美酒佳肴，馮道旁若無人，飲啖自如。趙延壽沒心沒肺，絲毫沒有覺察到緊張的氣氛，喜笑顏開地吃酒。因為耶律兀欲的王妃平時與趙延壽兄妹相稱，永康王含笑對趙延壽說自己的老婆想兄長，請燕王進屋一敘舊情。

趙延壽「欣然」跟著永康王入內，要找妹妹談人生。這一進去，燕王再也沒有出來。

過了很長時間，耶律兀欲滿面春風地從裡面走出來，告訴大家：「燕王謀反，已經被衛士鎖拿。」

眾人皆驚，馮道依舊從容道賀。

從表面上看，馮道已經沒有了當年死諫劉守光的強項，有的只是沉浮無所為，給人的感覺暮氣沉沉。但問題是，有所作為不代表一定要去無謂的送死。

馮道的沉默，避免了一場災難。

耶律兀欲取得了完勝，隨後他對外宣稱他才是先皇帝定下的權知南朝軍國事的真正人選，趙延壽偽造遺詔。隨後，耶律兀欲接受了張礪、馮道等人的朝賀。禮畢，耶律兀欲含笑告訴大家：「幸虧大家沒有上趙延壽的賊船。否則在今日你們是給他行君臣禮，我必以鐵騎圍此地，大殺一通，到時大家人頭都要落地。」

聽到這話，李崧暗中慶幸自己正確的選擇。

馮道無所謂慶幸，因為他什麼也沒說，兩邊都不得罪。如果趙延壽贏了，馮道什麼也沒失去。耶律兀欲如願以償地當上了大契丹皇帝，而他是遼朝九帝中，唯一在契丹國境之外繼位的皇帝。順國軍節度使治所恆州，成為耶律兀欲飛黃騰達的起點。耶律兀欲在恆州衙門舉行了簡約而不簡單的即位儀式，馮道等人各懷心事，給耶律兀欲行君臣大禮，算是承認了耶律兀欲的契丹皇帝身分。都說馮道歷五代十二君，其中一君是指耶律德光，其實嚴格算起，耶律兀欲也應該算是馮道所侍奉的帝王。

馮道等漢官暗中祈禱留在中原的機會，終於在耶律兀欲繼位後，姍姍來遲。

耶律兀欲是個荒唐的皇帝，他即位後立刻把被製成帝羓（天熱，為防屍體變味，把耶律德光的遺體掏空，放進鹽巴）的叔父忘在腦後。群臣的山呼萬歲聲還沒有散去，大家就聽到府衙後鼓樂大起，耶律兀欲在唱著歡快的歌曲。

雖然荒唐，但耶律兀欲並不傻。他現在當了皇帝，可控制範圍非常有限，他已經得到消息，自稱漢朝皇帝的劉知遠已經大駕南下，即將入洛。中原，肯定是得不到了。那麼，他只能回到自己熟悉的大草原去。可問題是，他的祖母述律太后和三叔耶律李胡是不會承認他的。

果然，「契丹述律太后聞契丹主自立，大怒，發兵拒之」。雖然有些驚恐不安，但形勢已然如此，耶律兀欲為了活下去，只能硬著頭皮北上，與祖母、三叔一爭天下。

兵貴神速，可看著身邊密密麻麻的原晉朝官員，耶律兀欲卻搖搖頭。很顯然，帶這些累贅北上，只能打亂自己的行軍部署。稍有不慎，這夥只會吃飯不會幹事的漢人官僚就能拖掉自己的後腿。

衡量再三，耶律兀欲決定把這些漢官、漢兵全部留在恆州，留下自己的從叔麻荅以兩千契丹兵鎮守恆州。

當看到耶律兀欲率契丹主力倉促北上的身影漸漸模糊，馮道輕輕鬆了一口氣。在馮道看來，麻荅顯然比耶律兀欲更容易對付。

耶律兀欲北上，麻荅同樣開心，因為他可以在中原為所欲為。麻荅此時的權力非常大，整個契丹兵北去後的中原，除了留守汴梁的蕭翰外，都歸麻荅節制。不過蕭翰也沒能守住汴梁，聽說劉知遠南下摘果子，嚇得連夜逃到恆州避難。

趙延壽當初苦巴巴想得到的權知南朝軍國事，卻不經意間讓麻荅過了一把代理大總統的癮。

麻荅是個讓人難以理喻的瘋子、殺人狂，他比耶律德光還要殘暴一百倍。耶律德光只是下令屠城，而麻荅對漢人村民進行慘無人道的虐殺，讓人慘不忍睹。更讓人不寒而慄的是，麻荅每殺人後都要把人肢解，人的肝、膽、手、腳都被麻荅流著口水掛著自己的臥室裡，談笑自若。

同樣是殺人，面對耶律德光，馮道敢於勸諫。但面對麻荅，馮道什麼也沒說，也不敢說。耶律德光的人性是雙面的，有惡也有善，而麻荅是天生的惡人。和這樣的人打交道，盡量少說話，萬一不知道哪句話得罪了這個瘋子，馮道老命休矣。

不過麻荅還算聰明，他只殺社會底層的百姓，像馮道、和凝這樣的漢人高官，他還是捨不得殺的。因為麻荅正在過皇帝癮，每天出門就要穿上不知道從哪兒弄來的黃袍，大搖大擺地出入。

麻荅還知道皇帝需要宰相來輔佐，可他身邊沒有宰相，這事好辦。馮道很快就收到了麻荅給他的宰相任命書，這是寫在公文紙上的。馮道成了麻荅「代理王朝」的宰相，兼判弘文館。李崧、和凝以及馮道的親家劉昫都收到了「代理宰相」的任命書。

其實麻荅還是有當河北皇帝的機會的，只要他能撫順漢人之心，對漢人好一點，漢人是可以接受他的。但麻荅天生就是個成不了大器的亂世混子，身處漢地，遍地都是漢兵，身邊只有兩千契丹兵的麻荅居然變本加厲地凌虐漢人。本該由漢人享受的待遇，全被麻荅轉送給契丹兵。

麻荅成功地穩住了兩千契丹兵的軍心，同時也成功地動搖了數萬漢人軍隊對契丹的忠心。

「眾心怨憤」，意味著麻荅的「代理王朝」即將被狂風掃掉。

此時從汴梁傳來了一個讓大家振奮的好消息——大漢皇帝劉知遠大駕已經進入汴梁城，成為天下新主。劉知遠不是漢人，但劉知遠從裡到外早已完全漢化，他的身上找不到一絲非漢化因素，所以他對漢人的吸引力非常強。

麻荅如此殘暴，大漢皇帝如此神武，那就趕走麻荅，南歸大梁。

不清楚在漢軍高層密謀推翻麻荅的過程中，馮道起到了什麼作用。但合理地推測一下，馮道是恆州所有羈留文武漢人中威望最高的，而且結合後來漢兵高層突然在馮道即將被強行北上時發動襲擊，以及隨後對馮道的推崇來看，大家應該是找過馮道密議過的。

只要不被麻荅發現，馮道還是樂於和大家並肩作戰的，畢竟大家都有一個共同的目標——驅逐契丹，南歸華夏。

不知道是哪裡出了問題，還是已經返回契丹的耶律兀欲的奇思妙想，他突然從遙遠的北方發來一隊騎兵，給麻荅傳達皇帝的一道詔諭——召晉前威勝軍節度使馮道、樞密使李崧、左僕射和凝等人立刻起程北上契丹，參加契丹太宗皇帝耶律德光在木葉山的葬禮……

當聽到這則不好的消息，馮道心頭猛地收緊，但面上依舊從容。馮道知道木葉山，在契丹上京東南四百里，土河與潢河的交匯口。

耶律兀欲突然來這麼一手，原因應該不難猜測，因為此時的耶律兀欲已經打敗了他的祖母述律平，囚之。契丹天下，被耶律兀欲牢牢控制。而耶律兀欲要治理天下，就須重用文臣。當初他把馮道等人留在恆州，只是權宜之計。如果天下已定，自然應該把馮道等人召回契丹，為己所用。

馮道以自己豐富的官場閱歷，敏銳地意識到，如果自己二次北赴契丹，有去無回！但如果不去，就是違詔。不用耶律兀欲下詔降罪，麻荅就能把自己砍翻在地。

形勢日益緊急，現在唯一的辦法，就是發動起義。

馮道微笑著對契丹使者說，等我們吃完飯就上路去木葉山。吃一頓飯的時間總是有的，簡單的菜肴擺上桌，馮道與李崧等人有說有笑地吃著。

突然，窗外鐘聲大起，這是恆州隆興寺的鐘聲。

伴著這起莫名的鐘聲，無數漢人揮舞著刀槍，憤怒地闖進了衙署。在這些憤怒的人群中，有原晉朝的正規軍，也有恆州當地被契丹人欺侮忍無可忍的漢人百姓。

領頭的是，是晉朝前潁州防禦使何福進、控鶴指揮使李榮。而這個李榮，就是後來的周朝名將李筠。

行動非常順利，亂軍很快就攻佔了恆州的兵甲庫，獲得了大量武器，接下來的問題是說服時任護聖左廂都指揮使的白再榮出任亂軍臨時主帥。

為什麼是白再榮？因為白再榮在軍中的職務高於何福進、李筠，何李二人如果自立為帥，恐軍人不服，所以臨時拉來白再榮演戲。

沒想到白再榮嚇得躲進房間的幕簾後面，不敢出頭，被亂軍強行拽出來，只好硬著頭皮當臨時老大。

隨著漢軍越聚越多，鼓聲震動天地，煙火瀰漫不散，場面非常震撼。

契丹留在南朝的「權知南朝軍國事」麻荅大人，此時也不趾高氣揚了，嚇得腿都軟了，退居北城。

麻荅的服軟，更激發了漢人對麻荅的憤怒，當初你虐殺漢人時，可沒這麼軟蛋。越來越多的漢人武裝聚焦到城下，揮舞著武器，要求麻荅出來受死。

問題很快出來了，白再榮出任臨時老大，但他對軍隊並沒有多少約束力，也沒多少人聽他的。看到麻荅遺落在城下的珍珠寶貨，亂軍們忘記了他們「驅逐契丹」的任務，開始哄搶這些寶貝。膽大的都發了財，膽小的都不知了去向。

這樣的軍隊是沒有什麼戰鬥力的，困獸一般的麻荅果然看到了反攻的希望，加上契丹騎兵的援助，契丹人對漢軍進行有效反擊，漢軍死者兩千多人。

城中漢人瞬間就有崩盤的危險。

白再榮控制不了軍隊，無法實行有效指揮，當務之急是必須找到軍隊都認可的上層政治人物，來穩定混亂的軍隊。

晉朝磁州刺史李谷很敏銳地想到了天下第一名臣馮道。在軍心難服白在榮的情況下，能讓躁動的軍隊安靜下來的，現在只有馮道有這一份威望。

當聽完李谷的意思，馮道二話沒說，拉著李崧、和凝等同僚火速前往軍營。軍心穩定下來，就是馮道可以回家的保證，他不會拒絕李谷的建議。

馮道自出道以來，一直在文職官場供事，即使參與了軍務，也沒有和一線士兵打過交道。但馮道的名聲實在太大了，大到士兵們可以忘記自己第一個老闆是誰。

當鶴髮童顏的馮先生在李谷的攙扶下，顫微微地站在漢族士兵的面前時，這些平時強橫慣了的兵痞子們圍著馮道，舉起刀槍，激動地歡呼著。

「士卒見道等至，爭自奮」。

場面像極了八年前，馮道耍盡心機從上京逃回來，站在晉朝土地上，被使團人員圍住熱烈地歡呼。

時間在流逝，大家都變老了，但馮道在社會各階層特殊而超然的地位從來也沒有變過。從來沒有和一線士卒打過交道的馮道為何能得到他們發自內心的歡呼與尊重？答案簡單得不能再簡單，因為馮道的清白。

無論馮道被後人罵成什麼樣，但他是從來不貪的。也許是馮道出身社會底層的緣故，他對同樣來自社會底層的人們充滿了人性本能的善愛，不像杜重威這夥專喝兵血的貪官，自然能得人心。

明朝狂人李贄還是給馮道說了句公道話。他在《焚書》中替馮道歷五朝事十二君做了辯護。李贊認為馮道「歷事五季之恥」，不惜在歷史上留下惡名，是為了拯救天下蒼生。「不忍無辜之民日遭塗炭」。

成天教導別人「餓死事小，失節事大」的道德家們最見不得馮道還有什麼閃光點。為了維護日漸穩定的統治局勢，恨不得將馮道罵成萬世逆臣，再踏上一萬隻腳，讓馮道萬世不能翻身。

可李贄說的全都是事實，馮道這輩子不但沒有做過傷天害理的事情，反而以佛家慈悲為懷，兼濟天下眾生。

救天下百姓，遠比所謂的臣節更有價值。何況這些道德家只是要求別人守臣節，他們自己是可以例外的。

對於馮道這次出面穩定軍心，史家著墨極少，但卻有著非同尋常的重大歷史意義。

馮道成功扭轉了混亂的局勢，漢人士兵彙集在馮道身邊，齊心協力，趕跑了契丹留在中原的殘餘勢力，徹底斷絕了契丹人再次南下屠殺的可能。

如果馮道不出，任由漢人武裝亂成一團，不排除麻荅捲土重來的可能性。一旦契丹人再次殺回中原，不知又有多少漢人慘遭屠戮。

王安石曾肉麻地尊稱馮道一聲「菩薩」，其實還有一位與王安石同時代的大文學家也肉麻地尊稱馮道一聲「菩薩」，他就是王安石的政敵兼人生知己——蘇軾。

「菩薩，再來人也！」有些肉麻，但卻是真實的歷史存在。

《資治通鑒》第二百八十七卷的記載非常清楚，「士卒見道等至，爭自奮。會日暮，有村民數千噪於城外，欲奪契丹寶貨、婦女，契丹懼而北遁，麻荅、劉晞、崔廷勳皆奔定州。」

拒絕出任臨時主帥的智慧

在恆州城中的人們確信契丹人再也回不來了。

在夾雜著抽泣的歡呼聲中，馮道也抹著額頭上的汗，慶幸著厤苔們的遠去，但馮道並沒有放鬆他心中那根懸著的神經。

契丹人是被打跑了，但眼下的局勢並不樂觀。城中無主，謠言四起，百姓人心惶惶，未安生產，再加上總會發現一些來歷不明的遊兵在四處遊蕩……

現在最重要的是穩定軍心與民心。

在人心惶惶的混亂時期，穩定人心最好的辦法，就是由群眾廣泛認可的德高望重人士出面，馮道、李崧、和凝等高官顯然是最合適的人選。

天下聞名的馮相公來到咱們村了，人們奔相走告。

從《資治通鑑》第二百八十七卷「馮道等四出安撫軍民」的記載來看，馮道是親自走進基層的。就像周世宗柴榮是以皇帝身分躍刀殺敵、南征北戰，而不是指揮下屬去做事，事成之後，功勞全是自己的。

馮道和農民有著天然的親近感，每看到這些泥腳農夫，馮道都感覺異常的親切，他彷彿看到了當年的自己。

而一個為人臣不忠者，是做不到這一點的。

忠於一家一姓，何如忠於萬民？

老百姓是樸素而真誠的，他們不會跟著道德家們站在維護封建政權穩定的立場上去詆毀馮道。他們會用自己的行動來證明，道德家們的立場，和老百姓的立場，有時是嚴重對立的。

看到年近七十的馮相公每天忙裡忙外，有時熱飯都沒吃上幾口，大家都感動了。在目前群龍無首的局面下，需要推舉一位臨時主帥，穩定住混亂的局勢。

無疑，沒有人比馮道更適合這個位置。

馮道有三個優勢：一、德高望重，眾人皆服。二、有過出任大鎮的經歷，兩任同州，一任鄧州，地方管理經驗豐富。三、純文人。

特別是第三條。圍在馮道身邊的，多是赳赳武夫。都說文人相輕，武人同樣如此，為了爭蛋糕打得頭破血流是家常便飯，誰也不服誰。如果推舉一位武人為大將，其他武人如何心服？

這次驅逐契丹，武人中立功最著者是李筠，但李筠職位不高，推舉李筠會有更多的人不服。而留守恆州的武人中，白再榮職務最高，但從「眾推道為節度使」來看，大家對白再榮同樣沒興趣。

不能推舉武人，那就只能推舉文人了。

出任節度使，其實對馮道來說並不算是難事，畢竟之前有過三次經歷。但出乎所有人意料的是，馮道婉言謝絕了大家的推舉。

馮道告訴大家：「謝謝大家如此看得起老朽，但你們也知道，我不過一介書生，管理文翰事宜，我能勝任。現在形勢混亂，還是推舉一位將軍出來主持局面更合適。」

馮道不接受大家的推舉，其實是一種自保策略。

道理很簡單。在此次驅逐契丹的行動中，雖然馮道也出了力，但畢竟首功是軍閥集團的。馮道如果接受此次推舉，固然能將軍中各派系暫時安定下來，但他們之間彼此是互不心服的，一旦彼此生事，他很可能被當成炮灰。

上帝把馮道當成了一塊巨大的布，蒙在火山口上，人們看不到火山內部烈熾滾滾。但當火山憤怒地爆發後，馮道這塊布將會在瞬間被燒成灰燼。

這次出任恆州節度使，與之前馮道出任過的兩次同州、一次鄧州的節度使之任是有很大不同的。前三次的節度使之任，馮道都處在形勢相對穩定的大後方，數年不見刀兵，百姓安居樂業，馮道大隱於此，清靜無為任事。而恆州，是處在中原與契丹對峙的最前線，何況契丹人剛退，前有契丹，後有劉知遠，形勢不明。如果馮道接手恆州，一旦再出大亂，所有髒水都要潑到他頭上。

馮道有這麼傻嗎？

而根據《東都事略・李筠傳》的記載，出面請馮道出任節度使的正是此前大家公認立功最大的李筠，這其中是很有門道的。

為什麼是李筠出面？如果結合「時李筠功最多」來看，就再清楚不過了。李筠功最大，在「兵強馬壯者為天子」唐末五代宋初的大亂世中，他自然認為自己有資格當老大。可自己的資歷過淺，恐眾人不服。

要解決這個問題，只有一個辦法，那就是推舉馮道。

如果馮道接受出任節度使，那麼至少這個位置沒有被其他武人佔據，李筠也不覺得自己吃虧，畢竟馮道的江湖地位，目前無人可以撼動。而如果馮道拒絕接受，必然會提出擁立功勞最大者，這顯然是李筠希望出現的局面。

馮道何等樣人！他自然知道李筠的心思。

所以馮道拒絕出任之後，又說了句：「至於誰出任留後（恆州節度使）更合適，依老朽愚見，當以功高者立之。」

馮道就差說出李筠的名字了。

但馮道是絕對不能直接說出李筠的，否則就將得罪其他武人，這些大爺都是擁有各自武裝的。為了一個李筠而得罪所有武人，如果這些武人聯合起來對付自己，僅憑李筠的武裝，能保住馮道嗎？

馮道乾脆兩邊都不得罪，含糊以「功高者立之」，撇清自己的責任。蛋糕到底該誰吃，你們自行決定，老朽管不了。

至於誰功勞最大，司馬光說李筠功最多，馮道似乎也認為李筠功大，但其他武人未必認可。大家都是扛著大刀片子一路從人頭陣中滾出來的，誰比誰功勞小？

馮道拒絕蹚這個渾水，李筠也失去了支持，最終這個位置，還是白再榮的，因為他的軍職最高。

劉知遠對馮道的警告

其實要以馮道的真實想法，他寧可立李筠，也不想立白再榮。

白再榮最大的毛病——貪財，為了發洋財，白再榮誰都敢殺。宰相李崧、和凝家資豐厚，被貪婪的白再榮盯上了，派出幾百馬仔圍住二相，要求他們給弟兄們一點酒錢。李崧、和凝為了保命，只好咬牙跺腳，給了白再榮一筆保護費。即使如此，白再榮還想得到李崧更多的錢財，如果不是李谷苦勸，李崧的人頭早就落了地。這是宰相的待遇，普通百姓更不用說，家財都被白再榮搜刮光了。

臨時主帥如此貪暴，江湖人送外號——白麻荅。

白再榮之所以不找馮道討錢，因為他們都知道，馮相公是沒什麼錢的。但白再榮對李崧如此，對馮道也未必不會起殺心。

如果任由白再榮在恆州胡作非為，一旦形勢崩盤，大家之前血戰才贏得的一絲生機，會被白再榮斷送掉。現在的當務之急，是向已經進入汴梁的大漢皇帝劉知遠通報情況，請求朝廷速發援兵。

從《資治通鑒》「（原先準備擁立馮道為節度使的武人）乃以再榮權知留後，具以狀聞，且請援兵」來看，大家已經受夠了白再榮這個財迷。

此時的劉知遠正準備對盤踞在鄴都、首鼠兩端的大貪官杜重威發起戰略總攻。杜重威拒絕讓出鄴都，並與契丹人有所勾連，如果再讓白再榮等人與杜重威勾搭上，河北一旦失火，這是初登大寶的劉知遠難以承受的。

劉知遠派自己的鐵桿心腹、左飛龍使李彥從率兵北上，接盤恆州。

恆州形勢相對穩定之後，馮道、李崧、和凝已經沒有留下來的必要。當年九月，名滿天下的三大名相告別了曾經在恆州一起經歷過生死患難的人們，迎著秋風，連袂馬上同行，回到錦繡汴梁。

就在三人即將抵達汴梁的時候，大漢皇帝劉知遠因為要親征反賊杜重威，留下皇子劉承訓為東京留守，自己率主力北上。

劉知遠應該是在親征的路上得到馮道三人回到京城的消息，滿頭心思的劉知遠隨後下詔，以李崧為太子太傅、和凝為太子太保。

馮道？什麼都沒有。

表面上，劉知遠似乎很尊重李崧、和凝，馮道這樣的天下第一老臣都沒得到任何加封，他們卻跑到了馮道的前面。其實，李崧、和凝所得到的待遇，也不過是劉知遠請他們站在蛋糕店的玻璃牆前，看店內幾個顧客吃著美味的蛋糕。

李崧、和凝得到的都是空頭名位，漢朝的真宰相早就被人瓜分掉了。共有四人——左僕射蘇逢吉、右僕射蘇禹珪、司空竇貞固、戶部尚書李濤。

四人中，二蘇是劉知遠在太原時的心腹之臣，竇貞固和李濤是契丹席捲晉朝重臣北上之後、留在汴梁的文官代表。

站在蛋糕店玻璃牆外看著別人吃蛋糕，這樣的「待遇」，馮道寧可不要。

雖然李崧、和凝得到的只是虛位，但地位遠在李、和二人之上的馮道為什麼連看人吃蛋糕的待遇都沒有？

答案還在六年前，而且與劉知遠現在正在征討的杜重威有關。

那是晉天福六年（九四一年），石敬瑭還在位的時候。

當時擔任隨駕御營使（御林軍統帥）的是劉知遠，但石敬瑭和劉知遠曾經鬧過彆扭，應該是覺得劉知遠不是特別可靠，便打算由妹夫杜重威接替劉知遠，畢竟自家人用起來放心。

只是石敬瑭不好親自出面，需要找幾個人來替自己背黑鍋。在石敬瑭的暗中授意下，馮道和李崧硬著頭皮上臺出演反面角色，對著杜重威吹了一通肉麻的喇叭，而且還不止一次，「屢薦重威之能」。有了馮道的出面，石敬瑭的壓力就少了很多，很自然地就從了馮相所請，罷劉知遠，立杜重威。石敬瑭、杜重威皆大歡喜，但馮道和李崧突然橫插一腿，卻深深得罪了性格乖戾的劉知遠。「知遠由是恨二相」。

劉知遠彼時只不過是晉朝臣子，還奈何二人不得，只是把這股恨深埋心中。而如今，劉知遠已是號令天下的大漢皇帝，他有足夠的政治資源來發洩深埋六年的怨恨。

有一個問題，劉知遠同樣忌恨李崧，「高祖（劉知遠）素不悅崧」，怎麼卻加封了李崧。

李崧得到了「太子太傅」的畫餅，可代價實在太大了，因為李崧留在汴梁的家產悉數被劉知遠沒收，並轉賜給性格更加乖戾的心腹大臣蘇逢吉。而在李崧家中的地下，埋藏著數額巨大的黃金，也成了蘇逢吉的私有財產。

加封李崧，劉知遠與其是「尊敬」李崧，不如說是在羞辱李崧。

劉知遠同樣不會忘記的還有馮道，馮道在汴梁的宅院被劉知遠轉賜給蘇禹珪，但馮道顯然並不心疼這些，反正家裡也沒有多少錢。如果在政治上制裁馮道，以馮道的特殊政治地位，又讓劉知遠投鼠忌器。

此時不加封馮道，只是劉知遠無奈之下對馮道一個小小的警告。言外之意——你欠朕的，朕還記得，至於你該怎麼做，你懂的。

劉知遠對馮道一肚皮的不滿，馮道的家產也抄沒了，但當無家可歸的老馮道搖搖晃晃來到汴梁後，已經平定杜重威叛亂回到汴梁的劉知遠不得不厚起臉皮，接見這個奇怪的老頭。

「漢祖嘉之。」

馮道見到新老闆，不卑不亢，從容應對，他知道，性格殘暴的劉知遠可以殺盡天下人，但不會殺他，因為劉知遠不敢。

乾祐元年（九四八年）正月，剛剛更名為劉暠的劉知遠一臉不服地下詔，封馮道為太師。至於馮道住哪兒，以堂堂太師的身分，馮道再不濟總還有個窩棚能住著，劉知遠再乖戾，也不至於讓這個糟老頭子去睡大街。

馮道已經沒有再當宰相的可能，能當上文臣之首的太師，雖是虛位，但在這個特殊的政治位置上，馮道依然可以發揮特殊的政治影響力。

一場有關牛皮的口水戰

在馮道的官場人生中，曾經與三位君主發生過激烈的爭吵，分別是早期的劉守光、李存勗，以及柴榮。其實馮道還與一位君主頂過撞，這就是劉知遠。

所不同的是，以上三次爭諫都是馮道一對一式的，周邊大臣有很多是認同馮道觀點的。而此次馮道所面對的，則是一個史所罕見的殘暴政治集團。甚至可以這麼講，這個政權，從皇帝到大臣，是一群不可理喻的瘋子。

也許是只存在四年，還沒有來得及轉變執政思路的緣故，五代後漢政權被當代人以及後世史家普遍貼上殘暴的標籤。

為什麼後漢政權四年而亡，五代人王處訥曾經與郭威進行過一次談話，王處訥認為後漢初建政權，便開始對得罪過他們的所有人進行打擊報復，「高祖（劉知遠）得位之後，多報仇殺人及夷人之族，結怨天下，所以運祚不長。」不僅皇帝殺人，幾個親信大臣，特別是蘇逢吉和史弘肇，都是超級殺人狂。

蘇逢吉抓盜賊的訣竅就是連坐法，一人偷盜被捕，全族皆斬！史弘肇主管京城治安，辦法簡單，不管對方犯什麼罪，抓一個殺一個，怨戾之氣滿汴梁。

殺人多，只是後漢短促而亡的一個原因，否則明成祖朱棣殺人更多，明朝反而存在了二百多年。後漢的滅亡，主要在於其幾近瘋狂的經濟政策。

其中最為突出的有三點：

1.反私鹽法。後漢規定，私造鹽者，哪怕只有一克鹽，不管你張三李四王五趙六，斬！此法為郭威所廢除，規定私造五斤以上者才殺頭。

2.地方財物運送至中央時所生產的斗耗。後漢規定，如果在運輸過程中發現有物資損耗，則由河運官員出私財補償。「亡身破家，不可勝計。」此法後為周世宗柴榮所廢除，規定每石重量的貨物可以允許有一斗的合理消耗。

3.牛皮徵收。在封建社會，牛是極重要的戰爭戰略物資，敢殺牛者，官府必殺之。牛肉取走後，牛身上最有價值的就是牛筋和牛皮，可以製作武器。

劉知遠在河東中大聚甲兵，特別重視牛皮徵收這一塊。他下令嚴禁境內的牛皮貿易。如果民間有牛死了，此牛之皮也屬官家所用。此令一出，河東百姓怨聲載道。

等到劉知遠統治中原後，軍情已不如前那般緊急，但漢政權依然實行舊法，「天下苦之」。這是三司使（財政部長）王章的傑作。

雖然朝廷法禁嚴厲，但牛皮市場存在著巨大的獲得空間，依然有很多人鋌而走險，為了一張牛皮而冒殺身之險。

正好有一個案例，昭義軍節度使治所潞州（即上黨，今山西長治）官方查獲了一起重大牛皮走私案，抓捕案犯二十多人。經過有關部門嚴查，案情清楚，證據確鑿，經劉知遠批准，這二十多名牛皮犯將被處以死刑，以敬不法者。

沒想到這個一審判決卻遭到了一個不起眼的小官的激烈反對，他叫張燦，時任昭義軍節度判官。

《洛陽縉紳舊聞記》詳細記載了這件奇特的牛皮官司。

張燦是五代奇人，他是個讀書種子，但讓人稱奇的是，張燦在近四十歲之前竟然是個大字不識的文盲。後來被人諷刺不知書，張燦一怒之下，折節尋師從學。僅僅五年後，張燦就成為一代博學通才，通經術，精詞賦，善書法，在文學世界裡幾乎無所不能。周邊郡縣皆稱奇不已，以為神人。

學而優則仕，張燦後來被人推薦，出任絳州（今山西新絳）防禦推官。張燦為官清廉無私，所在大治，後來被唐明宗升為絳州判官。而向李嗣源推薦張燦可用的，正是時任吏部尚書的馮道，馮道對張燦這個奇人印象特別深刻。

天涯各自，馮道在洛陽、汴梁指畫風雲，張燦則一直在河東任職，後來升任昭義軍節度判官，而此時已是劉知遠治下。

潞州牛皮大案發生後，舉朝上下喊打喊殺，張燦卻上疏反對處死這些犯人。

張燦反對殺人的理由是：皇上（劉知遠）當年在河東時，契丹尚在中原，而且多有契丹兵騷擾河東，彼時軍情緊急，啟動臨時禁牛皮法，於情於理是能說得通的。但今天下大定，諸侯莫敢不服，再實行河東的牛皮法，民多不便。天下牛隻何止十萬，牛皮何止十萬，為了幾張牛皮得罪天下百姓，非所宜。

張燦的奏疏擺到了大漢朝廷的議事堂上。

《洛陽縉紳舊聞記》沒有提到這次議事都具體有誰參加，但根據「執政之地」四字理解，四位宰相蘇禹珪、蘇逢吉、竇貞固、李濤，以及三司使王章肯定列席。性格躁暴的侍衛親軍都指揮使史弘肇也應該在場，因為他還有另外一層身分——同中書門下平章事，自然有資格列席內閣會議。

至於另兩位開國功臣，樞密使楊邠、樞密副使郭威，因為沒有同平章事的身分，有可能不在現場。而郭威不在場的可能較大，因為從郭威即位後廢除後漢苛法的行為來看，他如果在場，肯定會反對的。

對了，出席此次內閣會議的，還有早已成了精的太師馮道。

馮道深為劉知遠所不喜，但馮道的政治地位擺在那兒，劉知遠縱然反感，也不得不做出一些友善的姿態，所以馮道可以自由出入宰相議事堂。汴梁宮中的內閣議事堂，是馮道再熟悉不過的地方，僅僅一年前，他還是這裡的第一主角。而如今，一代新人換舊人，馮道成了這裡的陪客。

進入議事堂後，馮道看著蘇逢吉、史弘肇等人橫眉怒目，藐視一切的霸橫，腦海中閃過的卻是劉昫、趙瑩、桑維翰、李崧、馮玉，恍如隔世。

在座諸人飲了茶後，閒聊幾句，開始進入正題。

由蘇逢吉開始，後漢的新貴宰相們逐一審閱張燦呈上來的這道奏疏。馮道不是宰相，應該是最後一個看的，所以馮道有足夠的時間掃著這些新貴們的表情。蘇逢吉咬牙切齒，史弘肇金剛怒目，王章緊握拳頭，蘇禹珪一臉不屑，李濤若無其事，竇貞固不知道在想些什麼。

所有人都看完了，馮道最後接過張燦的奏疏，埋著頭，一字一句地看著，有時不自禁的還點了頭。

「大家的意見呢？」馮道含笑問在座諸人。

蘇逢吉冷笑：「朝廷的法度大計，豈是張燦這等級別的臭魚爛蝦懂的！他上這道奏疏就已經違反了官場規則。」

「什麼規則呢？」

「他級別不夠！」

「張燦妄言攻擊朝廷，罪猶可惡！」漢朝的禁牛皮法是王章制定的，張燦公開反對，等於直接掃王章的臉面。王章這等性格的人物，豈能容得下張燦。

「你們都他娘的費什麼鳥話，都去見皇上，請皇上一道旨意，宰了張燦這個狗娘養的！」史弘肇如山般的巨手一拍案子，案上的茶壺直接蹦到地上，摔個粉碎。

「就是！殺了這小人。」一眾人一片附和。

馮道凝住了眉，這個場面，馮道感覺似曾相晤。對，這不是正是三十多年前，馮道在劉守光幕下任事時，所經常看到的一幕嗎？眼前的這夥號稱大漢宰相的人，怎麼看都像是劉守光手下那幫草台班子的將相。

除了殺人，他們到底還會什麼？

雖然《洛陽縉紳舊聞記》並沒有記載馮道此時說了什麼，但很明顯，馮道是反對這夥人的。「執政之地除馮瀛王外皆惡之」。

馮道的政治地位雖然崇高，但他並不是宰相，說話沒人理他。這個案子很快就報到了劉知遠那裡，包括馮道，所有人都去見皇帝。

五十四歲的劉知遠，身體已大不如前了。

還在劉知遠親赴鄴都征討杜重威的時候，劉知遠引以為驕傲的皇子、東京留守劉承訓突然病逝。劉知遠這輩子就兩個值得驕傲的地方，一是建立了後漢王朝，接受普天下臣民的三跪九叩；二就是這個足以保證劉家江山千秋萬代的兒子。

劉承訓的死，強烈刺激到了劉知遠，他本就乖戾的性格變本加厲。蘇逢吉、蘇禹珪、竇貞固、李濤、史弘肇、王章圍在劉知遠身邊，你一嘴他一嘴地訴說著對張燦的憤怒。而馮道此時並沒有跟隨這夥性格乖戾的權貴見皇帝，而是等在殿外，隨時準備去見他並不熟悉的劉知遠。因為馮道有一絲不祥的預感，張燦有可能要出事。

這些人都是劉知遠的心腹，他們可以暢所欲言，甚至可以當著皇帝的面拍桌子罵娘。

劉知遠用有些微顫的手捧著張燦的這道奏疏在看，越看臉色越難看，直到皇帝把奏疏狠狠地拍在案子上。

「放他娘的狗屁！」皇帝渾身顫抖。

「區區一個節度使判官，不入流的芝麻小官，算個什麼東西，居然敢非議朕的國家大計！」

「誠如陛下言，臣非臣禮，天下豈不亂了套！」眾人附和。

「嗯，該殺！」劉知遠猛咳嗽了幾聲，面目凝重，「這事就這麼定了，上黨犯牛皮法者二十餘人，斬！昭義節度判官張燦毀謗朝廷，斬！」

眾人見又有人頭將要落地，血饅頭隨便他們吃，嘴角都流著口水，叉腰怒目，齊聲道：「斬！」

「你們先退下吧，隨後朕就下敕。」劉知遠有些累了。

眾人退下，接下來的時間屬於馮道。

當聽說太師馮道突然請求召見，劉知遠有些意外，他不知道馮道是不是為了張燦毀謗朝廷一事而來。

直到現在，一提到當年馮道順從晉高祖的意思，罷自己而立杜重威，都感到憤憤不平。但更讓劉知遠憤怒的是，站在自己面前的明明是自己的仇人，卻還要笑臉相迎。

劉知遠此時的心態是噁心到家了。

劉知遠走到外殿，接見了曾經羞辱過自己的馮太師。

「嗯，馮太師，見朕有事嗎？」

馮道行完了禮，回答的不卑不亢，「聽聞陛下要殺昭義軍節度判官，臣特來救人。」

……

「說說你的理由。」劉知遠依舊一臉怒氣。

馮道的觀點主要有兩個。

一個是牛皮不該禁，理由和張燦所說的一樣。此時非在河東時，天下大定，諸侯伏順，何禁牛皮為。

第二個就是張燦和那些犯牛皮禁的人不該殺，這才是馮道此來的重點。

「陛下認為張燦該殺？」

「嗯，小小判官妄議朝政，難道不該殺嗎？」

「臣為陛下可惜！」

「唔……，可惜什麼？」

「歷經晉末之亂，契丹南侵，中原受苦多矣。天下赤子皆望能降真主救黎庶於萬一，而今陛下主中國，天下赤子莫不以手加額，稱頌陛下。張燦，陛下赤子也，今要殺彼，毀陛下英名，此臣所以為陛下可惜者。」

此條理由其實並不充分，劉知遠可以一口咬定張燦並非赤子，殺之何妨。馮道接下來要做的就是從人事管理角度來替劉知遠算一筆人心帳，看看殺了張燦，對新興的後漢王朝到底有什麼損失。

「誠如陛下言，張燦不過一區區昭義判官，芝麻大的官，捏死他不過如同捏死一隻螞蟻。可陛下想過沒有，張燦以其不相符的政治身分妄議朝政，正是出於對陛下的忠誠。」

劉知遠不解。

「國家法度俱在，張燦豈能不知。可他自出道以來，就食陛下之祿（河東），自當為陛下敢言天下事。他明知妄議朝政該當何罪，還不惜一死的上章言事，可見他對陛下的忠誠。即使張燦言論不當，陛下也應該取他這份忠心。為天下人做一做榜樣。臣認為，張燦可賞，不可殺！」

可賞不可殺，劉知遠陷入沉思。劉知遠雖然殘暴，但他在政治上是不糊塗的，妄殺議政之人，冷的將是天下士子對朝廷的忠心，以後誰還敢說話？堵上天下人的嘴，「道路以目」，最終傷害的還是自己歷盡千辛萬苦才建立的大漢王朝。

從《洛陽縉紳舊聞記》所載原文看，劉知遠惱恨的是張燦越級發言，自始至終也沒有認為張燦說錯了話。

原本有些緊張的氣氛似乎有些緩解，馮道趁熱打鐵。

馮道突然跪了下來，引起劉知遠一聲驚呼。

「馮太師，你這是做什麼。」

「臣請死。」馮道已摘下紗帽，直視劉知遠。

劉知遠不知道這個糟老頭子要幹什麼，像看外星人一般盯著馮道。

「張燦只是多嘴，實不該死罪。如果陛下還是認為張燦該殺，那麼臣同樣有罪。天下人皆知張燦無罪，而其枉死，臣位列台閣，有輔弼人主撫順萬民之責。張燦一事，臣嚴重失職，陛下欲殺張燦，請先殺臣！」

……

馮道一步步將毫無心理準備的劉知遠逼進了死角。

劉知遠喜歡殺掉阻礙自己發財的人。剛進洛陽時，唐明宗時的王淑妃花見羞和許王李從益因為被契丹臨時東京留守蕭翰拉出來主持政局，中了劉知遠的忌，母子二人被逼自殺，天下冤之。

但李從益可殺，馮道，劉知遠不敢殺。

理由如下：後唐滅亡多年，李從益雖是明宗之子，但在政治上也是個孤兒，身邊沒有任何政治勢力，滅之不難。但站在馮道身後的，卻是一個龐大的文人官僚集團，甚至還包括相當一部對馮道有好感的軍界人士。又何況馮道是天下文臣之首，金燦燦的政治招牌，劉知遠不會砸自己的飯碗。

「你說，朕該怎麼辦？」

「張燦無罪，臣請陛下下敕放人。」馮道伏地叩首。

「可殺張燦的命令已經下達了，敕都擬好了，朕是大國之君，豈能出言反爾，何能服天下。」

馮道就料到劉知遠會這麼耍賴，嘴角輕輕一笑，「此敕還沒下發，陛下可以更改。」

看著鶴髮雞皮的天下文臣之首不惜冒犯自己的虎威，為一個小小的昭義判官苦苦求情，劉知遠也有些心軟了。

「能改嗎？」劉知遠給足了馮道面子。

「能改！」馮道很激動。

劉知遠苦笑著拿來了那道即將下來處死張燦及犯牛皮禁者二十餘人的敕，馮道伸過頭看著。

劉知遠欲哭無淚，怎麼攤上這麼個老東西。

劉知遠一筆一畫地在敕上更改旨意，大意略云：三司計牛皮法，本是國家法度，張燦妄議朝政，胡說八道，有失體統，停職罷免。至於那些犯牛皮禁的二十多人，一體釋放，都給朕滾遠點。

馮道一字一句看完，眼角露出了勝利者才會有的微笑。

馮道與張燦的故事，還沒有結束。

性格強硬的張燦看完這道赦免自己的敕文，發現其中有「執理乖當」的官方評語，大為不服，到處為自己辯護，但劉知遠顯然不想再聽他聒噪了。

也許是馮道在其中又替張燦走了什麼門路，也許是張燦這種不怕死的性格感動了劉知遠，朝廷議事後，決定封張燦為監察御史。

監察御史的級別很低，只有從八品下，但權力非常大，可以彈劾包括宰相在內的所有官員。即使是宰相，見著監察御史也如同老鼠見貓一般。

朝廷授張燦任監察御史的官告，很快就下發到馮道手上，馮道一看就急了。因為此前的張燦諫牛皮的政治風波，朝廷的官方定性竟然是「澄之未清」，這是馮道無法接受的。

馮道費盡周折，才把張燦從鬼門關口撈回來，而這一句「澄之未清」將是日後有可能在政治上壓垮張燦的最後一根稻草。如果朝廷有人要整死張燦，順便把為張燦辯護的自己也弄進坑裡，僅憑此四字，易如反掌。

劉知遠應該不會這麼出爾反爾的，很可能是蘇逢吉那幫深文好殺的權貴們暗中搞出來的陰謀。為了張燦，也為了自己，馮道自然反對。

馮道此時不是宰相，但他是在政治上比宰相還要高一級的當朝太師，天下獨一無二的旗幟性人物。馮道不怕得罪那些瘋狂的權貴，當場改了官告，抹掉了一個字。

「澄之未清」，變成了「澄之必清」。

事情還沒有結束，為了贏得更多的輿論支持，馮道要把這鍋生米煮成熟飯。他很聰明，想到了通過社會輿論來綁架朝中那夥權貴，使這些人將來一旦對張燦下手時，會面對強大的社會輿論壓力。

馮道拿著這張他親自更改的官告，對著在場所有官員大聲說道：「張燦早已是清白之身，所謂『澄之不清』，不是事實。張燦是清官，好官！」

這可是普天下最德高望重的馮道，居然為了一個不起眼的芝麻小官如此奔忙，輿論效果是可想而知的。

「由是，（張燦）清白之名遍於朝野」。

馮道費盡周折，給張燦畫了一張保命符。

最後插一句，《洛陽縉紳舊聞記》的作者是北宋早期名臣張齊賢，而張齊賢是非常尊重馮道的。他在書中凡是涉及馮道的，竟然沒有一字提及馮道姓名，一律尊稱為瀛王馮令公。

少年街霸郭威

強打精神處理完張燦的這堆爛事，劉知遠已經撐不住了。

後漢乾祐元年正月二十七日，病入膏肓的大漢皇帝急召同平章事蘇逢吉、侍衛親軍都指揮使史弘肇、樞密使楊邠、樞密副使郭威入萬歲殿。劉知遠拼盡最後一口氣，正式宣佈四人成為新皇帝的顧命大臣，希望他們善保少主。

劉知遠在人間的最後一句話是：「不殺杜重威，朕死不瞑目。」

劉知遠至死也沒有解除他對杜重威的仇恨，其實不止杜重威，曾經得罪過劉知遠的，他放過哪個？李崧沒有馮道那般威望，被劉知遠整得生不如死。而馮道虎口拔牙，硬生生從劉知遠魔掌下救下張燦，也只是個例外。

五代後漢政權與秦政權非常相似，都是以暴制暴，以極端手段打擊極端行為。大殺四方，結果殺掉了天下人心。其實，後漢政權本來有機會一改劉知遠時代的狂暴躁動。可惜有一代令主之才的繼承劉承訓突然病逝，劉知遠只好選擇他並不是很認可的次子劉承祐繼位，結果……

在眾人的號哭聲中，在汴梁城中號令天下僅僅六個多月的劉知遠駕崩。十八歲的周王劉承祐不出意外地在大行皇帝柩前即位。在場的樞密副使郭威並沒有意識到，眼前這個自己看著長大的少年皇帝，將來會對自己的人生有多麼刻骨銘心的影響。

聊一聊郭威。

郭威，字文仲，邢州堯山人（今河北隆堯），唐天佑元年（九〇四年）生於家。也有一說郭威本姓常，因母改嫁郭氏，故冒姓郭。

郭威的童年非常灰暗。三歲喪父，父親郭簡本是晉王李存勗旗下一個軍官，因晉燕之戰，郭簡戰死。五歲喪母，是姨媽韓氏把郭威拉扯大的。

也許是少年失祜的原因，長大後的郭威是典型的古惑仔性格，「負氣用剛，好鬥多力」，十八歲就跟著昭義節度使李繼韜闖蕩江湖，沒少做下違法犯法的勾當。因為李繼韜非常喜歡這個少年無賴的郭威，睜一眼閉一睜也就過去了。

說到郭威，就必須提到《水滸傳》裡一個扛大鼎的主角——魯智深。沒錯，那段婦孺皆知的《魯提轄三拳打死鎮關西》的故事，其原型就是郭威。

上黨郡的一家肉鋪，銘記了郭威少年時代最為閃亮的後街故事。酒後的郭威要著螃蟹舞步，東搖西晃來到了這家肉鋪前。郭威不是來買肉的，因為他聽說這家肉鋪的少東家為人強橫，是個街霸王，郭威大不服，特意被酒前來尋釁滋事。

「你！給我割十斤精肉，切做臊子。不要見半點肥的在上頭。」十八歲的郭威臉上寫滿了青春的肆意，鬢插鮮豔的花朵，一隻小靴前置，另隻腳斜錯，扭著小帥腰，一手直指肉鋪少東家。

那主兒也不是省油的燈，但生意上門，只好忍氣割肉。

也許是肉割得不合郭威心意，郭威破口大罵。屠大怒，撕開胸懷，露出黑茸茸的胸毛，當著圍觀眾人的面。「你要有種，當街殺我！」

郭威被激怒了，操起那屠剛才還割肉的刀，口中一聲怪叫，「老子殺你，如同碾死一隻螞蟻！」白刀子進紅刀子出，肉鋪少東家橫屍當場，眾人驚叫。

郭威看著血泊中的屠夫，輕蔑地把刀扔在地上，市場執法人員將郭威死死綁住，眼神裡依然滿滿的都是驕傲。

因為李繼韜實在喜愛郭威，不忍就法，私下縱逃去。後來李繼韜事敗，郭威混進李存勗的軍隊裡撈飯吃。

都說馮道不是一個忠誠的員工，跟著老闆無數，踹過老闆無數。其實郭威也跟過很多老闆，李繼韜、李存勗、李嗣源、石敬瑭、劉知遠，直到劉承祐。

在郭威的發跡史上，可以說成於石敬瑭，盛於劉知遠。石敬瑭對郭威的喜愛溢於言表，而劉知遠則是一手把郭威培養成一代通天大臣。

劉知遠手下四位一線大臣——蘇逢吉、史弘肇、楊邠、王章，不包括郭威，但在劉知遠南下接收中原的過程，郭威卻是首功。

耶律德光敗死殺胡林，中原無主，劉知遠自然不會放掉這塊肥肉。至於南下走哪條路線，劉知遠有三個選擇：

劉知遠本人意見，南下石會關，過上黨，直過黃河進汴梁。

以史弘肇等人為的河東大將，他們主張東出井陘過太行山，先拿下河北，再進汴梁。

郭威認為第二條路是死路，彼時契丹人在中原勢尚大，如果先進河北，必與契丹死戰，殺敵三千，自殞二千五，兩敗俱傷，只能便宜別人。而劉知遠的意見，郭威則認為上黨處在太行山脈，地勢艱難，不利於快速行軍。

郭威本人的意見是走汾河谷地，先進洛陽，再拿汴梁。從地理距離上看，這條路線相對較遠，但優勢是周邊沒有強敵。孫子兵法云「以迂為直」。劉知遠最終採納了郭威的奇計，果然順利拿下汴梁，號令天下。

郭威飛黃騰達，水到渠成。

也許是存在時間異常短促的原因，後漢立國四年，幾乎是年年都在戰爭的陰影中度過。

少年天子劉承祐的皇帝寶座還沒坐熱，就從西邊傳來了一個爆炸性消息——原永興節度使趙匡贊屬下牙兵趙思綰等三百人突然佔據京兆府（今陝西西安），公開造反。隨後，本來奉命征討趙思綰的鳳翔巡檢使王景崇據鳳翔而反。

趙思綰和王景崇都算是小股毛賊，真正讓劉承祐膽戰心驚的是中原一代上將軍、護國軍節度使（治河中，今山西蒲阪）李守貞竟然也造反了。

舉朝震怖。

李守貞造反的原因，其實還是源於他心中那個熱騰騰的皇帝夢。劉知遠在位時，李守貞忧其英武而不敢動，如今劉承祐這個富二代僅僅因為老爹有本事就平白坐得天下，這讓百戰生死的李守貞如何心服？還有蘇逢吉、史弘肇那夥貓三狗四，李守貞同樣瞧不起。

李守貞滿頭心思要做皇帝，他曾經當著部下的面射一張老虎圖，說我要為天子，就一箭中虎舌，果中，守貞益自負。

在這三股反叛勢力中，李守貞的勢力無疑是最強的。趙思綰和王景崇因為地理上的優勢，一方面向後蜀皇帝孟昶稱臣；另一方面，趙、王二人又給李守貞吹喇叭抬轎子，李守貞被吹得找不著北，自稱秦王。

李守貞在盤算著大秦王朝何時能號令天下，汴梁的朝廷已經下令：距離河中最近的保義軍節度使（治陝州，今河南陝縣）白文珂屯同州，征討李守貞。昭義軍節度使常思屯潼關，在阻止趙思綰東進的同時，主要精力放在對李守貞的箝制上。鳳翔節度使趙暉屯鳳翔，征討王景崇。

此三路官軍的佈置是明顯有針對性的，只是這三位軍方大員都是飯桶級人物，遇草則喜，遇狼則顫，根本不敢對三叛發動進攻。

特別是白文珂和常思，才具平庸，對付李守貞這樣的百戰名將確實顯得非常吃力。現在唯一的辦法，就是派遣一位軍事天才出任平叛主官。

郭威，是再合適不過的人選。

馮太師的妙計——花公款收買人心

此時的郭威不再是樞密副使了。經過一番激烈的朝野權鬥，郭威升任樞密使，加同平章事銜，與楊邠並列樞密。

這標誌著郭威正式擠進漢朝最高統治集團的核心層。

而面對西線混亂的戰事，朝中三大武官中，楊邠坐守軍機，史弘肇負責京師護衛，須臾不能輕動。唯一能動的，也只有郭威了。

乾祐元年（九四八年）八月初六，朝廷令下：以同中書門下平章事、樞密使郭威為西面軍前招慰安撫使。白文珂、常思、趙暉討賊各部皆受郭威指揮。

郭威接到西征的命令後，並沒有立刻動身，而是奉名刺，以顧命大臣之重，畢恭畢敬地去拜訪一個退休高級幹部。

而這位退休老幹部，正是太師馮道。

郭威和馮道是怎麼扯上一腿的？

從年齡上講，馮道比郭威大了足足二十三歲，是自己的父輩級人物。馮道在西元九一四年來到河東謀事時，郭威只有十歲，而之後馮道南下中原做官，郭威一直留在河東軍界撲騰，二人之間不太可能有過什麼交往。

真正能讓郭威與馮道搭上線的，應該是在劉知遠南下汴梁之後，迄今也不過一年有餘。但郭威人際交往能力非常強，上至皇帝，下至百僚市井，都對郭威有著非常高的評價。而從隨後馮道肯為郭威出謀劃策來看，馮道和郭威之間建立了一定程度的友誼。

在此之前，馮道與郭威應該是沒有私交的，但馮道對郭威的印象，至少要比他對劉知遠的印象要好得多。

劉知遠和郭威有著明顯的不同。

劉知遠易怒，以殺人為樂，不好讀書，性格殘暴。馮道曾經得罪過劉知遠，即使在張燦事件中，劉知遠對馮道讓步，但馮道依然對劉知遠敬鬼神而遠之。

郭威曾經憤怒過，殺過人，但後來折節讀書，好讀《春秋左氏傳》，馮道歷來喜歡讀書種子。在漢朝新興權貴中，蘇逢吉、史弘肇等人都是一夥深文好殺之徒，只有郭威主張以仁德治天下，這也與馮道的治世理念相同。

人以類聚，郭威能在短短的一年內與馮道建立友好的關係，是很正常的事情。郭威來到馮道的家中，繞過放生池，在客廳見到了鶴髮雞皮，但精神還算好的馮太師。

郭威是來向馮道討教有關平定李守貞叛亂的。

李守貞叛亂屬於軍事範疇，郭威找一個文官討教平叛之策，豈非南轅北轍？其實郭威此舉是大有門道的。

郭威和後漢諸權貴都是從河東南下的，對原本就在中原為大將的李守貞並不熟悉，而馮道曾與李守貞同殿為臣，多少是了解李守貞的。

當然，這只是表面上的原因，郭威拜訪馮道，應該還有另外一層深層次的考慮。後漢諸大臣都是性格狂躁症患者，一得志就對中原官僚大肆搶掠，李崧最倒楣，竟然被族誅！面對鮮血淋淋的慘景，中原官僚和後漢諸大臣是根本無法走到一起的。

而郭威，又是後漢諸大臣中極少數的親中原派，他並不認同蘇逢吉等人的所作所為，和蘇逢吉等也是明爭暗鬥。郭威要想立足於中原政局，就必須與馮道為首的中原文人官僚集團處好關係，有了馮道這架通天梯，郭威就很容易爭取到這些人的支持。

郭威來到了馮道的宅子，經門人通報，郭威在一間密室裡見到了正在飲茶的馮道。

「李守貞反亂朝廷，威奉命討不庭。威不才，不知當如何治此賊，請太師不吝以教我。」說罷，郭威對著馮道緩緩下拜。

讓人意外的是，馮道坦然受了郭威一拜，拂鬚笑道：「真不好意思，馮某不在其職，不謀其事，不敢亂議朝政，郭侍中還是另請高明吧。」

……

你這老東西不是耍人嗎？有你這麼待客的嗎？

郭威知道馮道的心思，在蘇逢吉等人與自己產生矛盾的情況下，馮道不敢把賭注都押在自己這邊，馮道是想兩邊通吃的。但今天自己既然來了，就萬沒有空手而回的道理，反正屋裡也沒別人，郭威連哭帶鬧，旁敲側擊，才撬開了馮道的那張老嘴。

「嗯，這個嘛。我問一句，我聽說郭侍中當年窮困時，喜歡賭錢？」馮道面色不動如山，端起茶碗，輕輕吹拂著在開水中上下翻動的茶葉。

……

郭威怒了！

你這老東西哪壺不開提哪壺，老子當年賭錢怎麼著了，又沒欠你一個銅錢！郭威額頭上青筋暴漲。打人是不能打臉的，郭威誠心向馮道請教，就這樣被馮道三番兩次的羞辱？

馮道看著「勃然變色」的郭侍中，笑了。

「你先坐下，聽我把話說完。──郭侍中西行平叛，其實就和賭博是一個道理。你現在就與李守貞坐在一張賭桌上，究竟誰能贏得這場賭局呢？」

馮道自設自答：「在雙方賭技相當的情況下，誰的錢多，誰就有可能笑到最後。別的不說，錢多的一方可以憑藉這個優勢耗死對方。」

郭威似乎沒太明白。

以上出自宋人陶岳的《五代史補》，陶岳記錄這段對話時，後半部分不太精彩，不如虛構一個有趣的場面：

「郭大人知道李守貞敢造反，憑的是什麼嗎？」

「請明教。」郭威知道馮道不是有意給自己難堪的，一臉諂媚，衝著馮道搖頭擺尾。

馮道不動聲色地從桌上抄起一把銅錢，用手掂了掂，然後笑眯眯地對郭威說：「這把銅錢現在是郭大人的。」

郭威一頭霧水，這老頭抽什麼瘋？

「這錢已經是郭大人的了，那麼，我問郭大人，如果你希望一個陌生人為你賣命，你會怎麼做？」馮道含笑看著郭威。

郭威似乎有些明白了，忙拍手應道：「把這把錢賞給這個人。他就會為我賣命。」馮道大笑，起身曰：「郭大人只說對了一半，重賞之下，必有勇夫。但是，如果你希望五萬個陌生人為你賣命呢？以郭大人的俸祿，是否養得起這五萬人的草料？」

「這……」郭威一時語結。「沒有哪個官員的家財能收買五萬你不認識的人為他賣命的。」馮道收起這把銅錢，似笑非笑地說道：「我們都沒有這個財力，但官府有啊！」

郭威瞬間明白了馮道的深意，拍手大笑。

「算起來，李守貞也是一位百戰名將。根據我對他的了解，李守貞自認為最大的本錢就是軍隊擁護他。其實這只不過是他的一種錯覺，李守貞是出了名的鐵公雞，無論公款私財，他都是一毛不拔，所以士卒不附。——郭大人出掌樞密，又是西征軍主帥，為了平叛，朝廷自然會放開國庫，任由大人支取軍餉。只要士兵們拿到錢財，自然就會捨身賣命。李守貞惜財，而郭大人捨財，一進一出，人心向背，守貞不敗，則天不容。」

見郭威不住點頭，馮道又說了一句意味深長的話：「公款，你不花，自然有人花。」

郭威聽了馮道這一番語眾心長的教誨，如獲至寶，告辭了馮道，立刻就率軍西進。郭威一路上做起了散財童子，隨軍帶著大量公款，走一路發一路，直到把弟兄們餵飽為止。反正這些錢財不是郭威的私財，花公家的錢心疼那是傻子。何況花掉的是公款，自己是得到的是整支軍隊的人心。

雖然郭威率領的這支中央禁軍曾經被李守貞領導過，李守貞覺得這些兵大爺一則都受過自己的恩惠，二則後漢朝廷待士卒非常嚴苛，人心不服，一定不會聽郭威的。

由這兩條，可見馮道之勸郭威散官財以收人心的重要性。五代宋初驕兵成習，他們只聽現管的，不聽縣官的。不要說李守貞曾經領過禁軍，就是周世宗柴榮親自打造了近代無敵於天下的禁軍，結果柴榮一死，軍權立刻就歸到他所扶立的新軍頭趙匡胤手上。不過半年，這些深受柴榮厚恩的兵大爺們立刻出賣自己靈魂，遂使江山變色，趙匡胤白撿一個天大的便宜。

兵大爺只認錢，不談感情。不管這些錢是公款還是私財，誰把錢發到他們手上，他們就認誰做老大。郭樞密如此不吝豪爽，比摳門到家的鐵公雞李守貞強一萬倍。

禁軍的兵大爺拿到銅花花的錢，無不對郭威感恩戴德，視郭威如再生父母，早把當年待自己如兄弟的李守貞拋到腦後。

當然，郭威肯散財只是他成功的一個重要原因。郭威不像李守貞這些鐵公雞只管自己發財，不讓弟兄們喝湯。

郭威治軍，一則嚴，官兵同賞，執法廉平，極得人心。二則善，士卒有傷病者，郭威都親自入營安撫治藥。這一招極狠，不但瞬間瓦解了李守貞的牌面，甚至還在不經意間挖倒了皇帝劉承祐的牆角。三則寬，士卒有過不罰，即使有人當面罵郭威，郭威也含笑不怒。面對這樣一個唐末以來少見的仁厚主帥，軍人的心也是肉長的，誰不感郭威之德？

當站在河中府的城頭之上，看官軍行陣如一，大旗獵獵，三軍肯為郭威用命，自負的秦王殿下臉色變得如死灰一般難看。

自是，李守貞軍心瓦解，郭威盡攬人心。而後來郭威之所以能號令三軍為己所用，而三軍莫有不服者，全賴馮道一語。

當然，對馮道來說，有些話點到為止輒可，是萬不能說透的。一旦把話說透，落在別人手上，就是現成的把柄。

馮道與郭威接觸時間並不長，但經過幾次有限的接觸，馮道發現郭威是個有野心的官員。其實這不難理解，五代宋初，兵強馬壯者為天子，郭威好不容易走到這一步，要說郭威對那個位置沒想法，並不真實。

但此時郭威顯然不可能把這個意思透露給馮道，馮道自然也不可能當面說穿，只能拐彎抹角地說要利用公款收買軍心，為將來做準備。

在後漢諸大臣中，馮道只與郭威如此交心地談過，其他人不屑搭理馮道，馮道也對他們毫無興趣。這也說明一點，馮道似乎有種預感，郭威有可能是自己未來的老闆。

從某種角度講，馮道這是在郭威身上進行長線投資。如果郭威真是天命有歸，馮道今天給郭威出了這麼一個天大的妙計，將來郭威自然不會虧待他。

郭威沒有老闆命，戰死或病死，馮道也不虧什麼。再退一萬步，郭威在權力鬥爭中失敗被殺，與郭威對立的蘇逢吉那夥人也沒辦法把髒水潑到馮道頭上，因為他對郭威什麼也沒說。

至於馮道教唆郭威亂花公款收買人心，有失官德，事情可以這麼看。後漢國庫裡的錢本就沾滿了天下人的血淚，而這些錢貨除了軍餉，都用在了後漢統治集團的奢侈享受上。而後漢政權天性殘暴，他們統治時間越久，百姓越遭殃。而如果這筆錢能被郭威用在收買人心上，將來郭威成大事，就能一反後漢的倒行逆施，救百姓於水火倒懸。

如果從這個角度來看問題，馮道在這件事情上是無可指責的。

幽默的馮家父子

在馮道的漫長人生中，郭威只是一個匆匆過客。

郭威風捲殘雲般地走了，拉開了他中極為輝煌的人生大幕，而馮道，依然是每日在府上優哉游哉，坐看風起日落，讀幾本閒書，喝幾杯閒酒。或者拄杖來到放生池邊，給他從市場上買來的放生魚投餌吃。

每次馮道給這些幸運的放生魚投餌的時候，馮道腦海中總是不停地閃過契丹人的馬刀，被契丹人扔在上空，然後落下被刺刀穿死的嬰兒。

說到馮道與這些魚，還有一個非常有趣的偷魚故事，這與馮道的寶貝兒子有關。

關於這個偷魚的活寶是馮道哪個兒子，史無明載，但從如此幽默滑稽的行止來看，應該是馮道膝下性格最為活潑、最擅長惡搞的次子馮吉。

馮道經常從市場買來一些活魚，投在放生池裡。但讓馮道沒想到的是，每當馮道坐在池邊看著這些活潑可愛的魚兒嬉戲時，小園的門縫間總有馮吉的一雙賊眼在盯著這些魚。

馮道坐累了，拄著杖回臥室休息。馮吉扛著一根釣魚竿，賊手賊腳地溜到放生池邊。四顧無人時，流著口水把魚線放在水裡。魚兒們並不知道這香餌的背後，是一場可怕的陰謀，紛紛爭食。馮吉拎著裝滿大魚的魚簍，大笑而去，竄到廚房，烹魚而食之。

連續幾次作案，直到馮道發現放生池的魚越來越少，他大疑之。不知道是哪個多嘴的僕人，還是馮吉在家中的「仇人」，目睹了馮吉偷魚的全過程，便把這事捅到馮道那裡。馮道大怒，大罵這個敗家子偷老子的魚。

兒子公然偷釣老子的魚，老子自然有權利阻止兒子的這一盜竊行為。馮道買來一把大鎖，狠狠地把門鎖上，這個偷魚賊就再也進不來作案了。但當馮道看著略顯低矮的院牆時，馮道又凝起了老眉。

馮道又想到個辦法，他讓家人從市場上找來幾個泥瓦匠，忙了兩天工夫，加高了院牆。看著正常人不可能偷爬進來的高聳院牆，馮道拄杖笑了。似乎覺得還不過癮，必須寫點什麼，警告這個作賊成習的兒子。馮道顫巍巍地來到書房，提筆蘸滿了墨，略一思忖，在紙上寫下了一首七絕。馮道滿意地看了看，把這張寫有警告詩的紙貼在了院門上。

詩云：高卻垣牆鑰卻門，監丞（應該是馮吉職務）從此罷垂綸。池中魚鱉應相賀，從此方知有主人。

從這首詩的第二句來看，馮道高其牆，鑰其戶的辦法應該是成功阻止了馮吉對放生池的偷竊行為。馮道很滿意自己的傑作。

在馮道的一生中，有很多他非常滿意的傑作。而他的二兒子馮吉，同樣是馮道的傑作。在宋史所載數以百計的文壇風流人物中，馮吉並不起眼，他的光芒遠遠不如王安石、蘇軾、歐陽修這班巨星級人物。但在五代宋初，馮吉卻是一個響噹噹的名字。

原因有兩點：

一、他是馮道的兒子。官二代的政治起點確實比一般人要高，但這只是一個平臺而已。如果你自己並不適合在這個圈裡撈飯吃，哪怕給你一個平臺，你也會摔下去。馮吉之所以成為一代文才，還是靠自己的天賦與努力。

二、馮吉有三絕。興起時狂彈琵琶，彈罷琵琶賦新詩，新詩題罷醉歌舞。當代人都愛馮吉風流俊逸，江湖人稱馮三絕。

除三絕之外，馮吉的隸書如龍如虎，如雲如風……而歷史牢牢記住馮吉的，還是他的琵琶。

周世宗柴榮戎馬倥傯之餘，非常喜歡聽琵琶來為自己的業餘生活增添一些有趣的色彩。柴榮知道馮道的兒子、太常少卿馮吉最善彈琵琶，便把馮吉召進宮裡，讓馮吉給自己彈奏一曲。

馮吉彈得天昏地暗，柴榮喜得手舞足蹈。

舞罷，柴榮大喜，賜酒，並難得地給馮吉所彈的琵琶賜了一個御名——繞殿雷！

聲音實在太響亮了！柴榮的耳朵幾乎被震聾。因為馮吉的琵琶與眾不同，他的琵琶弦是用牛皮做的，勁道十足，加之馮吉力道很大，柴榮幾近瘋狂。

馮吉給柴榮彈琵琶時，馮道已經去世，但在馮道在世時，他就知道這個兒子的琵琶是當世一絕，難有人相匹敵。

馮道也喜歡聽琵琶，但馮道並不欣賞馮吉略顯猖狂的為人作派，他經常告誡馮吉：做人要低調，不要當著教坊司那幫專門靠彈琵琶吃飯的皇家藝人的面有意顯示自己的才能。

這麼做，只能讓別人更加忌恨你的才華，而不是去尊敬你。記得有人說過：只有同行之間才會有赤裸裸的仇恨。馮吉不吃彈琵琶這碗飯，卻偏偏要去砸吃這碗飯的人的飯碗，換了誰不恨你？

馮吉哪裡聽得進去老爹的勸告，依舊我行我素，經常跑到教坊司去砸那些專業琵琶人士的場子，這讓馮道感覺非常憂心。

馮道為人處世的原則是萬事不得罪人。馮吉這麼猖狂，即使馮吉本人不怕得罪人，那些被砸場子的專家們也有可能把怒火撒向馮道。而這些人往往和老闆的關係非同一般，不是馮道希望得罪的。

為了兒子做人能收斂一些，馮道決定教訓一下馮吉。

氣氛歡快融洽的家庭宴會正式開始，馮道坐上座，家人皆列兩旁，把酒歡笑。馮道把正在低頭啃豬蹄的馮吉叫了出來，讓他給老子彈琵琶一曲，以為老者壽。

馮吉至死都不改他的狷狂本色，即使是老爹的命令也不例外，馮吉東倒西歪的給老爹胡亂彈了一首曲子。

大弦嘈嘈如急雨，小弦切切如私語。嘈嘈切切錯雜彈，大珠小珠落玉盤。

彈罷，馮道讓僕人搬來一束帛，作為賞物，賜給了馮吉。

教坊司的那幫琵琶專家在皇帝面前表演完後，皇帝往往會賞賜這些專家金帛。馮道這麼做，是警告馮吉，你不要只顧自己耍酷裝帥，而忽視了教坊司那班人臉上不平的神色。

對於老爹的用意，馮吉當然明白，但他早就惡習難改，老爹面前也照樣惡搞。馮吉不知道什麼時候練的絕世武功，他右手抱起那束帛，極瀟灑地擱在肩上，左手抱起自己心愛的那把琵琶，學著教坊司那夥伶人，給馮道叩頭，尖著嗓子說些不著邊際的胡言亂語。

「（馮吉）了無怍色，家人皆大笑。」

馮道拿這個荒唐兒子半點辦法也沒有，也被氣得笑了。

其實馮吉的幽默來自於父親的家傳。要說幽默，馮道本人就非常擅長惡搞同僚。最著名的一個故事就是惡搞和凝一千八百文的靴子。

按歐陽修《歸田錄》的記載，和凝是在晉天福五年（九四〇年）拜相入中樞，而馮道自然是老資格宰相。馮道感覺和凝為人很喜感，總想捉弄他一下，雖然馮道並沒有惡意。

有一次上朝前，眾人在議事堂閒聊家常。和凝突然發現馮道腳上穿了一雙新靴子，便問馮道：「馮相花了多少錢買的新靴子，這靴子我也買了。」和凝露出自己那雙靴子。

馮道端坐著喝茶，聽和凝問，很自然地抬起左腳，「沒花多少，九百文而已。」

和凝一聽就發火了。當然他不是衝馮道，而是轉身罵自己身邊的侍從小廝，「好你個吃裡扒外的家賊！你把靴子買回來，報帳說花了一千八百文錢。可馮相怎麼一雙靴子才花九百文。那九百文是不是被你私吞了！」

見和凝大光其火，馮道面色不動，又抬起右腳，對和凝說道：「我話還沒說完呢，你倒先急了。我左腳這只靴子確實買了九百文。——可是，我這右腳上的鞭子同樣也花了九百文。嗯，加在一起，總共是一千八百文。」

馮道話音剛落，在座的官員都哄堂大笑，和凝反倒落了個大紅臉。想必被和凝痛罵的那個小廝也竊笑不已。

對於馮道的惡搞，以歐陽修為代表的宋人很不以為然，批評馮道作為內閣首輔，為人太不莊重，怎麼可以如此戲耍同僚。「宰相如此，何以鎮服百僚。」

其實事情並沒有他們說得這麼嚴重，只是馮道玩弄文字遊戲罷了，不必上綱上線。和凝被馮道戲耍，也沒有掉價，依然官運亨通。而且和凝與馮道的私交非常好，也沒有受這次惡搞事件的影響。

長樂老自敘——馮道寫給自己的墓誌銘

作為研究馮道最權威史料的《舊五代史・周書・馮道傳》，共計三千八百字，而附在傳中的一篇馮道自撰的《長樂老自敘》，就有一千三百字！

整整三分之一的篇幅。

而正是這篇在歷史上非常有爭議的《馮道自傳》，讓馮道賺到了無數罵名。司馬光、歐陽修、王夫之、趙翼都對馮道大加鞭撻，痛罵他毫無廉恥，無恥下作之極。

趙翼特別討厭馮道，幾乎逢馮道必反。趙翼在《廿二史札記》中有《張全義馮道》一條，把馮道與縱容妻女與梁太祖朱溫淫亂的張全義並罵之。

「馮道歷事四姓十君，視喪君亡國，未嘗屑意，方自稱長樂老，敘己所得階勳官爵以為榮。二人（張全義、馮道）皆可謂不知人間有羞恥事者矣。」

這是一篇怎麼樣的文章？

其實這是一篇非常普通的、具有人生自述性質的文章，並沒有什麼與眾不同之處。該文可以分成三個部分：

1. 馮道不厭其煩地把自己進入官場以來，侍奉過的皇帝以及擔任過的所有職務全部列單。

2. 馮道罕見地把自己的家庭成員情況全部列單，包括上至三代，下至三代的近親。這篇《長樂老自敘》是研究馮道家庭情況的最原始資料。

3.馮道總結自己的官場人生，對這幾十年來在官場撈飯吃的感悟，帶有很強的自敘墓誌銘性質。

馮道清晰地記得他曾經跟過多少老闆：燕王劉守光、唐莊宗李存勗、唐明宗李嗣源、唐閔帝李從厚、唐清泰帝李從珂、晉高祖石敬瑭、晉少帝石重貴、契丹主耶律德光、漢高祖劉知遠，以及當今皇上（劉承祐）。

侍奉過的帝王不過十幾個，但馮道擔任過的官階、職務、爵位，卻有五十多個，馮道都一一列了清單，讓人看得眼花撩亂。

從這份歷官名單上可以得知五代的地方一級行政區劃的特點，即某軍節度使與該節度使治所所在州的觀察處置使在權力上是基本重疊的。比如馮道兩次出任匡國軍節度使，同時他還擔任同州觀察處置使。後來馮道轉任治所在鄧州的威勝軍節度使，馮道又擔任鄧、隨、均、房四州的觀察處置使。

而所謂的「階」，其實就是官員的品級，即九品分級制度，類似於現在的正廳、正處、正科級別。而這份歷官名單，見證了馮道從一個微員末吏一步步登上青雲俯睨天下的艱辛歷程：

將仕郎，從第九品下。

朝議郎，正第六品上。

朝散大夫，從第五品下。

銀青光祿大夫，從第三品。

金紫光祿大夫，正第三品。

特進，正第二品。

開府儀同三司，從一品。

看似從一品上面還有一個正一品，但馮道曾經擔任過正一品的司空，又是後漢正一品太師，所以馮道自然也坐到了正一品。

而馮道的爵位也值得一提，古人常說凌雲閣上萬戶侯，馮道就是個萬戶侯，因為他的爵位封祿已經達到一萬一千戶。在這當代官員中，是最高的。即使是統治湖南數十州的楚國武穆王馬殷，從後唐那裡得到的最高實邑數也不過一千六百戶，雖然富甲湖南的馬殷並不在乎李嗣源扔給他的這幾塊冷饅頭。

當然，萬戶只是虛數，除了皇帝特別親近的親王，很少有外姓官員實封一萬戶的。而馮道的實封戶數是一千八百戶，這是一個非常了不起的數字！

換個角度說，就是馮道可以享受一千八百戶農民上繳給朝廷的各項租賦。馮道確實清廉，不貪污公家一分錢，因為他根本沒有必要這麼做。

馮道有錢，但這些財富來得光明正大，一不偷，二不搶，全靠自己的真本事一刀一槍，在光天化日之下掙來的。憑自己的真本事發家致富，不會有人去仇視這樣的富人。

所謂的仇富，根本原因還在於社會資源配置的不公平上。少數人佔據著絕大部分的行政資源以及社會資源，吃掉了本該由大家一起吃的蛋糕，反過來還指責被搶了蛋糕的大多數人仇富。四處宣揚底層仇富的，往往是最瞧不起窮人的。他們搶了別人的蛋糕，生怕有一天，這些蛋糕又被別人搶去。

馮道不擔心這些，因為他的錢非常乾淨。沾滿別人血淚的蛋糕，馮道是不會吃的。

接下來講講馮道的家庭。

藉助這篇《長樂老自敘》，後人對馮道的家世情況有了詳細的了解。可以做一個簡單的馮道家世列表：

馮湊（曾祖父），曾祖母崔氏。

＊

馮炯（祖父），祖母褚氏

＊

馮良建（父親），母親張氏

＊

馮道，亡妻褚氏，繼妻孔氏

＊

長子馮平、次子馮吉、三子馮可、四子早亡、五子馮義、六子馮正、三個女兒

截止漢乾祐三年（九五〇年）截止，馮道經歷了三次喪子之痛。長子工部度支員外郎馮平、三子工部戶部員外郎馮可先後去世，而馮道第四個子還沒來得及取名就早夭了。

馮道第一個妻子是德州司戶掾褚濆的女兒，但很早就去世了。褚夫人何時去世，與史無載。馮道續娶的第二個妻子孔氏是距離景城不遠的弓高縣令孔師禮的女兒，孔師禮的級別不高，和馮道的

父親少府丞馮良建相當，估計應該是馮道還沒有北漂（現代詞語，指在北京打拼事業的外地人）時娶的孔氏。

馮道次子馮吉生於西元九一九年，長子馮平應該早生兩年左右，即九一七年，此年馮道二十五六歲。根據褚夫人早亡來看，馮道的五兒三女應該都是與孔夫人所生。馮道的三個女兒生平皆不詳，只知道長女嫁給了唐兵部侍郎崔衍的兒子、太僕少卿崔絢。崔衍出任兵部侍郎是在長興四年（九三三年）二月，說明馮道嫁女至少不會早於這一年，而此年馮道五十二歲。

馮道的親家，除了崔洵，還有曾經與馮道同為宰相的劉昫。但不清楚是劉昫的女兒嫁給馮道的兒子，還是馮道的女兒嫁給了劉昫的兒子。

說來可歎的是，馮道膝下蕃息不盛，馮家的第三代人數不多，第三個女兒所生的兒子很早就去世，而馮道有兩個孫子也幼年夭折。

在馮道的五個兒子中，最受馮道器重的，無疑是琵琶、詩、舞三絕的次子馮吉。馮吉是藝術天才，但性格過於狷狂，這種性格的人非常天真可愛，但在人心險惡的江湖上是混不開的。馮吉文才出眾，是非常合適出任中書舍人的。只是他目中無人，早就把能得罪的人都得罪了，包括當朝的宰相。

從《宋史・馮吉傳》的記載來看，此事應該發生在周世宗顯德年間，而此時，馮道已經去世。以范質為首的宰相們雖然給足了馮道面子，但畢竟馮吉的大樹倒了，自然不必給馮吉好臉色。

每次中書舍人的職務有空缺，按道理講，輪都該輪到馮吉了。可范質等人寧可隨便找個貓三狗四出任，也絕不用馮吉。理由是「性滑稽」，為人「無操行」，行止「佻薄」，不宜出任。

北宋建隆四年（九六三年），自負天才無雙的馮吉在鬱鬱不得志中病逝，年僅四十五歲。

關於馮吉的作品，已知的只有一首七絕，是吹捧江湖地位與其父馮道略相等的五代大官僚、太子少師楊凝式書法的。如下：

少師真跡滿僧居，祇恐鍾王也不如。為報遠公須愛惜，此書書後更無書。

最後一句，明顯是抄用了元稹那首著名的《菊花》最後一句：不是花中偏愛菊，此花開盡更無花。

司馬光、歐陽修、趙翼諸先生看到馮道的《長樂老自敘》，氣得暴跳如雷，捋袖捶案，大罵馮道無恥。只是當他們讀到《長樂老自敘》最後一段的時候，不知作何感想。

這一段是馮道對人生的慎重思考，也是馮道做人原則的一次總述。馮道覺得自己在這個世界上已經來日無多了，所以不辭筆墨地給後人做了一個交代。

很真誠，很感人。馮道希望後進之輩做人要謙謹，在家庭孝順父母，在朝廷忠於國家。

馮道似乎很聰明地沒有提及要「忠於君」，而是「忠於國」，避免後來那些道德家們對自己的無聊糾纏。

忠君，還是忠國？這在馮道看來，並不是一個問題。

孟子把話已經說得非常透徹，「民為貴，社稷輕之，君為輕。」作為傳統儒家知識份子，馮道一生都在踐行孟子這個愛民準則。馮道並沒有忠於一家一姓，任由朝代十年一興亡，但百姓是不變的。只要用實際行動愛護百姓，馮道對得起天地良心，庶幾無愧。

南宋遺民鄭思肖不願經事元朝，每天都生活在沉重的亡國苦痛之中，以及自己苦心營造的「大宋世界」中難以自拔。南宋亡後四十年，鄭思肖臨死自稱「大宋不忠不孝鄭思肖」，馮道似乎不如鄭思肖之忠。

但二人有一點是相同的，即都面對了北方強大異族政權的鐵蹄南下。馮道聞北軍來，間道從南至北，挺身而出，站在殺人狂魔耶律德光面前，一語勇救中原百姓數十萬。但元兵南下時，未聞鄭思肖挺身站在伯顏面前，一語救天下。且不說救天下，就是南宋六陵遭到「神僧」楊璉真珈盜墓時，鄭思肖又在哪裡？

於公如此。於私，馮道亦無所愧。

馮道在官場上屹立四十年不倒，身邊飄過十幾個老闆，無論他們對馮道是愛是恨，是尊敬是不屑，都不得不對馮道禮敬如父。僅僅靠投諂獻媚，誰做得到？

馮道歷經風雨劫難而片刃不沾身，靠的是兩點，正如馮道接下來所言：

口無不道之言，門無不義之貨。

馮道能在亂世中自保的原因之一，是學會沉默。不該說的話絕對不能說，寧可爛在肚裡。一旦說出去為人所知，就是現成的把柄。結合馮道所侍奉過的君主都禮敬馮道這一點來看，馮道這句話應該是指與同僚的相處之道。

寧可得罪老闆，不能得罪同僚，這是馮道對後人的告誡。

馮道在亂世中自保的原因之二，是不收不義之財。馮道絕不貪朝廷一文錢的公款，更不用說在民間強奪百姓財產。

樹大招風，財多招賊。五代有許多官員被殺，主要原因都是對外露富，引來紅眼豺狼無數，殺人劫財，如同家常便飯。而這些官員的財富很多都是來路不正的。五代武將之貪財者，下場多不善終，如杜重威、張彥澤、白再榮。白再榮生前撈盡了別人的血汗之財，可周兵入汴後，白再榮被殺，所有家產被人浩劫一空。白再榮的人頭，還是其家人出錢贖回來的。

擁有兵權的武將猶如此，手無寸鐵的文官要自保於亂世，就不要貪得不義之財，這樣就不至於被那些餓狼盯上。

馮道做人坦蕩，他奉行「三不欺原則」，即下不欺地，中不欺人，上不欺天。其實所謂欺天欺地都是心理作用，也就是平時人們常說的做人要對得起自己的良心。

馮道從不欺人，他發跡之後沒有恃權凌弱，所以行事堂堂正正。趙匡胤策動兵變奪少主之位，表面上看趙匡胤風光無限，實際上趙匡胤也經常因為有負於柴榮託孤而患得患失，疑神疑鬼。

馮道相信蒼穹之上自有天神感應，在人間做事無愧良心，就不怕遭到「天譴」。馮道此年六十九歲，黃土已埋到脖子了，沒幾天活頭了，所以馮道可以暢所欲言，把自己想說的都說出來。

馮道對生死看得非常輕，無論泰山鴻毛，死亡對每個人來說都是一樣的。至於含金玉以厚葬，其實都是做給活人看的，顯擺財富而已。所以馮道給家人下令：他死後，一不許厚葬，不要陪葬金玉寶貝，以防「摸金校尉」們半夜掘墳盜寶。二不許向朝廷請謚號，隨便朝廷對自己有什麼樣的官方評價，即使定為「繆丑」，也與墳墓中沉睡的馮道無關。

人生無比輝煌，馮道還有什麼不滿足的。他有一個不錯的宅院，有一定的積蓄，有數千卷藏書，還有三個健在的兒子可以繼承他的家業。

馮道感慨地寫道：「為子、為弟、為人臣、為師長、為夫、為父，有子、有猶子、有孫，奉身即有餘矣。」

安享天倫之樂，兒女孝順，膝下含飴弄孫，是老年人最大的快樂。如果說此生還有什麼不足，馮道說他最大的遺憾就是沒有幫助君主實現國家大一統。

馮道總會在夜深人靜的時候，想起五十多年前的那個下著鵝毛大雪的下午，馮道當席而坐，迎著雪花大聲誦讀聖賢書。在翻到《孟子・梁惠王上》時，馮道大聲誦讀著孟子有關國家統一的名言：

梁惠王（即戰國魏惠王魏罃）問孟子：叟，天下惡乎定？

孟子對：定於（統）一。

梁惠王問：孰能一之？

孟子慨然合掌道：「不嗜殺人者能一之。」

讀過這段，少年馮道的心中升騰出一個偉大的理想——致君堯舜，定天下。

他是這麼給自己立誓的，也是這麼去努力的。但馮道每每遇人不淑，劉守光這等草頭王不可能給馮道致君堯舜的平臺。李存勗是個泥足巨人，李嗣源只能中庸守成，其他如李從珂、石敬瑭、石重貴、劉知遠諸人，都只是歷史上的匆匆過客，他們都不可能給馮道這樣一個平臺。

倒是周世宗柴榮有統一天下的雄才大略，可惜英年早逝，當柴榮開始爭霸天下，去實現他「三個十年」的偉大夢想時，馮道剛剛去世。而即使馮道晚生五十年，柴榮之後還有趙匡胤，但趙匡胤並沒有實現國家統一，他處心積慮發動兵變建立的北宋政權和五代一樣，都是與契丹並對的南北朝割據政權。把宋與唐並列是不合適的，因為唐是大一統政權，萬邦來朝，而宋沒有。

想必這種宋式的「統一」，亦非馮道所願。

生不逢時，馮道又能奈何？

面對天崩地陷的大亂世，能在力所能及的範圍下救天下百姓於萬一，馮道無愧於心。

晚年的馮道，確實沒有早年的銳氣與進取，但這是時代的錯誤。六十八歲的司馬光拼盡最後一口力氣，全面廢除王安石新法，恢復舊制。但此時的司馬光是天下首輔，有後宮的政治支持，誰又給馮道這樣一個施展抱負的平臺呢？

年近七十的蒼蒼馮道，雖然心中依然殘存著致君堯舜的偉大理想，可時局如此，馮道只能一語不發，在府中飲酒歡娛自樂。時而開一卷書讀之，時而破一甕酒飲之，人生快事，不過如此。

馮道歎道：「時開一卷，時飲一杯，食味別聲、被色，老安於當代耶！老而自樂，何樂如之！」

馮道以長樂自娛，後世的那些道德完人們對馮道有失臣節，重則辱罵，輕則嘲諷。還是那個狂人李贄，為馮道說了幾句公道話。

李贄在《藏書》中也提到了孟子的「民為貴，社稷次之，君為輕」。李贄認為亂世諸君只管自己富貴，不管百姓死活，他們沒有盡到愛民的責任，只能由馮道這樣的人挺身而出，救萬民於倒懸。

李贄承認馮道侍奉的君王是有些多。「五十年間，經歷四姓，事一十二君並耶律契丹等」，但「百姓卒免鋒鏑之苦者，（馮）道務安養之力也。」

有些道德家對馮道自封長樂老極為不滿，殊不知，只是因為馮道的祖上郡望是長樂郡而已。

郭威的閃光時刻

馮道在寫《長樂老自敘》的時候，已經是乾祐三年（九五〇年），而當初郭威西征李守貞前請教於馮道，是在乾祐元年（九四八年）。

三年時間，馮道變得更加沉默。除了上朝按例給小皇帝劉承祐叩頭請安，處理一些日常政務外，馮道閉門不出，養魚讀書飲酒自樂。而在這三年裡，曾經被馮道看好的郭威則經歷了他人生中最為輝煌，也最為慘痛的故事。

把歷史的時鐘撥回到乾祐二年（九四九年）的四月。

受馮道一策而深得士卒擁戴的郭威，意氣風發地站在河中城下，指揮諸軍死死圍住李守貞最後的城池。

城中糧食快吃光了，百姓餓死十之五六。李守貞困獸猶鬥，他現在最想的就是與郭威一戰定勝負，但李守貞手上的散兵游勇怎麼會是中央禁軍的對手，五千叛軍瞬間就被禁軍吃掉一大半。

面對這麼一個即將破產的窮老大，河中城的弟兄們對李守貞已經失去了興趣，城中出現大面積叛逃事件。郭威開始發起總攻，但河中城甚高，非一時可以攻下，直到七月，中央禁軍才攻下河中外城。

李守貞的帝王夢被刺眼的陽光驚醒，他知道自己再無生還的餘地。悲愴的李將軍在城頭聚起一堆柴火，攜妻帶子，燃薪自焚。

在衝天的大火中，郭威面色如春風拂水。

官軍衝進城裡，卻發生了一個極意外的情況。在李守貞的府上，一個滿身珠光寶氣的少婦端坐在閨榻上，指著一頭霧水的兵大爺喝道：「你們敢動我一根汗毛，我父親必殺汝等。」

「你父親是誰？」

「中書令、魏國公、守太子太保、平盧節度使符彥卿！」這個少女冷笑著。

這是「符第四」符彥卿的女兒！眾人驚呼，自然沒人敢輕動。

當郭威聞訊起來時，對符家女兒的壯舉大為讚賞，認為此女英武，與自己的養子柴榮極相匹配。只不過當時柴榮還有妻劉氏，所以郭威乾脆收下符氏當乾女兒。

平定了三叛中勢力最大的李守貞，愛生食人肝的趙思綰也窮極無路，伏首投降。但趙思綰在長安殺人太多，引起民憤，郭威留他無用，斬！

至於最西路的鳳翔王景崇，雖有蜀兵為奧援，但已經掀不起大風浪，有趙暉圍之足矣。是年十二月，走投無路的王景崇效仿李守貞，積薪自焚。

富貴迷夢，化成一堆骨灰。

平定李守貞、趙思綰、王景崇三鎮叛亂，樞密使郭威成為萬眾景仰的救世主。

乾祐二年八月二十七日，一路風塵的郭威回到大梁城，進宮陛見了皇帝劉承祐，陳述著自己的平叛工作。少年皇帝對郭威保住了自己的飯碗非常感激，狠狠地表揚郭威為國盡忠的英雄壯舉，並賜金帛、衣服、玉帶、鞍馬。

此時的郭威已經四十五歲，在江湖上摸爬滾打二十七年，過硬的稜角早就磨平，性格變得深沉，不再是當年那個當街殺人的青春少年。或許是當年請教馮道時，馮道以自己的官場經驗告訴郭威做人要低調，即使功勞大過天，也千萬不要攬功。

你蛋糕吃得越多，仇恨你的人也越多。

劉承祐要重重封賞郭威，而郭威卻把平叛功勞都歸功於他在汴梁城中的同僚們，以及前線將士。郭威說沒有朝中諸大臣在後勤方面的貢獻，也就不會取得平叛的勝利。但郭威還是很聰明地提到了自己的功勞，他認為只賞自己，對大家是不公平的，應該一起賞。

郭威立下這麼大的功勞，不封是不可能的。但郭威在加封侍中的同時，蘇逢吉、蘇禹珪、史弘肇、楊邠皆加封。槍打出頭鳥，郭威聰明地拉來一群鳥吃食，大大降低了自己被人盯上的可能。

郭威天生就是勞碌的命，他這一輩子都在給劉家的當牛做馬。郭威平叛剛回來沒多久，契丹人就在河北一帶燒殺搶掠，形勢異常吃緊。根據最高會議的結果，必須派一名有威望、有能力的武臣坐鎮鄴都，調節各鎮防禦契丹。

和之前選定西線平叛的人選相同，楊邠不能動，史弘肇也不能動，唯一能動的，還是救火隊長郭威。詔下：郭威仍任樞密使，兼任鄴都留守、天雄軍節度使，所有河北諸軍事、諸錢糧、諸文案，皆由郭威定奪。

不知道是朝議給足了郭威的臉面，還是郭威私下所請，隨後還有一道詔下：以左監門衛將軍郭榮遙領貴州刺史，實任天雄軍牙內都指揮使，隨郭威北上。

郭榮是誰？就是郭威的養子兼內侄柴榮，中國歷史上少數幾個古今俯首拜服的千古大帝！因柴榮入繼郭威為子，所以改姓為郭。為行文方便，以下皆稱柴榮。

此時的柴榮在滿座金紫的權貴中顯得並不起眼。誰也不會料到眼前這個三十歲的郭侍中養子，幾年後會在江湖上掀起一場震撼天下的驚濤駭浪。

郭威一身繫天下之重，朝野都有「郭侍中不出，其奈天下何」的感慨。但此時的郭威卻明顯嗅到朝堂上有一絲異樣的氣息，因為郭威很清楚，以蘇逢吉為首的內閣派與史弘肇為首的武將派已經產生了嚴重的對立情緒。

在郭威以什麼身分坐鎮鄴都的問題，蘇逢吉與史弘肇發生了爭論，史弘肇認為郭威應該帶樞密使銜，但蘇逢吉認為沒有先例。皇帝劉承祐和史弘肇還處在政治蜜月期，最終接受了史弘肇的建議。

事情並沒有結束，史弘肇認為蘇逢吉當眾反對是對自己和兄弟郭威的蔑視。在第二日的宴會上，史弘肇仍然喋喋不休地數落蘇逢吉，蘇逢吉有些怵史弘肇的狂暴，一味求和。

事情不大，但郭威心中總有些惴惴不安。在郭威即將北上陛辭皇帝時，郭威拐彎抹角的勸告劉承祐還處在「親近忠直，放遠讒邪」，並希望皇帝能多聽取足智多謀的李皇太后的意見。

為了避免引起不必要的誤會，郭威還是把蘇逢吉與史弘肇並列稱為先帝忠臣，但郭威已經明顯感覺到，蘇逢吉和史弘肇還會爆發更大的衝突。

郭威滿懷心思地帶著養子柴榮與家人告別後，戎服北上鄴都，佈防兵力，抵禦契丹人南侵。只是讓郭威和柴榮萬沒想到的是，這將是他們與親人們的永別。在不久後，他們的所有家人都死於一場可怕的災難。

被逼反的郭威

郭威的預感沒有錯，他前腳剛走，蘇逢吉與史弘肇又一次在宴會爆發激烈的衝突。問題出在蘇逢吉身上。

酒喝多了，眾人要玩個手勢令（手指遊戲），蘇逢吉善此道，但史弘肇並不會這個遊戲，好在他身邊坐著長於此道的客省使閻晉卿，不厭其煩地教著史弘肇。

蘇逢吉見狀，冷笑道：「身邊坐著一個姓閻的，還會輸嘛！」史弘肇聞語大怒。史弘肇的老婆姓閻，而這位閻夫人早年是陪酒女出身，所以史弘肇最忌諱別人說自己身邊坐著一個姓閻的。史弘肇認為蘇逢吉有意羞辱自己，怒不可遏，拔劍要殺蘇逢吉。還是楊邠顧全大局，死死抱住史弘肇，蘇逢吉才逃過一劫，上馬逃去。

「於是將相如水火矣」。

兩派勢力的鬥爭徹底公開化。而皇帝劉承祐的態度，將在很大程度上決定誰能笑到最後。可惜史弘肇與劉承祐蜜月期早已過去，此時的劉承祐對史弘肇恨得咬牙切齒。

原因無他，史弘肇以各種理由限制干涉皇帝的用人大權。宣徽使的職務出現空缺，劉承祐想讓舅舅、武德使李業出任宣徽使，連皇太后親自出面向楊邠、史弘肇求情，結果碰了一頭大疙瘩。皇太后的臉面也不管用，她有個故人的兒子想求個官做，竟然被殺掉。

皇家母子顏面掃地。

不僅用人權被架空，甚至劉承祐想花幾個錢享受，都被史弘肇駁回。劉承祐給身邊近臣的賞賜，皆為史弘肇所奪，收回國庫，劉承祐認為這是史弘肇有意給自己難堪。

不僅是史弘肇，楊邠在劉承祐看來也不是什麼好鳥。按年齡，二十歲的劉承祐早該親政，但權力依然被楊邠、史弘肇等人牢牢把持，楊邠無比強硬的告訴劉承祐：「有臣等處理政務足矣，沒有陛下的事，該哪兒玩哪兒玩去。」

這口惡氣，又有誰能嚥得下？

楊邠、史弘肇霸道的獨吞權力蛋糕，自然引起了以皇帝劉承祐、國舅李業為首的失敗者聯盟的無比憤怒。他們曾經聚在一起，密議如何對付這兩個狂妄的顧命大臣。

楊、史二人自恃開國勳貴，不僅瞧不起小東家，同樣瞧不起小東家身邊那些諂媚的近臣。而馮道從來都是寧可得罪老闆，也不得罪老闆身邊的人，這些人在陰暗角落裡隨便放一支冷箭，自己都有可能中箭落馬，何況在暗中準備放冷箭的，至少有十幾個人。

有人給楊邠、史弘肇挖坑，「楊邠、史弘肇自以勳舊，輕視陛下，專權亂政，若不及時除之，他們早晚要廢掉陛下。」

劉承祐重重地點了點頭。他記得小時候有智者對他說過古語：先下手為強，後下手遭殃。劉承祐的秘密計畫得到了與史弘肇有私怨的蘇逢吉、母舅李業的強力支持。

被夜風吹的撲撲欲滅的燭影下，李業附在劉承祐耳邊說完他秘密制定的除賊計畫後，劉承祐拍手叫好，李業冷笑著。

劉承祐滿心歡喜地把這個絕密計畫告訴了自己的母親李太后。

李太后為人明達，見兒子竟然要殺顧命大臣，她知道一旦拔刀見血，萬一有個閃失，剛建立不過四年的大漢王朝就有可能分崩離析。

李太后極力反對，卻遭到了兒子的白眼，憤怒地罵了一句：「此國家事，老娘兒們懂什麼！」說罷，摔門而去。

大殿上只留下李太后蒼老的歎息聲。

後漢乾祐三年十一月十三日清晨，巍峨的宮殿在寒風中竟然顯得有些悽惶，楊邠、史弘肇、王章連袂而來，有說有笑，準備見過皇帝，接著處理一些要緊的政務。

「臣楊邠、臣史弘肇、臣王章叩見陛下，皇帝萬歲！」三位輔政大臣舞蹈山呼。永福殿上，氣氛有些肅殺。

劉承祐冷眼注視著他們。有人輕輕咳了一聲，就見數十名如熊如虎的健壯甲兵操利刀從幕後擁出。還沒等楊邠等人反應過來是怎麼回事，他們就被這些甲兵強行帶來東廡下，寒光如電，三顆人頭落地。

大功告成，樞密承旨聶文進捧著皇帝新發的詔書，召集公卿百官在崇元殿，宣告：楊邠、史弘肇、王章意圖謀反，今謀洩，已伏天誅！

而馮道，就站在最前列，他清晰地看到聶文進臉上那得意的神色。馮道一言不發，他似乎在為郭威慶幸著。如果郭威不是北上防禦契丹，今天被砍下的將是四顆人頭。

似乎是為了有意躲避馮道，在對群臣宣詔後，劉承祐在萬歲殿召集武將，激動地對他們說：

「逆賊遭誅，自今日始，朕才終於嘗到做皇帝的滋味，而因為朕，你們才免遭逆賊所害。」

諸校叩頭山呼。

楊邠、史弘肇、王章死了，但他們的家人黨羽還在，這些人一個都不能放過！

劉承祐聲嘶力竭地叫喊著。大隊人馬從宮中出發，分赴楊、史、王三府，凡三逆家屬，皆夷其族！即使是王章只有一個患病的女兒，也被官兵從床上拽下來，跪好扶正就戮。

楊、史、王三人倚老欺幼，被殺不是沒有原因的，但郭威始終沒有同三人連夥欺負皇帝，反而是無比尊敬劉承祐。但李業已經殺紅了眼，並沒有打算放過與楊、史、王親如兄弟的郭威的家眷。

權知開封府事的劉銖奉命執行這一慘無人道的命令。

郭威的張夫人，及郭威兩個兒子郭青哥、郭意哥，三個侄子郭守筠、郭奉超、郭定哥悉數被殺。

郭威還有一個義子柴榮，嗜殺人的劉銖同樣不會放過，柴榮的劉夫人被亂刀砍死，柴榮的三個兒子同時遇害。在三個兒子中，只有長子取小名宜哥，另外兩個名字都沒來得及取。

哭喊連天，血流成河。

劉銖也許沒有想到，正是他這次對郭家慘無人道的屠殺，直接導致了郭威的後繼無人，只好選擇柴榮。而柴榮同樣後繼無人，只好選擇年幼的柴宗訓。

正如趙匡胤的母親對他說，如果柴家有一個年長宗室繼位，也絕不到你。趙匡胤默然。

噩耗傳到鄴都議事廳，郭威哭昏於地，柴榮痛不欲生，淚流滿面。

但郭威根本來不及再為遇害的人傷心流淚，他必須想辦法生存下來，因為皇帝派來的殺手已經抵達鄴都。

劉承祐其實與郭威之間是沒有矛盾的，但他既然已經殺了楊邠、史弘肇，就不能放過與楊、史親如兄弟的郭威。

劉承祐派供奉官孟業帶著秘令來到鄴都，準備召見一些武將，要求他們秘密處死郭威，以及郭威死黨、宣徽使王峻。而孟業來鄴都之前，先到了澶州，要求鎮寧節度使李洪義（李太后弟）處死史弘肇的死黨、侍衛步軍都指揮使王殷。

沒想到李洪義不敢得罪王殷，臨場下了軟蛋，把孟業交給了王殷。王殷得知這個絕密計畫，立刻派人赴鄴都通告郭威，讓郭威趕快想辦法自保。

郭威陷入兩難。其實郭威心裡清楚，他現在只有造反自保一條路，否則徒死無益。但如此起兵，又要背上反叛朝廷的惡名。還是樞密吏魏仁浦勸郭威不要有婦人之仁，是皇帝逼臣下反抗，非臣下之罪。

郭威無路可退，只好咬牙下令：即日起兵南下，找皇帝討個說法！

因為郭威治軍寬嚴相宜，極得軍心，之前得到劉承祐密令的鄴都行營馬軍都指揮使的郭崇威（以下簡稱郭崇）、步軍都指揮使的曹威都倒向了郭威。他們表示：只要老大一句話，赴湯蹈火，雖死不避！

十一月十五日，還沉浸家人遇害悲痛中的郭威，正式起兵南下。

為了保障鄴都大後方不致有什麼閃失，郭威留下養子柴榮鎮守鄴都，郭威相信養子的能力。

郭威行軍速度非常快，僅僅過了兩天，大部隊就殺到了澶州，鎮寧節度使李洪義開門迎降。李洪義向來是不看好外甥劉承祐，在這場必須選邊站的賭博中，李洪義毫不猶豫倒向了他更看好的郭威。

澶州位於黃河北岸，自古就是中原門戶。澶州的失守，使汴梁直接面對郭威憤怒的刀鋒。為了觀察郭威的動向，有些六神無主的劉承祐派小太監鸗脫到前線偷竊，結果被郭威捕獲。

郭威並沒有為難小太監，而是寫了一份自白狀，讓鸗脫帶回汴梁交給皇帝。

郭威拉拉雜雜說了一大堆，把自己起兵的責任都撇給了「不忍殺他」的郭崇、曹威等人，但郭威最想說的還是最後一句：只要交出陷害楊邠、史弘肇的奸臣，他就撤軍。

郭威的話可信嗎？根本不可信。開弓沒有回頭箭，即使劉承祐交出李業、劉銖等人，郭威也不可能回頭。

跟著郭威造反的郭崇、曹威們已經公開與皇帝翻臉，郭威要與劉承祐議和，他們怎麼辦？這些人在軍中勢大如天，如果失去這些人的支持，郭威還想退回鄴都？他們第一個就會造郭威的反。

郭威也根本沒有給劉承祐考慮的時間，十五日進澶州，十七日，郭威的部隊就殺到了黃河南岸的滑州（今河南滑縣），駐守滑州的義成節度使宋延渥出降。在此插一句，宋延渥的岳父和女婿都是開國皇帝，且都對契丹採取守勢，他的岳父劉知遠，他的女婿趙匡胤。

郭威至今還記得三年前馮道與自己的那一席談話——花公款收買人心。現在形勢對郭威有利，他更能慷國家之慨為自己服務了。郭威大開滑州府庫，犒賞將士。吃郭威的嘴軟，拿郭威的手短。弟兄們拿到了錢，都紛紛對郭威表示：國家負公，公不負國家，這次我們跟定郭侍中了。

不過滑州這點錢不夠大家分的，郭威違心做出一個決定——承諾破汴梁時，國庫任由大家提取。三軍歡呼。

當北軍一路殺到大梁城北的劉子陂時，原來過足親政癮的劉承祐後悔了。

他埋怨李業等人下手太狠，生生逼反了原來不準備與楊邠、史弘肇上一條船的郭威。皇太后也覺得對不起對劉家原本忠心無二的郭威，希望能勸和郭威，但李業並不在乎郭威，說只要大撒金錢給禁軍，就能戰勝郭威的雜牌軍。

同樣不在乎郭威的，還有漢高祖劉知遠同母異父的弟弟、泰寧節度使慕容彥超。慕容彥超告訴侄皇帝：「不要把郭威吹得那麼高，我看郭威等人不過一群臭蟲。陛下且看我砍下郭威的狗頭。」

慕容彥超瞧不起郭威，但現實很快就扇了他一記響亮的耳光。

十一月二十一日，兩軍在劉子陂決戰，慕容彥超率一隊輕騎兵風馳電掣般的衝到北軍陣中。郭威見是慕容彥超這個大飯桶來了，大笑著與李筠領騎兵迎戰。

不知道是不是慕容彥超的馬有問題，這位馬大爺突然一個趔趄，把毫無準備的慕容彥超直接甩了個狗啃屎。幸虧慕容彥超反應快，兔子一般狼狽逃回。

慕容彥超躲過一劫，但他手下的弟兄們看到官軍大勢已去，郭威必將成事，都不再陪劉承祐玩了。到了當天晚上，大多數官軍破寨而出，擁向郭威的大營。

慕容彥超抱頭鼠竄，而親臨前線督戰的劉承祐瞬間成了光棍。

劉承祐不敢想像面對郭威時的場景，夜幕下，劉承祐帶著蘇逢吉、蘇禹珪、竇貞固三大宰相以及從臣數十人準備逃回汴梁。但讓他萬沒想到的是，與郭威有屠家之恨的權知開封府事的劉銖竟然拒絕皇帝回城，並萬箭齊發，理由是「陛下兵馬何在」？

劉承祐瞬間又成了流浪漢。

這支由皇帝、宰相、大臣組成的皇家流浪隊孤魂野鬼似地四處流竄。在竄到西北方向的趙村時，被北軍發現，大隊人馬迅速圍近。

在一場混亂中，劉承祐不知道被誰亂刀砍死，橫屍月色之下。而隨隊的宰相蘇逢吉自知沒有活路，橫心刎頸。蘇禹珪和竇貞固沒有隨劉承祐赴黃泉的興趣，在混亂中拔腳溜了出來，繼續四處流浪。

聽說皇帝被弒，郭威哭了：「老夫之罪也！」

郭威是在演戲嗎？多少有一點，但正如李太后指責劉承祐的，以郭威對劉家的絕對忠誠，不是他們滅了郭威全家，郭威也不至於被逼成這樣。

而當趙匡胤聽說本來由他傾心輔佐的少主柴宗訓去世的消息時，並沒有表現出來多悲傷的樣子。也許在他看來，能讓柴宗訓多活十二年，已經是他天大的恩賜。

劉承祐的死，意味著汴梁城出現了更大的混亂。北軍入城後，打著郭威的旗號，大肆剽掠，弟兄們都發了財。等郭威發現再這麼亂下來，自己好容易打造出來的公忠為國的形象將毀於一旦，立刻下令制止。

局勢粗安。

馮太師，請幫幫我

此時的郭威雖然還沒有任何名分，但聰明人都看得出來，他才是汴梁城真正的主人。對於如何處理劉承祐的屍體，有人勸郭威仿效司馬昭之於高貴鄉公曹髦的故事，雖然郭威沒同意，但拿司馬昭比之郭威，用意已十分明顯。

也許是感覺又要改朝換代了，原本都躲在府上看熱鬧的一干高官們紛紛出洞，成群結夥的來見郭威，給郭威拉拉關係，將來可以謀個好差使。

而這支政治乞討團的領隊，竟然是太師馮道。為什麼是馮道？

原因史無明載，但作為朝中最大的官，不由得馮道不出面。而即使馮道不想出來見郭威，同僚們也會想辦法求馮道去的。畢竟這涉及大家的飯碗。

馮道其實還是想見郭威的，畢竟郭威走到今天這一步，和自己有著很大的關係。馮道年近七十，但馮道「致君堯舜」的理想始終沒有機會實現，而郭威能力突出，為人厚重。

在馮道看來，也許郭威就是他最後一次機會。

馮道身後站著一群交頭接耳的官僚，衝著郭威搖頭擺尾，做出種種媚態。只有馮道如泰山般屹立不動，任由風吹袖擺。

身後那夥人官位較低，面對比他們官位高出一頭的郭侍中做出一些低狀態情有可原。但馮道是當朝一品太師，天下文臣之首！郭威職位不如自己，又比自己晚一輩，馮道豈有給郭威獻媚的道理。

郭威自然知道馮道的用意，忙含笑上前，緩緩給馮道下拜。

郭威和馮道在給對方吹喇叭抬轎子。

馮道以一品太師的身分親率公卿百官來謁見郭威，等於變相承認郭威對朝廷的控制，這對初嘗首席權臣滋味的郭威有著非同一般的政治影響。

也許還有另外一層意思，馮道出面，有可能是為了給一些不太願意給郭威當馬仔的官員減輕一些心理壓力。

馮道這等身分都出來拍馬了，你們還得瑟什麼？

作為回報，郭威給馮道下拜，同樣也起到了非同一般的政治影響。郭威現在已經是主宰漢朝天下的頭號權臣，在改朝換代如同家常便飯的五代，也許郭威明天就要換公司招牌。

在這種情況下，郭威以準天子之尊給馮道下拜，也等於承認馮道依然是天下文臣之首，鞏固了馮道從來也沒有動搖過的政治地位。否則，如何解釋郭威只給馮道下拜，而對當朝宰相蘇禹珪、竇貞固呼來喝去？

當然，如果從感情上來講，當初是馮道一語解郭威之惑，散公款收買人心，才有郭威今日。出於感謝的心理，郭威才給馮道下拜。

還有一種可能，郭威早年喪父，從來沒有嘗過被父愛包圍的滋味，而年長自己近二十歲的馮道不但沒有輕視拖油瓶的郭威，反而對郭威有一種父親般的關愛。經歷了家人被殺的慘痛變故，郭威再見到馮道，就有一種孤兒找到父愛的感動。

馮道坦然受了郭威一拜，然後面色平靜地緩緩對郭威說道：「侍中此行不易！」

馮道說這話是想表達什麼？

按《五代史闕文》的說法，馮道說郭威「此行不易」，是暗中警告郭威暫時不要幻想取後漢而代之，郭威「氣沮」，所以並沒有立時廢漢稱帝。

歐陽修在《新五代史・漢家人傳》中也是這個說法，馮道對郭威略帶諷刺地說：「公行良苦！」然後郭威「意色皆沮」。

胡三省對這種無聊透頂的說法嗤之以鼻。他認為郭威之所以沒有廢漢，是因為此時漢朝宗室的勢力還非常強大，不是郭威想廢漢自立就能做到的。趙匡胤之所以能輕鬆的廢周自立，唯一的原因就是周朝沒有年長宗室掌權。

此時劉承祐雖死，但漢朝還有三大位處藩鎮的年長宗室：

漢高祖弟、坐鎮太原的河東節度使劉崇。

漢高祖養子（劉崇之子）、坐鎮徐州的武寧節度使、湘陰公劉贇。

漢高祖堂弟、坐鎮許州（今河南許昌）的義成節度使劉信。

特別是劉崇，手控河東精銳部隊，地勢居高而臨下，是郭威自立建國的最大威脅。郭威手上的禁軍未必就是劉崇河東軍的對手，而趙匡胤兵變自立後，手上掌握的是柴榮打造的天下無敵的禁軍，而不服趙匡胤的李筠、李重進，手上只有雜牌軍，自不可以與郭威所處的環境同日而語。

歐陽修在《新五代史・東漢（北漢）世家》中說郭威沒有自立，是因為漢大臣「不即推尊之」，其實是不合乎人性邏輯的。

所謂的「漢大臣」早就在馮太師的率領下給郭侍中納了投名狀，這夥「漢大臣」對郭威搖頭擺尾，而蘇禹珪和竇貞固兩位舊相也變相承認了郭威的「周公」地位，哪還有什麼漢大臣「不即推尊之」？只不過是有個劉崇擋在郭威面前而已。

郭威不希望自己是李從珂第二，他也不希望劉崇成為第二個石敬瑭。郭威不是純潔聖人，事情已經發展到這一步，再讓郭威吐出吃下去的肥肉，換了誰又能做到？趙匡胤也沒有做到。

但眼前的現實是，郭威必須在漢朝宗室找一個繼承人出來主持局面，自己出任「周公」，先想辦法鬥倒劉崇，郭威才敢放心地走到那一步。

至於立誰為嗣，眼下有四個人選：劉崇、劉贇、劉信，以及高祖劉知遠第三子、開封尹劉承勳。首先可以排除劉崇，郭威是不可能推立劉崇的。如果劉崇南下繼位，郭威自立的可能等於零。郭威以犧牲全家人性命的代價，換來的還是劉家江山萬代？郭威做不到。

劉信同樣不行，因為劉信為人凶暴，而且年長，不利於郭威控制朝局。

剩下的，只有劉贇和劉承勳。

郭威同樣不會選擇劉贇，因為劉贇是劉崇的親生兒子！立劉贇，劉崇立時就是現成的皇父，郭威就沒了翻盤的可能。所以郭威相中的人選，還是劉承勳。

劉承勳時年不到二十，但更重要的是劉承勳身患重病，是根本無法承擔朝務的，郭威偏偏選擇劉承勳，用意十分明顯。

李太后似乎看透了郭威的心思，雖然她對自己的兒子劉承祐殺了郭威滿門而感覺到愧疚終身，但她也不會坐視劉家江山就此斷送。

她反對立劉承勳為嗣，理由是重病不足以理政。

為了讓郭威等人心服口服，李太后讓左右侍從把劉承勳所躺的床榻都搬出來，讓早已有意推立郭威的高級將領們親自驗貨。

劉承勳病入膏肓，基本生活都不能自理，自然不能繼位。郭威只好退而求其次，準備迎立劉贇。

郭威的沮喪可想而知。而這一切，馮道都看在眼裡。

劉贇此時並不在汴梁，而是在徐州的武寧節度使任上，需要派幾位大臣去徐州迎劉贇入汴繼位。

郭威又把主意打到了馮道的頭上。

郭威給李太后打了一份報告，希望由太師馮道出面，以樞密直學士王度、秘書監趙上交為副，赴徐接湘陰公入嗣大統。

主動得罪老闆的秘訣

結合各種資料的記載來看，郭威特意選擇馮道出面，似乎與馮道在桌面下做了什麼見不得光的交易。

郭威本意不想立劉贇的，因為這與立劉崇沒有區別。與其同時，郭威似乎加緊了奪權自立的步伐，但現在郭威最需要做的就是讓劉贇盡可能的留在徐州，或者以蝸牛速度西來汴梁。能多拖一天，郭威的勝算就大一分。

郭威的小算盤，成了精的馮道自然能看出來。當郭威把請自己去徐州接人的意思說出來後，馮道就笑了。

馮道瞇著一雙老眼盯著郭威看，把郭威看得有些發毛。

「太師，看什麼？」

郭威有些不自在。馮道上下打量著郭威，笑道：「迎立湘陰公（劉贇），真是郭侍中的本意嗎？」晴空霹靂！郭威沒想到平時對自己非常和善的馮道竟然當場打臉，老臉上頓時黑裡透紅。

「太師這叫什麼話，不立湘陰公，還能立誰？這是大臣們共同議定的人選，太后也是認可的。」郭威忙撇清自己。

「果真？」馮道把郭威逼到牆角，再無轉身的餘地。

郭威欲哭無淚，這老頭今天抽什麼風！

「我絕對沒有其他意思！如果有異心，我郭威出門就讓狗咬，讓驢踢，和豬親嘴。」郭威哭喪著臉，指天畫地地發毒誓。

「郭侍中不必如此，我自信得及郭公。既然這是朝廷的決定，好！我不辭辛苦，去一趟徐州。」馮道拂鬚微笑道。

看著馮道遠去的背影，郭威無語。

馮道為什麼要把郭威逼成這副模樣？是馮道反對郭威自立嗎？當然不是。

前面分析過，後漢政權的殘暴程度，在馮道所侍奉過的王朝中，僅次於劉守光的燕政權。在後漢統治下，馮道不要說煥發政治第二春，不知道什麼時候就被人給砍了。劉知遠入汴時強奪馮道的家產，這等恥辱，馮道豈能忘記？所以，漢亡，是符合馮道自身利益的。在這種情況下，馮道完全沒有必要為行將滅亡的後漢殉葬。

如果算上半吊子中原皇帝耶律兀欲，馮道已經侍奉過十一個老闆（截止於劉承祐），他們旋興旋亡，跟馮道並沒有多少關係。

你給我開多少工錢，我給你出多少等量價值的勞力。最後一個老闆劉承祐掛了，如果郭威當上新老闆，馮道並沒有覺得不適應，給誰不是叩頭稱臣？

郭威已經完全控制汴梁局面，明眼人都看得出來郭威用不了多久就會篡位，馮道有什麼必要為了一個自己並不喜歡，而且已經死去的舊老闆而去得罪新老闆？李存勗這樣重用馮道的老闆掛了，馮道也沒有陪葬，更不用說劉承祐了。

那麼，馮道還當眾打郭威的臉，用意何在？

雖然史無明載，但如果用陰謀論來推測一下，馮道這麼做，只有一個原因——他要在郭威與劉崇兩邊下注！

誠然，所有人都知道郭威行將自立，但所有人同時也都知道，一旦郭威與河東劉崇發生火拼，郭威的勝算不會超過五成。

劉崇手上的河東兵實力如何？正如河東節度判官鄭珙所說，「晉陽兵雄天下！」而五代王朝興起於河東的就有三個——後唐、後晉、後漢。劉崇並不介意自己做第四個，雖然他如果成功了，並不會更改國號。

郭威很快就會篡位，但郭威能守多久，現在來看還是個未知數。如果馮道向郭威稱臣，而郭威隨後又敗於劉崇，馮道將何以面對劉崇？

為馮道自身計，他必須打一打郭威的老臉，並希望與郭威的這段談話能傳到劉崇的耳朵裡。以後劉崇要殺回汴京，這段話就將是馮道並沒有對不起劉崇的證據。

還有更重要的一點，郭威要自己迎接的劉贇是劉崇的親生兒子。馮道更需要把郭威將死在棋盤上不得動彈。將來萬一劉贇有什麼三長兩短，殺人的是郭威，與他沒有任何關係。

但話說回來，馮道此時在郭威勢力的控制下，而且馮道本人也比較看好郭威會在將來與劉崇有可能發生的衝突中勝出。所以當馮道與郭威談話結束出門後，他無比感慨的告訴身邊侍從：「我這個人一輩子都不說狂話，從來不得罪人。可今天突作狂語，算是把郭侍中得罪了。」

馮道搖頭歎息著離去。

似乎很矛盾。

馮道一生都謹慎小心，從來不會妄語傷人，沒想到今天突然把極有可能稱帝的權臣郭威逼得走投無路。如果郭威成功了（稱帝並至少阻止劉崇南下），馮道這句話就是對新皇帝的攻擊，落在郭威手上，就是現成的把柄。

其實一點也矛盾，馮道也不是「今謬語矣」，而應該是馮道有意得罪郭威，故意送給郭威一個自己的把柄。

有時候，主動得罪老闆，其實也是一種生存智慧，特別是對高級員工來說。像蕭何這樣為漢朝建立無比功勳的人物，都在老闆劉邦的猜忌下，不得不去貪污，有意授老闆以把柄，才躲過一劫。

馮道之於郭威，應該是出於同樣的心理。馮道主動得罪郭威，會讓郭威感覺到馮道欠自己一個天大的債，自己在心理上就不需要再仰視馮道，他就不會在馮道面前自卑。如果老闆在員工面前產生了自卑情緒，看看韓信是怎麼死的，就知道了。

馮道有一點聰明的是，他並沒有當眾打郭威的臉，知道的人並不多，這也有助於郭威在很大程度上維護自己的臉面。

澶州兵變

馮道坐著車，晃晃悠悠地向東馳去，目的地是武寧節度使治所徐州。

當馮道見到武寧節度使劉贇時，他分明感覺到劉贇還沉浸在即將繼位的狂喜之中，劉贇身邊的人甚至已經稱呼劉贇為皇帝陛下。

馮道滿懷心事的當眾宣讀了皇太后要求湘陰公赴汴梁繼位的懿旨，所有人都圍著嗣皇帝歡呼。

馮道含笑看著這些人，心裡想的卻是：如果郭威提前動手稱帝，自己落在劉贇手上，會不會發生什麼危險。

馮道知道郭威有些等不及了。

郭威首先耍了一個陰謀。郭威以嗣皇帝（劉贇）還沒有抵達京師，朝中無主為由，請年邁蒼蒼的李太后出面代理朝政，李太后也同意了。郭威如果下一步採取行動，就必須得到一個臨時主政者的「配合」，而李太后顯然是再合適不過的人選。

接下來，郭威就需要等待一個合適的機會。

機會，很快就站在了郭威面前。

從鎮州方面傳來急報，契丹皇帝耶律兀欲似乎又懷念在汴梁時繁華如錦般的生活，率數萬契丹精銳騎兵大舉南下，進攻安平、內丘、束城各縣，大肆屠城，百姓死傷無數。

楊邠死了，史弘肇也死了，現在還健在且有能力抵禦契丹的，除了郭威，還有誰呢？郭威第三次出任大漢王朝的救火隊長，率漢朝主力北上，阻止契丹人南下。這也是李太后的意思。

郭威如果北上，汴梁城如果有人想端掉郭威的老窩怎麼辦？郭威很聰明，雖然國事委託給竇貞固、蘇禹珪這兩個前朝舊相，但郭威又在其中摻了沙子，自己的一拜大哥王殷也摻和進來，與竇、蘇二相同掌國政。更重要的是，汴梁城的軍事防務，一體由郭威另一個兄弟王殷全權負責。

王殷的滿門老小都被劉承祐殺害，他對後漢朝廷恨得咬牙切齒。所以，由王殷來主持京師軍務，郭威是一百個放心。即使蘇、竇有什麼想法，王殷也是堅決不答應的。

十二月初一，郭威率軍離開大梁城北上。這一次郭威的行軍速度如蝸牛一般緩慢，過了十多天，郭威才抵達距離汴梁不過一百多里的滑州。

很顯然，郭威在計算著劉贇離開徐州的時間。

郭威要想除掉劉贇，必須把劉贇調出他的根據地徐州，畢竟劉贇在徐州有自己的軍隊。如果郭威稱帝時劉贇還在徐州，以劉贇的實力，除之並非易事，而且還極容易引發河東劉崇的連鎖反應。徐州距離南唐也非常近，如果南唐皇帝李璟有志圖王北上，劉贇、劉崇、李璟三方聯手，郭威將面臨巨大的生存壓力。而把劉贇調出徐州，他身邊不過帶著幾十名侍從，對付起來就容易多了。

《資治通鑑》第二百八十九卷把劉贇攔馮道西來與郭威抵達滑州放在同一條裡，就很充分地說明了郭威的這點黃油心思。而正在路上的劉贇似乎也察覺到了郭威似乎有什麼異常，他在西進的同時派使者來到滑州。表面上是勞軍，實際上是觀察郭威的動向。

沒想到前線的弟兄們根本不買劉贇的帳，當嗣皇帝的使者站在他們面前時，按禮應該以臣禮相見，可弟兄們卻沒有一個下拜的。理由是我們剽劫過汴梁城，與劉氏深結其怨。如果劉贇繼位，還有我們的活路嗎？

從字面上來看，這應該不是郭威暗中授意的，否則他完全沒有必要在這個時候向劉贇的心腹透露自己的不臣之心。似乎感覺到劉贇距汴梁越來越近，郭威也加緊了行動，否則一旦讓劉贇入汴即位，郭威的一切美好都將雞飛蛋打。

十二月十九日，一個寒風刺骨的日子，數萬官軍集於黃河北岸的澶州，而主帥郭威則住進了當地的驛館裡休息。

不知道郭威在這一天夜裡有沒有喝酒。因為十年後，郭威的一個模仿者在當天夜裡似乎喝了很多的酒。

天色濛濛亮，郭威揉著惺忪的雙眼，正準備下令諸軍北上，突然發現門前已經聚焦了數千將士。弟兄們異口同聲的重複著一句話，「我們已與劉氏成仇，不敢復立劉氏子。今侍中德望俱備，請侍中自為天子！」

這似乎是一場早已經編排好的劇本，還沒等郭威「反應」過來，早有人上前，撕下一面黃旗，扯住郭威，把黃旗包在郭威身上。數千將士伏拜於地，高呼萬歲，聲震天地！

世人皆知趙匡胤在陳橋發動兵變，其實陳橋兵變只不過是對十年前這場澶州兵變的機械性模仿，過程結果完全雷同，沒有任何新意。

唯一不同的是，郭威軍中並沒有黃袍，而趙匡胤則早就準備好了一襲黃袍……

已經被軍隊推立為皇帝的郭威率軍南下，同時給李太后寫了一道奏箋，陳說自己的無辜，並承諾：事太后為母。

這一點也與趙匡胤不同，趙匡胤並沒有事柴榮的小符后為母，他已經忘記當初他是如何向柴榮允諾輔佐幼主的承諾，逼迫小符后帶著小皇帝立刻滾出大殿。

一個新皇帝還在西行的路上，另一個新皇帝卻已經出現在汴梁城外的皋門村。聞到腥味的大員們以竇貞固為首，爭先恐後的擠出城，迎接郭威，有人還擠掉了鞋子。

至於另一個新皇帝劉贇，他已經出局。

郭侍中被擁立為天子，整個汴梁城還在震驚中，但主持京城防務的郭威心腹王峻、王殷考慮的卻是如何阻止劉贇西進，因為他們得到情報，劉贇一行已經抵達距離汴梁不過百里的宋州。一旦劉贇闖進汴梁城，會鬧出兩個不同朝代的新皇帝爭奪一個皇位的天大笑話，而如果郭威在這個時候親自殺死劉贇，這等於讓郭威政治自殺。

所以，這些事情不需要郭威經手，弟兄們早就安排妥當。

侍衛馬軍都指揮使郭崇奉王峻命令，帶著七百名精幹騎兵火速東下，絕對不允許讓劉贇離開宋州。而為了防止許州的劉信掀起風浪，前申州刺史馬鐸率兵南下許州，嚴密監視劉信。

而此時的劉贇正與馮道有說有笑，他已經有些迫不及待地想飛到汴梁的太和殿上，接受公卿百官對自己的三跪九叩。

有人急報：「澶州兵變！郭威被諸軍推立為天子。侍衛馬軍都指揮使郭崇率七百騎已到宋州城下。」

劉贇呆若木雞！

手上的茶碗掉在地上，摔得粉碎。而馮道則忙起身，靜視著眼前發生的這一切。

郭崇帶來了七百騎兵，他們要幹什麼。劉贇有些驚懼地登上城樓，果然看到郭崇貫甲坐於馬上，身後七百鐵騎橫刀怒視劉贇。

「郭將軍，你帶著這七百精騎來這裡幹什麼？」劉贇在顫抖。

郭崇是應城的沙陀人，為人忠樸，不善言辭，應該是臨出汴梁前，王峻私下給郭崇安排好了臺詞，你應該這麼說：

「澶州發生兵變，郭侍中考慮到陛下的安全得不到保障，所以派我來保護陛下。」

「真的？你們沒有其他心思？」劉贇還在顫抖著。

「陛下放心，絕對沒有！」郭崇斬釘截鐵，但他已經明顯有些心虛，畢竟郭崇的演技太爛。

郭崇明顯在說謊，劉贇能強烈的感覺出來。

「那麼請郭將軍進城來，你把情況仔細給我講清楚。」劉贇突然不再顫抖，眉目間反而升騰出一種英武之氣。

「鴻門宴」！這是郭崇在城下聽到劉贇讓他進城後的第一反應。

「臣疑城中有詐，不敢登樓。」郭崇威直腸子，想到什麼說什麼。

……

劉贇把目光轉向在一直站在自己身邊卻也一直保持沉默的太師馮道。「要不，辛苦太師一趟？到城下問問情況。」

「臣遵旨！」馮道面無表情的飄然下樓。郭威弄出來的澶州兵變已經將馮道置於非常危險的境地。馮道想到了一個歷史悲劇人物——為漢王劉邦出使齊國，遊說齊王田廣降漢的高陽酒徒酈食其。此時的馮道，與酈食其何其相似乃爾！郭威是五代版的韓信，他為了自己的利益而把馮道送進劉贇的虎口。

劉贇雖兵微，但身邊的武裝力量對付一個手無寸鐵的蒼蒼馮道，甚易！而且劉贇的徐州系人馬早就懷疑馮道此來迎接劉贇，是與郭威事先計畫好的陰謀，調劉贇這隻虎離山，然後尋機殺之。自郭崇抵達宋州城下時，徐州客將賈貞等人就沒有給馮道半點好臉面，有人已經暗中拔劍在手，只要等劉贇一聲令下，當場把馮道剁成肉泥！即使在北上逗留正定時，馮道也從來沒有遇到過這等凶險的場面。

馮道為了自保，此刻必須要聽劉贇的。在賈貞等人甚是不平的神色注目下，馮道面帶微笑地下了城。

古老的城門緩緩開啟，馮道飄然出城。

史料上並沒有記載馮道與郭崇說了些什麼，只是寥寥數語，應該是馮道向郭崇保證他入城後絕對不會受到傷害的保證。

郭崇似乎還有些不放心，馮道笑道：「我一介老書生在彼軍中猶安然，將軍還有什麼好怕的。」從後面的史料看來，郭崇並非是孤身入城，而是至少帶了七百騎兵中的一部分。否則，憑馮道說塌了天，郭崇也不敢冒這個險。

有了貼身衛兵，郭崇壯著膽子進城見到了還惶惶然不知所措的劉贇。

「澶州到底發生了什麼事！」

郭崇定了定神，掃了一眼劉贇身後那些憤怒的眼神，一字一句的把王峻教給他的臺詞背了出來。

按《資治通鑑》的說法，郭崇進城後，把郭威對劉贇的態度轉述給劉贇本人，應該是保證劉贇身分、地位的承諾。而《宋史・郭崇傳》則說郭崇明說了郭威在澶州已經為諸軍推立為天子，天命有所歸，希望劉贇能認清形勢，不要做無謂的反抗，反而能長享富貴云云。

但二書都提到了一個共同的細節：劉贇緊緊握著郭崇的手，痛哭流涕……

劉贇真的害怕了。

劉贇陷入了巨大的失落與恐懼之中。

天下本來已經屬於劉贇了，誰知道就在這個節骨眼上，郭威突然來這麼一手，狠狠地把劉贇晾在了懸崖上，進退不得。向郭威稱臣，自己這個嗣皇帝顏面何在？如果選擇與郭威對抗，自己的兵力又不足以這麼做。而遠在河東的生父劉崇實力強勁，卻遠水救不了近火。

郭崇說他此來是保護自己不受傷害的，可劉贇分明從郭崇所屬七百名鐵甲騎兵的眼神中看出了讓人不寒而慄的殺氣。

瞬間，皇帝夢破滅，連最起碼的人身安全都得不到有效保證。

面對如此嚴峻的形勢，劉贇手下那幫幕僚有些沉不住氣了。劉贇當不上皇帝，他們就不能飛上枝頭做鳳凰，擠掉竇貞固、蘇禹珪這幫無能老朽。

他們很多人都把矛頭指向了郭威，而隨行的徐州節度推官郭忠恕卻把憤怒的矛頭對準了太師馮道。《宋史・文苑・郭忠恕傳》說郭忠恕並沒有接受劉贇的官職，似不合常理，今取《五代史補》。

這一年，郭忠恕年僅二十歲。

年輕氣盛的郭忠恕當著所有人，把憤怒的臭雞蛋都扔在馮道的老臉上。「馮太師枉食漢祿！」馮道看著這個和自己孫子差不多年紀的後生，不忿不怒，他要安靜地聽郭忠恕把話說完。「上至天子，中有公卿，下及黎庶，誰其不知道景城馮令公的大名！誠信著於天下，響噹噹的一代正人。可今日之變，你捫心自信，武寧節度（劉贇）落到今天這個地步，你難道一點責任就沒有嗎？如果武寧節度有什麼三長兩短，我不知道你的良心有愧否！」

劉贇對馮道的印象還算不錯，急忙拉住口無遮攔的郭忠恕，郭忠恕瞧不起馮道這樣的官場老滑頭，衝著馮道狠狠呸了一口，拂袖而去。

《五代史補》說面對郭忠恕的指責，馮道「無言對」。其實在郭忠恕的譴責中，可以讓馮道鑽話縫的地方很多。胡饒當年當街罵過馮道的八代祖宗，馮道都含笑應對，郭忠恕這樣的嫩雞仔，還亂不了馮道的定力。

更重要的是，當著劉贇的面，馮道不能說話，否則有一個字被劉贇及他的手下理解錯誤，就有可能造成不必要的麻煩。劉贇面對郭崇時的情緒非常不穩定，馮道已經預感到可能要出大事，馮道現在所考慮的是如何抽身，躲開這場劫難。

劉贇的預感並沒有錯，郭崇此來，絕不是來保護他來的，而是為了殺人滅口。道理很簡單：劉贇不死，郭威得國便不正。

郭崇早就投靠了郭威，視劉贇蔑如也！

劉贇也知道如果自己傻帽兒似的跟郭崇回汴梁，臣服於郭威，郭威也不會放過他。不過除此之外，還有一條路可以選擇，就是武寧軍節度判官董裔所說，立刻去找給自己做護衛的護聖指揮使張令超，張令超手下有還有一定兵力，可以密令張令超在今夜就奪郭崇手上的七百騎兵的指揮權，北走太原，投靠生父劉崇。

從劉贇現在的處境看，走這條路非常冒險，一旦事情辦砸了，劉贇活不到明天。但除此之外，劉贇已經無路可走。可惜的是，劉贇天生就不是一個敢於冒險的人。這麼做，勝負機率各佔一半，但劉贇卻總是在考慮萬一失敗了怎麼辦，而從來不敢考慮自己還有另一半成功的可能性。

郭忠恕再次出現在劉贇的身邊，而且又與馮道有關。

郭忠恕同樣勸過劉贇奪郭崇之兵，北上間道赴太原，但同時他還建議劉贇殺掉馮道。不清楚郭忠恕為什麼要如此對待馮道，馮道與他素無恩怨。大致分析，應該是郭忠恕瞧不起馮道的為人，覺得這種人混在世間是個恥辱，不如殺之以儆效尤。

郭忠恕可能猜到馮道涉及了郭威的這場陰謀，但殺了馮道，不但於事無補，反而會得罪天下文人。殺了馮道，即使劉贇成功逃到太原與父親會合，即使劉贇藉助父親的兵力滅掉郭威在汴梁即位，他又將如何面對天下的文官？

馮道這樣級別的人物，你都敢隨意殺掉，我們豈不是更不值一提？天下的人，誰都可以殺，但唯獨不能殺馮道。

面對董裔和郭忠恕北上太原的建議，劉贇始終拿不定主意。而至於殺不殺馮道，劉贇應該沒有做這個考慮。他不敢！

「是夕，劉贇猶豫不決。」

面對同一塊蛋糕，你覺得你吃掉了，別人就得餓肚子，於心不忍。但別人考慮的是如何殺掉你，獨吞那塊蛋糕。

劉贇猶豫不決，郭崇已經提前動手了。

郭崇率兵進城有一個重要目的，就是衝著護聖指揮使張令超去的，只要奪掉張令超的兵權，劉贇萬劫難逃。

張令超的為人生平不詳，但估計也是個貪慕榮利之徒。不知道郭崇代表郭威給張令超許下了什麼承諾，當天夜裡，張令超就徹底倒向了郭威，「（郭崇）盡奪贇部下兵」。

劉贇身邊的護衛全部換成郭威的人馬，他已經成為郭威的籠中鳥，再也不飛出去了。劉贇被踢出局，也意味著赴徐迎接嗣皇帝即位的馮道的任務也結束了。郭威從汴梁發來了一封急遞，要求馮道火速回京，而留下副使趙上交與王度繼續「陪同」劉贇赴京朝見太后。

劉贇不再是郭威的對手，讓馮道繼續留在劉贇身邊是非常危險的。以馮道的特殊政治地位，如果馮道有什麼三長兩短，郭威是承擔不起這個政治責任的。對於郭威的好意，馮道當然要笑納，這裡實在太危險了。

馮道帶著趙上交、王度等人向劉贇辭行，劉贇沉默不語。而劉贇身邊的賈貞、董裔等人卻怒視著馮道。

「相公何不殺掉馮老賊？不是此賊，郭威詭計怎會得逞！」賈貞怒髮衝冠，已拔劍出鞘，就等劉贇一聲令下，賈貞手上橫磨劍即能斷馮道這顆蒼頭。

董裔等人也操劍在手。

形勢非常緊張。

劉贇是斷無可能擺脫郭威的控制，但在這個狹小的空間裡，劉贇卻擁有絕對的主宰。如果他想置馮道於死地，不過一個「可」字而已。

趙上交和王度看著三尺寒光，嚇得渾身哆嗦，語無倫次。馮道依然面色不動，直對賈貞憤怒的劍鋒，不語。他相信劉贇是不會下這個命令的。

果然，劉贇歎了口氣：「何必呢，殺了太師，我們也無法逃出生天。何況事情弄到這一步，並非馮太師的責任，與他無涉。」

「殿下被馮道這個老賊給賣了，你還替他圓話，我等嚥不下這口惡氣！」賈貞眼裡冒火。

「忍忍吧。有些事情必須得忍。」劉贇還在歎息。

馮道最後看了劉贇一眼，長揖拜，也歎息著離去。馮道知道，經此一別，他再無與劉贇相見的機會，因為郭威要對劉贇下手了。

劉贇不死，郭威不安。

馮道長車上路，他很快就在路上得到消息：郭崇率兵入內，殺死董裔、賈貞等劉贇的心腹人，強行遷劉贇於別館，重兵監視。

馮道再次發出一聲蒼老的歎息。

馮道的山呼舞蹈，劉崇憤怒的淚水

當劉贇出局後，馮道知道，郭威又將成為他人生中又一位重要的過客。又變天了。

十二月二十六日，李太后下誥令，廢嗣皇帝劉贇為湘陰公，為郭威稱帝掃除了政治障礙。次日，李太后又下誥令，以侍中郭威為監國。

當然，正如胡三省所說，李太后的這兩份誥都是郭威的意思，就如同陶穀袖中所出的周幼主「禪位詔書」，事先都要經過趙匡胤審閱。趙匡胤自辯說他並不知道陶穀事先寫好了「禪位詔書」，不會有多少人相信的。

漢乾祐四年（九五一年）正月初五，郭威法服袞冕，登臨崇元殿，建國稱帝。郭威自稱是周文王弟虢叔之後，建國號曰大周，改元廣順。

「皇帝陛下萬歲！」群臣舞蹈山呼。

而為首的，依然是馮道。

整整七十歲的馮道峨冠博帶，手持象笏，從容跪倒在丹墀之下，伏拜山呼萬歲！

郭威心滿意足地接受了馮道的叩拜。而當初自己給馮道下拜的場景，依然歷歷在目。

近人蔡東藩先生在《五代史演義》中諷刺馮道「不記當日受（郭威）拜時耶」！其實這並非不

可理解。彼時馮道為天下臣首，郭威又是晚輩，兼有事要求馮道，給馮道下拜，是再正常不過的事情。至於馮道給郭威叩頭，既然馮道承認了郭威的皇帝身分，以臣子的身分給皇帝行君臣大禮又有什麼奇怪的？

郭威終於如願以償地站在雲端之上，驕傲地俯瞰雲下眾生。滿朝大臣皆恭順之色，只有馮道，還是上次在馮宅密室中見到的那樣，端沉不動。

郭威知道馮道有些瞧不起自己，但他知道他和馮道之間還會有前景更廣闊的合作，因為他們之間有相互的需求。而眼下郭威最需要做的，是如何處置被廢黜的前朝嗣皇帝劉贇。

沒有那麼多廢話。半個月後，月明星稀，一個魅影悠地閃進被廢黜的前後漢嗣皇帝劉贇的幽室……

司馬光對郭威毫不留情：「戊寅，（郭威）殺湘陰公於宋州。」當然，司馬光之所以敢如此揭露郭威的狠毒，那是因為他並沒有生活於郭威後裔統治的朝代，這是唯一的原因。

劉贇死了，其實是為血腥殘酷的乾祐之變做了最後一個淒涼的注解。劉贇毫無疑問是無辜的，這是郭威在整個事件中唯一對不起的人，但當初執意捨劉承勳而立劉贇的李太后是不是也要為此承擔一點責任呢？

兒子死了，晉陽城中老邁的劉崇站在漫天大雪中號啕痛哭，老淚嗚咽。

劉崇恨自己單純地像個傻子，竟然被頸上紋著一隻麻雀的郭雀兒（郭威）騙得家破人亡。當初自己有意南下，逼迫郭威交權，沒想到郭威給他寫信，指天畫地的發誓：如果我稱帝，出門讓狗咬、讓貓抓，和豬親嘴。即使是劉贇被廢後，劉崇想把兒子接到晉陽，郭威再次耍猾，「劉兒放心，你們一定會父子團聚的……

誓言錚錚，劉崇等的就是這個結果？

劉崇哭罷，指天發誓：此生與郭威仇不共戴天！

劉崇也稱帝了。晉陽的河東節度使官署，成為劉崇向郭威發起復仇戰役的起點。河東諸官吏向臉上猶掛著淚痕的劉崇行君臣大禮，舞蹈山呼萬歲！五代十國建國最晚，而且統治區域最北的政權——北漢，在一片淒風苦雨中悲壯地誕生。

劉崇對郭威自稱大漢皇帝，卻對比自己小二十三歲的契丹皇帝耶律兀欲自稱侄兒，希望契丹叔皇帝能幫助大漢侄皇帝向郭威討還血債。

可郭威三個兒子的血債，又該向誰討還呢？

隔岸觀火——冷對郭威與王峻的暗戰

隨著郭威稱帝，七十歲的馮道在政治上再次迎來了屬於他的燦爛春天。就在劉贇被殺的第二天，馮道就收到了新老闆塞給他的大禮包——復馮道位為太師、中書令。

表面上看，郭威給馮道的，與劉知遠給馮道的並沒有區別，都是一塊名叫「太師」的隔夜冷饅頭，而且都沒有讓馮道再進內閣。

但有兩點，一、馮道仍是天下群臣之首，即使是改換新朝的舊相竇貞固、蘇禹珪，名次也要排在馮道之後。馮道可以繼續發揮自己特殊的政治影響力。

二、郭威對馮道發自內心的尊敬，與劉知遠對馮道的冷漠不可同日而語。其實郭威是欠著馮道兩個天大人情的，一則馮道教唆他花公款收買人心，這直接促成郭威順利兵變稱帝。二則馮道親自出面纏住劉贇，給郭威盡可能爭取到了時間與空間。

對馮道，郭威感激涕零。

郭威是天下人主，而伏跪在他腳下的文武群臣都是他的被征服者，郭威可以對他們直呼其名，但對馮道，郭威不可以。每次馮道按官場規矩給郭威行完君臣大禮後，郭威都會走下御座，含笑扶起馮道：「馮太師，不必如此，你不同於其他人。」

即使是公文奏對，該用某官員的名字時，郭威依然會給馮道最大的尊敬，只稱官爵，不稱名諱，以示優崇。

而馮道，也已經習慣了不當宰相的日子。當宰相，每天案牘勞形，遠沒有當太師這般悠閒，高工資一毛不少，還不用每天上班，天皇老子還要搶著拍自己的馬屁。

當然，更重要的是，馮道不想參與新一輪的權力鬥爭。因為後周初年的權力格局，基本是後漢權力格局的簡單模仿。

郭威是小一號的劉知遠，而郭威的拜把子大哥、樞密使王峻則是楊邠、蘇逢吉、史弘肇、王章四位一體的結合版，權力大無邊。

王峻是天下第一權臣，但很少有人知道王峻在少年時曾經做過後梁頭號權臣趙岩的面首。趙岩是個同性戀者，他自然不會放過年少貌美的王峻。

梁亡後，王峻滿世界流浪，直至跟上劉知遠，才算是混出頭，而此時郭威也已在劉知遠帳下任事，兩個少年時代曾經無比驚豔的年輕人因情投意合，換帖子做了兄弟。郭威出任鄴都留守，北上抵禦契丹時，王峻以監軍的身分隨行，僥倖躲過了劉承祐的屠刀，但他的滿門老小皆遇害。

相同的變故，讓王峻鐵了心跟著郭威找劉承祐討說法。在郭威易家為國的過程中，王峻出力最大，「從太祖赴闕，綢繆帷幄，贊成大事，峻居首焉。」郭威建國後，僅對兩個人不直呼其名，一個是馮道，一個就是比自己大兩歲的王峻。

每見王峻，郭皇帝都會低三下四的叫一聲「王兄」，王峻也不和郭威見外，坦然受之，並以此為榮。郭威曾經要把前相蘇逢吉霸佔李崧的億萬家產轉送給王峻，雖然王峻婉言謝絕，說受李崧的家產不吉利，但這也說明郭威對王峻的器重。

王峻除了擔任權力極大的樞密使，還兼著宰相的差使，是名副其實的天下第一權臣。

老話說，兄弟共患難易，共富貴難。包括馮道在內的所有官場中人都敏銳地察覺到了王峻開始有些不滿於現狀了，他想得到更多的權力。

但問題是，在現在的政治舞臺上，皇帝郭威才是主角。一個本該安分出演配角的演員卻總是在搶主角的戲份，這讓主角心裡怎麼想？

最讓郭威難以容忍的還不是王峻喜言天下事，而是郭威能強烈地感受到王峻對自己的輕蔑。王峻演技差、脾氣大，與郭威議事時，稍有不合，便破口傷人，郭威沒少被王峻當著大臣們的面狂罵祖宗十八代……

如果郭威還是當年的那個街頭小霸王的脾氣，十個王峻也被他宰了。但郭威一來覺得王峻是患難兄弟，自己也連累王峻滿門誅滅，心裡有愧。二來覺得王峻為自己建國立下大功，「國家新造，四方多故，王峻夙夜盡心，知無不為，軍旅之謀，多所裨益」。不忍對王峻下手。

郭威希望王峻能改變這種蹬鼻子上臉的暴發戶作風，不要學史弘肇。不是史弘肇等人對劉承祐蹬鼻子上臉，劉承祐再頑劣，也不至於做出那種極端的事情。

老話常說，人善被人欺，你越對對方讓步，他越覺得你軟弱可欺，無論是個人還是國家，向來都是欺軟不欺硬的。郭威對王峻忍讓，反而更加刺激了王峻大無邊的權力欲望，他開始插手歷代帝王最不可能鬆手的用人任事權。

帝王可以對大臣的貪污腐敗視而不見，因為這並不會影響到他的統治。但如果你特別清廉，而且又想獨佔人事大權，你這是砸他的飯碗。不過王峻剛開始時還是注意自己的底線，並沒有去砸郭威的飯碗，而是在所用人選不中自己意的情況下，耍小脾氣，鬧情緒。

郭威坐鎮鄴都時，麾下有不少心腹人，如鄭仁誨、向訓、李重進等，其中李重進還是郭威的外甥。這些人跟著郭威混，打點賞總是應該的，但依然遭到王峻的強烈嫉妒。向訓不過當了個宮苑使，王峻就當街撒潑打滾，要求辭職。

王峻這麼做，其實是想試探郭威對自己到底是什麼態度。如果郭威繼續當縮頭烏龜，那自己就得寸進尺，便宜不佔是傻子。如果郭威大發雷霆之怒，那就及時收手。

郭威還是選擇了忍讓，甚至準備親赴王峻的府邸勸止王峻，王峻也及時讓了一步，但郭威的態度已經明顯發生了變化。

郭威的反擊也非常犀利。王峻花公款在樞密院的東邊重建公署。這座新址設施豪華，「高廣華侈」。郭威看在眼裡，並沒有說什麼。等到郭威在宮內準備修建一所規模較小的便殿，王峻竟然竄出來反對，理由是宮殿都是現成的，不必再建。郭威冷笑道：「樞密院的公署都是現成的，卿為何大肆興造。」

以彼之矛攻彼之盾，王峻無語。

面對郭威與王峻的暗戰，馮道不會主動參與。

但馮道心裡清楚，王峻是在自尋死路。王峻所自持的不世大功，其實都是馮道吃過的冷饅頭。當年石敬瑭派馮道遠赴契丹，「結兩國之歡」，為穩定南朝局勢立下汗馬奇功。但如果馮道在石敬瑭面前持功跋扈，石敬瑭可以忍一次，忍兩次，但當石敬瑭第三次不再容忍時，馮道的末日也就到了。

史料上並沒有發現馮道與王峻之間有什麼往來。馮道也不會傻到主動去倒貼王峻這掃把星。因為馮道看得出來，郭威在等待機會收拾王峻。

人事大權是帝王賴以謀生的飯碗，是萬不能讓人的。王峻自持是皇帝的老大哥，蹬鼻子上臉，郭威忍了。但讓郭威沒想到的是，得寸進尺的王峻竟然把盤算打到了郭威絕對不能再退讓的立儲權上。

王峻要砸掉郭威的飯碗，郭威真的被逼急了。

平心而論，郭威為性仁厚，像一隻平時看上去比較溫順的兔子，但當被逼得走投無路時，這隻兔子只能跳起來咬人。不是劉承祐殺了郭威滿門家小，甚至還要派人赴鄴都殺郭威，郭威不至於被逼成那樣。

兒子們都沒了，時年近五十歲的郭威也很難再生出兒子來了。即使有幸再生一兩子，但等他們年長成人，郭威早就駕崩了。郭威建國稱帝，除了在北線防禦為報殺子之仇已經歇斯底里的劉崇外，郭威考慮最多的就是他的帝國將由誰來繼承。

郭威雖然沒有兒子，但他還有不少晚輩的親戚，郭威只能從這些人中挑選一個。郭威手頭上有四個人選：分別是養子兼內侄柴榮，外甥李重進，女婿張永德，前妻張夫人的外甥曹彬。還有一個同輩的親屬，即妹夫楊廷璋。

楊廷璋和曹彬肯定不可能雀屏中選，他們與郭威的感情太遠。張永德為人善厚，能力強幹，有大局觀，但畢竟只是女婿。剩下的就只有柴榮與李重進了。

李重進是諸人選中唯一與郭威有血緣關係的，這一點比柴榮佔優勢。但柴榮卻有兩個李重進比不上的優勢：一、柴榮的姑媽柴夫人是郭威的患難夫妻。郭威和柴夫人感情極深，柴夫人死得早，郭威終身不立皇后。二、郭威早年落魄窮困，是養子柴榮走南闖北做小生意，賣傘養活不爭氣的姑父。郭威發達後，視柴榮如親生，感情極深。

不出所有人意外，郭威開始培養柴榮做帝國的接班人。剛建國時，柴榮就出任鎮寧節度使、校檢太保、太原郡侯，是四個人選中地位最高的。

看到郭威有意立柴榮為接班人，王峻立刻就急了。王峻知道郭家養子是個不好對付的鐵腕人物，如果這種人上臺，自己沒有任何機會把持權力。《舊五代史・王峻傳》說得非常清楚，「峻素憚世宗（柴榮）之聰明英果」。

王峻開始猛挖柴榮的牆角。

王峻的機會來了。廣順二年（九五二年），泰寧節度使慕容彥超在兗州扯旗造反。郭威起初並沒有把慕容彥超放在眼裡，只是派曹英等人征討。沒想到曹英是個飯桶將軍，打了三個月，慕容彥超毫髮無損。

郭威傾向於派養子柴榮去對付慕容彥超，讓柴榮多在軍界立功，將來立柴榮為嗣時，能得到軍方的支持。想法很好，但王峻第一個站出來反對，絕對不能讓柴榮在軍界打下基礎，否則以後自己更法控制這個「聰明英果」的郭家養子。王峻開始時還沒有提及柴榮的問題，只是勸郭威親征，不要輕視慕容彥超。

而根據《舊五代史・周世宗本紀》的記載，在這場郭威與王峻關於柴榮前途的暗戰中，本來抱定「隔岸觀火」宗旨的馮道卻突然冒出來，硬生生插進一條老腿。

馮道出面反對郭威親征，理由是時方五月盛夏，天氣炎熱，皇帝不宜以天下之貴親征。萬一有什麼閃失，這世上是沒有後悔藥吃的。

從這段記載來看，是馮道先反對郭威親征，郭威才順勢提出來要正駐澶州的柴榮去擊討慕容彥超。不排除郭威暗中與馮道溝通過，讓馮道出來扮黑臉，自己扮紅臉，順水推舟讓柴榮東征。

這一點是王峻絕對不允許的，他再次跳出來，公開反對柴榮親征。因為實在抹不開大哥的面子，郭威再次選擇隱忍，只好咬牙親征。

從馮道這個舉動來看，是對柴榮有利的，但他們之間在此時並沒有發生什麼聯繫。以柴榮的倔強性格，他不會走馮道這條門路，請馮道在養父面前推薦自己。反正柴榮也知道，馮道的面子還沒王峻大。

郭威帶著王峻送給他的一肚皮晦氣，拽上馮道，發大軍東進，征討慕容彥超。馮道此年已經七十一歲了，本來該在家享清福的，但郭威拉馮道上路，應該是有兩點原因：一、馮道是江湖老滑頭，一肚子陰陽八卦，且比較傾向自己，關鍵時刻可以幫自己出謀劃策。郭威希望自己能成為第二個李嗣源，但希望馮道還是以前那個馮道。二、馮道是郭威可以傾訴的長者。郭威受王峻如此打壓，又不忍對王峻下手，心中苦悶可想而知。帶上馮道，郭威在心理上會有安全感。

馮道當然是願意跟郭威出來的。雖然天氣火熱，雖然車馬勞頓，但如果留在汴梁，誰知道王峻哪天抽風，再學一次劉承祐，這顆蒼頭還能飲啖否？

也許讓跟著慕容彥超叛亂的兗州官員沒想到的是，馮道的到來，卻成了他們的救世主……

慕容彥超自己並沒有想到，他很快就被郭威淘汰掉了。五月十三日，郭威大駕抵達兗州城下，僅僅七天後，官軍就攻破兗州，慕容彥超攜妻投井而死。

慕容彥超的死，並沒有抵消郭威對他的怨恨，郭威下令，誅殺所有與慕容彥超反抗朝廷的官員。

全部殺光，一個不留！郭威有些神經質地怒吼著。

其實，郭威與慕容彥超素無舊怨，不至於對慕容彥超如此痛恨。劉銖，屠殺郭威全家的劊子手，郭威入汴後，只殺劉銖，赦免了劉銖家人，理由是冤冤相報何時了。郭威不放過慕容彥超，應該是被王峻長期欺壓而無法反抗的一種感情上的宣洩。郭威要把對王峻的怨恨，都施加到這些倒楣的叛亂官員身上。

看到皇帝要大開殺戒，戶部郎中竇儀憂心忡忡地的來找太師馮道與宰相范質，希望二公能出面救下這些罪不至死的官員。

馮道與竇儀的父親竇禹稱是至交好友，當年竇禹稱的五個兒子竇儀、竇儼、竇侃、竇偁、竇僖相繼登科中進士，馮道還寫詩慶賀，「燕山竇十郎，教子有義方。靈椿一株老，丹桂五枝芳。」當竇儀說明來意後，馮道二話也不說，拉著竇儀與范質去見郭威救人。

這已經不知道是馮道第幾次在皇帝的屠刀下救人了。馮道「為臣不忠」，卻屢救無數生靈，究竟哪個更重要？

結果是令人欣喜的。郭威終於消平了怒氣，下令釋放叛亂官員，理由是馮道等人所說的「這些官員反抗朝廷都是為慕容彥超所脅迫，並非他們本意」。而之前被殺的叛亂官員，其家屬一體赦免。

很顯然，在這次救人遊說中，馮道起的作用最大。范質、竇儀都是一時才俊，但資歷德望都不夠，郭威未必會給他們面子。但馮道的分量，郭威心裡是有數的。

天下人的面子都可以不給，但馮太師的面子，一定得給。因為他是普天下獨一無二的馮道。

太師，樞密使淩朕太甚

平定了慕容彥超叛亂，大周朝的天下，除了北漢劉崇不停地在晉州（今山西臨汾）一帶騷擾外，諸侯外藩，皆甘心俯首。

郭威的重心，再一次放在王峻身上。此時的樞密使為了權力，已經有些喪心病狂了。具體地說，王峻應該得了某種精神上的疾病，史稱「晚節益狂躁」，行為舉止完全不可理解。

王峻曾經讓主持公務員考試的戶部侍郎趙上交照顧一個舉子，結果趙上交沒給面子，這個人沒考中。王峻竟然在宰相政事堂，當著宰相范質、李穀的面大罵趙上交。趙上交被逼的無奈，只好向王峻求饒，王峻脾氣好轉些，還請趙上交喝了酒。沒想到第二天，王峻一本奏章上去，彈劾趙上交知舉不公，請殺之。

郭威被王峻氣得半天說不出話來，但還是沒對王峻下手。

王峻蹬鼻子上臉，他居然要吞掉郭威最後一塊乳酪：王峻要求郭威罷免宰相范質、李穀，改用他中意的人選——端明殿學士顏衎、樞密直學士陳觀。

在郭威看來，王峻就差讓自己帶著鋪蓋滾出崇元殿了。

如果趙匡胤的救命恩人張瓊在趙匡胤面前要求換宰相，十個張瓊也被趙匡胤砍翻了。但郭威涵養極好，雖然他對王峻此舉極為反感，還是嚥下唾沫，咬著牙說換宰相不是小事，讓朕考慮一下。

郭威的忍功天下第一！但郭威的忍讓，換來的卻是王峻更加地得寸進尺。王峻幾乎是咬牙切齒地盯著郭威，就差用手指著郭威了：「不行！今天必須換人！」

郭威盯著王峻，嘴角抽搐著。「這麼著，現在是寒食節，朝廷放假。等節後，朕就換人。」

王峻臉上綻放著開心的笑容，孩子般跳躍著去了。

看著王峻背影在遠處，「欺人太甚！」郭威狠狠地砸向御案。

「嗯，是動手的時候了。」郭威嘴角竟掛著不易察覺的微笑。

郭威對王峻的逆來順受讓人感覺很不可思議，當年他可不是這種窩囊脾氣。但郭威步步退讓，一方面確實有念舊情的因素；但另一方面，郭威在給王峻挖坑，王峻竟絲毫沒有察覺。

在郭威牢牢控制軍權的情況下，王峻再怎麼折騰也跳不出郭威的控制範圍，所以郭威有步步退讓的本錢。對王峻忍讓，其實是郭威在一點點償還欠下王峻的人情債。等到王峻竟然干涉宰相人選時，郭威已經覺得自己不再欠王峻什麼了。

而王峻如此胡鬧，皇帝如此忍讓，所有官員都是目睹的。一旦郭威對王峻開刀，不至於背上像劉邦那樣卸磨殺驢的惡名，牢牢佔據輿論制高點。

是時候收網了。

廣順三年（九五三年）二月十三日，在王峻入朝後，還沒明白所以然的時候，就有數十甲士擁出，將王峻鎖拿幽居別室。

郭威知道輿論的作用，他必須向天下人解釋清楚他為什麼要這麼做。

太師馮道，宰相范質、李穀等以下官員魚貫入殿。也許他們已經聽說了王峻出了事，都沉默不語，只是舞蹈山呼萬歲。

馮道抬起頭，卻看到郭威哭了。

五十歲的皇帝當著群臣，淚流滿面。

郭威在向馮道訴說他所受到的委屈。「王峻欺朕太甚了！他竟然視朕為無物，要求撤換大臣，到底他是皇帝，還是朕是皇帝？自古可有如此跋扈大臣！」

接著，郭威提到了養子柴榮。也許是想到自己與柴榮各有三個兒子被劉承祐殺害，郭威對柴榮更加的愧疚。「朕現在就郭榮一個兒子！就指望著這個苦命的養子給朕養老送終。可恨王峻竟然連郭榮也不放過，專門在我們父子間使壞拆臺。可憐郭榮想進京看望養父都要偷偷摸摸地來，被王峻發現，竟然破口大罵朕。父子天倫，被這個外人破壞殆盡。每思榮兒淒苦，朕心何忍！」

郭威任憑淚水在溝壑縱橫的老臉上流淌，站起來，嘴角噙著淚，怒道：「如此目無君父，凌忽大臣，毀朝廷法度，是可忍，孰不可忍！」

馮道很理解郭威此時的心情，因為類似的場景，馮道曾經經歷過。二十多年，年邁老朽的李嗣源在自己面前痛哭流涕，訴說著昔日兄弟安重誨對自己的無情欺壓，為自己的養子李從珂鳴不平。只不過有所不同的是，李嗣源還有親生子，而郭威眼前只有這一個養子。

雖然所有大臣都在，但很明顯，郭威是主要衝著馮道訴苦的。面對這位年長自己二十歲的沉厚長者，郭威對馮道似乎有了一層父親般的依賴。很多打拼創業的富一代經歷太多的腥風血雨，內心都非常脆弱，他們比一般人更需要長者父親般的關愛。

王峻也許不清楚安重誨是怎麼玩完的，但馮道知道。所以，當樞密使王峻在重複著樞密使安重誨的軌跡時，馮道就知道王峻早晚會有這麼一天。

二老闆沒有擺正自己的配角身分，對一起創業的老闆大哥咆哮發威，最終只能逼老闆大哥徹底撕破臉，痛下殺手。

安重誨、王峻，不作死，便不會死。

詔下：貶樞密使王峻為商州司馬，即日滾出汴梁城。不過郭威還是念著舊情，並沒有為難王峻家人，甚至還讓王峻的妻子去商州看望已經氣羞成病的王峻，算是盡了最後一次兄弟情分。

未已，王峻羞死。

處置了王峻，郭威也為養子柴榮的順利繼承江山扳倒了最後一塊攔路的石頭。半個月後，內廷有詔下：以鎮寧節度使郭榮為晉王、開封尹，正式確定柴榮皇太子的身分。

至此，馮道也最終確認了，如果自己還能多活幾年，而郭威又活不久長，柴榮將是自己的下一個老闆。

也許是最後一個老闆，因為馮道今年已經七十二歲了，家裡的棺材板隨時可以用得上。

郭威的身體大不如前了，但郭威與馮道的政治蜜月，卻依然還在繼續。也許是考慮馮道與柴榮不熟悉，為了老臣與少主在將來能有更好的合作，郭威還特別安排了一場，馮道與柴榮悉數出臺活動。

廣順三年的十月，郭威決定明年的正月初一，在南郊舉行一場祭祀活動。按五代以來的制度，將由宰相出任南郊大禮使，開封府尹出任（橋道）頓遞使，其他官員出任鹵簿使、儀仗使等。

由於柴榮是開封尹，所以柴榮必須出任橋道頓遞使，但在南郊大禮使的人選上，郭威還是費了一番周折。南郊大禮使必須由宰相擔任，但眼下的兩個宰相范質和李穀都是後進才俊，以他們的江湖資歷，還不足以讓皇太子柴榮給他們擔任配角。

有資格把皇位繼承人柴榮擠成配角的現任官員，除了馮道，還是馮道。這是郭威所能給予馮道最高的政治大禮包。將來的皇帝都要聽你的指揮……

至於馮道不是現任宰相，其實只需玩弄一下文字遊戲即可。唐末以來，如果官員加了「同中書門下平章事」，便是朝野公認的真宰相。但是，馮道此時的職務是中書令——真正名義上的宰相，「佐天子而執大政」。所以，馮道依然可以宰相的身分「凌駕」於柴榮的頭上。

對於郭威的用意，馮道心知肚明。投桃報李，馮道也拖著老病殘軀四處給郭威跑場子打小旗，郭威穿著戲裝，在咚咚鏘鏘的鑼鼓聲中上場賺飯票。為了迎接太廟神主，馮道還專程去了一趟洛陽。

十月底，以馮道為首，公卿百官抱成團，狂拍郭威的馬屁。馮道等人上章，請上皇帝尊號為「聖明文武仁德皇帝」。這是馮道的拿手絕活。按老規矩，郭威拒絕；再上一次，再拒絕，第三次上，郭威「允之」。

雖然這些都是閒花野草的政治點綴，但君臣關係的遠近親疏是可以從這些事情上看出風向的。關係不好，馮道也懶得搭理，如劉知遠。

郭威時代的簡短總結

郭威很想成為第二個李嗣源，至少李嗣源高壽六十七歲，可本年只有五十一歲的郭威卻病倒了。本來定好的正月初一進行的南郊祭祀大典，因病情加重，郭威都無法完成各項禮儀。

自知來日無多的郭威匆匆改了年號，廣順四年更為顯德元年（九五四年）。

早已定為皇位繼承人的養子柴榮還在傻呼呼的處理內政要務，在牙將曹翰的提醒下，柴榮匆忙進宮，在養父榻前不辭辛苦地侍奉醫藥。郭威看著忙前忙後的養子，淚流滿面。

一陣猛咳後，郭威緊緊拉著柴榮的手，把自己死後的計畫告訴柴榮。郭威的態度非常明確，他死後，不用玉帛珠寶，不過紙衣瓦棺而已。

郭威當年西征趙思綰，發現唐朝十八陵因為墓內塞滿珠寶，被五代初年的神級盜墓者溫韜全部盜發，損失慘重。他不希望自己在死後不得安生，他警告養子：如果你不聽我的話，我死後在陰間也不保佑你！

柴榮含淚答應。

受養父遺訓的影響，柴榮死後，也是紙衣瓦棺，所以風雨雷電，慶陵千年無恙。而隨後的趙匡胤因為死後在墓內塞滿了珠寶，靖康中，永昌陵被江洋大盜朱漆臉盜發。趙匡胤遺體口中含著的夜明珠，腰上圍的金帶被悉數扒掉，遺體暴曬於光天化日之下。

郭威確定了自己在陰間可以安穩睡去，臉上掛著欣慰的笑容。

周顯德元年正月十七日巳時，君臨天下只有四年的大周皇帝郭威含恨離世。《舊五代史・周書・太祖紀四》：「帝崩於滋德殿，聖壽五十一。」

在《舊五代史》所載十三位帝王之崩中，史家只對兩位帝王的死用「聖壽」，一個是氣吞山河如龍如虎的周世宗柴榮，一個就是柴榮的養父郭威。

對於結束唐末以來的大亂世，史家多認為終結者是趙匡胤，或認為是柴榮的全方位改革給趙匡胤提供摘果子的便利，卻很少提及郭威。

嚴格來說，西元十世紀的大亂世，並非終結於趙匡胤，而是消滅北漢的北宋太宗趙炅，趙匡胤並沒有十足的把握滅掉北漢。而真正拉開中原政權統一大幕的，是在歷史上並不是很起眼的周太祖郭威。

郭威在短短的四年施政時間內做了很多善政，歸納起來，約有八條：

一、勤儉愛民。郭威知道百姓創造財富不易，他曾經說過：「朕起於寒微，備嘗艱苦，遭時喪亂，一旦為帝王，豈敢厚自奉養以病下民乎！」郭威這一點非常值得讚賞，他是這麼想的，更是這麼做的。

二、對外開放。郭威鼓勵政府與民間與外國之間的貿易往來。不搞閉關鎖國那一套。

三、關心敵國百姓。此舉略有「統戰人心」之嫌，但如果敵國君主愛惜本國百姓，郭威又豈能「有機可乘」？南唐發生大旱災，郭威立刻開放淮河邊貿口岸，允許南唐百姓進入周境購糧。

四、恢復農業生產。郭威把一些無主地劃給流民耕作，同時減免了不少賦稅。郭威非常懂得愛惜本國百姓對抵抗外敵入侵的重要性，他說過：「苟利於民，與資國何異。」郭威甚至還允許，如果本國百姓想去異國生活，政府不但放行，還發放路費。這是怎樣一種偉大的仁愛！為什麼以前會出現本國百姓幫助侵略軍攻打本國軍隊的荒唐事件？說到底，還是本國政府待本國百姓比侵略者還狠！

五、不搞刑事連坐。犯官有罪，不及妻孥。而這一點，北宋也沒有做到。

六、廢除後漢實行的殘酷鹽法。郭威規定，販賣私鹽超過五斤，處死；五斤以下不論。鹽是百姓生活的必需品，即使百姓販賣了五斤鹽，又能賺多少？不過補貼家用而已。

七、廢除自梁以來的牛租徵收。梁朝曾經從淮南獲得幾十萬頭耕牛，朱溫把這些牛分給農戶，每年徵收牛租。到了隨後的唐晉漢三朝時，那些牛早就成了灰，可牛租一文不能少。郭威深知其弊，下詔罷廢。

還有牛皮。前面提到過，各朝政府一毛不拔強收百姓的牛皮。郭威規定，一張牛皮的徵收範圍是五十畝地，此舉大大緩解了民間的牛皮需求。唯一的條件，只是這些牛皮不允許流向國外。

以上這些政策，在後漢時期是想都不敢想的，蘇逢吉、王章恨不得搜光老百姓身上最後一枚銅錢。南宋末年的學者陳櫟在《歷代通略．後周》提到，當時的學術界普遍認為五代有三位明君。「五代之君，（周）世宗第一，唐明宗次之，周太祖又次之，余無稱焉當矣」。

在很多學者看來，周世宗柴榮是當之無愧的五代第一，沒有任何爭議，而周太祖則不如唐明宗。其實，李嗣源和郭威所處的時代環境是不同的，李嗣源開創了一代小康盛世，但他這個盛世只是亂世沙漠中的一點綠洲，不久又被混亂的狂沙所淹沒。而郭威四年裡的作為，對柴榮、趙匡胤、趙匡義的統一大戰略起到的作用則是開創性的。

千古一帝說柴榮

柴榮，一個在歷史上不甚響亮的名字。他的知名度遠遠遜於他的繼任者趙匡胤。在歷史的舞臺上，趙匡胤出盡了鋒頭，平荊南、收湖南，滅後蜀、掃南漢，定南唐，罷兵權，行文治。可歷史還有另外一層真實：趙匡胤取得如此輝煌的成就，是因為他站在一個巨人的肩膀上。

這個巨人，就是周世宗柴榮。

在他五年半的帝王生涯中，郭威的養子幾乎征服了一切。趙匡胤所征服的那些帝國，在柴榮時代就已經對柴榮俯首貼耳了，南唐皇帝李璟被柴榮打服後，甚至肉麻地稱比自己小五歲的柴榮為父親。甚至，曾經掃蕩中原無敵手的契丹帝國，聽說柴榮的北伐軍浩蕩北上，嚇得哭作一團。

很遺憾，柴榮只有一個敵人沒有征服過，那就是時間。幾乎所有的史評家，包括因柴榮早逝而得益的宋朝的史評家都認為，如果柴榮不是英年早逝的話，一定會出現一個比肩秦漢的偉大帝國。

現在一提及趙匡胤，都知道他是宋朝的建立者，廟號宋太祖。其實，真正開啟中原統一的，是趙匡胤的前任柴榮。柴榮在位期間，致力要做千古大帝的他對用人制度、軍事制度、土地制度、食鹽制度、稅收制度、貨幣、城市建設、法律制度、思想文化、佛教、音樂、黃河治理等各個層面進行全方位的、具有顛覆性的改革。

而這一切，柴榮僅僅用了五年半。這是神一般的速度。

唐末五代以來瀰漫在中國上空的腐朽與絕望的氣息被柴榮一掃而空，而他留給繼任者的，則是一個幾乎完美的黃金帝國框架。三百年後，朱熹無限感慨著：「五代時什麼樣，周世宗一出便振！」

宋神宗趙頊當著滿朝文武的面對柴榮的早逝大發感慨：「使（柴榮）天假之年，其功業可比漢高祖。」

柴榮的完美，幾乎使人挑不出他的什麼毛病。就本文來說，歐陽修、司馬光、王夫之、趙翼、胡三省諸先生對馮道橫挑鼻子豎挑眼，雞蛋裡也要挑出骨頭來，但對柴榮，他們幾乎有褒無貶，極力歌頌。

明末清初的文學家孫琮在《山曉閣唐宋八大家選・歐陽廬陵》卷二評價《新五代史・周世宗論》：歐公（歐陽修）於五代本紀每加論次，不論十分許與之詞。以唐莊宗之賢也，而悲其末路。以唐明宗之仁也，而刺其不明，皆作抑揚相半之詞。獨於周世宗有揚無抑，有褒無貶。」

眾所周知，宋朝人對趙匡胤還有一個尊稱——藝祖。實際上，柴榮同樣是一代藝祖，如果他的帝國能長久存在的話。

柴榮幾乎是無所不能的，他能讀通經典大義、能制定國際大戰略、能規劃萬民擁戴的各項政策、能在長江製造船隻大艦。甚至，他還親自貫甲縱馬，與士卒大殺四方。

野史小說常說趙匡胤用一根盤龍大棍打下四百軍州。實際上趙匡胤兵變篡位後，並沒有以皇帝身分拎著盤龍棍打下一座城池，都是坐在汴梁城中指揮部下殺敵，並非馬上皇帝。而柴榮，則是實實在在以皇帝之尊，衝殺在戰鬥一線，幾次險象環生，真正意義的馬上皇帝。

有一部野史小說叫《趙太祖下南唐》，描寫的是大宋皇帝趙匡胤親征三下南唐，最終消滅南唐的精彩故事。趙匡胤確實三征過南唐，可他是以大周將軍的身分，跟著大周皇帝柴榮南征的。真正三征南唐的，將南唐皇帝李璟徹底打服的，是柴榮。

趙匡胤是宋朝的開國皇帝，但彼時的帝國在制度建設上早已經成型，而開千載近古社會之風的，是周朝第二代皇帝柴榮。

從這層意義上講，趙匡胤名為開創，實為守成；而柴榮名為守成，實同開創。

打個形象的比喻，柴榮是種樹的，辛辛苦苦種出一棵掛滿果實的果樹。可還沒等柴榮摘果子就意外去世了，柴榮只好選擇讓趙匡胤保護幼主摘果子，結果趙匡胤自己去摘了果子。

趙匡胤知道自己得國方式不怎麼光彩，所以極力籠絡各階層的知識份子。宋代以及後代的文人集團對趙匡胤針對知識份子的各項超國民政策感激涕零，對柴榮並不感興趣，因為柴榮從來不溺愛這些讀書人。柴榮倒是十分「溺愛」社會底層的窮苦百姓，可這些高人一等的士人們何時瞧得起這些窮鬼？

用現在的江湖行話說，柴榮心裡沉甸甸裝著地都是人民群眾。在治民方面，柴榮很早就嶄露頭角。郭威建周後，因為王峻從中阻撓，柴榮一直留在澶州施政。柴榮治地，恩威並施，不枉不縱，「吏民賴之」。柴榮善治民的名聲越來越響，以至於朝野上下都對柴榮有著很強的心理依賴。

郭威病危時，內外人心惶惶時，不知道郭威死後，朝廷會不會發生什麼大亂。可當大家聽說晉王榮及時的代理一切朝政時，無不歡呼。「及聞帝總內外兵柄，咸以為愜。」

但在這些「咸以為愜」的官員中，似乎並不包括馮道。

沉默的馮道，狂喜的劉崇

周顯德元年正月二十一日，三十三歲的柴榮在養父郭威的靈柩前即皇帝位，公卿百官舞蹈山呼萬歲，聲音響徹殿宇。為首的，自然還是太師馮道。

此時的馮道，身體每況愈下，長期的政壇奔波讓馮道落下一身病，但他還是堅持站好最後一班崗。馮道率君臣上書，請還在守喪的皇帝陛下親政。

當馮道行完君臣大禮，略顯艱難地站起來與大殿之上的皇帝四目相對時，馮道有一種強烈的預感——柴榮將是自己侍奉的最後一個老闆。

七十三歲了，與孔子同壽，若以此歲離世，夫復何恨！馮道每思至此，尚能一釋老懷。

馮道與柴榮並沒有多少接觸，雖然之前馮道擔任南郊大禮使時，與橋道頓遞使的柴榮有過交流，但馮道依然對這個年輕的皇帝略有偏見。馮道似乎從柴榮身上聯想到他曾經侍奉過的一個君王——石重貴。

馮道知道柴榮銳意進取，可當年的石重貴在即位之初也不是如此麼。石重貴一反叔父石敬瑭對契丹的守勢，自持十萬橫磨劍，要與耶律德光一決死生。

而郭威對契丹採取的戰略守勢，也是柴榮不甚認同的。據《宋史．田敏傳》記載，因為每年都要遭到契丹人的騷擾，但國力有限，郭威只好派田敏出使契丹低三下四地求和，承認只要契丹停止南侵，周朝每年可向契丹支付十萬貫的和平贖買費，但耶律兀欲根本看不到這點錢，「不許」。

柴榮喜歡大砍大殺，有強烈的征服欲望，這一點讓馮道有些擔心，當年的石重貴就是這麼完蛋的。馮道在心裡默算著：從石重貴俯首出降，到柴榮風光即位，前後不過七年。

在馮道看來，柴榮與石重貴確實有很多相似之處，他們都是大行皇帝的養子，甚至他們養父去世的年齡都相同——五十一歲。

柴榮和養父的感情特別深，那是歷經患難後的父子真情。他雖然答應養父，不厚葬山陵，但柴榮依然有一個可以向世人表示他對養父深念舊情的選擇，那就是由馮道擔任山陵使。

馮道這種極為特殊的政治地位，決定了他在某種程度上已經成為中華大地上（含中原與契丹各政權）政治圖騰。誰擁有了馮道，誰就擁有了合法的統治權利。銳氣的柴榮對這個暮氣沉沉的老馮頭並沒有多少親近感，柴榮更喜歡的是鄭仁誨、李穀這樣的剛硬進取之臣，但柴榮還是要對這個江湖老妖曲盡優禮的。

不過，此時的柴榮最需要做的，是如何抵抗聯合契丹大軍瘋狂南下砸場子的養父的那個血海仇人——劉崇。

四年了，劉崇每天都生活在對兒子劉贇慘死的痛苦思念中。每每在夢中聽到劉贇被殺時的慘叫，劉崇都會從夢中驚醒，然後淚流滿面，厲聲對所有人訴說著他對郭威刻骨的仇恨。

殺子之仇，不共戴天！

為了報仇，劉崇含垢忍恥，向契丹自稱侄皇帝，希望能藉助契丹人的力量殺死滿嘴謊言的郭雀兒。但可恨的是，郭威堪稱軍事天才，或者是一個堅硬的烏龜殼，無論劉崇如何撲咬，除了硌掉劉崇的幾顆大牙，郭威幾乎毫髮無損。

當郭雀兒病死的消息傳到晉陽，劉崇喜極而泣，仰天狂呼惡人終有惡報！

雖然劉崇痛恨郭威，但在軍事上，他還是非常忌憚郭威的。而郭威的死，在劉崇看來，中原無人能夠抵禦他的大漢鐵騎。效仿他的兄長劉知遠從晉陽南下入主中原，已經成為劉崇眼下唯一的選擇。

至於繼位的郭威養子柴榮，劉崇正眼都沒瞧過一眼，不過是個靠裙帶關係上位的官二代。拍死柴榮，易如覆掌耳！

「戰略上藐視敵人，戰術上重視敵人。」劉崇到底是老江湖，他知道中原軍隊的戰鬥力非常強勁。為了能一舉滅周，劉崇特意向契丹請求救兵，時任契丹皇帝的耶律璟（耶律德光之子）大發雄師，派北院宣徽使耶律敵祿（漢名楊袞）率鐵騎六萬南下，配合漢軍南入中原。

北漢地狹兵少，但劉崇還是咬牙拿出了自己最精銳的看家老底——三萬精銳，聯手契丹騎兵，浩蕩南下，黃塵滾滾。

北軍初戰告捷，在梁侯驛將以穆令均為首的後周軍兩千步騎打得落花流水，穆令均戰死，周軍死傷千餘人。而負責抵抗北軍的後周軍主將、昭義節度使李筠退歸上黨，死守不戰。

此戰打出了劉崇的威風，劉崇騎著他的黃驃駿馬，立於上黨城下，迎風微笑著。

陛下，你不是唐太宗

柴榮剛剛繼位，屁股還沒有在御座上坐熱，劉崇就殺了過來，分明是視柴榮為活死人。當著天下人的面被打臉，心比天高、志在四海的柴榮豈能嚥得下這口氣！如何抵禦劉崇，柴榮沒有冒失，他想先聽聽大家的意見。雖然此時柴榮的心裡已經有了主見——他要親征！柴榮必須讓天下人知道，郭家養子是靠真本事吃飯的。

崇元殿上，氣氛肅殺。

柴榮端坐於上，看著文武群臣魚貫而入，伏拜山呼萬歲，為首的還是太師馮道。

七十三歲的馮道看上去比前段時間更為蒼老，鶴髮雞皮，氣色不是很好，但那雙老眼依然顯得有神。

「這次請大家來，是因為劉崇不請自來了。」柴榮嘴角略掛著微笑。

百官議論紛紛。

「依陛下的見解，當如何抵禦劉崇？」馮道不動如山，盯著柴榮看。

柴榮直視馮道，他似乎從馮道的眼神中感覺到了馮道對自己有所輕視。

「朕要親征！」

「陛下的理由呢。」馮道的臉上依然看不出來任何表情。

「朕知道劉崇倚老，瞧不起朕，覺得先帝初崩，吾國大喪，而朕又是新進，必不敢北上迎戰。所以劉崇才敢大舉南下，如果朕不親征，天下人豈不要笑朕膽怯。如果朕親征，則必出劉崇意料之外。兵戰之上者，出其不意攻其不備，必勝。」

馮道聽完柴榮略帶激情的講話，突然一反平時穩定的常態，向前大進一步，朗聲抗道：「老臣反對陛下親征！」

馮道健朗的聲音，所有人都聽到了，他們都把目光投向柴榮，這個與石重貴極其相似卻又不甘做石重貴第二的郭家養子。

「唔？太師為什麼要反對！」柴榮臉色一變，但還是保持著他對馮道最起碼的尊重。

「劉崇勢大，萬不可輕敵。」馮道覺得自己反對的理由非常充分。

歐陽修在《新五代史・馮道傳》中的用詞非常有意思，當原本事不關己的馮道聽說柴榮要親征時，立刻翻了臉，「切諫，以為不可」。

「切諫」，在各種勸諫的語氣程度上，應該僅次於「死諫」，語言激烈程度可想而知。馮道估計死死糾纏住柴榮，給柴榮分析各種不利於親征的因素，聽得柴榮極不耐煩。

馮道如此大的反應，歐陽修覺得非常不能理解，他認為馮道「前事九君，未嘗諫諍，而世宗……道乃切諫，以為不可」。

歐陽修顯然沒有把馮道剛出道時對劉守光的死諫計算在內，但即使與石重貴時代的馮道相對比，也不難發現，對石重貴抵抗契丹與柴榮抵抗北漢（契丹），馮道的態度是完全不同的。

石重貴意氣風發地要向乾祖父耶律德光的權威發起挑戰，景延廣力成其事，李崧激烈反對，而馮道模稜兩可，對主戰的景延廣和主和的李崧兩不得罪，甚至還裝瘋賣傻，等著石重貴憤怒地將自己這個棺材瓤子踢出朝廷。

面對石重貴模稜兩可的馮道，才是歐陽修認為真正的馮道，他理解的馮道就應該是沒有態度的。有時，沒有自己的態度，其實才是自己最真實的態度。

其實在大殿上，反對柴榮親征的不止馮道一人，幾乎是所有官員都站在馮道的政治壕溝裡，極力反對皇帝親征。

他們的理由竟然是前線情報有誤。他們認為自廣順元年劉崇攻打晉州（今山西臨汾）不克後，囂張氣焰遭到沉重打擊，這次劉崇老兒怎麼還敢把頭伸出龜殼來挨打？一定是前方誤傳消息。有的大臣則站在柴榮自身利益的角度上反對親征。「陛下，即使是劉崇親來，再加上契丹人，陛下也不能出征。臣認為陛下初繼承大寶，先帝陵寢尚未歸掃，天下人心尚不誠服。出於穩定大計，陛下應該坐鎮京師，以威震天下。至於劉崇，他不過三萬兵力，陛下派一員大將北上，足以應付了。」

這個官員雖是好意，但他拿不到桌面上說的潛臺詞卻是：你只不過是郭威的養子兼內侄，天下人對你當皇帝非常的不服氣。如果你選擇出門，有人萬一端掉你的老巢，你連石重貴都不如。

這些人對皇帝依舊的面色恭順，但柴榮已經強烈感受到他們眼神中的那份冷漠與輕視，特別是這個以老賣老的馮道。

「朕說過，劉崇趁著大周國內大喪，朕初臨大寶之際，公然南犯，是當著天下人掃朕的臉面。朕要不親征，則必遭到劉崇的恥笑。朕寧死於刀叢鋒林之中，絕不生於輕蔑恥笑之下。」

柴榮在反擊群臣對自己的輕視。

殿上亂成一團。幾十張嘴你一言、我一語，繼續陳述著他們反對皇帝親征的理由。

「劉崇勢大，兼契丹為援，陛下不可輕敵。」

「若陛下親征，中原空虛，再有慕容彥超輩出，復如何！」

「陛下不可學晉少帝！」

「忍一忍風平浪靜，退一步海闊天空。」

「臣還有話要說。」又是馮道。

雖然諸史都沒有記載馮道這一回論戰又向柴榮扔了多少炸彈，但從《通鑒》所記載的「馮道固爭之」來看，馮道是鐵了心要當眾掃柴榮的臉，他必須阻止柴榮親征。

馮道也許心裡在冷笑：年輕人，我吃的鹽比你吃的米都多。

柴榮是不會向馮道認輸的。在他的人生詞典中，只是滿滿地裝著一個詞——征服。柴榮要征服這個世界所有不肯向他臣服的人，包括眼前這些對著自己三跪九叩的臣子。

「你們反對的理由是皇帝不能親征，可朕讀過書史，昔日唐太宗文皇帝打天下，皆是一馬一劍，身先士卒，橫衝天下。掃王世充、誅竇建德，勢不可擋，天下一統。若是按你們的說法，唐太宗也是錯的？唐太宗能親征天下，朕也可以！」柴榮眼裡放著閃亮地光芒。

馮道又笑了，「唐太宗自是唐太宗，陛下自是陛下，不可同比。」這笑容裡帶著強烈的輕蔑，嚴重刺激到了柴榮。

「你說什麼？朕難道不如唐太宗！」柴榮竟有些顫抖。

唐太宗李世民出身關隴豪門世家，是含著金鑰匙降生人間的貴公子，世間的一切都是屬於這位貴家公子的。一統天下，萬邦臣服，男人稱臣，女人稱妾，盡握天地風流、萬物乾坤。而柴榮，一個破落地主的兒子，養父當初又窮得不成樣子。為了養活這個家，只有十幾歲的柴榮用稚嫩的雙肩背負起這個家庭微薄的希望，南下江陵，販過傘，賣過茶葉，淋過風雨，受過白眼，也曾被人罵過窮鬼。像柴榮這樣窮人家的孩子有著敏感的、一旦觸碰就會強烈爆發的自尊心。風雲際會，柴榮竟然成為天下之主，向著他人生最偉大的目標——全面超越唐太宗李世民而努力。

在柴榮需要鼓勵的時候，馮道這個官場老滑頭竟然殘忍地在自己的自尊心上狠狠捅了一刀，鮮血淋漓。

柴榮有些負氣地站起來，直盯著馮道。

當今天子與天下第一老臣的直接對抗，吸引了在場所有人的目光。殿上，靜得掉一根針都能聽得見。

「太師何薄視於朕！你們畏劉崇如狼如虎，而朕直視劉崇如土雞瓦犬耳！劉崇據十州手掌之地，妄建尊號。而朕率百州鋒銳健兒，苟遇劉崇老兒一眾烏合，如泰山壓卵，劉崇老兒死如齏粉！」

柴榮本以為自己的自信可以將輕視自己的馮道壓於塵埃之下，沒想到馮道依然是那副蔑視自己的笑容。

「泰山自是泰山，陛下自是陛下。泰山不是陛下，陛下也不是泰山。」馮道又一次當眾殘忍踐踏了柴榮敏感而脆弱的自尊心。

柴榮怒了。

「朕知道你們瞧不起朕這個先帝的養子，雖然你們嘴上沒說，但你們心裡怎麼想的，朕一清二楚。在你們看來，朕不過是石重貴第二。——朕告訴你們，石重貴自是石重貴，郭榮自是郭榮！石重貴做不到的，朕能做到。——朕是天下主，朕決定了事情，天塌了，也改變不了！」柴榮獅子般直視群臣，「你們若怕死，直留在汴梁，看朕取劉崇項上那顆蒼頭！」

馮道依然直視柴榮，半點也不肯退讓，嘴角嚅動，似乎還想說什麼。柴榮的火氣越來越大，目光與馮道在空間撕纏著，半點也不肯退讓。

還是王溥覺得再這般鬧下來，君沒君的體統，臣沒臣的體統。便出來打個圓場，「臣認為陛下當親征。劉崇老兒，狂妄自大，不堪一擊，若陛下出，其立為齏粉耳！」

所有人都在反對柴榮，只有王溥出面力挺，這讓柴榮非常的感激，也堅定了柴榮親征的決心。

「這事就這麼定了！朕還是那句話，怕死的留下，不怕死的跟朕上陣殺敵立功。」說罷，柴榮拂袖而去，留下面色尷尬的群臣。

看著柴榮遠去的背影，馮道卻保持著沉默。

馮道為什麼要當眾羞辱柴榮

這次朝堂上的激烈爭辯，讓文武百官都見識到了郭家養子的強硬與鋒銳。除了他的養父太祖皇帝，沒有人可以改變他，即使是太師馮道，也不行。

可還有一個問題，同樣讓朝野想不通。馮太師這是吃錯什麼藥了嗎？為什麼不惜一切身家清名地去頂撞皇帝。須知道馮道今年七十三歲了，離壽終不遠矣，如果因為這事激怒皇帝，做出過激反應，他一輩子小心謹慎才換來的清名豈不是一旦盡毀？

關於馮道為什麼如此激烈地反對柴榮親征？胡三省持與歐陽修相同的態度，對馮道突然死諫他並不熟悉的柴榮表示驚訝：「馮道歷事八姓，身為宰輔，不聞獻替，唯諫世宗親征一事。」

胡三省只是好奇馮道的態度，但王夫之卻結結實實地把馮道罵得狗血淋頭。在王船山看來，馮道反對柴榮親征，目的是像隨後高平之戰、周軍大將樊愛能那樣臨戰脫逃出賣柴榮。王夫之認為馮道是幸運的，他如此當眾羞辱柴榮，柴榮已經對馮道起了殺心。只是畏於馮道特殊的江湖地位，才不敢動手。

馮道反對柴榮親征，是要出賣柴榮嗎？實際上，柴榮主張親征與馮道反對親征，答案都出在兩個字上——兵權。

有一點，王夫之說對了，柴榮堅持親征，不惜與群臣當眾罵街，就是要牢牢掌握禁軍大權。

石重貴的教訓於今不遠。

七年前，杜重威為了取石重貴而代之，耍盡心機，把石重貴看家本錢——禁軍騙到手。隨後杜重威就投降耶律德光，契丹鐵騎呼嘯殺到汴梁城下。石重貴手上無兵，走投無路，只能投降。

柴榮知道這個歷史教訓，如果他只派大將北上抵禦劉崇，勢必把禁軍指揮權交給這員大將。可如果大將起了歹心，反戈南下，柴榮只能淪為石重貴第二，沒有任何活路。正如王夫之所論，「（禁軍）崩潰而南，郭從謙、朱守殷之於李存勗，康義誠之於李從厚，趙德鈞之於李從珂，杜重威、張彥澤之於石重貴，侯益、劉銖之於劉承祐，皆秉鉞而出，倒戈而反。」

自己親征，雖然會出現很多不可預知的風險，但畢竟軍權牢牢在手，這是柴榮的命根子。柴榮初出江湖，威望淺薄，並沒有多少人服他，包括那些功勳大將。這些人也普遍將柴榮視為石重貴第二。一旦把兵權交給這些人，他們極有可能效仿杜重威。

這是柴榮不能接受的。

馮道反對柴榮親征，從表面上看，是符合王夫之所論「（付兵權於大將，倒戈南向），欲賣周主」的邏輯推論。只要柴榮坐守汴梁，勢必付兵權於大將，而大將降劉崇後南返，天下就是劉崇的。如此，柴榮必死，則馮道又可向劉崇稱臣矣。

可問題是，馮道完全沒有必要出賣柴榮，去迎合劉崇。

馮道應該沒有見過一直鎮守河東的劉崇，但對其為人至少是有了解的。劉崇，少無賴，好「陸博意戲之錢」，這一點和郭威早期非常相似。但所不同的是，郭威是靠著自己的本事，一步步從最底層殺到最上層的。而劉崇之所以能坐到如此高的位置，完全是因為靠著哥哥劉知遠的關係。

而乾祐之變後，郭威逐漸控制局面，並要盡心機忽悠劉崇，把五十多歲的劉崇戲於股掌之間，馮道也應該是知道這些的。如果才具庸下、見識短淺的人物，馮道怎麼會看得上劉崇？且不說劉崇能否戰勝銳氣更盛的柴榮，退一萬步講，即使他滅掉柴榮南下中原，以他的這種能力，又能稱王幾日？

馮道時年七十三歲，他不貪財，只好名，可即使劉崇為中原之主，又能給馮道什麼呢？馮道現在所得到的，已是人臣極限，劉崇不會比柴榮多給自己任何東西。

柴榮雖然是靠裙帶關係上位的，但柴榮出色的治政能力是有目共睹的，馮道不可能不知道柴榮在澶州這幾年是如何贏得萬眾歡呼的。跟著現在的柴榮，遠比費盡周折扳倒柴榮迎立劉崇更符合馮道的求穩心態，因為馮道的年齡決定了他實在折騰不起了。即使羞辱柴榮，以馮道的江湖地位，諒柴榮也不敢把自己怎麼著。

更何況，劉崇是劉知遠的弟弟，後漢那幫子帝王將相殺人成癮，劉知遠、劉承祐、蘇逢吉、史弘肇、李業、劉銖，一個個憤怒到扭曲的面目，馮道記憶猶新。這樣的殘暴政權，馮道避之猶恐不及，哪還敢去倒貼？

從這個角度上來講，說馮道要出賣柴榮，是不太符合人性邏輯的。

馮道當眾羞辱柴榮，也許還存在另外一種可能，就是提前畫下護身符。

馮道知道劉崇為了報殺子之仇，對郭家人恨得咬牙切齒，恨不得生吞柴榮，刨郭威的墓，鞭郭威的屍。劉崇如果入主中原，並非沒有可能恨屋及烏，把怒火撒向曾經高呼大漢王朝萬歲的周大臣，而首當其衝的就是馮道。

馮道想起來了，劉崇的兒子劉贇被郭威定點清除的那場陰謀中，馮道也扮演著不太光彩的角色。甚至可以說，劉贇的死，馮道要負至少一部分責任。劉崇鐵定不會放過柴榮，但能否放過馮道，馮道心中並沒有底。

如何在劉崇有可能入主中原的情況下畫一張護身符，馮道只能把主意打在柴榮身上。天下沒有不透風的牆，馮道當眾羞辱柴榮，一定會傳到劉崇的耳朵裡。因為柴榮不親征，則軍權有可能旁落，則劉崇勝算加大，這是符合劉崇利益的。萬一劉崇殺進汴梁，馮道極有可能會拿出這張護身符，來在一定程度上抵消他當初配合郭威弄死劉贇的負罪心理。

當然，這只是萬一。

馮道，夕陽如夢

馮道當眾對柴榮的羞辱，更加堅定了柴榮親征的決心。他要用實際行動證明給馮道看：你是錯的，我是對的。

因為他是天下獨一無二的郭榮。

顯德元年三月十一日，柴榮率大軍出汴梁，以人類所能想到最快的速度向澤州方向急行軍。柴榮迎風縱馬，大旗獵獵，萬足踏塵，風煙滾滾……

對於這場大周帝國生死的關鍵一戰，周軍所能排上號的將官悉數出馬。除了老字號的符彥卿、郭崇、樊愛能、劉詞、藥元福、王彥超外，周軍新一代軍界精英都隨同樣年輕的帝王柴榮北征。計有：

李重進、張永德、趙匡胤、石守信、高懷德、韓重贇、韓令坤、慕容延釗、李崇矩、潘美、尹崇珂、曹翰、米信、馬仁瑀。

而就在柴榮傾舉國之力親征的前兩天，即三月九日，柴榮臨行前，給剛羞辱過自己的太師馮道派遣了一個政治任務——護送太祖皇帝（郭威）的靈柩赴鄭州新鄭縣嵩陵下葬。

至於《舊五代史・馮道傳》說「（因為馮道頂撞柴榮，）及世宗親征，不及扈從」。純粹是開國際玩笑，柴榮親征，帶著一個已經病情加重的老蒼頭去做什麼，就地給老蒼頭尋找墓地嘛。

汴梁距離新鄭，整整二百里路。

距離不算遠，但問題是，七十三歲的馮道已經重病纏身，柴榮派一個行將就木的老者當什麼山陵使，是出於什麼考慮。

結合王夫之所說：「（馮）道不死，恐不能免於英君之竄逐也。」來看，這很可能柴榮故意給馮道頂撞自己的懲罰。

誠然，馮道出任山陵使，是在柴榮即位之初就定好的，彼時二人還沒有爆發衝突。可馮道已經生病，按人情常理，換山陵使的人選並非不可能。除了馮道外，有足夠江湖資歷擔任山陵使的，還有太子太傅和凝。和凝此年五十八歲，雖然他在顯德二年秋天因病去世，但這時和凝的身體狀況是可以擔任山陵使的。

柴榮捨和凝不用，偏偏折騰病情加重的馮道，不能不懷疑柴榮還是沒有嚥得下馮道送給自己的這場羞辱。

柴榮這是要把馮道往死裡折騰！即使馮道沒被折騰死，也要利用這個機會狠狠教訓一下馮道，以及那些站在馮道身邊看笑話的人。

對於柴榮的小算盤，馮道心知肚明，但他沒有任何怨言，山陵使就山陵使，馮道坦然上路。

七十三歲，與孔子同壽，馮道知道自己該死久矣。

澤州高平縣城北巴公原，三萬北漢鐵軍分兩部排開，劉崇自領中軍，北漢頭號大將張元徽守左路，契丹楊衮所部守右路，如「山」字氣壓南朝。

後周軍亦以「山」字陣應戰，李重進等部處左路，對應楊衮部；樊愛能等部處右路，對應張元徽部；史彥部等部處中路，對應劉崇中軍。

而柴榮本人，按演義的說法，金盔金甲淡黃袍，胯下駿馬，手中長劍，站在「山」的最前端，身後是對皇帝進行貼身保衛的張永德部。

「殺！」劉崇幾年來第一次見到郭家養子，惡狠狠地拔劍發令。

「朕豈怕你！」柴榮冷笑道。

但讓柴榮萬沒想到的是，當北漢張元徽部殺進後周軍右陣時，樊愛能與何徽竟然扔下所屬各部，撥馬南逃。

後周右軍瞬間崩潰！右軍解甲北向，衝著劉崇高呼皇帝萬歲！後周軍另兩部見狀，為之奪氣！

劉崇仰天大笑：郭榮，你死無遺處矣！你養父欠我兒子的血債，今日便由你來償還！

柴榮的選擇讓劉崇驚訝，讓楊袞驚訝，也讓後周軍左、中、近衛三部驚訝。

柴榮用雙腿狠狠夾打著那匹戰馬，駿馬長嘶一聲，旋風一般向北漢陣中狂奔而去。柴榮手執大劍，在即將遠離張永德保衛範圍內時回頭大喝：「是他娘的爺兒們，都跟朕上！」

「三軍可奪其帥也，匹夫不可奪其志也！」皇帝都玩命了，弟兄們好意思在後偷生麼，須知都是頂天立地的七尺男兒。

黃塵滾滾，殺聲震撼天地。

黃塵滾滾，洛陽道上，山陵使的小車搖搖行進。一直行到嵩陵前，馮道一路上還在猛烈地咳嗽。

「太師，嵩陵到了。」

馮道被侍從艱難地扶下車，他甩開他們，艱難地奔到裝載太祖皇帝靈柩的棺車前，伏地叩首。馮道還清晰地記得，那年郭威向他請教平定李守貞的方略，馮道含笑打起賭博的比喻，郭威那比死豬還難看的老臉。更讓馮道不能忘記的是，郭威被王峻凌辱，這位雕青天子站在自己面前號啕痛哭，哭訴王峻的不臣。

而現在，郭威早已靜靜地躺在棺材裡面，渾身早已冰涼。當然，馮道知道，自己不久後就會隨郭威而去。

嵩陵的石門緩緩開啟，早有人抬著石棺緩緩入內，火把把黑幽幽的洞府照得光明透亮，卻難掩一絲陰森。馮道站在陽光下，卻猛地打了個寒顫。

嵩陵的大門緩緩關閉。馮道知道，郭威已成為自己心中永恆的回憶。可馮道不知道的是，他還需要多久才能成為柴榮心中永恆的回憶。

馬仁瑀烈馬狂奔，搭箭上弦，大喝：「主辱臣死，形勢如此，不死何為！」連發數十箭，一箭中，一人落馬死，北漢軍為之氣沮。

柴榮還在陣中瘋狂砍殺，滿臉是血。

「陛下，請避一避，且看臣殺賊。」殿前右番行首馬全義在柴榮身後好心勸著。

「國家危難，天子匹夫同責！你讓朕後退，是想獨吞殺敵之功麼！朕不怕死，死也要爭這一口氣在！」柴榮依然在與漢軍廝殺，又殺死了一個。鮮血如注，濺在柴榮臉上。柴榮大笑著：「是日，朕不朽矣！」

「太師，休息一下吧。」侍從把馮道扶到一個清涼的所在，早有人捧來水袋，給還在咳嗽的馮道灌了一通水，還有人在馮道蒼老的背上輕輕捶著。

「我老了！不中用了。」馮道搖頭苦笑著。

馮道抬頭望了望毒辣辣的日頭，萬里無雲，可馮道恍惚間卻看到天空中閃過一個個他無比熟悉的身影：

劉守光映著熊熊爐火在獰笑。

李存勗手中執酒，站在自己面前：「掌書記一職，非卿而誰。」

李嗣源扔下馮道彈劾李從珂的春意，含笑對自己說：「此非卿本意。」

趙鳳去世時，馮道痛哭流涕。

長亭外，石敬瑭流淚執馮道之手：「能結兩國之歡者，卿也。」

石重貴摟著嬸娘皇后馮氏，接受以馮道為首的群臣稱賀。

耶律德光怒斥劉繼勳：此老子不是好鬧人，無相牽引，皆爾輩為之。

劉知遠拿著要斬殺張燦的敕文，問馮道：「能改嗎？」馮道激動地回答：「能！」

劉承祐那縹緲的眼神。

郭威經乾祐之變後殺回汴京，再見馮道時，那滿目的悽愴。

劉贇喝止要殺自己的董裔等人，歎道：「非干太師事。」

還有與當今皇帝郭榮在朝堂上的激辯。

也不知道前方的戰事怎麼樣了。

南風揚起，飛沙走石，劈頭蓋臉地颳向北漢軍。北漢軍逆風作戰，形勢忽地逆轉。在張元徽還沒有反應過來的時候，他胯下的馬突然跌倒，一道寒影閃過，張元徽人頭落地。

張元徽戰死，北漢軍為之奪氣！北漢軍早已無心戀戰，被後周軍趕鴨子一樣，追殺數十里，死傷一萬餘。

劉崇在瞬間就有落入柴榮手上的極大可能。

劉崇抱著他所乘黃驃馬的脖子，聽風聲呼嘯，一路向北狂奔。在跑錯了一百多里路時，他才找到晉陽的方向。

這一天，是四月十六日。

馮道已經回到汴梁。因為皇帝不在京城，馮道向留守汴梁的樞密使鄭仁誨交了差。馮道早已筋疲力盡，無力再管朝中事，由侍從攙扶著，回到家裡休養。

看著馮道蒼老的背影，鄭仁誨一陣歎息。

路過放生池時，馮道感慨著，他拼盡力氣，努力做出微笑，對次子馮吉說：「臭小子，你再偷老子的魚，老子絕不放過你。」

馮吉含淚應承著。

馮道被馮吉攙扶著，躺在榻上，卻早已神志不清。在家人的哭聲中，馮道昏昏睡去。

晨雞報曉。

馮道從昏睡中醒來，看窗外一唱天下白。「何等日子？」

「四月十七日。」

「生不能致君堯舜，死能與孔丘同壽，吾無恨矣！」馮道似乎並不太滿意自己傳奇而詭異的人生。

「父親，別說這些喪氣話。只要將心調養，與彭祖同壽，亦未可知。」馮吉在說著言不由衷的假話，但他卻出自真誠。

「父親要去了。到時自有東京方面啟奏還在前線殺敵的皇帝，諸事不煩汝操心。」馮道歎息著。

「父親……」

「父親累了，要睡一會兒，你等且退下。」

馮吉等人含淚退下，但不敢走遠，就在門外候著。

過了一段時間，聽到屋裡沒有動靜，馮吉感覺不妙，卻推門進來，闖至榻前。

馮道已薨矣！

時年七十三歲。

是夕，周顯德元年四月十七日。

馮家上下號啕痛哭，迅即素服舉哀。

馮家宅院外，夕陽如血，一聲胡語傳來，又傳來一陣駝鈴聲。

馮道，並不能成為永恆

生活在傳說中的馮道終於死了。

各部堂衙門，各級官員都在交頭接耳，議論這個震撼官場的重大政治事件。馮道的死會不會對朝局產生什麼微妙的影響，所有人都在猜測。

有人不屑：「沉浮干祿，何足道！」

有人讚歎：「與孔子同壽，不愧是當代孔子。」

此時的柴榮還在從潞州北上晉陽的路上。

高平之戰，柴榮笑到最後。但柴榮並沒有打算要放過劉崇，畢其功於一役，滅劉崇而後朝食。周軍黑鴉鴉向北移動，目標直是晉陽城。

晉陽城下，柴榮才發現自己輕視了劉崇。劉崇擴張無能，但可以倚仗地利之勢，死守晉陽城。任由柴榮如何撲咬，劉崇自是巋然不動。

還有就是周軍的糧草問題。柴榮本沒有打算一戰滅劉崇，但高平之戰的勝利，讓柴榮臨時決定北上，糧草跟繼不上。柴榮正在四處派人在北漢境內徵集糧草，他不想放棄這個機會。

柴榮接到了東京汴梁急發來的奏報：四月十七日，太師、中書令馮道薨於府第。柴榮把奏報放在案上，凝眉苦思。

消息不脛而走，但並沒有在軍中這潭深水中引起太大的漣漪。馮道玩的是文人官場，與軍界交往不深，馮道與他們並不熟識，特別是那些年輕將官。他們現在考慮的是攻下晉陽城，生擒劉崇，立不世奇功，凌雲閣上萬戶銘功。

柴榮南望汴梁，卻什麼也看不見。

也許柴榮已經聯想到了，馮道的死，其實是一個舊時代落幕，與一個新時代盛大開啟的見證。自安史之亂以來，戰亂綿延二百年不絕，天下蒼生，暴骨如莽。馮道生於亂世，長於亂世，仕於亂世，卻死在二百年戰亂即將終結的節點上。柴榮親征高平，是中原王朝開始進行全國性統一戰爭的起點，代表著新一代治政精英與混亂舊世界的徹底決裂。

混亂舊世界的象徵，就是馮道。

而天下萬象歸一的象徵，則是柴榮（趙匡胤、趙匡義延續了柴榮的統一政策）。

也許，真的有天意。

但是讓柴榮有些沮喪的是，晉陽城還是沒有拿下來，劉崇死守不出。天氣也變得乖戾詭異，連瓢大雨傾盆而下，士卒病倒一片，很多人都沒有了戰意，日欲思歸。

柴榮知道暫時是拿劉崇沒有辦法，只好咬牙，下令班師，日後再戰劉崇老兒。

四月二十八日，皇帝大駕回到汴梁城。

此次親征，柴榮真正見識到了唐末五代以來老兵油子們的厲害，這夥人以皇帝為珍貨，到處販賣，賺取差價。高平之戰，柴榮差點被樊愛能、何徽賣給劉崇。雖然柴榮斬樊、何等將校七十餘人，但依然不能從根本上根治五代兵驕將惰的問題。

為了打造一支足以征服天下的鐵血軍隊，柴榮對舊軍制度痛下狠手，詔令地方藩鎮的部隊揀其勇銳者，悉數充入禁軍，而老弱油滑之兵悉數罷斥，堅決不允許軍隊混跡這些皇帝販子。

通過鐵血治理，柴榮終於打造出一支讓他滿意的鐵軍。司馬光讚歎道：「由是士卒精強，近代無比，征伐四方，所向皆捷。」日後趙匡胤能輕易地杯酒釋兵權，還是沾了柴榮強禁軍而弱地方的光。如果不是柴榮開一代風氣，趙匡胤所遇到的阻力是不可想像的。

一個讓人激動的大征服時代，在萬眾歡呼聲中盛大開啟。

這是一個屬於柴榮的時代。

而馮道的時代，已經結束。

大地叢書介紹

作者：姜狼
定價：360 元

本書是一部通俗歷史讀物，是歷史中國系列中的一部。全書共分數十篇章，從春秋五霸（齊桓公姜小白、晉文公姬重耳、宋襄公子茲甫、秦穆公嬴任好和楚莊王熊侶）到春秋名相（管仲、晏嬰）；從著名兵法家（田穰苴、孫子）到春秋名臣（伍子胥、范蠡）；再由儒家的代表孔子到道家的代表老子，還有對中國文學史上第一部詩歌總集《詩經》的介紹，等等，作者將春秋近三百多年的歷史用一種獨特的方式展現在讀者面前。

大地叢書介紹

作者：醉罷君山
定價：320 元

秦朝（西元前221年－西元前207年），是中國歷史上第一個建立大一統的帝國。秦朝源自周朝諸侯國-秦國。秦國於戰國時期逐漸轉強，到秦國君王嬴政陸續征服六國而一統中原，史稱秦朝。

秦王政建立秦朝後自稱「始皇帝」（即秦始皇），從此中國有了皇帝的稱號。雖然秦朝外表十分強盛，但由於秦始皇集權、過度發展、嚴重勞役百姓，所以秦朝之統治不免帶有苛急、暴虐之特點，讓天下百姓飽受苛政之苦而想要叛變。

秦始皇最後留下的，是一個外強中乾的帝國。秦二世繼位後，秦廷被掌權的趙高掌控而混亂不堪。此時秦末民變爆發，六國有力的軍人各自復國，雖然秦將章邯努力平亂，但於鉅鹿之戰被楚將項羽擊敗，秦軍主力投降。西元前207年十月，新任秦王子嬰於咸陽向楚將劉邦投降，秦朝滅亡。

本書用故事串聯歷史，帶你逃離歷史課本的枯燥，回到那個活生生的大秦帝國。

大地叢書介紹

作者：張程
定價：320 元

魏晉南北朝（西元220年—589年），是中國歷史上一段分裂的時期。這個時期由220年曹丕強迫東漢漢獻帝禪讓，建立曹魏開始，到589年隋朝滅南朝陳重新統一結束，共400年。可分為三國時期、西晉時期（與東晉合稱晉朝）、東晉與十六國時期、南北朝時期。另外位於江南，全部建都在建康（孫吳時為建業，即今天的南京）的孫吳、東晉、南朝的宋、齊、梁、陳等六個國家又統稱為六朝。

189年漢靈帝死後，東漢長期混亂，誕生了曹魏、蜀漢、孫吳三國。到後期曹魏逐漸被司馬氏取代，265年被西晉取代。263年蜀漢亡於魏，280年孫吳亡於晉，三國最後由晉朝統一。

魏：是指曹丕建立的魏國，屬三國時期朝代，與蜀、吳三國鼎立。

晉：即指司馬炎建立的西晉。

西晉皇朝短暫的統一，於八王之亂與五胡亂華後分瓦解，政局再度混亂。在304年因為成漢與劉淵的立國，使北方進入五胡十六國時期。316年西晉亡於匈奴的劉曜後，司馬睿南遷建康建立東晉，南北再度分立。東晉最後於420年被劉裕篡奪，建立南朝宋，南朝開始，中國進入南北朝時期。然而北朝直到439年北魏統一北方後才開始，正式與南朝宋形成南北兩朝對峙。

大地叢書介紹

作者：張程

定價：320 元

南北朝從420年到589年，群雄並起、社會動盪、能人輩出、怪胎不斷、民族融合、文化碰撞……

南北朝是一個大破壞的亂世，也是一個大融合的盛世；是一個分裂了兩百年的鐵血時代，也是一段英雄輩出你方唱罷我登場的光輝歲月。

本書再現了5到6世紀，中國南北對峙、東西分裂，到最終走向統一的歷史。

書中有草原民族拓拔鮮卑的崛起、衰落與滅亡，有一代代被權力擊垮的南朝皇帝的變態，有邊關小兵高歡的艱難奮鬥與失意，有江南的煙雨柔情和在溫柔鄉的魂斷命喪，更有一個民族的掙扎、迷茫與蛻變。這是一曲中華民族形成的關鍵時期的悲歌壯曲，值得每一位中國人重溫與銘記。

【作者簡介】

張程，北京大學外交學碩士，《百家講壇》雜誌專欄作家，在《光明日報》、《國際先驅導報》、《經濟參考報》等報刊發表評論，散文多篇，著有《泛權力》、《辛亥革命始末》、《中國臉譜：我們時代的集體記憶》等作品，並翻譯出版了《中國人本色》、《多面中國人》等西方觀察近代中國的作品。

大地叢書介紹

作者：王者覺仁
定價：320 元

隋朝（581年—618年）是中國歷史之中，上承南北朝、下啟唐朝的一個重要的朝代，史學家常把它和唐朝合稱隋唐。隋朝源自581年隋文帝楊堅受禪建立隋朝，至618年隋恭帝楊侑讓位予李淵，隋朝滅亡為止，國祚37年。

581年北周靜帝禪讓給楊堅，北周亡，楊堅定國號為「隋」，隋繼承了北周的強大，隋文帝於587年廢除後梁，於589年攻滅南朝陳。隔年9月，控制嶺南地區的冼夫人歸附隋朝。至此，天下一統，隋朝結束了中國自魏晉南北朝以來的分裂局面，重新建立統一的國家。

隋文帝採取予民休養生息的政策，注重維護與農民的關係，並調和統治集團內部的關係，使社會矛盾趨於緩和，經濟、文化得以迅速成長和繁華，開創出開皇之治。

604年隋文帝去世，太子楊廣繼位，即隋煬帝。為了鞏固隋朝發展，隋煬帝興建許多大型建設，又東征西討，隋朝在煬帝前期發展到極盛。然而隋煬帝好大喜功，嚴重耗費隋朝國力，其中又以三次東征高句麗為最劇。最後引發了隋末民變，616年隋煬帝離開東都，前往江都（即今江蘇揚州）。618年宇文化及等人發動兵變，弒逆煬帝。

618年隋恭帝楊侑禪讓李淵，618年李淵正式稱帝，建立唐朝。而隋末群雄割據的局面，最後也由唐朝所終結。

大地叢書介紹

作者：王者覺仁
定價：360 元

唐朝是中國歷史上強盛的朝代之一，隋末民變留守太原的李淵見天下大亂，隋朝的滅亡不可扭轉，遂產生取而代之的念頭，率兵入關中擁立楊侑為帝，是為隋恭帝，西元618年迫隋恭帝禪位，建立唐朝，即唐高祖。

李淵建立唐朝後以關中為基地逐步統一天下，唐朝歷史可以概略分成數期，大致上以安史之亂為界。初唐時期，唐太宗勵精圖治國力逐漸強大，且擊敗強敵突厥，創造了貞觀之治。唐高宗與武后時期擊敗高句麗等強敵建立永徽之治。唐高宗去逝，武則天主政建國號周，女主政治達巔峰，西元705年唐中宗復辟國號恢復唐，一直到唐玄宗繼位女主政治才完全結束。至此進入盛唐，是唐朝另一高峰與轉折，唐玄宗即位革除前朝弊端，政治開明，四周鄰國威服，是為開元盛世。

天寶時期，政治逐漸混亂西元755年爆發安史之亂，唐朝由盛轉衰。中唐時期受河朔三鎮，吐番的侵擾，宦官專權，牛李黨爭等內憂外患的影響國力逐漸衰落。其中雖有唐憲宗的元和中興、唐武宗的會昌中興、唐宣宗的大中之治，都未能根治唐朝的內憂外患。晚唐時期政治腐敗爆發了唐末民變，其中黃巢之亂更是破壞了江南經濟，使唐朝經濟瓦解，導致全國性的藩鎮割據。唐室最後被藩鎮朱全忠控制，他迫使唐昭宗遷都洛陽，並於西元907年逼唐哀帝禪位，唐亡。

大地叢書介紹

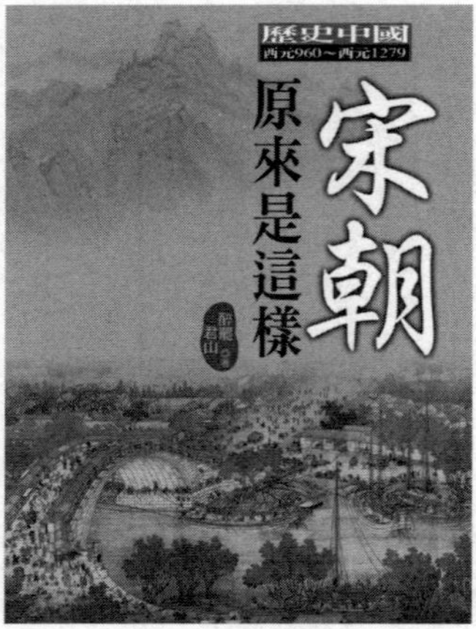

作者：醉罷君山
定價：320 元

陳橋兵變，宋太祖趙匡胤黃袍加身，定三百年帝國基業。大宋帝國在進取與保守、圖強與積弱的反覆中踽踽而行。這是中國歷史上最長命的王朝之一，卻從未實現真正意義上的大一統；這是一個文化、科技、經濟繁榮的時代，卻未能掩飾對外戰爭被動挨打的尷尬局面。

強幹弱枝、內重外輕的政策在避免政治動盪的同時，也埋下了衰亡的種子；轟轟烈烈的變法運動本是富國強兵的銳意改革，最終卻淪為投機份子的博弈與無休止的黨爭；聯金滅遼本是主動進取的戰略，最後卻引狼入室，導致北宋滅亡；當南宋中興的曙光初現時，不作為的朝廷卻輕易地將希望的火苗掐滅。

本書以縱橫捭闔的筆法，書寫宋朝三百年波瀾壯闊而又充滿矛盾與糾結的歷史。有對宋朝高度文明的政治、文化生態的褒揚，也有對其軍事、外交敗筆的解讀及抨擊，更有對大宋民富國弱歷史弔詭的深思。

大地叢書介紹

作者：張嶔
定價：320 元

大明王朝，是一個被刻意抹黑的王朝，被誰抹黑的？答案是：文官。文官集團在明朝極其強大，成為能與皇權博弈的重要力量，這也是明朝政局的一大特色。也因如此，皇帝不得不重用宦官與之抗衡，使得皇帝貪婪懶惰，宦官囂張跋扈，廠衛特務統治弄得人人自危……這就是文官筆下的大明王朝。而其後繼者為清朝，為了證明自己統治的合法性，更是在史書上強化了這一說法，這種帶有嚴重偏見的說法豈是歷史的真相？

本書力圖以最客觀的視角，從獨特的話題點切入，去臉譜化的解讀，讓人們更接近真相。如朱元璋剛猛治國的手段中，竟也流淌著縷縷溫情；背負「土木堡之變」的明英宗，其獨特的個人魅力，讓敵人也為之動容；幾十年不見朝臣的萬曆皇帝，在軍國大事上其裁奪處理卻不失英明；被稱作千古忠臣的袁崇煥，事實上卻因其剛愎自用而貽誤國事。以上種種在作者對於歷史現實的體察與深入人性的探討之下，還原大明王朝被遮掩的真實面貌。

大地叢書介紹

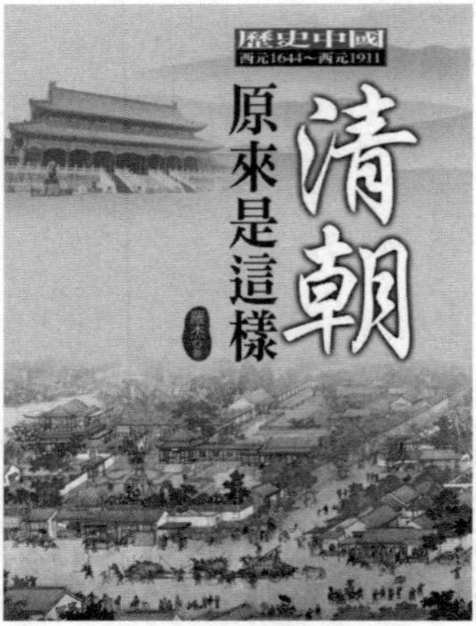

作者：羅杰
定價：300 元

作為中國封建王朝最後一個政權，清王朝對於傳統中國社會的統御之術可謂駕輕就熟，但是當西風漸進，這個傳統封建社會卻抵擋不了潮流的衝擊，清王朝的統治者注定一步步走向失敗的命運，這是為什麼？

本書以獨特的視角對清王朝268年（從順治入關到清王朝覆滅）的歷史進行了別具一格的梳理與剖析。

通過對清王朝興衰變遷中的種種細節與真相的解讀，從「裝束文化」、「官場文化」、「仕途文化」、「妖術文化」等諸多方面，揭露清王朝隱秘、禁忌的政治和文化密碼。當你能夠看透這一切時，會驚悟出，清朝和你想像的絕對不一樣。

大地叢書介紹

作者：姜狼
定價：320 元

安史之亂後，天下分崩，藩鎮割據，五代十國，逐鹿殺伐，血流成河。在並不起眼的五代十國中，竟然隱藏著一位堪與秦始皇、漢武帝比肩的千古一帝—後周世宗柴榮橫空出世。

柴榮文韜武略，南征北討，結束了二百年戰亂，上承盛唐，下啟隆宋，功高蓋世，用盡他最後一絲力氣，照亮原本黑暗的歷史，給黑暗中徬徨的華夏民族找到了繼續前進的道路。

五朝宰相：五代十國裡的馮道／姜狼著. -- 一版.-- 臺北市：大地, 2016.11
面：　公分. --（History：92）

ISBN 978-986-402-194-9（平裝）

1.（五代）馮道　2. 傳記

782.847　　105019647

五朝宰相：五代十國裡的馮道

HISTORY 092

作　　者　姜狼
發 行 人　吳錫清
主　　編　陳玟玟
出 版 者　大地出版社
社　　址　114台北市內湖區瑞光路358巷38弄36號4樓之2
劃撥帳號　50031946（戶名　大地出版社有限公司）
電　　話　02-26277749
傳　　真　02-26270895
E - mail　vastplai@ms45.hinet.net
網　　址　www.vastplain.com.tw
美術設計　普林特斯資訊股份有限公司
印 刷 者　普林特斯資訊股份有限公司
一版一刷　2016年11月

大地

定　　價：350元
版權所有・翻印必究
Printed in Taiwan

本書原出版者為：現代出版社有限公司。原書名為《五朝宰相——五代十國裡的馮道》。版權代理：中圖公司版權部。經授權由大地出版社在台灣地區獨家出版發行。